高等学校“十四五”医学规划新形态教材

（供基础·临床·预防·口腔及药学等专业用）

第9版

医学免疫学

Yixue Mianyixue

主　审◎吕昌龙

主　编◎孙　逊　凌　虹　杨　巍

中国教育出版传媒集团

高等教育出版社·北京

内容提要

《医学免疫学（第9版）》共二十五章，内容包括免疫学概论，固有免疫和适应性免疫系统的组织、细胞和分子，免疫应答、免疫耐受和免疫调节，抗感染免疫、超敏反应、自身免疫和免疫缺陷病，移植免疫和肿瘤免疫，免疫防治和免疫学检测技术等。全书各章安排顺序符合认知规律，专有名词概念准确，内容重点突出，语言精练，易于学生在有限的学时内掌握必要的医学免疫学知识和理论，了解医学免疫学新进展和趋势。

本书可供高等医学院校基础、临床、预防、口腔及药学等专业本科学生使用，还可作为成人教育及普通高等院校生命科学相关专业教材。

图书在版编目（CIP）数据

医学免疫学 / 孙逊，凌虹，杨巍主编．--9版．--北京：高等教育出版社，2022.8（2024.5重印）

供基础、临床、预防、口腔及药学等专业用

ISBN 978-7-04-058991-7

Ⅰ．①医… Ⅱ．①孙… ②凌… ③杨… Ⅲ．①医学－免疫学－医学院校－教材 Ⅳ．①R392

中国版本图书馆CIP数据核字（2022）第120839号

策划编辑 杨 兵 张映桥 责任编辑 张映桥 封面设计 马天驰 责任印制 存 怡

出版发行	高等教育出版社	网　　址	http://www.hep.edu.cn
社　　址	北京市西城区德外大街4号		http://www.hep.com.cn
邮政编码	100120	网上订购	http://www.hepmall.com.cn
印　　刷	肥城新华印刷有限公司		http://www.hepmall.com
开　　本	787mm×1092mm 1/16		http://www.hepmall.cn
印　　张	18.25	版　　次	1986年6月第1版
字　　数	479千字		2022年8月第9版
购书热线	010-58581118	印　　次	2024年5月第3次印刷
咨询电话	400-810-0598	定　　价	48.60元

物 料 号 58991-00

《医学免疫学（第9版）》编写委员会

主　审　吕昌龙

主　编　孙　逊　凌　虹　杨　巍

副主编　冯　辉　金桂花　刘　平

编　委（按姓氏汉语拼音排序）

冯　辉	中国医科大学	付海英	吉林大学
官　杰	齐齐哈尔医学院	金桂花	延边大学
李胜军	中国医科大学	凌　虹	哈尔滨医科大学
刘北星	中国医科大学	刘　辉	大连医科大学
刘　平	哈尔滨医科大学	栾希英	滨州医学院
裴春颖	哈尔滨医科大学	祁赞梅	中国医科大学
孙　逊	中国医科大学	王金岩	中国医科大学
徐　雯	哈尔滨医科大学	闫东梅	吉林大学
杨　巍	吉林大学	於昊龙	辽宁何氏医学院
袁小林	大连大学	翟景波	内蒙古民族大学
张红军	牡丹江医学院	张　佩	锦州医科大学
张庆镐	大连大学	朱晓彤	中国医科大学

编写秘书　姜雪峰　中国医科大学

数字课程（基础版）

医学免疫学

（第9版）

主编 孙 逊 凌 虹 杨 巍

登录方法：

1. 电脑访问 http://abook.hep.com.cn/58991，或手机扫描下方二维码、下载并安装 Abook 应用。
2. 注册并登录，进入“我的课程”。
3. 输入封底数字课程账号（20 位密码，刮开涂层可见），或通过 Abook 应用扫描封底数字课程账号二维码，完成课程绑定。
4. 点击“进入学习”，开始本数字课程的学习。

课程绑定后一年为数字课程使用有效期。如有使用问题，请点击页面右下角的“自动答疑”按钮。

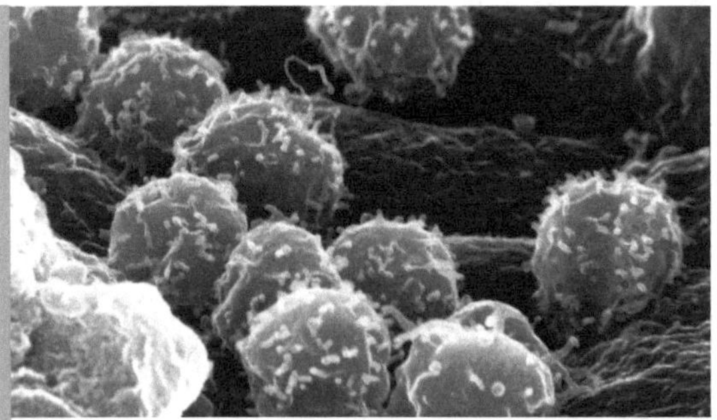

医学免疫学（第9版）

医学免疫学（第9版）数字课程与纸质教材一体化设计，紧密配合。数字课程涵盖教学课件、自测题、微课、拓展阅读等资源，充分运用多种形式的媒体资源，与纸质教材相互配合，丰富了知识呈现形式。在提升课程教学效果的同时，为学习者提供更多思考与探索的空间。

用户名： 密码： 验证码： 5360 忘记密码？ 登录 注册

http://abook.hep.com.cn/58991

扫描二维码，下载Abook应用

《医学免疫学（第9版）》数字课程编委会

主　审　吕昌龙

主　编　孙　逊　凌　虹　杨　巍

副主编　冯　辉　金桂花　刘　平

编　委（按姓氏汉语拼音排序）

曹　妍　中国医科大学
付海英　吉林大学
官　杰　齐齐哈尔医学院
金桂花　延边大学
李　波　哈尔滨医科大学
李　冬　吉林大学
李胜军　中国医科大学
凌　虹　哈尔滨医科大学
刘　辉　大连医科大学
刘　晔　哈尔滨医科大学
倪维华　吉林大学
裴春颖　哈尔滨医科大学
祁赞梅　中国医科大学
孙宇乔　哈尔滨医科大学
王金岩　中国医科大学
王　阳　锦州医科大学
徐　雯　哈尔滨医科大学
杨　巍　吉林大学
袁红艳　吉林大学
翟景波　内蒙古民族大学
张　佩　锦州医科大学
张小梅　大连大学
朱晓彤　中国医科大学
冯　辉　中国医科大学
高　翔　哈尔滨医科大学
姜雪峰　中国医科大学
鞠环宇　哈尔滨医科大学
李　成　中国医科大学
李芳芳　延边大学
李　霞　大连医科大学
刘北星　中国医科大学
刘　平　哈尔滨医科大学
栾希英　滨州医学院
庞　维　中国医科大学
齐　妍　吉林大学
孙　逊　中国医科大学
王　斌　滨州医学院
王庆辉　中国医科大学
邢文婧　哈尔滨医科大学
闫东梅　吉林大学
於昊龙　辽宁何氏医学院
袁小林　大连大学
张红军　牡丹江医学院
张庆镐　大连大学
郑　丽　中国医科大学

编写秘书　姜雪峰　中国医科大学

前言

“医学免疫学”是生命科学和医学领域中一门重要的基础性、前沿性和支柱性学科，是医学专业（基础、临床、预防、口腔及药学等专业）的基础必修课。机体免疫功能在人类健康的维护与重大疾病的发生发展中发挥着重要作用。由高等教育出版社组织编写的《医学免疫学》教材自 1986 年初次出版发行以来，经历了 8 次修订，《医学免疫学》第 8 版、《医学免疫学复习指南和题集》《医学免疫学常用实验技术》入选“十二五”普通高等教育本科国家级规划教材。

本次修订保留了第 8 版教材编写顺序及结构，保留了本书概念准确、重点突出的风格。同时，结合国家执业医师《医学免疫学》考试大纲要求，注重免疫学基础和反映临床应用的新进展，对教材内容进行了修订、补充和更新。

全书共二十五章。在修订时力求全书内容循序渐进，同时统一和规范专业名词的使用及基因和蛋白质的命名等。第一章重点阐述免疫学基本内涵及主要功能，基于免疫学学科的形成与发展特点，介绍免疫学学科的独特性及与临床多学科交叉渗透的特点。第二章至第十七章为基础免疫学部分，重点阐述“矛”（抗原）与“盾”（免疫系统）的相互关系。从宏观到微观，介绍免疫系统的构成（免疫器官、免疫细胞和免疫分子）；根据抗原识别机制的差异，介绍免疫应答的一般过程及规律（固有免疫应答、适应性免疫应答和免疫耐受），同时概括性地介绍了免疫系统内部，以及免疫系统与神经内分泌系统之间网络调控的复杂机制（免疫调节）。随着对免疫系统发挥功能复杂机制的认识越来越深入，免疫学基础与临床的关联也越来越密切。第十八章到第二十五章为临床免疫学部分，重点阐述了免疫系统的机能在临床疾病发生发展中的保护性和病理性作用（自身免疫、超敏反应、移植免疫、肿瘤免疫、抗感染免疫、免疫缺陷病），介绍了免疫预防的方法及类型、常见免疫学技术在基础研究与临床中的应用。

当前，线上线下混合式教学模式的优势已愈发凸显。本次修订将打造与教材配套的数字资源、构建医学免疫学数字课程作为另一个重要的任务目标。为此，本书结合免疫学发展史，将免疫学重要人物及事件等融入微课，积极落实“立德树人”这一高等教育的培养目标；每一章增设重难点微课，结合新进展、新发现和新机制对免疫学相关理论和应用进行重点介绍；提供自测题、教学 PPT、拓展阅读等数字资源，力图通过大量的数字资源，引导学生思考，激发其学习兴趣并帮助其理解和记忆。

本书由 12 所高等医学院校医学免疫学领域骨干教师编写、修订。教材主审中国医科大学吕昌龙教授对全书精心审阅和指导把关。教材第 1 版至第 8 版的所有编委对教材建设做了大量工作，本次再版是在他们工作的基础上才得以顺利完成的。在编写过程中得到了高等教育出版社及各编委所在院校的大力支持。在此，我们向所有参与教材编写的教师表示最诚挚的感谢！

本书中难免存在不足之处，敬请各位同仁和广大师生、读者批评指正！

孙逊　凌虹　杨巍

2022 年 4 月

目 录

第一章　绪论

医学免疫学（medical immunology）是研究人体免疫系统的组成、结构和功能的学科，其主要内容是阐明人体免疫系统在识别抗原和危险信号后发生免疫应答并清除抗原的规律，以及探讨免疫系统功能异常所致疾病及其病变形成机制，为疾病的预防、诊断和治疗提供理论基础和技术方法。

现代免疫学的概念已超越以往“免疫（immunity）”只针对感染性物质（如病原微生物及其产物）的狭义范围，发展成为研究与人的生、老、病、死相关的基本问题的生命科学前沿学科之一，推动着医学和生命科学的全面发展。

第一节　医学免疫学内涵及免疫系统的主要功能

医学免疫学的内涵是探索机体免疫系统发生应答或不应答的规律。免疫应答是指机体免疫细胞识别抗原等异物（如病原微生物或来自于同种、异种和自身的抗原物质）后活化、增殖、分化成效应细胞并产生效应分子，将异物清除的过程。在此过程中，“识别”是矛盾的主要方面，免疫系统既能识别“自己”（self）又能识别“非己”（non-self）抗原物质，达到监视“非己”，排除“非己”抗原物质的目的。

免疫功能是机体识别和清除外来入侵抗原及体内突变、衰老或死亡细胞，并维持机体免疫微环境稳定功能的总称。机体免疫系统的主要功能表现为：①免疫防御（immunological defence），即抵抗外界病原微生物入侵和清除已入侵病原微生物及其他有害物质的能力。免疫防御功能过低或缺失，可发生重度感染或免疫缺陷病；相反，若免疫防御功能过强或持续时间过长，则可在清除病原体的同时引起机体组织、细胞损伤或功能障碍。②免疫监视（immunological surveillance），即随时发现并清除体内突变细胞或肿瘤细胞的能力。免疫监视功能低下，可导致肿瘤的发生。③免疫稳定（immunological homeostasis），即清除体内衰老和死亡细胞，及通过自身免疫耐受和免疫调节等机制维持机体自身免疫微环境稳定的能力。一般情况下，机体免疫系统对自身抗原产生特异性不应答现象，称为自身免疫耐受，这赋予了免疫系统区别“自己”与“非己”的能力。如果免疫耐受被打破或免疫调节功能紊乱，将会导致自身免疫性疾病或超敏反应性疾病的发生。

第二节　免疫学学科的形成与发展

免疫学学科的形成与发展过程可简要概括为如下三个时期。

一、免疫学学科开创期

古代人们在与传染病做斗争的长期实践中发现，患天花、鼠疫、霍乱等烈性传染病的人，一旦康复之后就不再患同一疾病。在此种现象的启发下，中国人于16世纪创建了“种人痘”预防天花的方法，即将天花患者恢复期产生的痂皮磨碎成粉，吹入未患病儿童的鼻腔，可预防天花感染或免于死亡。该方法先后被传到世界其他国家。人痘接种法预防天花是我国对预防医学的一大贡献，也是免疫学实践的最早开端。到18世纪末，英国医生爱德华·詹纳（Edward Jenner）制备牛痘苗预防天花，此方法较种人痘更安全可靠，为传染病预防开辟了更广阔的道路。

二、抗感染免疫研究兴盛期

19世纪末期，由于各种微生物学实验观察方法的建立，许多重要传染病的病原体被发现。伴随医学微生物学的发展，有关抗感染免疫的研究至20世纪中期得到较大发展，其主要内容概括如下。

（一）确定特异性免疫和非特异性免疫

1. 特异性免疫

特异性免疫（specific immunity）是指出生后通过自然感染病原微生物或接种疫苗后机体针对某种特定病原微生物产生的免疫力，而对其他病原微生物不发挥预防作用。法国微生物学家和化学家路易·巴斯德（Louis Pasteur）研制了炭疽减毒活疫苗和狂犬病减毒活疫苗（1880—1885），使机体产生针对炭疽杆菌和狂犬病毒的免疫力，分别用于预防炭疽病和狂犬病。德国学者埃米尔·阿道夫·冯·贝林（Emil Adolf von Behring）和日本学者北里柴三郎（Kitasato Shibasaburo）研制出了白喉抗毒素（1889），开创了治疗白喉的免疫血清疗法。这些都属于特异性免疫范畴。疫苗接种被称为人工主动免疫，而血清疗法则被称为人工被动免疫。

2. 非特异性免疫

非特异性免疫（non-specific immunity）是指出生时就已经具有的、针对各种病原微生物及异物均发挥杀伤和清除的功能。俄国学者伊拉·梅契尼科夫（Elie Metchnikoff）发现的巨噬细胞（macrophage，MΦ）吞噬并消灭异物的功能及比利时细菌学家和免疫学家朱尔斯·博尔德（Jules Bordet）发现的补体（complement）溶解细菌的功能都属于非特异性免疫。

（二）提出体液免疫与细胞免疫学说

20世纪初期，德国学者保罗·埃尔利希（Paul Ehrlich）提出了抗体产生的侧链学说，认为细胞表面存在抗体分子，能与进入机体的抗原结合，刺激细胞产生更多的抗体后脱落入血，即抗体介导的体液免疫学说。Metchnikoff于同时期在研究中发现了吞噬细胞的吞噬作用，创建了细胞免疫学说。两个学说间的争论推动了免疫学的发展。但在抗感染免疫方面，体液免疫学说长期占据主导地位，感染性疾病的诊断、治疗也多采用体液免疫方法。

（三）观察到免疫功能具有生理性和病理性

机体免疫系统的功能具有两面性。一方面，免疫系统的三大功能属于生理性，主要是清除入侵的病原微生物、维持体内免疫微环境的平衡及清除体内突变、衰老和死亡的自身细胞；另一方面为病理性，主要表现为免疫功能异常引起的超敏反应（hypersensitivity）和自身免疫病（autoimmune diseases）等，也包括器官组织移植后的排斥反应。免疫功能并非总是对机体有益，有时也会产生不良后果。因此，维持免疫系统的自身稳定和正常调节功能对机体十分重要。

（四）建立血清学技术

血清学技术是基于抗原与抗体特异性结合的原理，用已知的抗原检测未知的抗体（存在于血清中）或用已知的抗体检测未知的抗原（主要为病原微生物及其产物）。经典血清学技术包括凝集反应、沉淀反应、中和反应及补体结合反应等试验。这些技术不但在当时对病原微生物的鉴定、感染性疾病的诊断和流行病学调查发挥了重要作用，而且对后来现代免疫学新技术，如免疫标记技术、免疫电泳技术和分子免疫技术等的开展起到了奠基石作用。

（五）开展非感染免疫的相关研究

20世纪初，奥地利学者卡尔·兰德斯坦纳（Karl Landsteiner）进行了抗原结构和抗原－抗体反应特异性方面的研究。他将芳香族分子与蛋白质（载体）偶联成人工结合抗原，以此免疫动物，发现该抗原可诱导机体产生特异性抗体，并且该抗原与抗体结合的特异性是由抗原分子表面特定的化学基团所决定。此后，Landsteiner还进行了血型抗原研究，鉴定了ABO血型抗原，并将此成果应用于临床输血，避免了不同血型个体间输血引起的输血反应（tansfusion reaction），极大促进了临床医学的发展。Landsteiner作为血型血清学的奠基者，先后发现了ABO、MNP和Rh等血型系统。20世纪上半叶，瑞典生物化学家阿尔内·蒂塞利乌斯（Arne Tiselius）和美国学者埃尔文·卡巴特（Elvin Kabat）利用蛋白电泳法，将血清蛋白区分为白蛋白和球蛋白，并发现免疫血清中γ球蛋白水平显著升高，且具有明显的抗体活性。

三、现代免疫学学科发展期

自20世纪60年代初至今，免疫学研究已从以抗感染免疫为主过渡到对免疫系统的组成和功能进行“整体－细胞－分子－基因”多层次全方位研究的现代免疫学发展时期。这一时期的主要研究成果包括免疫系统的确立和对免疫应答认识的逐渐完善，认识到免疫系统是机体发挥免疫功能和对体内外抗原物质进行免疫应答的结构基础，其功能正常是维持机体生理平衡与健康的前提。

（一）免疫系统的确立

从种系和个体免疫系统进化、发育过程分析，免疫系统可分为固有免疫系统（innate immune system）和适应性免疫系统（adaptive immune system）。

1. 固有免疫系统

固有免疫系统又称天然免疫系统（natural immune system）或非特异性免疫系统（non-specific immune system），是生物体在长期的种系进化过程中逐步形成的一种天然免疫防御系统，是机体抵抗病原微生物入侵的第一道防线。主要由皮肤和黏膜、固有免疫细胞及固有免疫分子组成。人们很早就认识到固有免疫系统在抵御感染性疾病中的重要作用，如皮肤和黏膜的屏障作用、吞噬细胞的吞噬作用和补体辅助抗体对细菌的溶菌作用等。近年来，固有免疫系统的研究逐渐受到重视并不断深入，也已取得了很多重要成果。

2. 适应性免疫系统

适应性免疫系统又称获得性免疫系统（acquired immune system）或特异性免疫系统（specific immune system）。在淋巴结、脾和骨髓作为免疫器官较早被科学家们承认的基础上，胸腺作为免疫器官于20世纪60年代被认可。由此，有关适应性免疫系统的相关研究取得了快速进展。其主要成果包括：①确认胸腺作为中枢免疫器官，是T细胞分化、发育和成熟的场所；②淋巴细胞不是终末细胞，可转化为淋巴母细胞，再进行分裂增殖，且有长、短寿命两种；③骨髓是造血器官，也是免疫系统的重要器官，具有多潜能干细胞，可分化成为各种类型的免疫细胞；④淋巴细胞通过再循环，可接触各种抗原，诱导淋巴细胞活化，引起广泛的免疫应答；⑤免疫分子逐渐被人们所发现。在这些研究成果的基础上基本确立了构成免疫系统的器官、细胞和分子。近年来，有关黏膜（包括消化道、呼吸道和泌尿生殖道黏膜）免疫系统（作为全身免疫系统的重要组成部分）的研究也越来越受到重视，并获得了重要进展。

（二）对免疫应答认识的逐渐完善

免疫应答是一个极其复杂的生物学过程。抗原进入机体后产生的免疫应答，由免疫细胞和免疫分子等多种因素参与。

对免疫应答认识的完善主要基于以下的重要发现：① 1957年，澳大利亚学者弗兰克·麦克法兰·伯内特（Frank Macfarlane Burnet）提出了克隆选择学说（clonal selection theory），为机体对自身抗原的中枢免疫耐受的形成机制提供了科学的解释，该学说被认为是免疫学发展史上最重要的免疫学理论之一；② 1957—1969年，美国学者杰拉尔德·埃德尔曼（Gerald M. Edelman）和英国学者罗德尼·罗伯特·波特（Rodney R. Porter）共同阐明了免疫球蛋白的四肽链结构和氨基酸序列，并且发现抗体的可变区和恒定区，为此后抗体多样性形成机制的研究奠定了理论基础；③ 1978年，日本科学家利根川进（Susumu Tonegava）利用基因重排技术，揭示了编码抗体分子的基因组成和产生抗体多样性的原理；④ 1974年，澳大利亚学者彼得·杜赫提（Peter C. Doherty）和瑞士学者罗夫·辛克纳吉（Rolf M. Zinkernagel）提出了T细胞双重识别和主要组织相容性复合体（major histocompatibility complex，MHC）限制性学说，即T细胞识别靶细胞表面表达的自身MHC分子（自我识别）的同时，识别由MHC分子结合的抗原肽（特异性抗原识别）；⑤ 1969年，美国学者彼得·布雷舍尔（Peter Brescher）和梅尔文·科恩（Melvin Cohn）提出了B细胞接受抗原刺激活化的“双信号”模式；⑥ 1974年，澳大利亚学者凯文·约翰·拉弗蒂（Kevin John Lafferty）和坎宁安（Cunningham A J）提出了抗原提呈细胞（antigen presenting cells，APC）及该细胞提供共刺激信号使T细胞活化；⑦ 1975年，德国科学家乔治·科勒（Georges Köhler）和美国科学家塞萨尔·米尔斯坦（Cesar Milstein）共同研究建立了单克隆抗体杂交瘤技术，在生命科学及医学领域研究和临床应用中均发挥了极其重大作用，同时也证实了克隆选择学说中提出的一个细胞克隆仅产生一种特异性抗体的假说；⑧ 1974年，丹麦学者尼尔斯·杰尼（Niels K. Jerne）提出了独特型－抗独特型网络学说；⑨ 1945 年，英国学者欧文（Owen R）观察到一种天然免疫耐受现象，异卵双生的两只小牛体内均存在表达两种血型抗原的红细胞（血型嵌合体），这表明不同血型抗原均未引起小牛体内的免疫排斥反应；⑩ 1953 年，英国学者彼得·梅达瓦（Peter Medawar）利用小鼠脾细胞诱导了终生免疫耐受；⑪ 1957 年，Burnet 提出了免疫耐受的概念，即免疫耐受（immunological tolerance）是一种特异性的免疫不应答。

将免疫学科的形成与发展概括为以上几个时期，尽管不够完善，但其在生命科学领域研究与应用和疾病诊治与预防等方面均发挥了巨大作用。

第三节　医学免疫学与其他医学学科的联系及其独特性

免疫学之所以经久不衰，正是由于以它为支架，构成了众多交叉学科。它与基础医学一些学科交叉形成了众多的边缘学科，如免疫生理学、免疫药理学、免疫病理学、免疫遗传学、分子免疫学、环境免疫学、心理免疫学、营养免疫学、预防免疫学、血液免疫学和免疫生物技术等。

免疫学与临床各科所出现的疾病都有着千丝万缕的联系。以内科、外科、妇科、儿科四大科室为例：内科涉及的免疫相关疾病较多，如风湿病、自身免疫病和代谢疾病等；外科有器官移植的排斥问题和手术、创伤、烧伤对免疫功能的影响；妇产科的新生儿溶血性贫血及不育不孕等问题；儿科的先天免疫缺陷病等，涉及多学科的超敏反应性疾病，药物所致的获得性免疫缺陷，以及恶性肿瘤、输血反应等。

一、免疫系统的基本特性

（一）基本结构

由免疫器官、免疫细胞和免疫分子构成免疫系统。虽然免疫系统不像消化系统、呼吸系统等具有明显的连续结构，但它通过淋巴和血液循环形成了全身性的复杂免疫调控网络。

（二）基本功能

免疫防御、免疫监视和免疫稳定是免疫系统维系机体健康的三大基本功能。

（三）基本类型

免疫系统主要包括固有免疫和适应性免疫。适应性免疫又可分为以产生特异性抗体为代表的体液免疫（humoral immunity）和以效应性 T 细胞介导的细胞免疫（cellular immunity）。体液免疫主要负责清除胞外病原体，而细胞免疫主要承担对胞内病原体的清除。

（四）基本特征

免疫系统的基本特征是具有“双刃剑”的作用，即可维护机体健康，又可引发疾病。

二、免疫学的重大贡献

表 1–1 列出的 20 世纪以来获得诺贝尔奖的免疫学家及其研究成果可充分显示免疫学为人类健康所作出的重大贡献。在此，还要特别提及以下成果。

（1）牛痘苗预防接种成功。1979 年 WHO 庄严宣布，天花成为在世界上被消灭的第一个感染性疾病。多年来，疫苗的研制一直是免疫学的热点研究领域，其任务还十分严峻。

（2）红细胞血型抗原（如ABO血型）的发现解决了输血反应问题，挽救了无数患者的生命。

（3）移植抗原［即人白细胞抗原（human leukocyte antigen，HLA）］的发现，推动了有关移植排斥反应发生机制的深入研究，并通过HLA配型，提高了临床器官移植成功率，延长了移植患者的生存时间。

（4）特异性抗体制剂在疾病防治中疗效显著，如用于感染性疾病的白喉抗毒素、破伤风抗毒素和抗病毒血清等；非感染性疾病，如用于治疗毒蛇咬伤的抗蛇毒血清；可有效控制急性排斥反应的抗CD3/CD4单克隆抗体；用于肿瘤治疗的抗体靶向药物等。

（5）骨髓移植在白血病临床治疗中已获得肯定结果。此外，还有外周血干细胞移植和脐带血干细胞移植等。

（6）分子克隆（基因克隆）和细胞克隆技术用于生命科学研究领域，已获得多方面成果。

（7）免疫学技术以其特异、敏感、微量等特点，广泛应用于临床疾病诊断，并已成为众多学科的主要研究手段。

表1-1　20世纪以来获得诺贝尔奖的免疫学家及其主要研究成果

获奖年份	学者姓名	国家	研究成果
1901	Emil Adolf von Behring	德国	应用白喉抗毒素治疗白喉患者
1905	Robert Koch	德国	发现结核分枝杆菌、结核菌素
1908	Elie Metchnikoff	俄国	吞噬作用的研究
	Paul Ehrlich	德国	提出抗体产生的侧链学说
1913	Charles Robert Richet	法国	发现过敏反应
1919	Jules Bordet	比利时	发现补体
1930	Karl Landsteiner	奥地利	发现人类红细胞血型
1951	Max Theiler	南非	发现黄热病病毒并研制黄热病疫苗
1957	Daniel Bovet	意大利	发明抗组胺药物
1960	Frank Macfarlane Burnet	澳大利亚	发现获得性免疫耐受
	Peter Brian Medawar	英国	
1972	Rodney Robert Porter	英国	阐明抗体的化学结构
	Gerald Maurice Edelman	美国	
1977	Rosalyn Sussman Yalow	美国	建立放射免疫测定法
1980	Baruj Benacerraf	美国	发现免疫应答基因 *Ir*
	Jean Dausset	法国	发现人类白细胞抗原（HLA）
	George Snell	美国	发现主要组织相容性复合体（MHC）

续表

获奖年份	学者姓名	国家	研究成果
1984	César Milstein	英国	建立单克隆抗体生产技术
	Georges J. F. Köhler	德国	
	Niels Kaj Jerne	丹麦	提出抗体的独特型网络学说
1987	Susumu Tonegava	日本	阐明抗体多样性机制
1990	E. Donnall Thomas	美国	人体器官和细胞移植的研究
	Joseph Murray	美国	
1996	Peter C. Doherty	澳大利亚	发现 MHC 限制性
	Rolf M. Zinkernagel	瑞士	
2002	Sydney Brenner	南非	发现器官发育和程序性细胞死亡的基因规律（细胞凋亡）
	H. Robert Horvitz	美国	
	J.E.Sulton	英国	
2011	Jules Hoffman	法国	发现 Toll 样受体
	Bruce Beutler	美国	
	Ralph Steinman	美国	发现树突状细胞及其在获得性免疫中的作用
2018	James P. Allison	美国	发现负性免疫调节治疗癌症的疗法（CTLA-4 和 PD-1 分子）
	Tasuku Honjo	日本	
2020	Harvey J. Alter	美国	发现丙型肝炎病毒抗原
	Michael Houghton	英国	
	Charles M. Rice	美国	

（孙　逊）

数字课程学习

教学 PPT　　自测题　　微课　　拓展阅读

第二章 抗原

抗原（antigen，Ag）是指所有能刺激机体免疫系统产生免疫应答，并能与免疫应答产物（抗体或致敏淋巴细胞）发生特异性结合的物质。抗原一般具有两个基本特性：一是免疫原性（immunogenicity），即抗原能刺激机体产生免疫应答，诱导产生抗体或致敏淋巴细胞的能力；二是免疫反应性（immunoreactivity），又称抗原性（antigenicity），即抗原与其诱导产生的抗体或致敏淋巴细胞特异性结合的能力。同时具有免疫原性和免疫反应性的物质称为免疫原（immunogen），又称完全抗原（complete antigen）。完全抗原即通常所称的抗原，如大多数的天然抗原（例如细菌、病毒等）。具备免疫反应性而无免疫原性的物质称为不完全抗原（incomplete antigen）或半抗原（hapten）。半抗原多为简单的小分子，如多糖、类脂、某些药物及其代谢产物等。半抗原与大分子蛋白质或多肽类聚合物等载体（carrier）结合后可形成完全抗原。

第一节 影响抗原免疫原性的因素

抗原的免疫原性受多种因素的影响，主要包括抗原本身的异物性、抗原的理化性质、抗原进入机体的方式以及机体的状态。

一、抗原方面的因素

1. 异物性

异物性是抗原的重要性质。除自身抗原外，抗原通常为非己物质。抗原与宿主之间的亲缘关系越远，组织结构差异越大，异物性越强，其免疫原性就越强。例如，鸡卵白蛋白对鸭而言呈弱免疫原性，而对其他哺乳动物则呈强免疫原性。异物性可存在于不同种属之间，如各种病原体、动物蛋白制剂对人的免疫原性较强；异物性也可存在于同种异体之间，如人类不同个体的红细胞表面血型抗原及同种异体移植物就具有强免疫原性。此外，自身成分若发生改变，也可被机体视为异物；即使自身成分未发生改变，但在胚胎期若未与免疫细胞充分接触，也具有免疫原性（如精子、脑组织、眼晶状体蛋白等在外伤和感染情况下一旦释放入血接触到免疫细胞，也可被视为异物）。

2. 化学性质及结构

抗原本身的化学性质影响其免疫原性。蛋白质一般是良好的抗原，多糖、脂多糖均具有免疫原性。核酸一般无免疫原性，但与蛋白分子结合后具有很强的免疫原性。抗原化学结构的复杂性也影响抗原的免疫原性。含有大量芳香族氨基酸，尤其是含有酪氨酸的蛋白质，其免疫原性较强；而以非芳香族氨基酸为主的蛋白质，其免疫原性较弱。由单一的氨基酸或糖组成的聚合物，尽管其相对分子质量很大，亦缺乏免疫原性。

3. 相对分子质量

一般情况下，抗原的相对分子质量越大，含有抗原表位越多，结构越复杂，其免疫原性越强。相对分子质量大于 100 000 的抗原通常免疫原性较强，相对分子质量小于 10 000 的抗原通常免疫原性较弱或无免疫原性。

4. 物理性状

聚合状态的蛋白质较其单体有更强的免疫原性，颗粒性抗原的免疫原性强于可溶性抗原。若将免疫原性弱的物质吸附于颗粒物理表面或组装为颗粒性物质，可显著增强其免疫原性。

二、宿主方面的因素

1. 遗传因素

宿主对抗原的应答能力受多种遗传基因，特别是主要组织相容性复合体（MHC）的控制。MHC 的多态性是调控抗原特异性免疫应答的关键因素。不同遗传背景的小鼠和人群中的不同个体，由于 MHC 具有高度多态性，导致对相同抗原分子中同一个抗原表位结合的差异，进而导致 T、B 淋巴细胞免疫应答的差异，表现为对同一抗原的应答能力不同。例如，对某一抗原呈高反应性的小鼠品系或人对其他抗原可能呈低反应性。

2. 年龄、性别与健康状态

一般来讲，青壮年动物比幼年和老年动物对抗原的免疫应答强；新生动物或婴儿由于 B 细胞尚未成熟，对多糖类抗原不应答，故易引起细菌感染；雌性动物比雄性动物生成的抗体滴度高，但妊娠动物的应答能力受到显著抑制；感染或免疫抑制剂都能干扰和抑制免疫系统对抗原的应答。

三、抗原进入机体的方式

抗原进入机体的剂量、途径、次数、频率及免疫佐剂的应用均可影响抗原的免疫原性。合适剂量的抗原可诱导免疫应答，过高或过低剂量的抗原则可诱导免疫耐受；皮内和皮下注射抗原易诱导免疫应答，肌内注射次之，静脉注射抗原效果较差，口服则易诱导耐受；间隔适当的时间注射抗原可诱导较强的免疫应答，频繁注射抗原可能诱导免疫耐受。免疫佐剂的应用可显著改变免疫应答的强度和免疫应答的类型。

第二节 抗原的特异性

特异性（specificity）是指物质间的相互吻合性或专一性。抗原的特异性是免疫应答最重要的特点，也是免疫学诊断和防治的理论依据。决定抗原特异性的分子基础是抗原表位。

一、抗原表位的概念

抗原表位（epitope）又称抗原决定基或抗原决定簇（antigenic determinant），是指抗原分子中决定免疫应答特异性的特殊化学基团，是抗原与T细胞抗原受体（T cell receptor，TCR）、B细胞抗原受体（B cell receptor，BCR）或抗体特异性结合的基本结构与功能单位。抗原表位通常由5～15个氨基酸残基组成，也可以由5～7个多糖残基或核苷酸组成。

抗原分子中能与TCR、BCR或抗体分子结合的抗原表位总数称为抗原结合价（antigenic valence）。天然蛋白抗原一般含有多种、多个抗原表位，为多价抗原，可诱导机体产生含有多种特异性抗体的多克隆抗体（polyclonal antibody，pAb）。一个半抗原相当于一个表位，只能与TCR、BCR或抗体分子的一个结合部位结合，为单价抗原。

二、抗原表位的分类

1. 顺序表位和构象表位

根据抗原表位中氨基酸的空间结构特点，可将抗原表位分为顺序表位（sequence epitope）和构象表位（conformation epitope）（图2-1）。顺序表位主要由连续排列的氨基酸残基组成，又称为线性表位（linear epitope）。构象表位主要由非连续排列，但在空间上彼此接近形成特定构象的氨基酸残基、多糖残基或核苷酸组成，也称非线性表位。

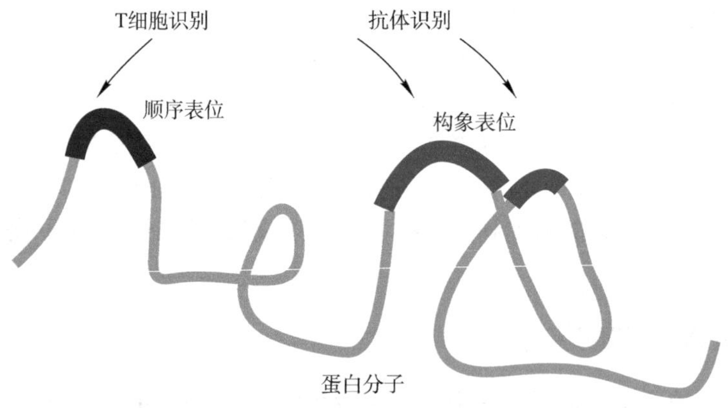

图2-1　顺序表位和构象表位示意图

2. T细胞表位和B细胞表位

根据T细胞、B细胞识别的抗原表位不同，可将抗原表位分为T细胞表位和B细胞表位。T细胞只能识别经APC加工处理后与MHC分子结合为复合物并表达于APC表面的顺序表位，此类表位为T细胞表位。B细胞表位是指BCR或B细胞分泌的特异性抗体识别的表位，多数为位于抗原分子表面的构象表位，少数为顺序表位，无需APC加工处理和提呈即可直接激活B细胞。

三、抗原－抗体反应的特异性

抗原表位中所含的化学基团的性质、数目、位置和空间构象均可影响抗原的免疫反应性。间氨基苯甲酸、间氨基苯磺酸、间氨基苯砷酸只能与其相应的抗体结合（表 2–1），而邻氨基苯甲酸、间氨基苯甲酸、对氨基苯甲酸也只能与其相应的抗体结合（表 2–2）。此外，抗右旋、抗左旋和抗消旋酒石酸的抗体只能与相应旋光性的酒石酸发生结合。

表 2–1　化学基团的性质对抗原特异性的影响

免疫血清	半抗原		
	间氨基苯甲酸 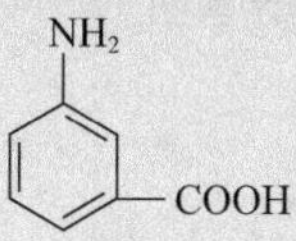 NH_2 / COOH	间氨基苯磺酸 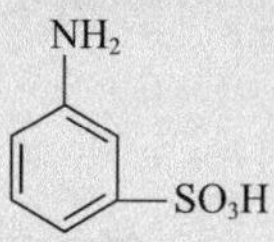 NH_2 / SO_3H	间氨基苯砷酸 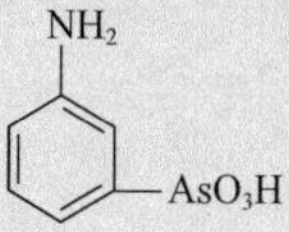 NH_2 / AsO_3H
间氨基苯甲酸	+++	–	–
间氨基苯磺酸	–	+++	–
间氨基苯砷酸	–	–	+++

表 2–2　化学基团的位置对抗原免疫反应性的影响

免疫血清	半抗原		
	邻氨基苯甲酸 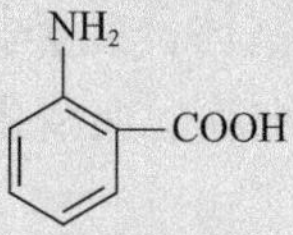 NH_2 / COOH	间氨基苯甲酸 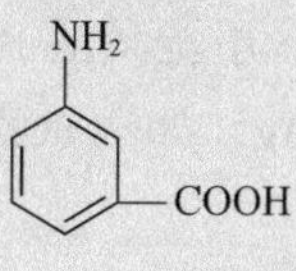 NH_2 / COOH	对氨基苯甲酸 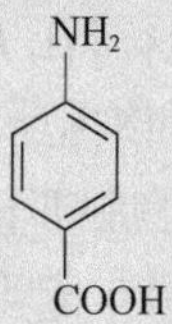 NH_2 / COOH
邻氨基苯甲酸	+++	–	–
间氨基苯甲酸	–	+++	–
对氨基苯甲酸	–	–	+++

四、共同抗原表位与交叉反应

某些抗原分子中常含有多种或多个抗原表位，不同抗原之间可能含有相同或相似的抗原表位，称为共同抗原表位（common epitope）。含共同抗原表位的不同抗原称为交叉抗原（cross antigen）。抗体可以与具有相同或相似的抗原表位的不同抗原发生特异性结合反应，称为交叉反应（cross reaction）（图 2–2）。

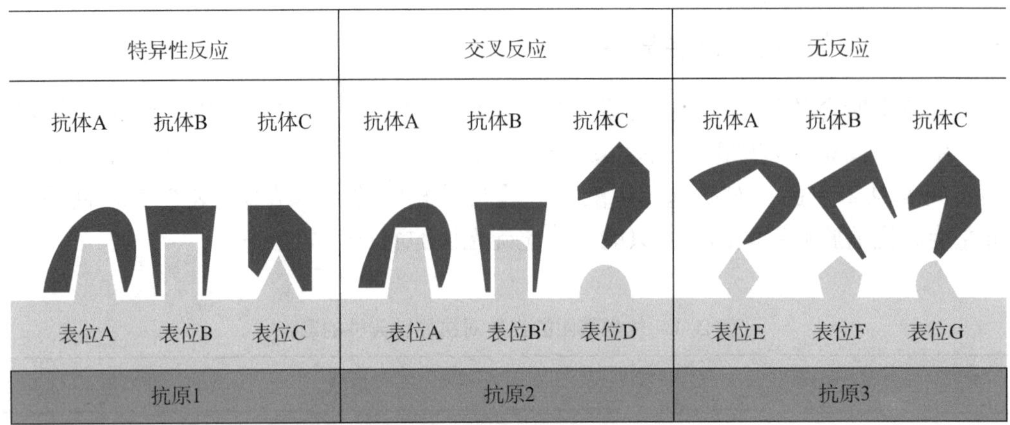

图 2-2　交叉反应示意图

第三节　抗原的分类

抗原的种类繁多，常采用以下分类方法。

一、根据抗原刺激 B 细胞产生抗体是否需 Th 细胞辅助分类

根据抗原刺激 B 细胞产生抗体是否需 $CD4^+$ 辅助性 T 细胞（Th）辅助，可分为胸腺依赖性抗原和胸腺非依赖性抗原。

1. 胸腺依赖性抗原

胸腺依赖性抗原（thymus dependent antigen，TD-Ag）又称 T 细胞依赖性抗原，一般情况下，抗原需在 Th 细胞辅助下才能激活 B 细胞产生抗体，此类抗原即 TD-Ag。绝大多数蛋白质抗原和细胞抗原属于 TD-Ag，如病原微生物、血细胞、血清蛋白等。

2. 胸腺非依赖性抗原

胸腺非依赖性抗原（thymus independent antigen，TI-Ag）又称 T 细胞非依赖性抗原，抗原刺激 B 细胞产生抗体时无需 Th 细胞辅助，此类抗原即 TI-Ag。TI-Ag 又可分为 TI-1Ag 和 TI-2Ag。TI-1Ag 既可特异性激活 B 细胞，又具有丝裂原性质，可非特异性激活多克隆 B 细胞，如细菌脂多糖等；TI-2Ag 具有多个重复 B 细胞表位，可通过交联 BCR 刺激成熟 B 细胞应答，如肺炎球菌荚膜多糖、聚合鞭毛素等。

二、根据与人类的亲缘关系分类

根据抗原与人类的亲缘关系，可将其分为异种抗原、同种异型抗原、自身抗原、嗜异性抗原和独特型抗原等。

1. 异种抗原

异种抗原（xenogenic antigen）是指来自于不同种属的抗原，如病原微生物及其产物、植物蛋白、动物免疫血清及异种器官移植物等，对人而言均为重要的异种抗原。临床治疗用的动物免疫血清，如马血清抗毒素具有双重效应。一方面，马血清含有特异性抗体，具有中和毒素的作用；另一方面，马血清对人是异种抗原，可刺激机体产生抗马血清抗体，反复使用可导致超敏反应。

2. 同种异型抗原

同种异型抗原（allogenic antigen）是指在同一种属不同个体间所存在的不同抗原，如人类不同个体的血型抗原和人类主要组织相容性抗原，即人白细胞抗原（HLA）等。已发现有 40 余种血型抗原系统，如 ABO 系统和 Rh 系统等。人类红细胞中与恒河猴红细胞相同的抗原称为 Rh 抗原。已确定的 Rh 血型抗原有 4 种，只分布于红细胞膜，为跨膜蛋白。临床上通常以 D 抗原的存在与否来判定 Rh 阳性或阴性。Rh 血型因民族而异，我国汉族中 99.64% 为 Rh 阳性，0.36% 为阴性。人类血清中不存在抗 Rh 抗原的天然抗体。Rh 因子虽然是蛋白质，但其抗原性不如 A、B 抗原强。Rh 阴性孕妇怀有 Rh 阳性胎儿时，Rh 血型不符会产生新生儿溶血反应。此外，HLA 是人群中最复杂、多态性最高的同种异型抗原，是个体区别于他人的独特遗传标志，是介导移植排斥反应的主要移植抗原。

3. 自身抗原

正常情况下，机体免疫系统对自身组织细胞不会产生免疫应答，即自身耐受。但是在感染、理化因素、某些药物等影响下，自身组织细胞发生改变和修饰，或者外伤导致免疫隔离部位的隐蔽抗原（如眼晶状体蛋白、精子蛋白等）释放，从而诱导机体对自身成分产生免疫应答，这些可诱导特异性免疫应答的自身成分称为自身抗原（autoantigen）。

4. 嗜异性抗原

嗜异性抗原（heterophilic antigen）指一类与种属特异性无关，存在于人、动物、微生物、植物之间的共同抗原。因 Forssman 首先发现这种抗原，故亦称为福斯曼抗原（forssman antigen）。Forssman 用豚鼠脏器的生理盐水悬液免疫家兔，获得抗体，此抗体除可与豚鼠多种脏器悬液发生反应外，还能与绵羊红细胞发生凝集反应，这种反应称为交叉反应。

某些微生物与人体自身组织存在共同抗原，当感染这些微生物后，人体所产生的抗微生物抗体与其有关的组织亦可产生交叉反应。例如，A 族溶血性链球菌的胞膜糖蛋白与人肾小球基膜及心肌组织存在共同抗原，因此，链球菌感染易导致肾小球肾炎或心肌炎。又如，大肠埃希菌 O_{14} 与结肠黏膜存在共同抗原，故大肠埃希菌 O_{14} 感染可导致溃疡性结肠炎。

5. 独特型抗原

TCR、BCR 或免疫球蛋白（immunoglobulin，Ig）的可变区（variable region，V 区）所具有的独特氨基酸顺序和空间构象，可诱导自体产生相应的抗体，这些独特的氨基酸序列称为独特型抗原（idiotypic antigen）。独特型抗原诱生的抗体称为抗独特型抗体（anti-idiotype，AId）。因此，在体内能以 Ab1 → Ab2 → Ab3 → Ab4……的形式形成复杂网络，调节免疫应答（详见第十六章）。

三、其他分类

根据抗原的特性，可将其分为完全抗原和半抗原；根据抗原的产生方式不同，可将其分为天然抗原和人工合成抗原；根据物理性状的不同，可将其分为颗粒性抗原和可溶性抗原；

根据抗原的化学性质不同，可将其分为蛋白质抗原、多糖抗原及核酸抗原；根据抗原来源及其与疾病的相关性，可将其分为移植抗原、肿瘤抗原、自身抗原。将诱导机体产生免疫耐受的抗原称为耐受原（tolerogen），将引起超敏反应的抗原称为变应原（allergen）或过敏原。

第四节　非特异性免疫刺激剂

与抗原特异性激活 T 细胞、B 细胞应答不同，某些物质可非特异性激活 T 细胞、B 细胞，称为非特异性免疫刺激剂，如佐剂、超抗原和丝裂原等。

一、佐剂

佐剂（adjuvant）是指先于抗原或与抗原同时注入体内，可增强机体对抗原的免疫应答或改变免疫应答类型的非特异性免疫增强剂。

佐剂的种类很多，一般分为如下几类：①无机化合物，如氢氧化铝（安全的人用佐剂）、磷酸铝等；②生物性佐剂，如卡介苗（bacillus calmette-guérin，BCG）、短小棒状杆菌、脂多糖（lipopolysaccharide，LPS）、细胞因子［如粒细胞－巨噬细胞集落刺激因子（granulocyte-macrophage colony stimulating factor，GM–CSF）、白细胞介素 2（interleukin–2，IL–2）、干扰素 -γ（interferon–γ，IFN–γ）和 IL–12］等；③合成佐剂，如双链多聚肌苷酸：胞苷酸（polyinosinic acid-polycytidylic acid，poly I：C）、双链多聚腺苷酸：尿苷酸（polyadenylic acid–polyuridylic acid，poly A：U）等；④有机物，如矿物油等；⑤脂质体，如免疫刺激复合物（immune stimulating complex，ISCOM）等。

佐剂的作用机制主要为：①改变抗原的物理性状，延缓抗原释放，延长抗原在体内的存留时间；②刺激单核－吞噬细胞，增强其对抗原的加工处理和提呈；③刺激淋巴细胞增殖分化，增强和放大免疫应答。

不同佐剂的作用效果和机制各异，弗氏佐剂是目前动物实验中最常用的佐剂。可分为弗氏完全佐剂（Freund's complete adjuvant，FCA）和弗氏不完全佐剂（Freund's incomplete adjuvant，FIA）。FCA 含有灭活的结核分枝杆菌和矿物油，可增强机体体液免疫应答和细胞免疫应答。FIA 仅含有矿物油，可增强机体体液免疫应答。佐剂作为非特异性免疫增强剂，广泛应用于增强预防接种疫苗的免疫效果及提高动物血清抗体的效价，还可用于抗肿瘤、抗感染的免疫生物治疗。

二、超抗原

超抗原一词由 White 等于 1989 年首先提出，他们发现某些细菌或病毒产物可大量激活 T 细胞，由于这类物质具有很强的刺激 T 细胞活化的能力，故称为超抗原（superantigen，SAg）。超抗原为多克隆激活剂，可分为外源性超抗原和内源性超抗原两类。前者如金黄色葡萄球菌肠毒素 A ~ E（staphylococcus aurells enterotoxin A ~ E，SEA ~ SEE）、A 族链球菌 M 蛋白、致热外毒素 A ~ C、支原体关节炎丝裂原、小肠结肠类耶氏菌膜蛋白等，后者如小鼠乳腺肿瘤病毒蛋白等。

与普通抗原相比（表 2-3），超抗原的作用特点如下：①具有强大的激活 T 细胞的能力。普通抗原刺激机体后，仅能激活 $1/10^6$ ~ $1/10^4$ 的 T 细胞，而超抗原在极低浓度（10^{-12} mol/L）即可激活高达 5% ~ 20% 的 T 细胞，产生极强的免疫应答。②无须抗原加工与提呈。超抗原一端与 APC 表面的 MHC Ⅱ类分子抗原肽结合槽外侧的非多态区结合，另一端与 TCR Vβ 链外侧保守区结合，以完整蛋白质的形式激活 T 细胞。这种激活作用需要 MHC 分子协助，但不受 MHC 分子限制（图 2-3）。③超抗原不仅能激活 T 细胞，而且可诱导 T 细胞耐受或免疫抑制。例如，将 SEA/SEE 注入成年鼠体内，在淋巴组织中很快出现 T 细胞大量增殖，但达到峰值后 2 ~ 3 天即开始显著下降。另一作用表现为，在超抗原过强刺激下，T 细胞可能因过度刺激被耗竭，导致 T 细胞功能或数量失调而继发免疫抑制状态。

表 2-3　超抗原与普通抗原的比较

比较点	普通抗原	超抗原
化学性质	普通蛋白质	细菌外毒素
MHC 结合部位	多态区肽结合槽	非多肽区
TCR 结合部位	Vα、Jα 及 Vβ、Dβ、Jβ	Vβ
MHC 限制性	+	-
应答特点	APC 处理后被 T 细胞识别	直接刺激 T 细胞
反应细胞	T 细胞、B 细胞	$CD4^+$ T 细胞

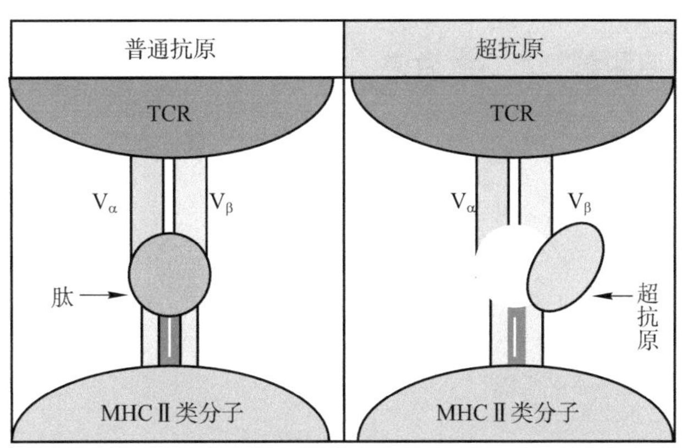

图 2-3　超抗原与普通抗原激活 T 细胞机制示意图

超抗原多为病原微生物的代谢产物或致病因子，可通过非特异性激活大量 T 细胞，释放大量炎症性细胞因子，导致中毒性休克、多器官功能衰竭等严重临床并发症；另一方面，超抗原作为强大的 T 细胞激活剂，可能在肿瘤免疫治疗中发挥积极作用。

三、丝裂原

丝裂原（mitogen）又称有丝分裂原，是一类可使淋巴细胞发生有丝分裂进而增殖的非特异性淋巴细胞多克隆激活剂。丝裂原通过与淋巴细胞表面相应受体结合，刺激静息淋巴细胞转化为淋巴母细胞并发生有丝分裂，从而激活特定类型淋巴细胞的全部克隆。

T 细胞、B 细胞表面分别表达多种丝裂原受体（表 2–4），可对相应丝裂原的刺激产生增殖反应，被广泛应用于体外机体免疫功能的检测。

表 2–4 常用的作用于人和小鼠 T 细胞、B 细胞的丝裂原

	人		小鼠	
	T 细胞	B 细胞	T 细胞	B 细胞
伴刀豆蛋白 A（ConA）	+	–	+	–
植物血凝素（PHA）	+	–	+	–
美洲商陆丝裂原（PWM）	+	+	+	–
脂多糖（LPS）	–	+	–	+
葡萄球菌 A 蛋白（SPA）	–	+	–	–

注：Con A，concanavalin A；PHA，phytohemagglutimin；PWM，pokeweed mitogen；LPS，lipopolysaccharide；SPA，Staphylococcus protein A

（张庆镐）

数字课程学习

教学 PPT　自测题　微课　拓展阅读

第三章　免疫器官与组织

免疫系统（immune system）的器官和组织主要由淋巴样组织构成。按其功能不同，分为中枢免疫器官和外周免疫器官与组织，两类免疫器官与组织之间通过血液和淋巴液的循环相互连接。

第一节　中枢免疫器官

中枢免疫器官（central immune organ），又称初级淋巴器官（primary lymphoid organ），是免疫细胞发生、分化、发育和成熟的场所。在人和哺乳动物主要是胸腺和骨髓，鸟类还包括法氏囊。

一、骨髓

骨髓（bone marrow）是造血组织，也是各类免疫细胞的发生场所。骨髓中含有造血干细胞（hematopoietic stem cell）和骨髓基质细胞（stromal cell）。造血干细胞是存在于骨髓中的一群原始细胞，最终可分化成各种血液细胞成分。骨髓基质细胞及其分泌的白细胞介素-3（IL-3）、IL-4、IL-6、IL-7、干细胞因子（stem cell factor，SCF）、粒细胞-单核细胞集落刺激因子（GM-CSF）等多种细胞因子，为造血干细胞的分化发育提供重要的微环境（细胞因子的功能详见第十章）。

（一）造血干细胞的分化

造血干细胞具有自我更新和多种分化潜能，因此又称多能造血干细胞（pluripotent hematopoietic stem cell），可存在于造血组织及血液中。最早发生于胚胎早期的卵黄囊，而后发生于胚胎肝，妊娠中后期及出生后骨髓为造血干细胞的主要来源。人类造血干细胞缺乏各血细胞谱系特有的表面标志，但其表达的CD34和CD117（又称干细胞生长因子受体或c-kit）分子可用于干细胞的鉴定。造血干细胞在骨髓微环境中首先分化成共同髓样前体细胞（common myeloid precursor，CMP）和共同淋巴样前体细胞（common lymphoid precursor，CLP），然后分别向特定细胞系进一步分化（图3-1）。

1. 共同髓样前体细胞的定向分化

共同髓样前体细胞即髓样干细胞（myeloid stem cell），能首先分化成集落生成单位（colony-forming unit，CFU）。CFU是指由单一前体细胞分化增殖而成的细胞集落，可在体外用软琼脂细胞集落形成法进行检测。一般用CFU-G/M、CFU-E、CFU-Meg、CFU-Eo、CFU-Ba

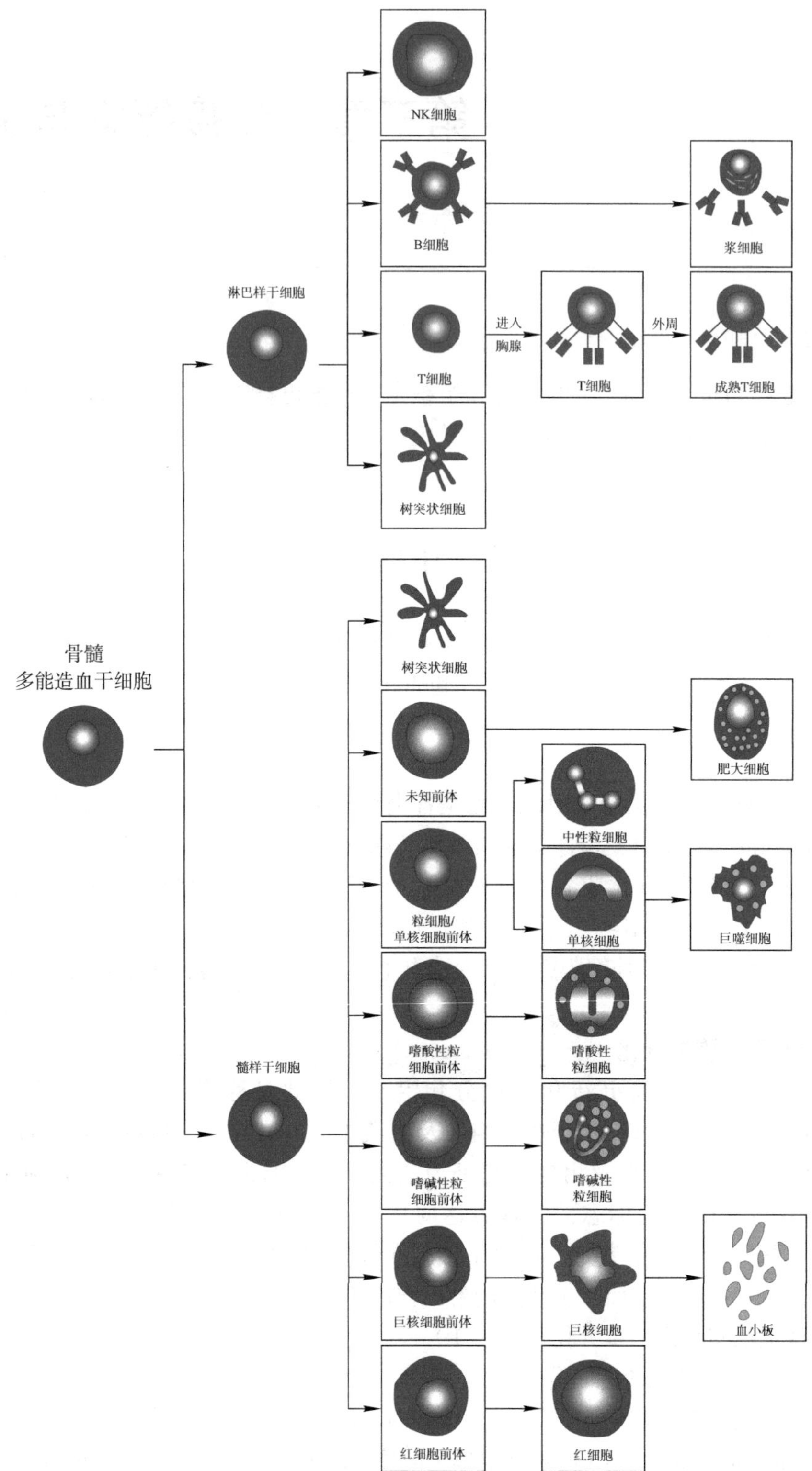

图 3-1 造血干细胞定向分化示意图

等缩写形式分别表示中性粒细胞/单核细胞、红细胞、巨核细胞、嗜酸性粒细胞、嗜碱性粒细胞等的细胞集落生成单位。继而在SCF、GM-CSF、IL-3、血小板生成素（TPO）、红细胞生成素（EPO）等细胞因子的分别作用下，分化发育成为中性粒细胞、单核细胞、嗜酸性粒细胞、嗜碱性粒细胞、红细胞和血小板等。单核细胞短时间循环于血液中，而后移行并广泛分布于组织内继续发育成巨噬细胞。树突状细胞（dendritic cell，DC）来源于共同髓样前体细胞或共同淋巴样前体细胞。肥大细胞也被认为是来源于共同髓样前体细胞，在骨髓内发育至未成熟阶段，进入血液循环，到达外周组织发育成熟，发挥其生物学功能。

2. 共同淋巴样前体细胞的定向分化

T细胞、B细胞、自然杀伤细胞（natural killer cell，NK细胞）等来源于共同淋巴样前体细胞即淋巴样干细胞（lymphoid stem cell）。共同淋巴样前体细胞可分化为祖B细胞（pro-B cell）和祖T细胞（pro-T cell）等，祖B细胞在骨髓内继续发育为未成熟的B细胞，而祖T细胞则进入胸腺发育为成熟的T细胞。分化的每个B细胞克隆和T细胞克隆均分别表达B细胞抗原受体（BCR）和T细胞抗原受体（TCR），特异性识别相应的抗原。机体识别不同抗原的全部B细胞克隆和T细胞克隆称为B细胞库（B cell repertoire）和T细胞库（T cell repertoire），担负识别外周各种抗原的功能。

（二）B细胞在骨髓内的发育

1. B细胞在骨髓内的发育过程

B细胞的发育过程经历了从淋巴样前体细胞（lymphoid precursor）到早祖B细胞（early pro-B cell）、晚祖B细胞（late pro-B cell）、大前B细胞（large pre-B cell）、小前B细胞（small pre-B cell）和未成熟B细胞（immature B cell）几个阶段（图3-2）。骨髓为此提供了微环境。在此微环境中，发育最早期的B细胞从邻近骨内表面的骨髓膜下区向骨髓腔中心移行并逐渐发育成未成熟B细胞。未成熟B细胞迁移到外周免疫器官（如脾和淋巴结等）内最终发育为成熟B细胞并表达IgD和IgM。B细胞的发育依赖于骨髓内的基质细胞。基质细胞在骨髓内的数量是造血干细胞的2倍。骨髓基质细胞在B细胞发育中有两个作用：①通过细胞间黏附分子和相应配体与发育中的B细胞结合；②提供生长因子，如SCF和IL-7等。淋巴样前体细胞和早祖B细胞表面表达的整合素及其他细胞黏附分子与基质细胞表面表达的相应配体结合后，早祖B细胞表面的c-kit与基质细胞产生的SCF结合，使细胞内酶类活化，刺激早祖B细胞分化、增殖。在晚祖B细胞和前B细胞阶段，B细胞表达的IL-7受体与基质细胞释放的IL-7结合，使B细胞继续分化发育。当B细胞发育到未成熟B细胞阶段时，失去与基质

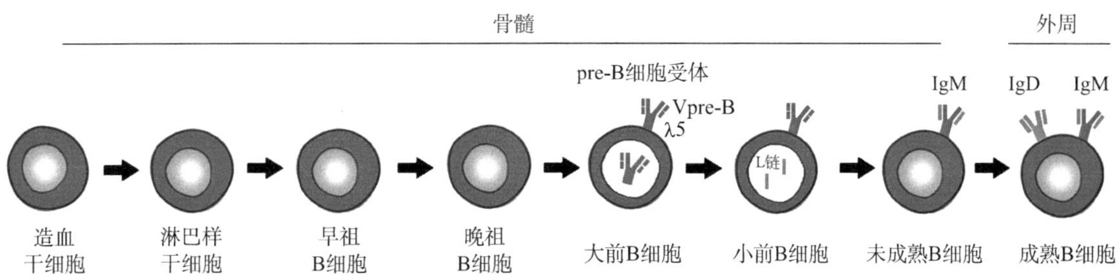

图3-2　B细胞在骨髓内的发育过程

细胞相互作用的依赖性，经血液循环到达外周免疫器官，进一步发育为成熟 B 细胞。

2. BCR 的表达

BCR 是 B 细胞表面的膜免疫球蛋白（membrane immunoglobulin，mIg），是 B 细胞的重要膜分子。免疫球蛋白轻链（light chain，L 链）及重链（heavy chain，H 链）编码基因的重排及表达发生于 B 细胞的各发育阶段。在祖 B 细胞阶段，H 链基因开始重排；H 链的各基因片段的连接发生在祖 B 细胞阶段；完整 μ 链的表达标志着 B 细胞发育进入了前 B 细胞阶段。大前 B 细胞表达的 μ 链可与一种替代 L 链（λ5/VpreB）结合形成前 B 细胞受体，该受体出现后将促使大前 B 细胞发育成小前 B 细胞，小前 B 细胞表达的功能性 L 链与 μ 链结合形成 IgM 分子并表达在 B 细胞表面，发育至此阶段的 B 细胞称为未成熟 B 细胞。（免疫球蛋白的基因结构及其表达详见第八章）

3. 免疫球蛋白以外其他分子的表达

早祖 B 细胞即开始有 CD45R（小鼠称为 B220）和 CD19 分子的表达，并持续至以后的各个发育阶段。CD43、c-kit（CD117）和 IL-7 受体也表达于早祖 B 细胞，其中 CD43 和 IL-7 受体表达至大前 B 细胞阶段，而 kit 的表达则停止于晚祖 B 细胞。CD25（低亲和性的 IL-2 受体）表达于晚祖 B 细胞和前 B 细胞。BP-1（氨基肽酶）则表达于前 B 细胞。这些表面蛋白分子除可作为标志对不同发育阶段 B 细胞进行鉴别之外，更重要的是具有参与信号启动、促使 B 细胞发育等作用。此外，在 B 细胞的不同发育阶段，细胞内也表达一些特殊的蛋白分子，如 *RAG-1* 和 *RAG-2*（重组活化基因）的编码产物和 TdT（末端脱氧核苷转移酶）等，在基因重排和转录中起重要作用（表 3-1）。

表 3-1　不同发育阶段 B 细胞的免疫球蛋白基因重排及各种特征性分子的表达

特征	干细胞	早祖 B	晚祖 B	大前 B	小前 B	未成熟 B	成熟 B
基因重排							
H 链	胚系	D-J	V-DJ	VDJ	VDJ	VDJ	VDJ
L 链	胚系	胚系	胚系	胚系	V-J	VJ	VJ
表面分子							
Ig	−	−	−	pre-B 受体	胞内 μ 链	IgM	IgD 和 IgM
CD19	−	+	+	+	+	+	+
CD45R	−	+	+	+	+	+	+
Ig α	−	+	+	+	+	+	+
Ig β	−	+	+	+	+	+	+
CD43	−	+	+	+	−	−	−
CD25	−	−	+	+	+	−	−
c-kit	−	+	+	−	−	−	−
IL-7R	−	+	+	+	−	−	−
BP-1	−	−	−	+	+	−	−

续表

特征	干细胞	早祖 B	晚祖 B	大前 B	小前 B	未成熟 B	成熟 B
胞内蛋白							
TdT	–	+	+	+	+	–	–
λ5	–	+	+	+	–	–	–
VpreB	–	+	+	+	–	–	–

（三）骨髓的主要功能

（1）骨髓是各类血细胞及免疫细胞的发生场所。

（2）骨髓是 B 细胞、NK 细胞、粒细胞、单核巨噬细胞等大多数免疫细胞的分化、发育、成熟的场所。

（3）骨髓是长寿浆细胞产生抗体的场所（详见第十五章）。

二、胸腺

胸腺（thymus）位于纵隔前上方，是实质性器官，表面包含有一层较厚的组织被膜。胸腺内有结缔组织形成的小叶间隔，将胸腺分成许多不完全分割的小叶，每个小叶含有皮质和髓质两部分。胸腺发生于胚胎早期的第三咽囊和鳃裂的内、外胚层，造血干细胞来源的祖 T 细胞定植于胸腺，产生大量的胸腺细胞（T 细胞前体细胞），并进一步发育成 T 细胞谱系。胸腺细胞影响上皮细胞的排列和网状结构的形成，上皮细胞则影响胸腺细胞的进一步发育成熟。除上皮细胞外，胸腺内还有 DC 和巨噬细胞影响胸腺细胞的发育。人类胸腺在出生时就已完全发育，青春期前胸腺有大量的 T 细胞发育成熟。在青春期后，胸腺逐渐萎缩，输出的成熟 T 细胞数量下降，而外周 T 细胞库通过成熟 T 细胞的分裂新生维持。

（一）胸腺微环境

胸腺微环境由胸腺上皮细胞、巨噬细胞、DC 等基质细胞，及细胞外基质（extracellular matrix）和活性因子构成，影响胸腺内 T 细胞的分化、增殖和选择性发育（图 3–3）。其中，胸腺上皮细胞组成的网状结构是胸腺微环境的最重要部分，在皮质和髓质内有不同形态的胸腺上皮细胞存在。胸腺上皮细胞一般以如下两种方式影响胸腺细胞的分化。①细胞 – 细胞间相互接触：上皮细胞与胸腺细胞间通过各自表达的膜分子相互接触。如上皮细胞表达的 MHC Ⅰ类分子 – 抗原肽或 MHC Ⅱ类分子 – 抗原肽与胸腺细胞表达的 TCR 结合，调节胸腺细胞的发育。②分泌细胞因子：胸腺上皮细胞分泌的 IL–1、IL–2、IL–6、IL–7、TNF–α、GM–CSF 等细胞因子与胸腺细胞上的相应受体结合，促进胸腺细胞的发育。胸腺内的 DC 较集中存在于皮质 – 髓质交界处，表达高水平的 MHC Ⅱ类分子，散在的巨噬细胞表达低水平的 MHC Ⅱ类分子，DC 和巨噬细胞对 T 细胞的选择发育起重要作用。（MHC 分子的结构及其生物学功能详见第十一章）。

细胞外基质是由多种胶原蛋白、网状蛋白纤维、葡糖胺聚糖和糖蛋白（含昆布胺酸和纤维黏连蛋白）组成。这些细胞外基质成分围绕细胞周围，具有维持胸腺内细胞正常生理功能、

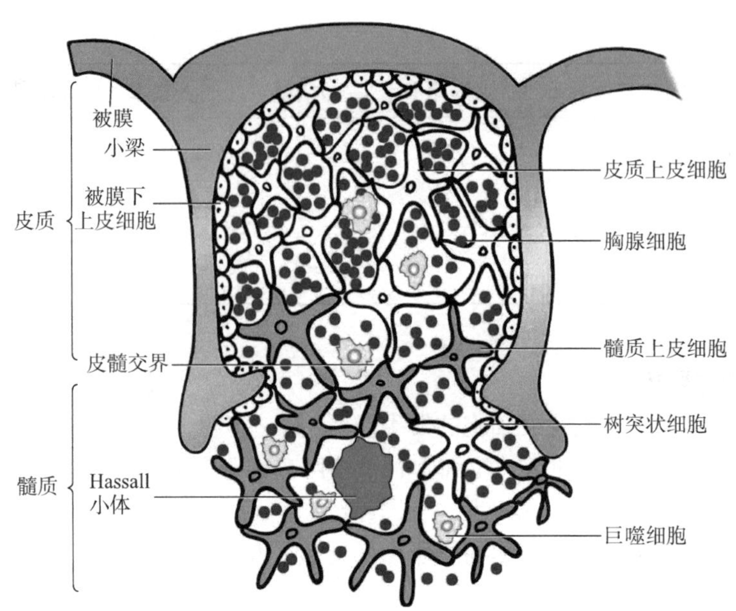

图 3–3　胸腺的结构和细胞组成

促进细胞 – 细胞间相互接触和胸腺细胞移行成熟等作用。

（二）T 细胞在胸腺内的发育

T 细胞主要在胸腺内发育成熟，这一结论来自于机体免疫功能不全及与胸腺缺如有关现象的发现。切除胸腺的新生小鼠 T 细胞的发育受限，并且持续终生。人类的迪格奥尔格综合征（DiGeorge's syndrome）和先天性无胸腺裸鼠均以血液循环和外周淋巴组织中 T 细胞缺乏为特征，显示严重的 T 细胞介导的免疫功能不全。

1. T 细胞在胸腺内的发育过程

来自骨髓的淋巴样干细胞从被膜下区、皮质区到髓质区移行，即从“双阴性（$CD4^-CD8^-$）”胸腺细胞（double negative，DN）、“双阳性（$CD4^+CD8^+$）”胸腺细胞（double positive，DP）到“单阳性（$CD4^+$ 或 $CD8^+$）”胸腺细胞（single positive，SP）（成熟 T 细胞）的成熟过程（图 3–4）。在这一过程中，胸腺细胞受胸腺不同区域的微环境的影响，经历了一系列复杂的发育状态的变化，如 TCR 基因重排，CD4、CD8 及其他蛋白分子的表达等。在此过程中，还经历阳性选择和阴性选择过程，最终大部分发育中的胸腺细胞死亡，仅小部分发育成识别抗原具有 MHC 限制性和对自身抗原具有耐受性的成熟 T 细胞。实验证明，一只刚成年小鼠的胸腺含有（1 ~ 2）$\times 10^8$ 个胸腺细胞，但仅有 2% ~ 4% 最终发育为成熟 T 细胞，离开胸腺进入外周组织。

2. 胸腺细胞表面膜分子的表达

各发育阶段的胸腺细胞表达特征性表面膜分子。①“双阴性”胸腺细胞主要存在于被膜下区和浅皮质区，系来自于骨髓的淋巴样干细胞。大部分的“双阴性”细胞将向 αβ TCR^+ T 细胞（αβ T 细胞）发育，小部分将向 γδ TCR^+ T 细胞（γδ T 细胞）发育。其中，一小部分 αβ T 细胞也表达 NK1.1，称为 $NK1.1^+$T 细胞（或简称为 NK T 细胞）。在双阴性阶段，胸腺细胞先是表达 CD44 分子和 c-kit，而后表达 CD25 分子。随着 CD25 分子的大量表达，CD44 分子表达降低，称此细胞为 $CD44^{low}CD25^{+}$ T 细胞。与此同时，TCR β 链基因开始重排。不能成功进行 β 链基因重排的细胞停留于 $CD44^{low}CD25^{+}$ 阶段，不再继续发育并迅速死亡。能成功进行 β 链基因重排并表达的细胞，进一步发育。TCRβ 链同一种替代 α 链，即前 T 细胞 α 链（pre-T cell α，pTα）组装成前 T 细胞受体（pre-T cell receptor，pre-TCR），并同 CD3 分子形成复合体表达在细胞表面。CD3-pre-TCR 复合体的形成与表达导致细胞增殖，β 链基因重排受抑制，出现 CD4 和 CD8 分子的表达，即发育成为"双阳性"胸腺细胞。②"双阳性"细胞构成了皮质区胸腺细胞的大多数。在此发育阶段，大的"双阳性"细胞分化成小的"双阳性"细胞，其中大多数细胞的 α 链基因成功重排，表达 αβ TCR。开始为低水平表达，并且大多数细胞表达的 αβ TCR 不能识别自身的 MHC 分子，结果细胞不能经受阳性选择而死亡。仅少数细胞表达的 αβ TCR 可识别自身 MHC 分子，能经受阳性选择，继续发育成熟并表达高水平的 αβ TCR。同时，细胞的两种协同受体即 CD4 或 CD8 分子之一停止表达。在双阳性阶段的中后期，还经历阴性选择，消除对自身抗原发生应答的细胞，最终发育为成熟的"单阳性" αβ T 细胞。③"单阳性" αβ T 细胞表型为 $CD3^{+}CD4^{+}CD8^{-}$ 或 $CD3^{+}CD8^{+}CD4^{-}$，发育成熟的 T 细胞从皮质 - 髓质交界处进入髓质后，离开胸腺经血液循环到达外周淋巴组织，构成外周 T 细胞库。

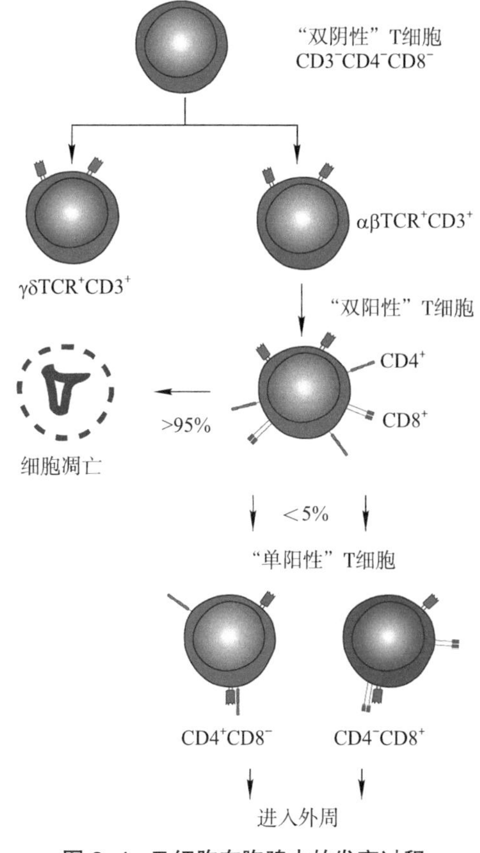

图 3-4 T 细胞在胸腺内的发育过程

3. 胸腺细胞发育中的 TCR 基因重排

αβ T 细胞和 γδ T 细胞来自共同前体细胞，即同一胸腺细胞内存在编码 α、β、δ 和 γ 四条肽链的基因（图 3-5）。β 和 γ 链基因位于 7 号染色体，α 和 δ 链基因位于 14 号染色体。在胸腺细胞的发育过程中，是发生 γ、δ 基因成功重排和表达功能性 γδ TCR，还是 β 基因成功重排、表达 pre-TCR，将决定其发育为成熟 T 细胞的命运，即成熟为 γδ T 细胞，还是成熟为 αβ T 细胞。在发育的双阴性阶段，胸腺细胞的 β、γ 和 δ 基因开始重排，并且三种基因的重排几乎同时发生。如果 γ 和 δ 基因发生成功重排并表达功能性 γδ TCR，该胸腺细胞就会接受来自 γδ TCR 信号的刺激，向 γδ T 细胞谱系分化，并关闭 β 链基因的表达，成熟为 γδ T 细胞。如果 β 链基因重排成功，表达功能性 β 链，与 pTα 形成 pre-TCR，则该胸腺细胞就接受由 pre-TCR 提供的刺激信号，向 αβ T 细胞谱系分化，同时停止 γ、δ 链基因的表达，成熟为 αβ T 细胞。有关其调节机制尚不清楚。

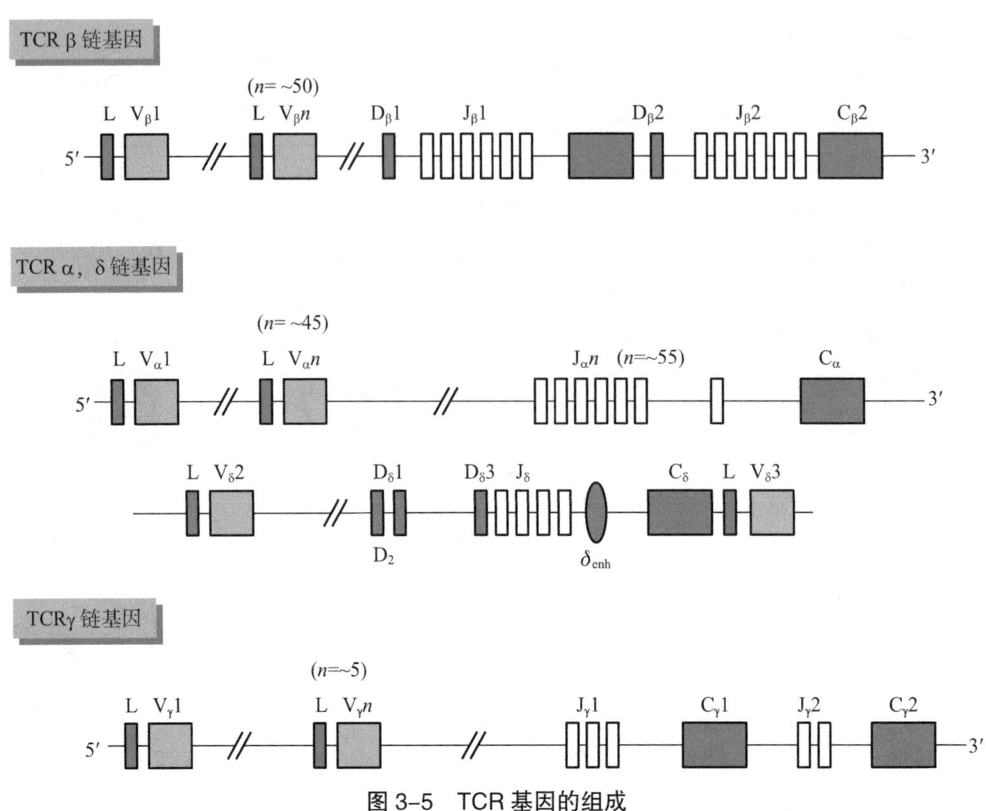

图 3-5 TCR 基因的组成

4. 胸腺细胞发育中的阳性选择与阴性选择

双阳性胸腺细胞在胸腺皮质、皮质 - 髓质交界或髓质区经历阳性选择与阴性选择，使 T 细胞分别获得自身 MHC 限制性和自身耐受性。

（1）阳性选择（positive selection）：位于胸腺皮质的胸腺上皮细胞在介导阳性选择中起重要作用。胸腺上皮细胞形成网状结构，与胸腺细胞相互接触，影响胸腺细胞的发育。正常胸腺内，每一个胸腺细胞的命运依赖于其特异性 TCR 的表达。双阳性胸腺细胞通过 TCR 与表达 MHC Ⅰ或 MHC Ⅱ类分子的胸腺上皮细胞相互作用，不能结合或以过高亲和力结合的双阳性胸腺细胞发生凋亡（约 95% 以上），少量以适当亲和力结合的双阳性胸腺细胞存活。与 MHC Ⅰ类分子结合的双阳性胸腺细胞 CD8 分子持续表达，而 CD4 分子表达水平下降直至消失；与 MHC Ⅱ类分子结合的双阳性胸腺细胞 CD4 分子持续表达，而 CD8 分子表达水平下降直至消失。最终，阳性选择决定 T 细胞获得自身 MHC 限制性，使胸腺细胞（未成熟 T 细胞）从双阳性分化为单阳性细胞（$CD4^+$ 或 $CD8^+$）。

（2）阴性选择（negative selection）：是自身反应性 T 细胞克隆清除的过程，位于皮质 - 髓质交界或髓质区的 DC 和巨噬细胞在介导阴性选择中发挥重要作用。单阳性胸腺细胞通过表达特异性 TCR 与 DC 和巨噬细胞表达的自身抗原肽 -MHC 分子复合物相互作用，识别自身抗原肽的胸腺细胞发生凋亡，不识别自身抗原肽的单阳性胸腺细胞可继续发育成熟。阴性选择决定了 T 细胞的中枢耐受，能够阻止自身反应性 T 细胞进入外周对自身组织识别并造成病理损伤，是防止自身免疫病发生的重要机制之一（详见第十八章）。

（三）胸腺的主要功能

（1）胸腺是 T 细胞分化、发育、成熟的场所。

（2）胸腺基质细胞产生的细胞因子、胸腺肽等活性因子具有免疫调节作用。

（3）T 细胞发育过程中的阴性选择建立和维持了对自身抗原的中枢免疫耐受。

第二节 外周免疫器官与组织

外周免疫器官（peripheral immune organ）或称次级淋巴器官（secondary lymphoid organ）与组织是成熟 T 细胞和 B 细胞定居的场所，也是淋巴细胞对抗原发生免疫应答的主要部位。外周免疫器官与组织包括淋巴结、脾和黏膜相关淋巴组织等。

一、淋巴结

淋巴结（lymph node）是位于淋巴管汇集处的结构完备的外周免疫器官。淋巴结一侧凸隆，与输入淋巴管相连结；另一侧凹陷形成淋巴结门，与输出淋巴管相连结。全身组织的淋巴液均引流至淋巴结，淋巴液中的细菌或毒素等抗原性异物在淋巴结可被清除。

（一）淋巴结的结构

淋巴结的基本结构由被膜和实质组成。实质由皮质和髓质两部分组成（图 3-6），皮质和髓质通过淋巴窦相通。皮质又可分为浅皮质（peripheral cortex，又称周围皮质）和深皮质［deep cortex，又称副皮质区（paracortical zone）］。浅皮质主要由淋巴滤泡构成，富含 B 细胞，故又称此区为 B 细胞区。无免疫应答发生的淋巴滤泡为初级淋巴滤泡（primary lymphoid follicle）。当有免疫应答发生时，一些淋巴滤泡内大量 B 细胞增殖形成生发中心（germinal center，GC），这些淋巴滤泡称为次级淋巴滤泡（secondary lymphoid follicle）。副皮质区主要含有 T 细胞和 DC，故又称此区为 T 细胞区，也称胸腺依赖区。髓质主要由髓索构成，富含巨噬

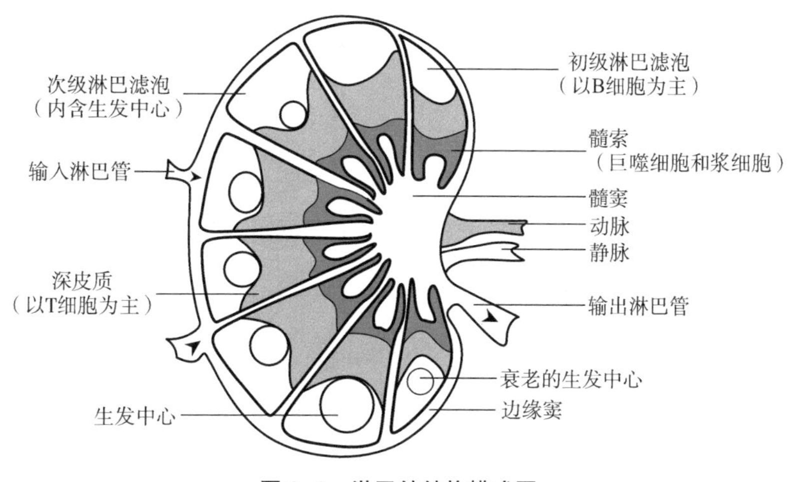

图 3-6 淋巴结结构模式图

细胞和分泌抗体的浆细胞。

（二）淋巴结的主要功能

1. T 细胞和 B 细胞等免疫细胞的定居场所

成熟的 T 细胞、B 细胞可以选择性地迁移至淋巴结，并在淋巴结的特定区域定居。

2. 发生免疫应答、过滤抗原的场所

病原体可经多种途径进入机体并可引起任何部位的感染。当机体某部位发生感染时，抗原被 DC 摄取后，从感染部位经输入淋巴管进入淋巴结。同时游离抗原也可随淋巴液到达淋巴结，随即被巨噬细胞吞噬清除。DC 和巨噬细胞将处理过的抗原提呈给 T 细胞识别，使之活化、分化成效应性 T 细胞。B 细胞也识别特异性抗原，在 T 细胞的辅助下活化，并分化成浆细胞合成特异性抗体，介导体液免疫应答。

3. 参与淋巴细胞再循环

来自于血液和组织的 T 细胞、B 细胞可定居于淋巴结，定居于淋巴结的 T 细胞、B 细胞可返回血液循环，并随血流迁移到全身各处。

二、脾

脾（spleen）是人类最大的免疫器官，位于腹腔的左上方，血运丰富，具有血液贮存功能。脾可收集来自血液的抗原成分，并在其内诱导免疫应答的发生。

（一）脾的结构

脾主要由被膜、白髓、边缘区和红髓构成。红髓是处理红细胞的部位。淋巴细胞分布于脾中央动脉周围，形成白髓。在每一个白髓区域内，靠近中央动脉的是动脉周围淋巴鞘（periarterial lymphatic sheath，PALS），主要有 T 细胞分布。PALS 的外周有 B 细胞构成的滤泡。次级滤泡内的 GC 围绕着 B 细胞冠（B cell corona）（图 3–7）。

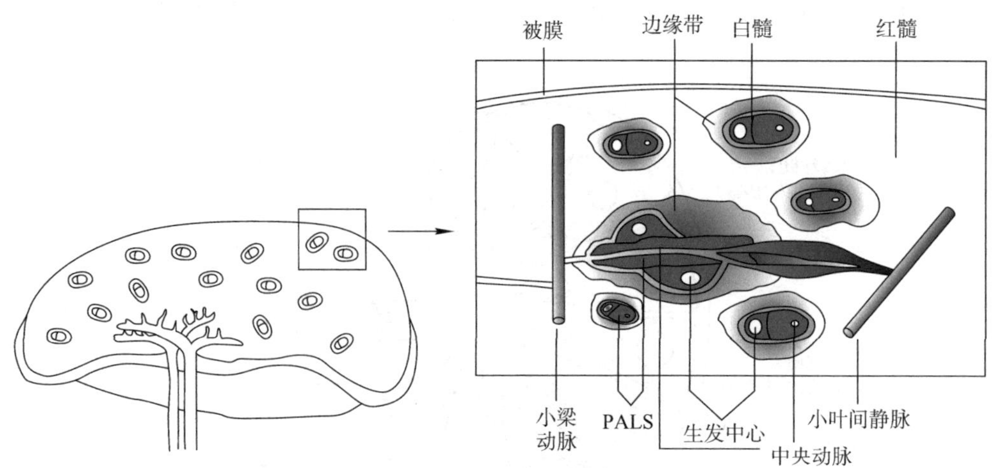

图 3–7　脾结构模式图

（二）脾的主要功能

1. T 细胞和 B 细胞等免疫细胞的定居场所

成熟的 T 细胞、B 细胞可经血液循环迁移至脾，并在脾的特定区域定居。

2. 发生免疫应答、过滤抗原的场所

携带抗原的 DC 和游离抗原成分随血液从小梁动脉进入中央动脉，再通过边缘窦进入小梁静脉。在此过程中，像在淋巴结内一样发挥免疫应答效应：脾内的巨噬细胞可吞噬、清除病原体及抗原异物，也可与 DC 一起将处理过的抗原提呈给 T 细胞识别，使 T 细胞活化。B 细胞也可特异性识别抗原，在 T 细胞的辅助下活化并产生抗体，介导体液免疫应答。血液中衰老死亡的自身血细胞也可以在脾脏内被清除。

3. 合成生物活性物质

脾可合成分泌补体成分和细胞因子等生物活性物质。

三、黏膜相关淋巴组织

黏膜相关淋巴组织（mucosal-associated lymphoid tissue，MALT），又称黏膜免疫系统，是全身免疫系统的重要组成部分，由胃肠道、呼吸道和泌尿生殖道黏膜局部的散在淋巴组织和一些带有淋巴滤泡的器官化的淋巴组织、黏膜局部的免疫细胞及免疫分子组成，主要针对经黏膜表面进入的微生物产生应答，抵抗微生物对机体的侵袭。

（一）MALT 的组成

位于肠道内的 MALT 称为肠相关淋巴组织（gut-associated lymphoid tissue，GALT），位于呼吸道的 MALT 称为支气管相关淋巴组织（bronchial-associated lymphoid tissue，BALT）。GALT 包括扁桃体、增殖腺、阑尾、小肠的派尔集合淋巴结（Peyer's patch，PP）和大肠及直肠的孤立的淋巴滤泡。扁桃体和增殖腺形成一个环，称为 Waldeyer 环，位于食管与气管的入口处，儿童期由于反复感染常增大。手术切除扁桃体和增殖腺的个体对病原微生物产生的特异性抗体水平降低。鼻黏膜局部存在的淋巴细胞集聚形成的淋巴滤泡还称为鼻相关淋巴组织（nasal-associated lymphoid tissue，NALT）。

派尔集合淋巴结是肠道诱导免疫应答极其重要的部位，呈拱形结构。其中心区域富含 B 细胞，常含有 GC，类似于脾和淋巴结内的二级淋巴滤泡。滤泡之间分布有 T 细胞（图 3-8）。与派尔集合淋巴结相类似的滤泡富含于阑尾，也少量存在于扁桃体。

派尔集合淋巴结上面被特化的小肠上皮［即滤泡相关上皮（follicle-associated epithelium，FAE）］覆盖，含有微皱褶细胞（microfold cell，M 细胞）。M 细胞肠腔面有微折叠，从肠腔摄取分子和颗粒，以囊泡形式转运到细胞基底面，再释放到细胞外空间，此过程称为转胞吞作用（transcytosis）。M 细胞的基底外侧为口袋结构，其内含有多种免疫细胞，如 T 细胞、B 细胞、DC 和巨噬细胞。在其基底侧，抗原提呈细胞摄取从 M 细胞释放的物质，进行处理提呈。但 M 细胞不具有抗原提呈的功能。

（二）MALT 的免疫细胞

黏膜局部的免疫细胞包括淋巴细胞、DC、巨噬细胞、嗜酸性粒细胞和肥大细胞等。淋巴细胞主要分布于上皮层（epithelial lining）和固有层（lamina propria，LP）。黏膜相关淋巴组织

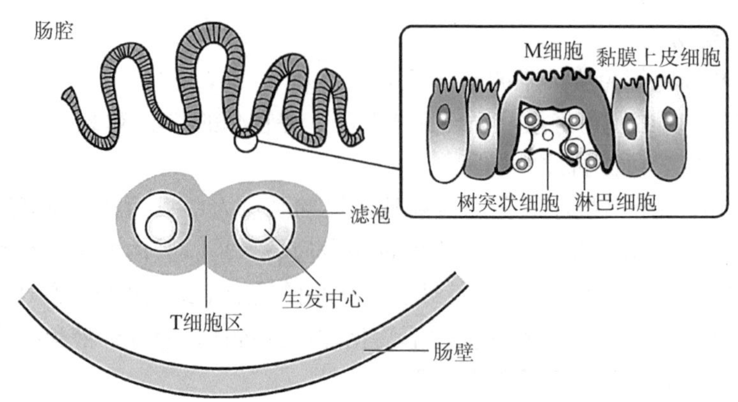

图 3-8　派尔集合淋巴结与肠黏膜 M 细胞

含有与淋巴结、脾不尽相同的淋巴细胞库，既有 $CD4^+$ 或 $CD8^+$αβ T 细胞等与定居于淋巴结、脾的淋巴细胞表型相同的淋巴细胞，也有 γδ T 细胞和表达 CD8αα 的 αβ T 细胞等与之不同的其他表型亚群。黏膜局部多数表达为效应性和记忆性 T 细胞表型。

1. 黏膜上皮内淋巴细胞

肠道黏膜上皮层内含有大量的淋巴细胞，称为肠上皮内淋巴细胞（intraepithelial lymphocyte，IEL）。IEL 被认为是构成胸腺外发育的一类主要细胞亚群，但是，其确切的发生、发育和分化部位尚有待进一步研究。现有的研究结果显示，其发育部位可能是在肠道的微小肠道隐窝（cryptopatches，CP），CP 中的淋巴样细胞可能是最终发育成 IEL 的原始细胞。

IEL 位于黏膜层基底侧上皮细胞间。大多数 IEL 为 T 细胞，表达 CD3 和 γδ TCR 或 αβ TCR。IEL 有两种 CD8 分子表达，即 αβ 异质二聚体或 αα 同型二聚体。CD8αβ 表达于 αβ TCR^+ IEL，而 CD8αα 表达于 αβ TCR^+ 或 γδ TCR^+ IEL。小鼠有约 50% 的黏膜 IEL 是 γδ T 细胞；而人类仅有 10% 的黏膜 IEL 是 γδ T 细胞，但此比例仍高于其他淋巴组织。表达 CD8αα 同型二聚体的 αβ T 细胞是一群特殊的黏膜上皮内 T 细胞。以 CD8αα 同型二聚体的表达替代了受 MHC Ⅰ类分子限制的细胞毒性 αβ T 细胞的 CD8αβ 异质二聚体。IEL 表现为有限数量的 TCR 多样性，因为只有少数的 V、D 和 J 基因片段能在成熟的 γδ T 细胞表达。并且不同发育阶段的 T 细胞 Vγ 基因的表达也有所不同，如胚胎发育早期和晚期分别表达 Vγ5 和 Vγ6，而出生后表达 Vγ1、2、4 和 7。

γδ T 细胞或表达 CD8 αα 的 αβ T 细胞不与 MHC- 抗原肽复合物结合，不具有经典 MHC 限制性，但能与 CD1 分子提呈的抗原结合。CD1 家族含有 CD1a～CD1e 5 种分子，可提呈脂类和糖脂类抗原给 γδ T 细胞（抗原的提呈过程详见第七章）。

2. 黏膜固有层淋巴细胞

固有层派尔集合淋巴结内的淋巴细胞和一些散在的淋巴细胞组成了固有层淋巴细胞群。

黏膜固有层的 T 细胞多数为在肠道共生微生物及病原体刺激后活化的效应性或记忆性 $CD4^+$ T 细胞，表达效应或记忆性 T 细胞相关分子，如 CD45RO、归巢分子 CCR9 和 $\alpha_4\beta_7$ 整合素等。在没有炎症反应的正常肠道内，这些 T 细胞也可以产生大量的细胞因子，如 IFN-γ、IL-5、IL-17A 及 IL-10 等。在这些细胞因子的作用下，$CD4^+$ T 细胞可被诱导为 Th1 和 Th17

效应细胞。在稳态下，肠道黏膜 CD103$^+$ DC 可产生转化生长因子 -β（transforming growth factor-β，TGF-β）及维甲酸（retinoic acid，RA），诱导初始 T 细胞转化为表达 Foxp3 的抗原特异性调节性 T 细胞（regulatory T cell，Treg），其表型为 CD4$^+$CD25$^+$ Foxp3$^+$。Treg 产生的 IL-10 对 Th1、Th2 和 Th17 细胞的分化及功能有制约和平衡作用，效应性和调节性 T 细胞之间的平衡有利于肠道稳态的维持。

派尔集合淋巴结的淋巴滤泡及其 GC 内的 B 细胞主要是能产生 IgA 的 IgA$^+$ B 细胞，GC 的形成和 IgA$^+$ B 细胞的产生通常是 T 细胞依赖性的，一般需要肠道共生菌或病原体抗原的刺激。IgA$^+$ B 细胞表达黏膜归巢整合素 $\alpha_4\beta_7$、CCR9 及 CCR10，并可迁移至黏膜固有层，最终分化为浆细胞，分泌 IgA 二聚体至上皮下部位。黏膜固有层 DC 产生的 TGF-β 可诱导 IgA 的类别转换。另外，黏膜固有层的 B1 细胞在胸腺非依赖性抗原（TI-Ag）的刺激下也可产生分泌型 IgA 抗体。

此外，黏膜上皮下的 DC 可接受 M 细胞转运的抗原，或直接吞噬含有抗原的上皮细胞，甚至可伸出伪足样突起捕获肠道内的抗原。DC 摄取病原体等有害抗原后激活 T 细胞，启动适应性免疫应答；而 DC 摄取食物等无害抗原后具有诱导黏膜免疫耐受的作用。

（三）分泌型 IgA

黏膜相关淋巴组织的 B 细胞可合成、分泌多种抗体，其中分泌型 IgA（SIgA）是最主要的抗体。SIgA 以 IgA 分子的二聚体和一个分泌片（secretory piece，SP）结合的形式存在，约占肠道黏膜分泌物中抗体成分的 60%，具有特殊的合成分泌过程。

SIgA 是借助一种 IgA 特异性 Fc 受体，即多聚 -IgA 受体（poly-IgA receptors，poly-IgAR），穿过上皮细胞进入肠腔。poly-IgAR 由肠黏膜隐窝基底部的未成熟上皮细胞合成，表达于细胞的基底侧表面。poly-IgAR 是一种膜结合型的糖蛋白，具有 5 个与免疫球蛋白同源的胞外功能区，属于 Ig 超家族成员。IgA 由固有层浆细胞产生后，与 J 链连接成二聚体。然后，IgA 的 Fc 段同黏膜上皮细胞表面的 poly-IgAR 结合，形成的复合物被内吞进入上皮细胞，再主动转运至肠腔表面。在此，poly-IgAR 被水解切割，其跨膜区和胞质内的功能区被保留于上皮细胞，细胞外功能区连同 IgA 分子被释放于肠黏膜的分泌物中（图 3-9）。SIgA 所含的受体部分即为上述提及的分泌成分（SIgA 的结构与生物学特性详见第八章）。

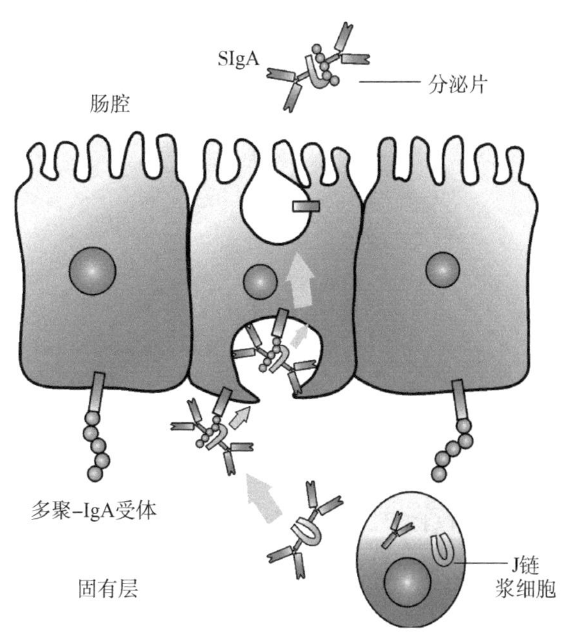

图 3-9 SIgA 的合成与分泌过程

（四）肠道共生菌群

共生菌群（commensal microorganisms），也被称为共生菌，是指与机体形成共生关系的微生物群落的总称。人出生后即迅速获得了栖息微生物，分布于口腔、胃肠道、呼吸道、生殖道、结膜等黏膜表面。人体肠道栖息着 1 500 余种非致病微生物，可合成维生素等营养物质，是人体能量及营养的重要来源，也可辅助营养物质的吸收、协助排出有害物质。肠道共生菌群可维持肠道稳态，具有阻止病原体侵袭的组织屏障作用，还有诱导免疫系统发育成熟和调节机体免疫功能的作用。

肠道共生菌群的存在有助于黏膜和全身淋巴样组织的发育，可诱导 SIgA 的合成，可介导固有免疫（如诱导黏膜保护性因子 IL-6 和热休克蛋白等产生）在肠道稳态中发挥作用。肠道共生菌群可促进 Treg 亚群的存活与增殖，发挥其免疫抑制和耐受调节作用；其 DNA 含有非甲基化的 CpG 基序，通过与肠 DC 表达的受体 TLR9 结合，诱导局部产生抑制性环境，维持肠道的自身稳定。

正常状况下，肠道共生菌群有益于人类健康。但在一定的条件下，MALT 可对肠道共生菌群产生异常免疫应答，导致组织损伤。长期大量服用抗生素时，会造成菌群失调，为肠道易感性细菌提供增殖的环境，引起经肠道感染性疾病的发生。肠道黏膜完整性由于某种原因（肠道血运障碍及毒血症）遭到破坏，正常无害的大肠埃希菌可穿过黏膜侵入血流，引起致死性的全身性感染。肠道共生菌群也可成为免疫缺陷患者全身感染的重要原因。

（五）MALT 的生物学功能

MALT 可相对地分为免疫应答诱导部位和效应部位（表 3-2），相互间通过黏膜网络联系，此网络称为黏膜移行系统（mucosal migration system，MMS），也曾被称为共同黏膜免疫系统（common-mucosal immune system，CMIS）。此网络系统是指 MALT 内的初始 T 细胞、B 细胞受到抗原刺激后，从黏膜诱导部位经淋巴液进入血液循环，再返回定居到黏膜效应部位，分化为效应细胞，发挥其黏膜局部的保护功能。

表 3-2　MALT 免疫应答的诱导和效应组织部位

诱导 / 效应部位	组织
诱导	
GALT	派尔集合淋巴结 淋巴滤泡 肠系膜淋巴结 阑尾
NALT	扁桃体 增殖腺
效应	固有层 上皮内淋巴细胞

1. MALT 具有免疫耐受性

肠道所接触的外源性抗原主要来自于食物、共生菌，正常情况下并不产生适应性免疫应答。实际上，针对食物、共生菌等无害性抗原的特异性免疫细胞并没有通过阴性选择被清除，但经口进入的抗原一般诱导口服耐受（oral tolerance）。黏膜固有层 DC 摄取口服抗原后

诱导 $CD4^+$ T 细胞分化为 Treg，Treg 分泌抑制性细胞因子 IL–10 和 TGF–β 等，并表达共抑制分子 CTLA–4，可与抗原提呈细胞表面 CD80/CD86 结合抑制其抗原提呈功能，还表达高水平的免疫抑制相关分子糖皮质激素诱导的 TNF 样受体（glucocorticoid induced TNF–like receptor，GITR），发挥免疫耐受作用。

2. MALT 的抗感染作用

黏膜组织屏障是抵御病原体入侵的第一道防线，可阻止病原体的侵袭。当病原体突破黏膜组织屏障入侵机体后，MALT 的免疫耐受状态被打破，诱发针对病原体抗原的固有免疫应答和适应性免疫应答，发挥抗感染作用。

3. MALT 参与超敏反应

食物中或吸入的变应原（allergen）打破 MALT 的耐受状态后，可诱导机体产生 IgE 抗体介导的体液免疫应答，肥大细胞、嗜碱性粒细胞等效应细胞产生大量的生物活性介质，引起Ⅰ型超敏反应的发生。

第三节　淋巴细胞归巢与再循环

血液及淋巴液中的淋巴细胞可以选择性迁移并定居于外周免疫器官和组织的特定区域，此过程称为淋巴细胞归巢（lymphocyte homing）。定居于外周免疫器官和组织的淋巴细胞可经淋巴管、血管重新分布于外周免疫器官和组织，这种淋巴细胞在全身反复循环的过程称为淋巴细胞再循环（lymphocyte recirculation）（图 3–10）。淋巴细胞表达的黏附分子（cell adhesion molecule，CAM）与血管内皮细胞表达的黏附分子配体相互作用，在淋巴细胞归巢及淋巴细胞

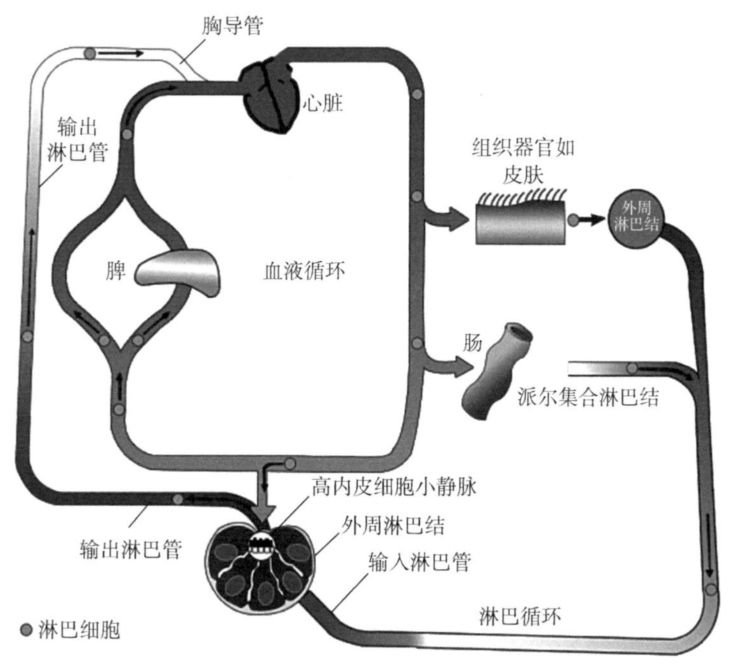

图 3–10　淋巴细胞再循环

再循环中发挥了重要作用（黏附分子的特性与功能详见第十二章）。

淋巴细胞再循环在机体的免疫应答中发挥重要作用。当机体某一部位受到感染时，抗原经血液或淋巴液到达淋巴结等外周淋巴组织。再循环中的 T 细胞、B 细胞遇到特异性抗原，停留于外周组织。抗原特异性 T 细胞活化、增殖，分化成效应性 T 细胞；抗原特异性 B 细胞活化后，分化成浆细胞产生抗体。效应性 T 细胞与抗体通过血液或淋巴液到达全身（特别是感染部位）发挥抗感染作用。

（李胜军）

数字课程学习

教学 PPT　　自测题　　微课　　拓展阅读

第四章 固有免疫细胞

固有免疫细胞是固有免疫系统中的细胞组分，主要包括：经典固有免疫细胞和非经典固有免疫细胞。前者包括单核细胞、巨噬细胞、中性粒细胞、树突状细胞、肥大细胞、嗜碱性粒细胞和嗜酸性粒细胞。非经典固有免疫细胞包括：固有样淋巴细胞，如 γδ T 细胞、NKT 细胞和 B1 细胞、固有淋巴样细胞（innate lymphoid cell，ILC），如 ILC1、ILC2、ILC3 和 NK 细胞。固有免疫细胞表达多种受体，可识别和结合病原体等抗原异物，介导非特异性免疫应答，清除抗原异物。固有免疫细胞在维持机体稳态、诱导炎症反应以及抗感染和抗肿瘤等机体防御过程中发挥重要作用。

第一节 吞 噬 细 胞

吞噬细胞（phagocyte）是机体重要的固有免疫细胞，根据形态可将其分为两类：一类是单核巨噬细胞，又称大吞噬细胞，包括血液中的单核细胞（monocyte，Mo）和由其迁移至组织中分化的巨噬细胞（MΦ）；另一类是小吞噬细胞，主要指血液中的中性粒细胞（neutrophil），也称为多形核中性粒细胞（polymorphonuclear neutrophil，PMN）。两类吞噬细胞均具有强大的吞噬杀伤、诱导炎症反应及免疫调节等功能。

一、单核巨噬细胞

单核细胞由骨髓中髓样祖细胞分化发育而成，占血液中白细胞总数的 3%～8%。单核细胞在循环血液中短暂停留（12～24 h）后进入组织器官，分化为巨噬细胞。巨噬细胞表达多种膜受体，包括模式识别受体、调理性受体以及细胞因子和趋化因子受体等，具有识别和吞噬病原体以及介导炎症反应等生物学功能。其胞质富含溶酶体颗粒，内含溶菌酶、过氧化物酶和酸性磷酸酶等多种酶类物质，可通过氧依赖和非氧依赖杀菌系统杀伤清除病原体等抗原异物。

（一）模式识别受体

模式识别受体（pattern recognition receptor，PRR）是由固有免疫细胞，如吞噬细胞和 DC 等表达的受体，可直接识别病原体相关分子模式（pathogen associated molecular pattern，PAMP）和损伤相关分子模式（damage associated molecular pattern，DAMP）。PAMP 是指某些病原体或其产物共有高度保守的特定分子结构，如细菌和真菌胞壁的肽聚糖，细菌胞壁的糖脂末端的甘露糖、岩藻糖，革兰氏阴性菌脂多糖（LPS）、革兰氏阳性菌磷壁酸及细菌 DNA、病毒双链 RNA 等。DAMP 是在损伤或应急等条件下机体自身组织和细胞可释放某些内源性分子，包括 ATP、热休克蛋白、高迁移率族蛋白 B1 和尿酸结晶体等。

固有免疫细胞通过 PRR 识别 PAMP 或 DAMP 后活化，发挥生物学效应。PRR 主要包括 Toll 样受体（Toll like receptor，TLR）、清道夫受体（scavenger receptor，SR）和甘露糖受体（mannose receptor，MR）等。

1. Toll 样受体

TLR 是Ⅰ型跨膜蛋白，由胞外区、跨膜区和胞内区三部分组成。因其胞外区与果蝇的 Toll 蛋白具有高度同源性而得名。TLR 胞外区富含亮氨酸重复序列（leucine rich repeat，LRR）；跨膜区富含半胱氨酸的结构域；胞内区含有的结构域含有 3 个保守的氨基酸序列，称为保守盒（conversed box）。其与 IL-1 受体（IL-1R）的胞内区高度同源，又称 TIR 结构域（Toll/IL-1 receptor homologous region，TIR）（图 4-1）。当 TLR 识别相应配体后可经 TIR 结构域转导活化信号，启动多种细胞因子基因表达，分泌炎性细胞因子，如 TNF-α、IL-12、IL-6 等。

目前已在免疫细胞中鉴定出 11 种 TLRs，其中 TLR1、TLR2、TLR4、TLR5、TLR6、TLR10 和 TLR11 表达在细胞膜上，而 TLR3、TLR7、TLR8 和 TLR9 表达在细胞内膜表面。不同 TLR 识别不同的 PAMP 或 DAMP。TLRs 相应配体及细胞内定位见表 4-1 和图 4-2。

2. 清道夫受体

巨噬细胞膜表面的 SR 可识别并结合凋亡细胞表面的磷脂酰丝氨酸、革兰氏阴性（G^-）菌脂多糖和革兰氏阳性（G^+）菌磷壁酸，发挥吞噬杀伤等生物学功能。

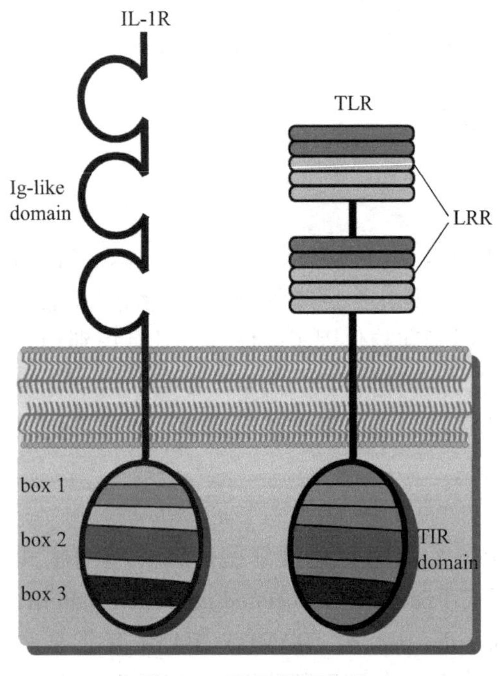

图 4-1　TLR 基本结构

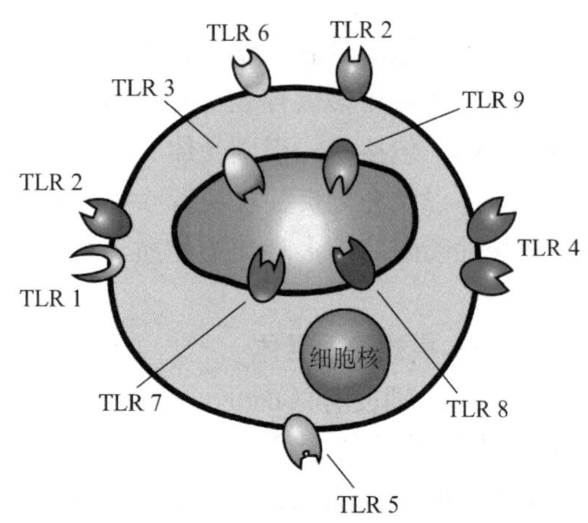

图 4-2　TLR 在细胞膜和内体膜的定位

表 4-1 主要模式识别受体

PRR	配体	主要表达细胞	细胞定位
TLR1	triacyl lipopeptides	广泛分布	细胞表面
TLR2	PGN，LTA，lipoprotein，lipopeptide，lipoarabinomannan，zymosan，HSP70	外周血淋巴细胞、树突状细胞、单核巨噬细胞	细胞表面
TLR3	dsRNA，Poly I：C	树突状细胞、NK 细胞	细胞内细胞内膜系统表面
TLR4	LPS，HSP60	单核巨噬细胞、树突状细胞	细胞表面
TLR5	flagellin	单核细胞、未成熟树突状细胞、NK 细胞、T 细胞、表皮细胞	细胞表面
TLR6	LTA，lipopeptide，zymosan	B 细胞（高水平）、NK 细胞和单核细胞（低水平）	细胞表面
TLR7	ssRNA，imidazoquinoline	浆细胞样树突状细胞、B 细胞	细胞内细胞内膜系统表面
TLR8	ssRNA，imidazoquinoline	单核细胞、NK 细胞、T 细胞	细胞内细胞内膜系统表面
TLR9	CpG-DNA	NK 细胞、B 细胞、巨噬细胞、外周血淋巴细胞、小胶质细胞	细胞内细胞内膜系统表面
TLR10	未知	浆细胞样树突状细胞（低水平）、B 细胞	细胞表面
TLR11	弓形虫相关蛋白，大肠埃希菌相关蛋白	巨噬细胞、树突状细胞及一些上皮细胞	细胞表面及胞内细胞内膜系统表面
MR	细胞壁糖蛋白，糖脂分子末端的甘露糖和岩藻糖残基	巨噬细胞、未成熟树突状细胞	细胞表面
SR	格兰氏阴性菌脂多糖、格兰氏阳性菌磷壁酸、乙酰化低密度脂蛋白和细胞膜内侧面翻转到胞膜外侧面的磷脂酰丝氨酸	巨噬细胞	细胞表面

注：triacyl lipopeptides，三酰基脂肽；PGN，peptidoglycan，肽聚糖；LTA，lipoteichoic acid，脂磷壁酸；lipoprotein，脂蛋白；lipopeptide，脂肽；lipoarabinomannan，脂阿拉伯甘露糖；zymosan，酵母聚糖；HSP，heat shock protein，热休克蛋白；dsRNA，double strand RNA，双链 RNA；Poly I：C，人工合成的聚肌胞；LPS，lipopolysaccharide，脂多糖；flagellin，鞭毛蛋白；ssRNA，single strand RNA，单链 RNA；imidazoquinoline，咪唑喹啉；CpG-DNA，非甲基化胞嘧啶 - 腺嘌呤

3. 甘露糖受体

巨噬细胞表达甘露糖受体，可识别病原体表面的甘露糖残基，从而活化后介导吞噬杀伤等生物学功能。

机体组织细胞不表达 PAMP，正常组织细胞及基质也不释放 DAMP。因此，巨噬细胞可通过 PRR 感知周围的 PAMP 或 DAMP 成分以区分“自己”与“非己”，激活固有免疫应答清除病原体或受损的“自己”成分。固有免疫细胞表达多种 PRR，可分别识别病原体或受损的“自己”组织细胞表达的不同 PAMP 或 DAMP，发挥特有的生物学效应，清除非己，

维持机体的稳态。

（二）调理性受体

巨噬细胞表达调理性受体，包括 IgG Fc 受体（FcγR）和补体受体 1（CR1），可分别与 IgG 抗体的 Fc 段或补体片段，如 C3b 结合介导巨噬细胞吞噬作用。

1. FcγR 介导的调理作用

抗原特异性 IgG 通过其可变区识别并特异性结合抗原形成抗原 - 抗体复合物，IgG 的 Fc 段与巨噬细胞表面 FcγR 结合，促进巨噬细胞对病原体的吞噬。

2. CR1 介导的调理作用

补体激活可产生活性片段，如 C3b 或 C4b。补体活性片段一端与病原体结合，另一端与巨噬细胞表面 CR1 结合，促进巨噬细胞对病原体的吞噬。调理素（IgG、C3b 或 C4b）与调理性受体结合增强巨噬细胞吞噬功能，即为调理作用。

（三）细胞因子受体和趋化因子受体

巨噬细胞表达多种细胞因子受体，如 IFN-γ 受体和 GM-CSF 受体等，可与细胞因子 IFN-γ 和 GM-CSF 结合并诱导其活化，增强其吞噬杀伤等功能。单核细胞也表达趋化因子受体，如单核细胞趋化蛋白 -1（monocyte chemotactic protein 1，MCP-1）受体，与 MCP-1 结合可介导单核细胞迁移至全身组织器官，分化为巨噬细胞。

巨噬细胞除了表达膜型 PRR 识别 PAMP 和 DAMP 外，其胞浆中也存在多种胞浆型 PRR，如 NOD 样受体（nucleotde-binding oligomerization domine-like receptors，NLRs）和 RIG 样受体（RIG-like receptors，RLRs）等，可分别识别病原体的肽聚糖和核苷酸等成分启动炎症反应。

最近研究发现，巨噬细胞功能具有可塑性，根据其表型和功能可分为 M1 型巨噬细胞（M1）和 M2 型巨噬细胞（M2）。M1 具有吞噬杀伤、介导炎症反应和抗原提呈功能；而 M2 则具有组织修复和抑制炎症反应作用。在特定条件下，M1 与 M2 之间可相互转化，发挥不同的生物学功能，称为巨噬细胞极化。

二、中性粒细胞

中性粒细胞（neutrophil）来源于骨髓的髓样祖细胞，成熟后进入外周血液循环，占外周血白细胞总数的 50%～70%。但其存活期短（只有 2～3 天），具有寿命短、更新快的特点。中性粒细胞核形态多样，主要呈分叶状；胞质内含有初级和次级两种颗粒。初级颗粒较大，即溶酶体颗粒，内含髓过氧化物酶、酸性磷酸酶和溶菌酶；次级颗粒较小，内含碱性磷酸酶、溶菌酶、防御素、杀菌渗透增强蛋白和乳铁蛋白等。中性粒细胞通过氧依赖和非氧依赖系统杀伤病原体。中性粒细胞表面表达多种模式识别受体、调理性受体以及细胞因子受体等，具有较强的吞噬杀伤功能，参与早期炎症反应。

第二节 NK 细胞

自然杀伤细胞（natural killer cell，NK）来源于骨髓内淋巴样前体细胞，在骨髓内发育成熟。NK 细胞主要分布于外周血（占淋巴细胞总数的 5%～15%）、脾、肝、肺及淋巴结。NK

细胞属于固有样淋巴细胞，与 T 细胞、B 细胞的细胞形态、表型及生物学功能均不相同。NK 细胞体积较大，胞质中含有嗜天青颗粒，又称大颗粒淋巴细胞。常用的人 NK 细胞细胞表型标志是 $TCR^{-}mIg^{-}CD56^{+}CD16^{+}$。

与 T 淋巴细胞和 B 淋巴细胞不同，NK 细胞不表达抗原特异性识别受体如 TCR 和 BCR，而是表达活化性受体和抑制性受体，分别与靶细胞表面相应配体结合，促进或抑制 NK 细胞活化，二者共同调控 NK 细胞对靶细胞的效应功能。

一、NK 细胞受体

NK 细胞受体包括活化性受体和抑制性受体，根据分子结构特点分为杀伤细胞免疫球蛋白样受体（killer cell immunoglobulin-like receptor，KIR）和杀伤细胞凝集素样受体（killer cell lectin-like receptor，KLR）两类。

1. 杀伤细胞免疫球蛋白受体

KIR 属于免疫球蛋白超家族（immunoglobulin superfamily，IgSF）成员，为跨膜糖蛋白。根据胞外段 Ig 样结构域的数目，可分为 KIR2D 和 KIR3D 两个亚类。①胞内区氨基酸序列较短的 KIR 称为 KIR2DS 和 KIR3DS，本身不具有信号转导功能，但其跨膜区赖氨酸所带正电荷与近侧 DAP12 同源二聚体分子跨膜区天冬氨酸所带负电荷非共价结合，可通过 DAP12 分子胞内段的免疫受体酪氨酸激活基序（immune receptor tyrosine based activation motif，ITAM）传递活化信号，促进 NK 细胞活化；②胞内段氨基酸序列较长的 KIR 称为 KIR2DL 和 KIR3DL，其胞内段含有免疫受体酪氨酸抑制基序（immune receptor tyrosine based inhibition motif，ITIM），传递抑制性信号，抑制 NK 细胞活化（图 4-3）。

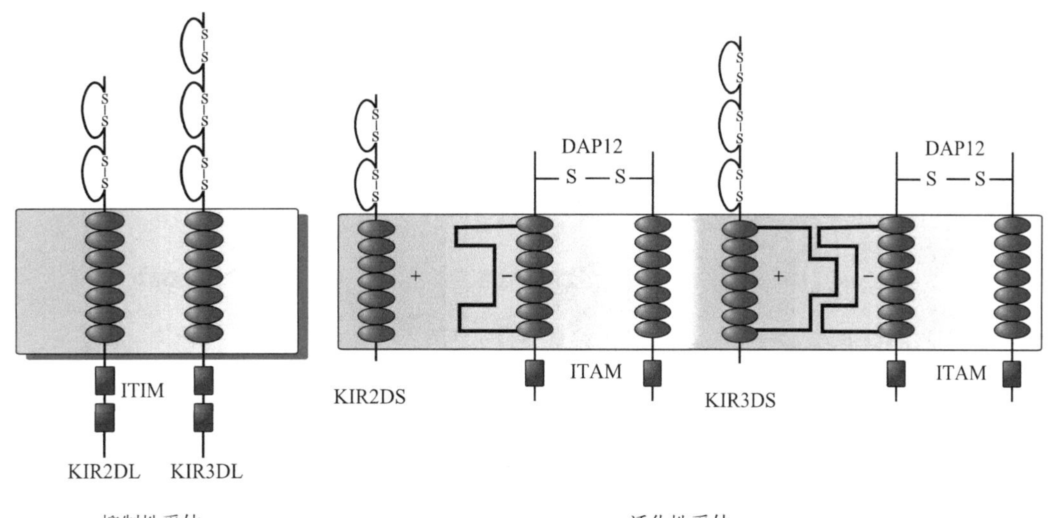

图 4-3 NK 细胞表面抑制性受体和活化性受体结构示意图

2. 杀伤细胞凝集素样受体

KLR 是由 C 型凝集素超家族成员 CD94 分子与 C 型凝集素 NKG2 家族的不同分子通过二

硫键构成异二聚体，构成杀伤活化性受体和杀伤抑制性受体两类。① CD94 分子和 NKG2C 分子形成异二聚体，其中 CD94 分子胞内区较短，无信号转导功能，而 NKG2C 分子可通过其偶联的 DAP-12 分子胞内区的 ITAM 基序转导活化信号，促进 NK 细胞活化，是 NK 细胞表面杀伤活化性受体；② CD94 分子和 NKG2A 形成的异二聚体，NKG2A 胞内区含有 ITIM 基序，可转导抑制性信号，阻止 NK 细胞活化，是 NK 细胞表面杀伤抑制性受体。此外，NK 细胞表达 C 型凝集素超家族的 NKG2D 分子，可作为杀伤活化性受体识别应激诱导的相关分子，如 MHC Ⅰ 类链相关分子 A/B（MHC class Ⅰ chain-related molecules A/B，MICA/B）。NKG2D 识别 MICA/B 分子后可通过其偶联的 DAP-10 分子胞内区 YxxM 基序转导活化信号，活化 NK 细胞，杀伤肿瘤。

二、NK 细胞识别靶细胞模式

NK 细胞识别靶细胞的模式包括“丢失自我”（missing self）识别模式和“诱导自我”（induced self）识别模式（图 4-4）。

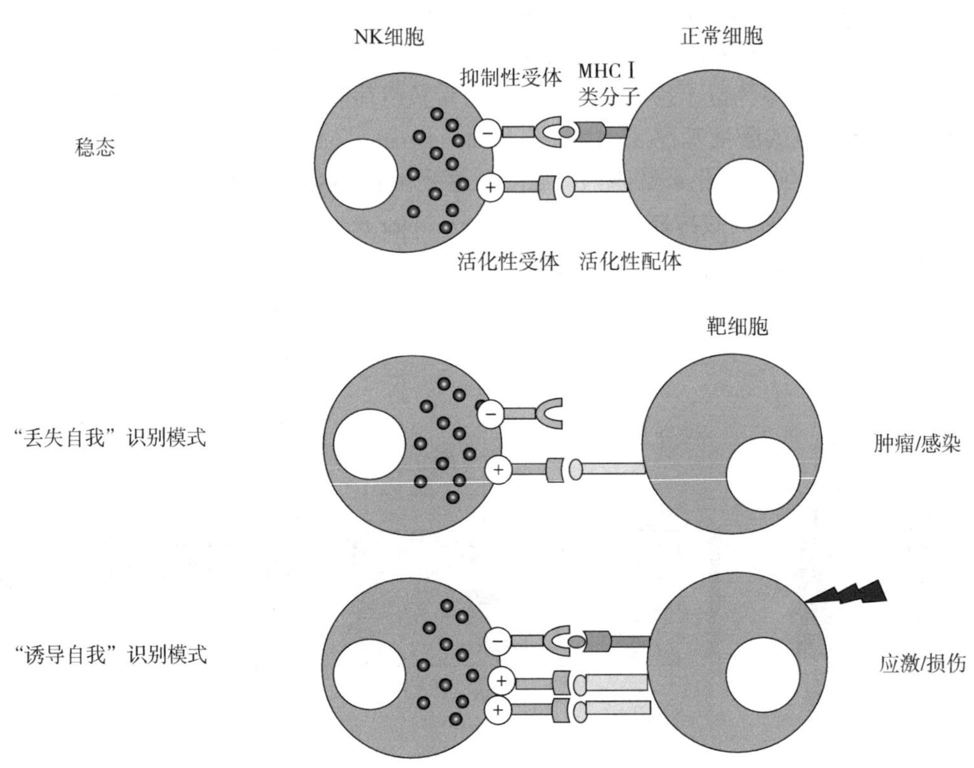

图 4-4 NK 细胞识别靶细胞模式示意图

1.“丢失自我”识别模式

机体绝大部分有核细胞均表达 MHC Ⅰ 类分子。生理条件下，NK 细胞的杀伤抑制性受体识别自身组织细胞表面 MHC Ⅰ 类分子后，通过其胞内区的 ITIM 转导抑制性信号，抑制 NK 细胞活化，避免杀伤自身正常组织细胞；而某些病毒感染细胞和肿瘤细胞表面的 MHC Ⅰ 类分子下降、缺失或结构改变时，NK 细胞的杀伤抑制性受体无法识别丢失的“自我”成分，杀伤活化性受体识别靶细胞表面配体，通过其胞内区的 ITAM 转导活化信号，使 NK 细胞活化，发挥杀伤效应。

2.“诱导自我”识别模式

机体的某些细胞在应激及损伤条件下可诱导表达应激分子，如肿瘤细胞可表达 MICA/B 分子，后者可被 NK 细胞表面活化性受体如 NKG2D 识别，进而活化，发挥杀伤作用。

另外，NK 细胞表达 FcγR（又称 CD16），可以与 IgG 抗体 Fc 段结合，识别 IgG 结合的靶细胞，杀伤抗体结合的靶细胞，即抗体依赖的细胞介导的细胞毒作用（antibody dependent cell mediated cytotoxicity，ADCC）。总之，NK 细胞通过多种模式识别机体的异常靶细胞，发挥生物学作用，维持机体的稳态。

三、NK 细胞的生物学功能

1. 细胞毒作用

NK 细胞可杀伤丢失或改变 MHC Ⅰ类分子的靶细胞，如肿瘤细胞和病毒及胞内寄生菌感染的细胞。也可以杀伤表达压力分子的靶细胞，如机械损伤，代谢紊乱的细胞。

2. 免疫调节作用

NK 细胞后可释放多种细胞因子包括 IFN-γ、TNF-α 和 IL-2 等活化巨噬细胞和 T 细胞等增强细胞免疫应答。

第三节　其他固有免疫细胞

一、树突状细胞

树突状细胞（DC）因其形态具有许多树枝状突起而得名。DC 能够高效地摄取、加工处理和提呈抗原，活化初始 T 细胞，启动适应性免疫应答。DC 是体内功能最强的抗原提呈细胞（APC）。DC 的抗原提呈功能与其成熟状态有关，未成熟 DC 具有较强的摄取、加工处理抗原和迁移能力；成熟 DC 抗原提呈能力较强，可激活初始 T 细胞，启动适应性免疫应答。此外，DC 还具有免疫调节和维持免疫耐受等生物学作用。DC 异常与多种疾病相关，如肿瘤、自身免疫病、感染性疾病等。

二、肥大细胞

肥大细胞（mast cell）来源于骨髓造血干细胞，主要分布于皮肤和黏膜组织下结缔组织中血管壁周围。肥大细胞的胞浆中富含颗粒，内含多种生物活性物质，如组胺和 5- 羟色胺。肥大细胞表面可表达多种受体，包括高亲和力 IgE 的 Fc 受体（FcεRI）、补体活性片段 C3b 受体和细胞因子受体。因此，肥大细胞可通过 IgE 依赖性和非 IgE 依赖性途径活化。活化的肥大细胞通过脱颗粒释放多种生物活性介质，包括预先合成的组胺和 5- 羟色胺及新合成前列腺素、白三烯及血小板活化因子等。肥大细胞在诱导超敏反应、抗感染免疫和免疫调节中发挥重要作用（详见第十九章）。

三、嗜碱性粒细胞

嗜碱性粒细胞（basophil）在骨髓发育成熟后进入血液循环，占外周血白细胞总数的1%以下。嗜碱性粒细胞与肥大细胞的生物学特性类似，如胞内富含嗜碱性颗粒和表面表达FcεRI。嗜碱性粒细胞参与Ⅰ型超敏反应，在介导抗寄生虫免疫应答中发挥关键作用。

四、嗜酸性粒细胞

嗜酸性粒细胞（eosinophil）来源于骨髓的髓样祖细胞，占外周血白细胞总数的1%～3%，主要分布于呼吸道和肠道黏膜组织。其胞内含有嗜酸性颗粒，内含多种杀菌蛋白和酶类物质如碱性蛋白、嗜酸性阳离子蛋白和过氧化物酶。嗜酸性粒细胞表面表达多种受体，如FcγR和补体活性片段C3b受体。与相应的配体结合后可活化并释放大量杀菌蛋白、酶类物质及多种细胞因子（如IL-4、IL-5和IL-13），发挥杀伤效应和免疫调节作用。嗜酸性粒细胞在超敏反应和某些蠕虫感染中发挥重要作用。

五、固有样淋巴细胞

固有样淋巴细胞（innate-like lymphocytes，ILLs）是具有淋巴细胞表型，生物学功能介于固有免疫细胞和适应性免疫细胞之间的异质性淋巴细胞亚群。此类细胞主要包括γδ T细胞、NKT细胞和B1细胞。

1. γδ T细胞

γδ T细胞主要在胸腺中分化发育，分布于皮肤和黏膜组织，外周血含有少量γδ T细胞。γδ T细胞不识别由经典MHC分子提呈的抗原肽，可直接识别靶细胞表面CD1d分子提呈的糖脂或磷脂类抗原等。活化的γδ T细胞可释放穿孔素、颗粒酶或表达FasL分子等杀伤靶细胞；还可分泌细胞因子IFN-γ、IL-17和TNF-α等参与炎症反应和免疫调节（详见第五章）。

2. NKT细胞

自然杀伤T细胞（natural killer T cell，NKT）是同时表达NK细胞表面标志（人CD56分子，小鼠NK1.1）和T细胞表面标志TCR的一群T细胞，通常为CD4、CD8双阴性或单阳性细胞。NKT细胞在胸腺或胎肝分化发育，主要分布于骨髓、肝和胸腺，在脾、淋巴结和外周血中也有少量存在。NKT细胞的TCR类型有αβ和γδ两种，多数是TCR αβ型，两种TCR均仅呈有限多样性。NKT细胞的TCR直接识别靶细胞表面CD1d分子提呈的脂类抗原，并迅速活化产生应答。活化的NKT细胞可产生IL-4或IFN-γ，分别诱导初始$CD4^+$ T细胞向Th2或Th1方向分化，介导体液免疫应答或细胞免疫应答；活化的NKT细胞也可释放穿孔素和颗粒酶非特异杀伤某些肿瘤细胞和病毒感染细胞。

3. B1细胞

在机体发育过程中B1细胞出现较早，具有自我更新能力，主要分布于腹腔、胸腔以及黏膜组织固有层。其BCR缺乏多样性，仅识别有限的多糖类TI抗原和某些变性的自身抗原。B1细胞产生抗体介导体液免疫应答，其特点是：抗原识别谱窄；在较短时间内（48h）即可产生 IgM，在清除变性的自身抗原和感染早期发挥重要作用；在增殖和分化过程中不发生体细胞超突变、亲和力成熟及抗体类别转换；无免疫记忆功能，再次接受相同抗原刺激后，抗体产生水平与初次抗原刺激无明显差异。

六、固有淋巴样细胞

固有淋巴样细胞是近年发现的具有固有特征的淋巴样细胞亚群，这群细胞包括 NK 细胞和组织定居固有淋巴样细胞亚群。根据表达转录因子和产生细胞因子的不同将 ILCs 分为 ILC1、ILC2、ILC3 及 NK 细胞四个细胞亚群。NK 细胞亚群见本章第二节，以下就其余三个亚群作简要介绍。

1. ILC1 细胞

ILC1 细胞主要分布在肝脏和肠道组织，表达转录因子 T-bet，活化后分泌细胞因子 IFN-γ，在细胞免疫应答如抗肿瘤和抗病毒感染中起重要作用。

2. ILC2 细胞

ILC2 细胞又称天然辅助细胞（natural helper cell，NHC），主要分布在肺以及肠道黏膜固有层，表达转录因子 GATA-3，活化后产生 IL-5 和 IL-13，参与呼吸道炎症以及抗寄生虫感染等。

3. ILC3 细胞

ILC3 细胞又称淋巴样组织诱导细胞（lymphoid-tissue inducer，LTi），主要分布在扁桃体、肠道固有层等部位。ILC3 细胞表达转录因子 RORγt，产生淋巴毒素、IL-17 和 IL-22 等细胞因子，参与淋巴组织形成、组织修复、抗感染及免疫调节等。

（王金岩）

数字课程学习

教学 PPT  自测题  微课  拓展阅读

第五章　适应性免疫细胞——T 淋巴细胞

T 淋巴细胞（T lymphocyte），简称 T 细胞，即胸腺依赖性淋巴细胞（thymus-dependent lymphocyte），是来自骨髓的淋巴样干细胞经血液循环进入胸腺，在胸腺微环境诱导下，经历增殖、抗原受体表达、受体基因重排等过程逐渐发育为成熟 T 细胞。T 细胞随血液循环归巢于外周淋巴器官，定居于外周淋巴器官的胸腺依赖区（T 细胞区，如淋巴结的副皮质区）并参与体内淋巴细胞再循环。初始 T 细胞（naive T cell）通过 T 细胞受体（TCR）与抗原提呈细胞（APC）表面的抗原肽—MHC 分子复合物（peptide-MHC，pMHC）特异性结合，并在共刺激信号和细胞因子共同作用下，活化并分化成为辅助性 T 细胞（Th）和细胞毒性 T 细胞（cytotoxic T lymphocyte，CTL）亚群，参与适应性免疫应答和免疫记忆的维持。T 细胞在适应性免疫应答中占据核心地位，其缺陷既影响机体细胞免疫应答，也影响体液免疫应答，可导致机体对多种病原微生物甚至条件致病微生物（如白念珠菌和卡氏肺孢菌）的易感性升高、抗肿瘤效应减弱等病理现象。

第一节　T 细胞表面分子及其功能

T 细胞表面具有众多膜分子，它们参与 T 细胞对抗原的识别、T 细胞活化、增殖、分化，和效应功能的发挥。同时，一些膜分子可作为区分 T 细胞亚群的重要标志。

一、TCR-CD3 复合体

（一）TCR 的结构和功能

TCR 定位于 T 细胞膜，是 T 细胞特异性识别抗原的结构，由两条高度可变的异质肽链通过二硫键链接构成（图 5-1）。每个成熟 T 细胞表面约 20 000 个 TCR 分子。TCR 有两类：一类是 αβ TCR（占 95%），由 α 链和 β 链两条肽链组成；另一类是 γδ TCR，由 γ 链和 δ 链组成。每条肽链包含胞膜外区、跨膜区和胞质区三部分，膜外部分均折叠成可变区（V 区）和恒定区（C 区）两个功能区，属于免疫球蛋白（Ig）超家族成员。TCR α 链和 β 链的 V 区均含有 Ig 样的互补决定区（complementarity determining region，CDR）。虽然 TCR 是与 BCR 类似的细胞膜 Ig 分子，但与 BCR 不同，TCR 并不能直接识别抗原表位，只能特异性识别 APC 或靶细胞表面提呈的 pMHC。TCR 胞质区仅含有 12 个氨基酸残基，在接受 APC 提呈的抗原肽信号后，TCR 不能直接介导细胞内信号转导，TCR 分子与 T 细胞膜上的 CD3 分子形成复合物，经由 CD3 分子胞内区的免疫受体酪氨酸活化基序（ITAM），参与介导 TCR 活化信号的胞内转导。

（二）CD3 的结构和功能

CD3 具有五种肽链，即 γ、δ、ε、ζ 和 η 链，均为跨膜蛋白，跨膜区具有带负电荷的氨基酸残基（天冬氨酸），与 TCR 跨膜区带有正电荷的氨基酸残基形成盐桥。γ、δ 和 ε 链的胞膜外区各有一个 Ig 样结构域。通过这些结构域之间的相互作用，分别形成 γε 和 δε 二聚体。ζ 和 η 链的胞膜外区很短，并以二硫键连接，形成 ζζ 二聚体或 ζη 二聚体。γ、δ、ε、ζ 和 η 链肽链的胞内区均含有 ITAM 基序（图 5-1）。典型的 ITAM 序列由 18 个氨基酸残基“...YXX[L/V]X_{6-9}YXX[L/V]...”（Y 代表酪氨酸，L 代表亮氨酸，V 代表缬氨酸，X 代表任意氨基酸）组成。该保守序列的酪氨酸残基（Y）被细胞内的酪氨酸蛋白激酶（protein tyrosine kinase，PTK）Lck 磷酸化后，可募集和结合 ZAP-70 等含有 SH2 结构域的酪氨酸蛋白激酶，通过一系列信号转导过程激活 T 细胞。ITAM 的磷酸化和与 ZAP-70 的结合是 T 细胞活化信号转导过程早期阶段的重要生化反应之一。因此，CD3 分子的功能是转导 TCR 识别抗原所产生的活化信号。同时，CD3 分子主要表达于成熟 T 细胞表面，可作为 T 细胞的表面标志，用于外周血中成熟 T 细胞的检测。

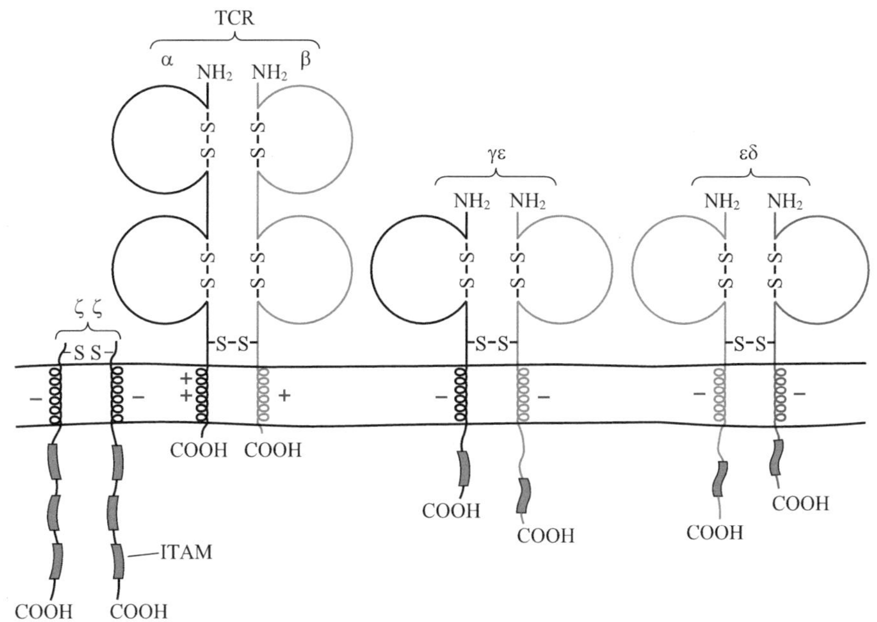

图 5-1 TCR-CD3 复合体

二、其他膜分子

（一）CD4 分子和 CD8 分子

CD4 分子和 CD8 分子均为跨膜糖蛋白，膜外部分含有 Ig 样的功能区，属于 Ig 超家族的成员。CD4 分子和 CD8 分子能辅助 TCR 识别抗原、参与 T 细胞活化的信号转导，是 TCR 的

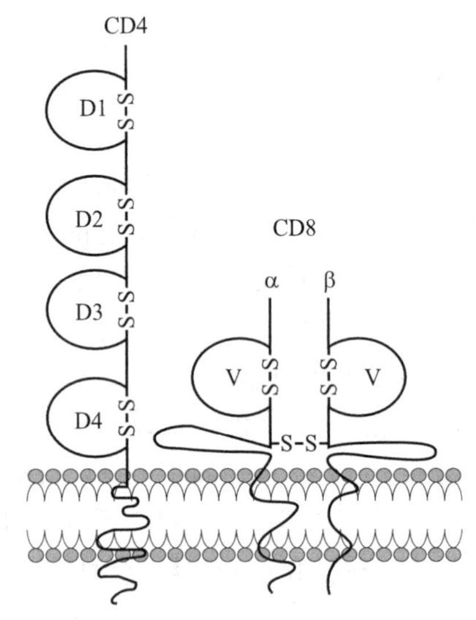

图 5-2 CD4 分子和 CD8 分子结构示意图

共受体。两种分子可同时表达于发育中的胸腺细胞，而在成熟 T 细胞只表达其中之一。以此为标志，成熟 T 细胞可分成具有不同效应功能的两个亚群，即 $CD4^+$ T 细胞和 $CD8^+$ T 细胞。在外周血中，$CD4^+$ T 细胞约占总 T 细胞数的 65%，$CD8^+$ T 细胞约占总 T 细胞数的 35%。

CD4 分子由一条相对分子质量为 55 000 的单体肽链组成，其编码基因位于人类 12 号染色体。CD4 分子胞外区含有 4 个 Ig 样功能区，称为 D1 ~ D4（图 5-2）。D1 和 D2 参与 CD4 分子与 MHC Ⅱ 类分子的结合。在 $CD4^+$ T 细胞识别抗原的过程中，TCR 和 CD4 分子分别结合于同一 MHC Ⅱ - 抗原肽复合物中的抗原肽及 MHC Ⅱ 类分子的 β2 结构域。CD4 分子可提高 TCR 对 MHC Ⅱ 类分子提呈抗原的敏感性，增强 APC 与 T 细胞间的相互作用；在识别抗原后的早期具有信号转导作用。除此之外，CD4 分子还是人类免疫缺陷病毒（HIV）的受体。

CD8 分子由两条不同的多肽链 α 链和 β 链组成（图 5-2）。α 链相对分子质量为 32 000，β 链的相对分子质量为 34 000。两条链的胞外区均含有一个 Ig 的 V 区样（IgV）的功能区。CD8 分子与 MHC Ⅰ 类分子的 α2 功能区结合，可提高 αβ TCR 对 MHC Ⅰ 类分子提呈抗原的敏感性，增强 T 细胞与 APC 的相互作用；也可促进 TCR 识别抗原后 TCR-CD3 复合体介导的信号转导作用。

（二）CD2 分子

CD2 分子又称淋巴细胞功能相关抗原 -2（lymphocyte function associated antigen-2，LFA-2）和绵羊红细胞受体（E 受体）。CD2 由单一肽链构成，表达于成熟 T 细胞、双阳性和部分双阴性胸腺细胞及 NK 细胞。在活化的 T 细胞表达水平升高。其配体是 LFA-3（CD58 分子）。CD2 分子可介导 T 细胞与 APC 间的黏附作用，刺激 T 细胞非特异性活化，也介导胸腺细胞的发育成熟。

（三）LFA-1

LFA-1 即淋巴细胞功能相关抗原 -1，为白细胞黏附分子整合素家族中的一个成员。LFA-1 由一条 α 链和一条 β 链的异二聚体蛋白分子组成，表达于全部白细胞，活化的 T 细胞表达水平增加。与细胞间黏附分子（intercellular adhesion molecule，ICAM）结合，在介导 T 细胞与 APC 或靶细胞间的黏附中起重要作用。

（四）CD28 分子和 CTLA-4

CD28 分子和 CTLA-4（即 CD152）均是二硫键连接的同质二聚体膜分子，每条链含有一个 IgV 样功能区，都属于 Ig 超家族。两种分子具有高度同源性，氨基酸序列极其相近，由密切连锁的基因编码。CD28 和 CTLA-4 有共同的配体 B7 分子。CD28 分子主要表达于人外周 T 细胞，与表达在 APC 上的 B7 分子结合，为识别 APC 提呈的特异性抗原后的初始 T 细胞提供共刺激信号，促使 T 细胞活化和增殖。CTLA-4 是与 CD28 分子同源的一种蛋白，表达于活化 T 细胞，与 B7 分子的亲和力较 CD28 分子强约 20 倍，可与大多数甚至全部 B7 分子结合。CTLA-4 的胞质区有免疫受体酪氨酸抑制基序（ITIM），与 B7 分子结合后可提供抑制信号给活化 T 细胞，有效地阻止 T 细胞在免疫应答中的增殖状态，限制 T 细胞自分泌因子 IL-2 的产生。

（五）CD40L

CD40L 即 CD40 配体（CD40 ligand），是一种主要表达在活化 T 细胞表面的糖蛋白，又称 gp39 分子。CD40L 与 APC 表面的 CD40 结合，发出信号给活化 T 细胞，使其进一步增殖。同时也活化 APC 表达 B7 分子。还有证据指出，T 细胞表面的 CD40L 与 B 细胞表面的 CD40 相互作用可使 B 细胞从合成 IgM 转换为合成其他同种型免疫球蛋白，如 IgE。具有 CD40L 突变的儿童只合成 IgM 抗体。

（六）ICOS

ICOS 即可诱导共刺激分子（inducible costimulator）也称 CD278 分子。ICOS 是一种表达在活化 T 细胞上的同源二聚体蛋白，在初始 T 细胞上低水平表达。ICOS 的配体为 ICOSL，组成性表达于 B 细胞。ICOS 在 CD28 之后发挥作用，调节活化 T 细胞产生多种细胞因子，促进 T 细胞增殖，并增强 T 细胞在体内的持续性运动能力，使 T 细胞能够有效迁徙到外周淋巴器官的滤泡区。ICOS 先天缺陷可导致体液免疫缺失，如普通变异型免疫缺陷病（common variable immunodeficiency）。

（七）PD-1

PD-1 即程序性死亡蛋白 1（programmed cell death protein-1，PD-1），也称 CD279 分子，表达于活化的 T 细胞表面。PD-1 是 T 细胞表面重要的抑制性受体分子。PD-1 通过与其两个配体 PD-L1（B7-H1/CD274）和 PD-L2（B7-DC/CD273）的作用而抑制 T 细胞活化及细胞因子产生，在维持机体的外周耐受中发挥至关重要的作用，是重要的免疫检查点。利用抗 PD-1 或 PD-L1 的单克隆抗体阻断 PD-1/PD-L1 信号通路，在多种实体瘤中显示出卓越的抗肿瘤疗效。

（八）丝裂原受体及其他表面分子

有丝分裂原（mitogen）是指在体外能非特异地刺激初始淋巴细胞发生淋巴母细胞转化、DNA 合成增加和产生有丝分裂等变化的物质。T 细胞于体外在有丝分裂原，如植物血凝素（phytohemagglutinin，PHA）和伴刀豆蛋白 A（concanavalin A，Con A）的刺激下可发生淋巴母细胞转化。因此，认为 T 细胞表面还存在有丝分裂原受体，但目前尚未能用单克隆抗体证明此受体是一种独立的 T 细胞膜分子。

此外，T 细胞表面还存在细胞因子受体、FasL、Fc 受体、补体受体等。

第二节　T 细胞亚群及其功能

外周成熟 T 细胞是一个复杂的异质性群体。按表达 TCR 类型不同可将 T 细胞分成 αβ T 细胞和 γδ T 细胞亚群；按表达的 CD 分子不同可分为 $CD4^+$ T 细胞和 $CD8^+$ T 细胞亚群；按功能不同可分为辅助性 T 细胞（Th）、细胞毒性 T 细胞（CTL）和调节性 T 细胞（Treg）；按对抗原应答所处状态的不同可分为初始 T 细胞、效应 T 细胞和记忆 T 细胞。

一、根据 TCR 类型分类

TCR 是 T 细胞识别抗原的特异性受体，不同 T 细胞克隆的抗原识别受体的分子结构也是不相同的。大多数成熟 T 细胞的 TCR 分子是由 α 和 β 两条肽链组成的，另有少量 T 细胞的 TCR 分子是由 γ 和 δ 链组成的。据此，T 细胞可以分成 αβ T 细胞和 γδ T 细胞（表 5-1）。

（一）αβ T 细胞

αβ T 细胞即通常所称的 T 细胞，占脾脏、淋巴结和循环 T 细胞的 90%～95%。成熟 αβ T 细胞多是 $CD4^+$ T 或 $CD8^+$ T 单阳性（single positive，SP）细胞，为机体免疫系统的主要 T 细胞群体。

（二）γδ T 细胞

γδ T 细胞占外周血 T 细胞的 5%～10%，主要分布于肠道、呼吸道及泌尿生殖道等黏膜和皮下组织，其抗原受体缺乏多样性，对抗原识别的特异性较低，识别抗原无 MHC 限制性。γδ T 细胞主要识别 CD1 分子提呈的多种病原体表达的共同抗原成分，包括热休克蛋白（HSP）、糖脂类抗原、某些病毒的糖蛋白、分枝杆菌的磷酸糖和核苷酸衍生物等，且抗原无需处理，可被整体识别。大多数 γδ T 细胞为 $CD4^-CD8^-$ 双阴性（double negative，DN）细胞，也有部分细胞是 $CD8^+$ γδ T 细胞。γδ T 细胞具有抗感染和抗肿瘤作用，可直接杀伤病毒或细胞内细菌感染的靶细胞、表达热休克蛋白和异常表达 CD1 分子的靶细胞及某些肿瘤细胞。活化的 γδT 细胞通过分泌 IL-2、IFN-γ、IL-3、IL-4、IL-5、IL-6、IL-10、IL-17、GM-CSF、TNF-α 等细胞因子，辅助 B 细胞分化和黏膜局部特异性抗体的产生，发挥免疫调节作用和介导炎症反应。

表 5-1　αβ T 细胞与 γδ T 细胞的特征及功能的比较

特征	αβ T	γδ T
占 $CD3^+$T 细胞比例	90%～95%	5%～10%
TCR V 基因库	大	小
分布外周血	60%～70%	5%～15%
组织	外周淋巴组织	皮肤表皮和黏膜上皮
表型 $CD3^+CD2^+$	100%	100%
$CD4^+CD8^-$	60%～65%	<1%
$CD4^-CD8^+$	30%～35%	20%～50%
$CD4^-CD8^-$	<5%	≥50%
MHC 限制性	有	无
识别的抗原	肽 +MHC	HSP、脂类、多糖
辅助细胞	Th	无
杀伤细胞	CTL	γδT

二、根据 CD 分子分类

根据其是否表达 CD4 分子或 CD8 分子，T 细胞分为 $CD4^+$ T 细胞和 $CD8^+$ T 细胞。在外周淋巴组织中 $CD4^+$ T 细胞约占 T 细胞总数的 65%，$CD8^+$ T 细胞约占 T 细胞总数的 35%。

（一）$CD4^+$ T 细胞

CD4 表达于 60%～65% 的 T 细胞及部分 NKT 细胞，巨噬细胞和 DC 亦可表达 CD4，但表达水平较低。$CD4^+$ T 细胞表型为 $CD3^+CD4^+CD8^-$，TCR 类型为 αβ TCR，识别由 13～17 个氨基酸残基组成的抗原肽，受自身 MHC Ⅱ类分子限制，活化后分化为 Th 细胞，通过合成和分泌细胞因子发挥免疫调节功能。但也有少数效应性 $CD4^+$ T 细胞具有细胞毒作用和免疫抑制作用。

（二）$CD8^+$ T 细胞

CD8 表达于 30%～35%T 细胞。$CD8^+$ T 细胞的 CD 表型为 $CD3^+CD4^-CD8^+$。$CD8^+$ T 细胞的 TCR 识别由 8～10 个氨基酸残基组成的抗原肽，受自身 MHC Ⅰ类分子的限制，活化后分化为 CTL，具有细胞毒作用，可特异性杀伤靶细胞。$CD8^+$ T 细胞活化后，还可通过分泌 IFN-γ、TNF-α 和 TNF-β 等细胞因子，参与细胞免疫应答和免疫调节。

三、根据功能特征分类

外周初始 T 细胞活化后，在细胞因子及其微环境因素的作用下进一步分化成为具有不同生物学功能的亚群，如辅助性 T 细胞、细胞毒性 T 细胞和调节性 T 细胞，并发挥作用。

（一）辅助性 T 细胞

辅助性 T 细胞（Th）均表达 CD4 分子。未受抗原刺激的初始 $CD4^+$ T 细胞为 Th0。外周初始 Th0 细胞活化后，在细胞因子及微环境因素的作用下向不同谱系的 Th 细胞亚群分化，发挥不同的生物学功能。细胞因子在调控辅助性 T 细胞亚群分化中发挥重要作用。例如，APC 产生的 IL-12 可协同 IFN-γ，诱导 Th0 向 Th1 分化；局部微环境中 NKT 细胞以及嗜酸性粒细胞和嗜碱性粒细胞等所产生 IL-4，可诱导 Th0 向 Th2 分化；TGF-β 和 IL-4 诱导 Th0 向 Th9 分化；TGF-β 和 IL-6 诱导 Th0 分化为 Th17；IL-6 和 TNF-α 诱导 Th0 分化为 Th22；IL-21 和 IL-6 诱导 Th0 分化为 Tfh（图 5-3）。

1. Th1 和 Th2 细胞及其生物学功能

1986 年罗伯特·考夫曼（Robert Coffman）和蒂莫西·莫斯曼（Timothy Mosmann）首次报道 Th1 和 Th2。Th 细胞依据产生细胞因子的不同可分为两个功能性亚群，即 Th1 和 Th2（表 5-2）。Th1 和 Th2 细胞均来自初始 Th 细胞在抗原刺激下分化成的 Th0 细胞。

（1）Th1：该细胞亚群的主要效应是分泌 Th1 型细胞因子介导细胞免疫应答，特别是在抗胞内病原体感染中发挥作用。Th1 细胞亚群分泌的主要细胞因子，包括 IL-2、IFN-γ 和 TNF-α 等。上述细胞因子能促进 Th1 细胞亚群的增殖，激活如 $CD8^+$T 细胞、ILC1s、巨噬细胞和 B 细胞，发挥免疫调节作用。另外，Th1 也是迟发型超敏反应中的效应 T 细胞，故也称为迟发型超敏反应性 T 细胞。在病理情况下，Th1 参与许多自身免疫病的发生和发展，如类风湿关节炎、多发性硬化症、桥本甲状腺炎、胰岛素依赖性糖尿病等。近年研究发现，部分肿瘤细胞可通过表观沉默机制抑制 Th1 型趋化因子的表达，逃避宿主保护性免疫应答，提示

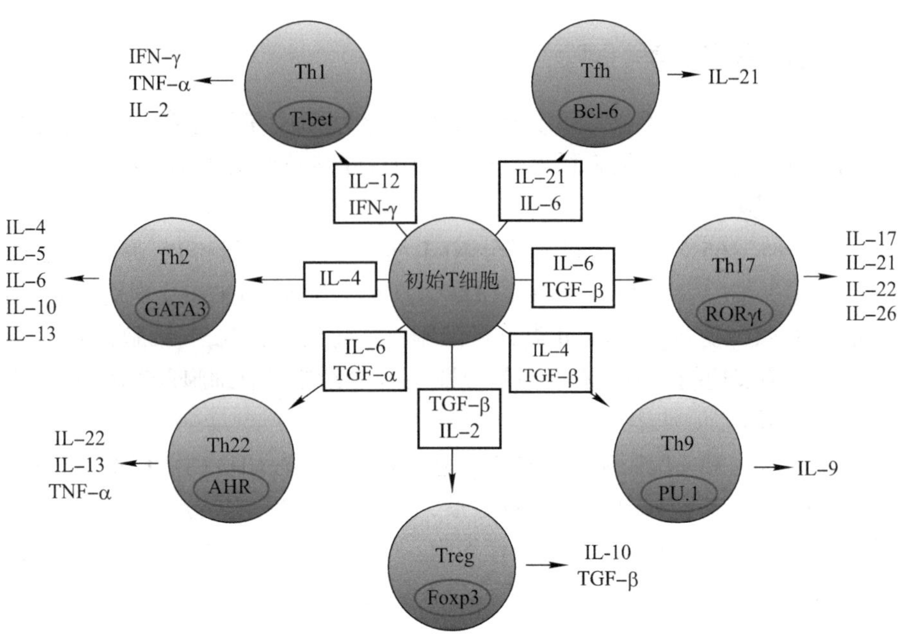

图 5-3　细胞因子对 Th 细胞亚群分化的调节作用

表 5-2　Th1 和 Th2 细胞主要特性比较

特性	Th1	Th2
细胞因子产生		
IL-2	+	−
IFN-γ	+	−
TNF-a	+	−
IL-4	−	+
IL-5	−	+
IL-6	−	+
IL-10	−	+
IL-3	+	+
GM-CSF	+	+
膜分子表达		
CD40L	+	+
FasL	+	−
效应功能	活化巨噬细胞，诱导 B 细胞活化、分泌调理性抗体，抗胞内寄生微生物	诱导 B 细胞活化、分泌中和性抗体，抗胞外寄生微生物，中和毒素

Th1 细胞参与肿瘤免疫。

外周免疫组织中的 APC 活化分泌 IL-12 激活初始 CD4⁺ T 细胞的转录因子 STAT4 表达；NK 细胞通过分泌细胞因子 IFN-γ 激活转录因子 STAT1 表达；STAT1 和 STAT4 协同作用下活化 Th1 细胞特征性转录因子 T-bet，促进 Th0 细胞分化为 Th1 细胞亚群。T-bet 与转录因子 Hlx、Runx3、Ets-1 和 Bhlhe40 共同作用，促进 IFN-γ 分泌。同时，T-bet 可抑制转录因子 GATA3 和 RORγt 的表达，并和 Runx3 协同作用直接抑制 IL-4 的转录，从而抑制 Th0 细胞向 Th2 和 Th17 细胞亚群分化。Th1 细胞表达的趋化因子受体 CXCR3 可辅助 Th1 细胞迁徙至炎症组织局部。

（2）Th2：初始 $CD4^+$ T 细胞接受 DCs 提供的信号刺激后，在 IL-2 和 IL-4 的诱导下，分别活化转录因子 STAT5 和 STAT6。其中，STAT6 可以诱导 Th2 特异性转录因子 GATA3 活化。活化的 GATA3 抑制其他谱系 Th 细胞亚群的转录因子（如 T-bet 和 RORγt）活化。其他转录因子包括 c-Maf、STAT3 和 Notch/CSL 也参与 Th2 的分化和功能作用。Th2 细胞分泌 Th2 型细胞因子，包括 IL-4、IL-5、IL-6、IL-10 及 IL-13 等。IL-4 诱导 B 细胞产生的抗体发生类别转换合成 IgE，IL-5 诱导嗜酸性粒细胞活化并迁徙至炎症发生部位，IL-13 促进黏液产生和杯状细胞增生。Th2 细胞通过分泌上述细胞因子，辅助 B 细胞活化并产生特异性抗体，参与体液免疫应答，在超敏反应及抗寄生虫感染中发挥重要作用。在以 Th1 细胞亚群介导的炎症反应晚期，Th2 的反应会逐渐增强，拮抗 Th1 介导的炎症损伤，通过上述机制，Th2 发挥免疫调节作用，参与抑制急慢性炎症反应。

2. Th17

Th17 细胞是以特征性分泌 IL-17 为主的 T 细胞亚群。小鼠初始 $CD4^+$ T 细胞在前炎症细胞因子 TGF-β、IL-6、IL-1β、IL-21 和 IL-23 等细胞因子的作用下分化为 Th17 细胞。其中，IL-6 可激活 STAT3，诱导 Th17 特征性转录因子 RORγt 表达。IL-6 和 TGF-β 联合作用在体外可诱导初始 $CD4^+$ T 细胞分化为 Th17 细胞。分化中的 Th17 细胞可高表达 IL-23 的受体。IL-23 在 Th17 细胞增殖和效应活性的产生中至关重要。近年研究发现，体内的 Th17 细胞可以与其他 Th 细胞亚型相互转化，提示了 Th17 细胞的高度可塑性和多功能性。Th17 细胞通过分泌 IL-17A、IL-17F、IL-21、IL-22、IL-26、CXCL8、TNF-α 和 GM-CSF 等多种细胞因子和趋化因子，激活免疫细胞和非免疫细胞产生基质金属蛋白酶（matrix metalloproteinases，MMP）、一氧化氮（nitric oxide，NO）、细胞因子和抗菌肽，清除胞外病原体。同时，Th17 可分泌 CXCL8 和 G-CSF 募集中性粒细胞参与炎症反应，在免疫病理损伤，特别是自身免疫病的发生和发展中起重要作用。

3. Tfh

滤泡辅助 T 细胞（T follicular helper cell，Tfh）是位于淋巴滤泡内的辅助性 T 细胞，其表型为 $CD4^+CXCR5^+CCR7^-$，并高表达共刺激分子 ICOS 和 PD-1（表 5-3）。Tfh 由初始 $CD4^+$ T 细胞接受 APC（如 DC）刺激后分化而来，IL-6、IL-21 和共刺激分子 ICOSL 在 Tfh 的分化过程中发挥重要的促进作用。IL-2 通过升高 B 淋巴细胞诱导成熟蛋白 1（B lymphocyte induced maturation protein 1，Blimp-1）的表达抑制 Tfh 细胞的分化发育。Tfh 的前体细胞持续高表达趋化因子受体 CXCR5 和转录因子 Bcl-6，迁移至淋巴滤泡后参与和维持生发中心（GC）的结构和功能。GC 中的 Tfh 细胞（GC-Tfh）通过表面分子 CD40L 与 B 细胞表面的 CD40 结合，并通过分泌 IL-21 分子辅助 B 细胞在生发中心的活化、增殖和抗体产生，是辅助体液免疫应答的关键细胞。

表 5-3 Tfh 细胞和 Th1 细胞功能比较

特点	Tfh	Th1
功能	辅助 B 细胞产生抗体	组织炎症反应 / 抗微生物
转录因子	Bcl-6	T-bet
定位	淋巴结和脾	感染组织
Blimp-1	−	+++
细胞因子	IL-21、IL-4	IFN-γ
细胞因子产生能力	+	+++
TCR 亲和力	++	+
B 细胞依赖性	+++	−
抗原依赖性	+++	++
记忆细胞产生	++	+

4. Th9

Th9 通过分泌其特征性细胞因子 IL-9 在过敏性疾病、抗寄生虫感染和自身免疫病中发挥重要作用。Th9 除可在 TGF-β 和 IL-4 共同存在时由 Th0 细胞分化形成，也可由 TGF-β 单独诱导 Th2 细胞分化而成。Th9 细胞特征性转录因子为 PU.1 分子。

5. Th22

Th22 是一群 $IL\text{-}17A^{-}IL\text{-}22^{+}$ $IFN\text{-}\gamma^{-}$ T 细胞亚群，表达趋化因子受体 CCR4、CCR6 和 CCR10。Th22 细胞特异性转录因子为 AHR 分子。Th22 细胞主要分布在皮肤的表皮层，产生与组织修复和重构相关的分子，通过分泌 IL-22、IL-13 和 TNF-α 诱导表皮角质细胞表达一系列参与固有免疫应答和调节适应性免疫应答的分子，参与上皮细胞的生理功能和炎性病理过程，在炎性皮肤疾病（如银屑病和特应性皮炎）的免疫病理中发挥重要作用。

（二）细胞毒性 T 细胞（CTL）

$CD8^{+}$ CTL 细胞的特征性表型为 $CD3^{+}CD4^{-}CD8^{+}$，表达 αβ TCR。$CD8^{+}$ CTL 表达的 αβ TCR 只能识别自身 MHC Ⅰ类分子与抗原肽的复合物，具有 MHC Ⅰ类分子限制性。$CD8^{+}$ CTL 具有细胞毒作用，可特异性杀伤病毒等细胞内寄生物感染的靶细胞。CTL 杀伤靶细胞有两种机制：一是释放细胞毒性蛋白质，如：穿孔素（perforin）、颗粒酶（granzyme）等物质直接作用靶细胞，诱导靶细胞凋亡；二是通过表达 FasL 或分泌 TNF-α，分别与靶细胞表面的 Fas 或 TNF 受体（TNFR）结合，通过 Fas-FasL 途径或 TNF-TNFR 途径诱导靶细胞凋亡。CTL 可连续杀伤多个靶细胞。$CD8^{+}$ CTL 活化后，可通过释放 IFN-γ、TNF-α 和 TNF-β 等细胞因子，参与细胞免疫应答及免疫调节。$CD8^{+}$ CTL 根据分泌细胞因子的不同，也可被分为 Tc1 和 Tc2 两个亚群，分别分泌与Th1和Th2相类似的细胞因子。

（三）调节性T细胞（Treg）

通常所称的Treg是$CD4^+CD25^+Foxp3^+$的T细胞。Treg细胞亚群占外周血及脾脏组织中$CD4^+$T细胞的5%～10%，作为免疫抑制功能的中心调控者，在人体免疫系统中发挥重要作用。转录因子Foxp3（Forkhead box P3）不仅是Treg的重要标志，也参与Treg的分化、维持和功能。Foxp3缺陷引起Treg减少或缺如，从而使人、小鼠出现多种自身免疫病理改变，如炎症性肠病和超敏反应。Treg根据发育和分化途径主要分为两类，即天然型Treg（natural Treg，nTreg）和诱导型Treg（inducible Treg，iTreg）。

1. nTreg

nTreg直接从胸腺中分化发育成熟，表达CD4、CD25、CTLA-4、CD5分子、转录因子Helios（*Ikzf2*）和特异性转录因子Foxp3，占外周$CD4^+$T细胞总数的5%～10%。有研究报道，在胸腺阳性选择过程中，TCR以中等亲和力结合自身抗原肽-MHC分子的胸腺细胞可分化为抗原特异性抑制性nTreg细胞。nTreg不能产生IL-2，但可利用其他T细胞分泌的IL-2维持自身增殖。在外周免疫应答发生时，nTreg通过其高亲和力的TCR，在较低的抗原浓度即可被快速激活，分泌细胞因子IL-10和TGF-β发挥免疫抑制作用。也通过抑制IL-2的转录而抑制$CD4^+$和$CD8^+$T细胞的增殖。还可促进其他参与感染耐受的T细胞产生IL-10和TGF-β，从而避免由于过度免疫应答导致自身抗原暴露而引起的自身组织损伤。

2. iTreg

iTreg是某些特定条件下，由初始$CD4^+$T细胞在外周经抗原及其他因素（如TGF-β和IL-2）诱导产生，表达Foxp3，并具有免疫抑制功能。实验证明，在炎症和肿瘤发生过程中均可诱导iTreg的产生。iTreg包括Tr1细胞（regulatory T cell 1）和Th3细胞。①Tr1细胞：于外周在IL-10存在下，经抗原刺激形成。其产生的细胞因子谱是$IL\text{-}10^+$、$TGF\text{-}\beta^+$、$IL\text{-}4^-$和$IL\text{-}2^{低/-}$，借此可以与Th0、Th1和Th2细胞相区别。至今为止，未能确定Tr1细胞的特有表面标志，Tr1细胞不表达$Foxp3^+$，较少或不表达CD25分子。在体外可部分地通过产生IL-10的自分泌作用维持低水平增殖。通过分泌IL-10和TGF-β调节免疫应答，可抑制初始和记忆T细胞应答，下调APC表面协同刺激分子的表达和前炎症细胞因子的产生。Tr1细胞支持B细胞产生IgD、IgA和IgG。Tr1细胞是可诱导的和抗原特异性的，需要其TCR与抗原结合发挥免疫抑制功能。Tr1细胞一旦被激活是以抗原非特异性的方式发挥抑制作用。富含于小肠黏膜相关淋巴组织内，对食物性抗原的应答产生耐受。②Th3细胞：体外证实在TGF-β存在条件下由$CD4^+CD25^-$T细胞诱导形成。随转录因子Foxp3的表达上调，细胞开始发挥抑制效应。通过促进抗原特异性Treg的分化来诱导和维持外周耐受。成熟的Th3细胞可大量产生TGF-β，其分化增殖也是TGF-β依赖性的。Th3细胞也广泛存在于小肠黏膜相关淋巴组织内，抑制对消化道抗原的免疫应答，诱导“口服耐受（oral tolerance）”。

四、根据所处的活化阶段分类

根据T细胞的分化状态、表达的细胞表面分子（如CD45）以及功能的不同，可以将其分为初始T细胞、效应T细胞和记忆T细胞。

（一）初始 T 细胞

初始 T 细胞（naive T cell）是指未接受过抗原刺激的成熟 T 细胞。胸腺发育成熟的 T 细胞，转移到外周淋巴组织，在没有接触特异性抗原分子刺激前，处于相对静止的状态，叫做初始 T 细胞。初始 T 细胞处于细胞周期的 G0 期，存活期短，表达 CD45 分子 RA 亚型（CD45RA）和高水平的 L- 选择素（CD62L），参与淋巴细胞再循环，主要功能是识别抗原。此外，初始 T 细胞表达 CD62L 和 CCR7 分子，易于该细胞亚群在外周免疫器官内的定居。在未经免疫的机体内，抗原特异性初始 T 细胞的比例一般都很低，即某种抗原特异性 T 细胞占总 T 细胞的比例通常只有 1/100 000 ~ 1/10 000。初始 T 细胞在外周淋巴器官内接受 DC 提呈的 pMHC 刺激而活化，克隆增殖，并在周围微环境的影响下分化为效应 T 细胞和记忆 T 细胞。

（二）效应 T 细胞

效应 T 细胞（effector T cell）是执行机体免疫效应功能的细胞。由初始 T 细胞发育而来，存活期短，除表达高水平的高亲和力 IL-2 受体外，还表达整合素、CD69、CD25、CCR3 和 CCR5 分子，可合成分泌 IFN-γ、IL-2、IL-4 或 IL-5 等细胞因子，易于该细胞亚群向炎症反应部位的移行和免疫效应功能的发挥。效应 T 细胞主要是向外周炎症部位或某些器官组织迁移，并不再循环至淋巴结。

（三）记忆 T 细胞

记忆 T 细胞（memory T cell）可由效应 T 细胞分化而来，也可由初始 T 细胞接受抗原刺激后直接分化而来。记忆 T 细胞与初始 T 细胞相似，处于细胞周期的 G0 期，但其存活期长，可达数年。再次接受相同抗原刺激后可迅速活化，并分化为效应 T 细胞，介导再次免疫应答。记忆 T 细胞表达 CD45RO 和黏附分子（如 CD44），并能向外周炎症组织迁移，参与淋巴细胞再循环。即使没有抗原或 MHC 分子的刺激，记忆 T 细胞仍可长期存活，通过自发增殖维持一定数量。此外，记忆 T 细胞也表达 CCR7 分子（介导淋巴细胞穿越小静脉后高柱状内皮细胞的归巢分子），并表达抗凋亡因子 Bcl-2，促进该细胞亚群长期存活。

（朱晓彤）

数字课程学习

教学 PPT　　自测题　　微课　　拓展阅读

第六章　适应性免疫细胞——B 细胞

骨髓来源的未成熟 B 细胞随着血流到达外周免疫器官的特定部位发育成熟。如果遇到特异性抗原，可以继续分化为浆细胞（plasma cell），分泌抗体，介导特异性体液免疫应答，主要防御或对抗细胞外寄生病原体的感染，在防御病毒等细胞内病原体的感染中也发挥作用。此外，B 细胞也是重要的抗原提呈细胞（APC），并具有免疫调节作用。B 细胞在外周血中含量占淋巴细胞总数的 5%～15%。

第一节　B 细胞在外周淋巴组织内的存活和成熟

离开骨髓经血液循环进入外周淋巴组织的未成熟 B 细胞（也称为过渡期 B 细胞，transitional stage B cell），需要经历存活能力的选择，选择的结果取决于竞争进入外周淋巴组织中淋巴滤泡的能力。大多数未成熟 B 细胞不能获得进入淋巴滤泡的机会，寿命较短，半衰期不足 3 天。少数未成熟 B 细胞成功进入淋巴滤泡，获得必要的生存信号支持，如 TNF 家族 B 细胞激活因子（B-cell activating factor belonging to the TNF family，BAFF）的刺激，继续分化为共表达 mIgM 和 mIgD 的成熟 B 细胞，即初始 B 细胞（naive B cell）。初始 B 细胞能够对特异性抗原产生免疫应答，寿命相对较长，半衰期为 3～8 周，参与淋巴细胞再循环。

在未成熟 B 细胞至成熟 B 细胞的发育阶段，H 链基因转录形成的 mRNA 前体经过精细调控的选择性剪接，在同一 B 细胞内同时形成 μ 链 mRNA 和 δ 链 mRNA，翻译成 μ 链和 δ 链，与 κ 链或 λ 链连接成 IgM 和 IgD。成熟 B 细胞表面表达的 mIgD 和 mIgM 具有相同的抗原识别特异性。mIgD 是重要的活化受体，与 mIgM 共同表达使成熟 B 细胞获得了受到抗原刺激能够活化的能力。

在 B 细胞的分化发育过程中，从淋巴样干细胞到成熟 B 细胞的发育阶段不需要抗原刺激，为非抗原依赖期；而从成熟 B 细胞分化发育为浆细胞和记忆性 B 细胞的过程中，需要接受抗原的刺激而活化、增殖，此过程为抗原依赖期。

第二节　B 细胞表面膜分子及其功能

B 细胞表面表达多种膜分子，参与抗原识别与提呈，B 细胞活化、增殖和分化的调控及细胞间的信息传递。

一、B 细胞受体复合体

B 细胞受体（BCR）复合体由一个 mIg 分子和与其相连的 Igα/Igβ 异二聚体组成（图 6-1）。mIg 结合天然抗原表位，Igα/Igβ 传递抗原结合信号。

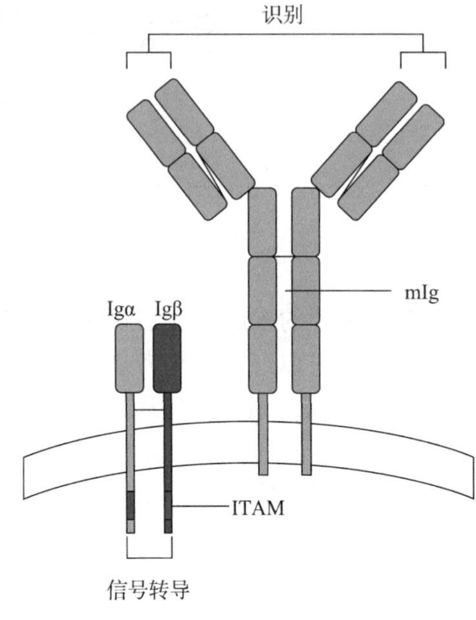

图 6-1　BCR 复合体示意图

1. mIg

mIg 即膜表面免疫球蛋白，是 B 细胞特异性识别和结合抗原决定簇的结构，不同 B 细胞克隆表达的 mIg 识别抗原的特异性不同。同一 B 细胞克隆在不同发育分化阶段所表达的 mIg 抗原识别特异性一致，但是类型有所不同。分泌抗体的浆细胞不再表达 mIg。

（1）mIgM：未成熟 B 细胞只表达 mIgM。

（2）mIgD：成熟的初始 B 细胞除表达 mIgM 外，还高表达 mIgD。

（3）mIgG、mIgA 和 mIgE：受抗原刺激活化并发生类别转换的 B 细胞表达 mIgG、mIgA 或 mIgE。

mIg 包含胞外区、跨膜区和胞质区三个部分，胞外区与浆细胞分泌的抗体序列一致，胞质区很短，不能直接与细胞内的信号转导分子结合传递抗原刺激信号，还需要其他膜分子的辅助。

2. Igα/Igβ

Igα 和 Igβ 也称作 CD79a/CD79b，均为跨膜分子，胞外区有免疫球蛋白样结构域，通过二硫键形成二聚体，胞质区含有 ITAM。Igα/Igβ 与 mIg 组成复合体，传导 mIg 结合抗原后产生的活化信号。

二、其他膜分子

1. CD19、CD21 和 CD81 复合体

成熟 B 细胞除了通过 BCR 特异性识别抗原外，还表达促进结合抗原和活化信号转导的共受体（coreceptor）。B 细胞共受体是由 CD19、CD21 和 CD81 三种膜分子组成的复合体，其中 CD21 是补体 C3b 降解产物 C3d 的受体（即补体受体 CR2），参与结合抗原，CD19 和 CD81 参与信号的跨膜传递。C3d 共价结合于外来抗原分子上，当抗原分子被特异性 BCR 识别时，C3d 与 CD21 结合，导致共受体与 BCR 复合体紧密接触，大大增强抗原信号的转导（图 6-2）。CD19 也是 B 细胞的重要标志，表达于前 B 细胞至成熟 B 细胞的各个发育阶段。

2. CD40

CD40 分子组成性表达在成熟 B 细胞表面，具有以下生物学功能：①与活化 T 细胞表达的 CD40L 结合，提供 B 细胞活化最重要的共刺激信号；②诱导 Ig 同种型的类别转换；③参与维持生发中心 B 细胞的存活。CD40 也表达于其他 APC，如树突状细胞和巨噬细胞。

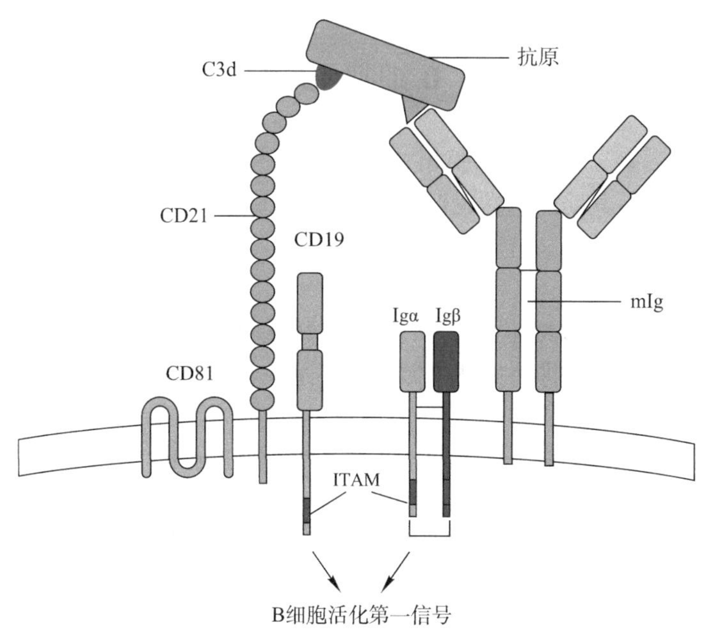

图 6-2 B 细胞共受体示意图

3. CD80 和 CD86

CD80 和 CD86 亦称 B7 分子，CD80 为 B7-1，CD86 为 B7-2，这两种分子在静息 B 细胞表面低水平表达，而在具有抗原提呈作用的活化 B 细胞表面高水平表达。作为共刺激分子，与 T 细胞表面的 CD28 或 CTLA-4 结合，提供 T 细胞活化的第二信号或负反馈抑制信号。

4. MHC 分子

B 细胞除了表达 MHC Ⅰ类分子外，作为专职 APC 还表达 MHC Ⅱ类分子。大多数 BCR 与抗原分子结合后，会通过内化作用将抗原摄取到细胞内，加工处理后的抗原被装载在 MHC Ⅱ类分子上，提呈给 $CD4^+$ T 细胞。

5. 抑制性受体

CD22 和 CD32 均是抑制性受体。CD22 识别自身血清糖蛋白或细胞表面唾液酸残基，其胞质区含有 ITIM，作为 B 细胞活化的负调节因子发挥作用。当抗原含量降低不再与 BCR 结合时，CD22 可以关闭来自 BCR 的信号转导。CD32 是 IgG Fc 段（参见第八章）的受体，其 b 亚型也称 FcγRIIb，胞质区含有 ITIM，是抑制性受体。当循环中有丰富的 IgG 抗体时，与抗原形成抗原 - 抗体复合物，其中抗原可以与特异性 B 细胞表面的 BCR 结合，而 IgG 与 CD32 结合，这种连接导致 CD32 的 ITIM 活化，抑制 BCR 复合体的信号转导，对 B 细胞活化和抗体生成起负反馈调节作用。

6. 黏附分子

B 细胞表达的与 T 细胞结合的黏附分子主要有 LFA-1（CD11a/CD18）和 ICAM-1（CD54）等。

第三节　B 细胞亚群及其功能

外周血、淋巴结、脾、骨髓和黏膜相关淋巴组织中的 B 细胞呈异质性，按照不同的分类方法可以分为多种亚群，其功能特性也存在区别。

一、B 细胞亚群

通常根据来源不同，将 B 细胞分为 B1 细胞和 B2 细胞两大亚群。B1 细胞在个体发育过程中早于 B2 细胞出现，B2 细胞即为前述来源于骨髓造血干细胞的 B 细胞。

1. B1 细胞

B1 细胞约占人和小鼠 B 细胞总数的 5%。绝大多数小鼠 B1 细胞表达 CD5 分子，也称为 $CD5^+$ B 细胞。B1 细胞主要存在于胸膜腔和腹膜腔液中，是自我更新的淋巴细胞群，体腔中存在的某些自身抗原或环境抗原维持其存在和增殖。其来源尚不完全清楚，一般认为其祖先在胚胎发育过程中出现早于造血干细胞。B1 细胞识别抗原的多样性有限，仅识别病原体共同抗原和某些自身抗原，在非特异性免疫应答中发挥作用。B1 细胞对糖类抗原的应答较强，对蛋白质抗原的应答较弱，处于半活化状态，主要产生 IgM 抗体。未免疫小鼠血液中大部分 IgM 由 B1 细胞产生，以低亲和力结合多种微生物抗原和自身抗原，被称为天然抗体（natural antibody），参与固有免疫应答。

2. B2 细胞

B2 细胞来源于骨髓造血干细胞的 B2 细胞有两个分支，大多数 B2 细胞进入淋巴结和脾的淋巴滤泡中发育成熟，参与淋巴细胞再循环，介导适应性体液免疫应答，这些 B2 细胞也被称为滤泡 B 细胞（follicular B cell）。还有小部分骨髓来源的 B 细胞定居在脾白髓边缘窦附近，不参与淋巴细胞再循环，被称为边缘区 B 细胞（marginal zone B cell）。这群细胞识别抗原的多样性有限，主要对血液来源的抗原发生早期应答。B1 细胞和 B2 细胞的区别见表 6–1。

表 6–1　B1 细胞和 B2 细胞的比较

特点	B1	B2
分化来源	骨髓外	骨髓
识别抗原的多样性	有限	丰富
主要分布	黏膜腔（胸腔和腹腔）	外周免疫器官
更新方式	自我更新	骨髓补充
Th 细胞辅助	不需要	需要
首次生成抗体	胚胎期	出生后
分泌 Ig 类型	IgM	各类 Ig
记忆性分化	无	有

二、B 细胞的功能

B 细胞除可分化为抗体形成细胞外，还作为 APC 和免疫调节细胞发挥作用。

1. 分泌抗体

抗体主要对抗细胞外病原体，中和体液中的细菌外毒素和游离病毒。B1 细胞产生针对黏膜组织、腹膜腔和胸膜腔中微生物的天然抗体，提供对抗微生物入侵的第一道防线。B2 细胞（滤泡 B 细胞）接受抗原刺激后分化为浆细胞，产生针对多样性抗原的高亲和力抗体和记忆性 B 细胞，介导特异性体液免疫。

2. 提呈抗原

活化的 B2 细胞可提呈可溶性抗原，尤其是低浓度的可溶性抗原。

3. 免疫调节

许多证据表明，一部分 B 细胞能够负向调节细胞免疫应答，抑制炎症反应及自身免疫，被称为调节性 B 细胞（regulatory B cell，Breg）。目前还没有发现调节性 B 细胞有特定的表面标志，它们主要通过分泌 IL-10、IL-35 和 TGF-β 等抑制性细胞因子发挥作用，其中分泌高水平 IL-10 的 B 细胞又被称为 B10 细胞。

（祁赟梅）

数字课程学习

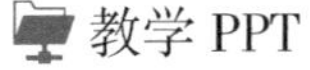   

第七章 抗原提呈细胞

抗原提呈细胞（APC）是指能够在细胞内加工处理抗原，并以抗原肽-MHC分子复合物（pMHC）的形式将抗原肽提呈给T细胞的一类免疫细胞。APC在机体的免疫识别、免疫应答及免疫调节中发挥重要作用。

第一节 抗原提呈细胞的种类

根据APC表面膜分子表达的特点和功能差异，APC分为专职性抗原提呈细胞（professional APC）和非专职性抗原提呈细胞（non-professional APC）两类。专职APC包括树突状细胞（DC）、巨噬细胞和B细胞。专职性APC组成性表达MHCⅡ类分子和其他参与诱导T细胞活化的共刺激分子，能主动摄取并加工处理抗原和提呈抗原肽给T细胞，抗原提呈能力强。通常所说的APC多指专职性APC。非专职性APC是指通常情况不表达或低表达MHCⅡ类分子，但在炎症过程中或在某些活性分子刺激下能被诱导表达MHCⅡ类分子和共刺激分子，并能加工和提呈抗原的一类细胞，包括内皮细胞、成纤维细胞和上皮细胞等，抗原提呈能力弱。另外，某些表达MHCⅠ类分子的肿瘤细胞或被胞内病原体感染的靶细胞也可作为非专职性APC，通过提呈抗原肽给$CD8^+$ T细胞，使其活化成为CTL，进而杀伤靶细胞。非专职性APC处理和提呈抗原可能参与机体的炎症反应和某些自身免疫性疾病的发生。

一、树突状细胞

DC是一类具有树突状或伪足样突起的独特形态的免疫细胞，由加拿大学者拉尔夫·斯坦曼（Ralph Marvin Steinman）于1973年发现。DC是目前所知功能最强，且唯一能够激活初始T细胞的专职APC。DC是适应性免疫应答的始动者，也是连接固有免疫应答和适应性免疫应答的“桥梁”。

（一）树突状细胞的分类

1. 根据其来源分类

DC分为髓系DC和淋巴系DC，前者分化于髓样干细胞，而后者分化于淋巴样干细胞。髓系DC，即经典DC（conventional DC，cDC），参与适应性免疫应答的诱导和启动。淋巴系DC目前主要指浆细胞样DC（plasmacytoid DC，pDC），其在静息状态下具有与浆细胞相似的细胞形态，但一经活化，即可获得DC的典型细胞特征，且快速产生大量Ⅰ型干扰素（IFN-α

和 IFN-β），参与机体抗病毒免疫应答。DC 的表面标志物是辅助鉴别 DC 的指标。人 cDC 的主要膜分子有 CD11c、CD141、CD1c 等，小鼠 cDC 的主要膜分子有 CD11c 和 CD11b 等。人 pDC 不表达 CD11c，小鼠 pDC 表达 B220 和低水平表达 CD11c。

2. 根据其发育及迁移阶段分类

DC 发育及迁移分为四个阶段：①骨髓、外周血中的 DC 前体；②外周非淋巴组织中的未成熟 DC；③输入淋巴管、外周血中的迁移期 DC；④外周淋巴组织中的成熟 DC。DC 由骨髓造血干细胞分化，随后进入外周血，再分布到脑以外的全身各组织器官。未成熟 DC 摄取和加工抗原能力强，通过胞饮作用、吞噬作用及受体介导的内吞等机制摄取抗原，降解抗原为小分子多肽。遇到危险信号如组织损伤、病原体产物及炎性细胞因子后，DC 迁移至淋巴器官并发育为成熟 DC。成熟 DC 抗原摄取能力弱，抗原提呈能力强。在外周免疫器官，成熟 DC 高表达 MHC Ⅱ类分子和共刺激分子，提呈抗原肽供初始 T 细胞识别。DC 在移行成熟过程中，摄取和加工处理抗原的能力逐渐减弱，而提呈抗原的功能逐渐增强（图 7-1）。

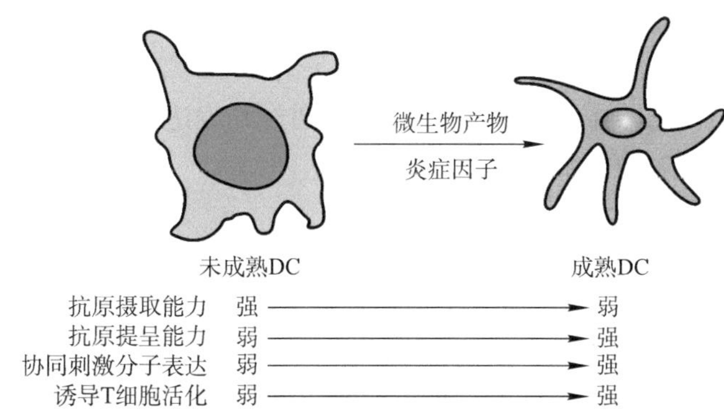

图 7-1　树突状细胞迁移成熟过程中生物学特性的变化

在 DC 表达的众多膜分子中，模式识别受体（TLR、MR 和 SR）、补体受体（C3bR）和 IgG 的 Fc 段受体（FcγR）等主要参与抗原的识别与摄取。DC 表达黏附分子、MHC Ⅰ和Ⅱ类分子、共刺激分子等参与抗原肽的提呈和 T 细胞的活化。未成熟 DC 与成熟 DC 因表达膜分子的不同导致其在生物学功能方面存在明显差异。未成熟 DC 高表达 FcγR、C3bR 和某些 TLR，低表达 MHC 分子且缺乏共刺激分子 B7 等表达，介导抗原的摄取和加工，不具备抗原提呈及激活 T 细胞的能力。成熟 DC 高表达 MHC Ⅰ类和Ⅱ类分子及共刺激分子如 B7-1（CD80）、B7-2（CD86）、CD40、LFA-3（CD58）、ICAM-1（CD54）和 ICAM-3（CD50），对抗原摄取能力降低，主要对初始 T 细胞发挥抗原提呈作用。

3. 根据其组织分布分类

DC 可分布于脑以外的全身各组织器官，DC 含量低，仅占人外周血单个核细胞的 1% 以下。DC 是一群异质性细胞，其在定居部位、细胞表型和生物学功能方面存在差异。根据组织分布，可将 DC 分为：①朗格汉斯细胞（Langerhans cell，LC）：位于皮肤表皮和胃肠上皮部位，胞浆含伯贝克颗粒（Birbeck granule），摄取抗原能力强，属于未成熟 DC；②并指状

DC（interdigitating DC，IDC）：位于外周淋巴组织 T 细胞区，主要作用是提呈抗原和活化初始 T 细胞，属于成熟 DC；③滤泡样 DC（follicullar DC，FDC）：位于外周淋巴滤泡的生发中心（GC），不具有抗原提呈能力，但能富集抗原供滤泡内 B 细胞识别，诱导体液免疫应答和 B 细胞免疫记忆（详见第十五章）；④间质 DC（interstitial DC）：分布在心、肝、肾和肺等实质性器官组织间质，属于未成熟 DC，表达模式识别受体（PRR），能有效识别和摄取外源性抗原，并具有很强的抗原加工、处理能力，但由于其 MHC Ⅱ类分子、共刺激分子和黏附分子表达水平低，故抗原提呈和激发免疫应答能力均较弱。

4. 依据其功能分类

成熟髓系 DC 可分化为三个功能亚群：① DC1 亚群：分泌 IL-12 诱导 Th0 细胞向 Th1 细胞分化；② DC2 亚群：分泌 IL-4 诱导 Th0 细胞向 Th2 细胞分化；③抑制性 DC 亚群：称为调节性 DC（regulatory DC），分泌 IL-10 介导免疫抑制和免疫耐受。

（二）DC 的生物学功能

1. 摄取、加工处理并提呈抗原

未成熟 DC 可经受体介导的内吞作用、胞饮作用和吞噬作用摄取抗原。DC 捕获抗原后在细胞内加工处理抗原为抗原肽，抗原肽与 MHC 分子结合形成复合物（pMHC），表达在 DC 表面。成熟 DC 除为 T 细胞提供抗原刺激信号外，还通过其表达的共刺激分子提供 T 细胞活化所必需的共刺激信号（详见第十四章）。

2. 参与中枢和外周免疫耐受的形成

DC 参与胸腺内 T 细胞的阴性选择。胸腺 DC 通过其表达的 MHC- 自身肽复合物与发育中的胸腺细胞相互作用，导致自身反应性 T 细胞克隆清除，介导 T 细胞中枢耐受的形成。T 细胞外周耐受通常由未成熟 DC 介导。携带自身抗原的未成熟 DC 因不表达共刺激分子而无法激活 T 细胞。另外，未成熟 DC 及某些具有抑制功能的 DC 亚群可以通过诱导抑制性 T 细胞，以及产生 IL-10、TGF-β 等细胞因子抑制免疫反应性 T 细胞，建立 T 细胞的外周耐受（详见第十七章）。

3. 参与免疫记忆的维持

淋巴组织中的少数长寿 IDC 可能参与 T 细胞的免疫记忆，而存在于外周淋巴器官淋巴滤泡 GC 的 FDC 可将抗原 - 抗体复合物或抗原 - 抗体 - 补体复合物长期滞留或浓缩于细胞表面，供 B 细胞识别，是维持 B 细胞免疫记忆的重要细胞。

4. 分泌细胞因子调节免疫应答

DC 可合成分泌多种细胞因子，如 IL-12、IFN-γ、TNF-α、IL-10 和 IL-4 等调节免疫应答类型及免疫应答强度。

（三）DC 在临床上的应用

DC 所具有的免疫激活作用和诱导免疫耐受的生物学特性，使其在抗感染免疫、移植免疫、肿瘤免疫中扮演着重要的角色。用病原体抗原体外致敏 DC，通过过继回输的方式激活免疫应答，以治疗多种感染性疾病；回输肿瘤抗原致敏的 DC 以治疗肿瘤；预先去除移植物中的 DC 以降低移植排斥反应；阻断或降低 DC 的抗原提呈功能或用未成熟 DC 诱导特异性外周免疫耐受，以防治自身免疫性疾病及变态反应性疾病等方面的研究方兴未艾。

二、巨噬细胞

来源于骨髓的单核细胞在血循环中存留数小时至数日后移行至全身组织器官，分化为巨噬细胞。巨噬细胞表达多种受体，分泌多种酶和生物活性物质。巨噬细胞可借助膜表面相应受体（如 TLR、MR、SR、补体受体和 Fc 受体等）识别并吞噬病原微生物，参与机体固有免疫应答（详见第四章）。同时巨噬细胞又是重要的 APC，活化的巨噬细胞可摄取、加工处理及提呈抗原。活化的巨噬细胞分泌多种细胞因子如 IL-1、IL-6、IL-8 和 TNF-α，补体成分以及反应性氧代谢中间产物和 NO 等，参与炎症反应、调控免疫应答、组织修复及组织再生等过程（详见第十三章）。

三、B 细胞

B 细胞不仅在体液免疫应答中发挥作用，作为专职 APC，其在低浓度可溶性抗原的提呈过程中亦十分重要。B 细胞主要通过膜表面免疫球蛋白识别、浓集和内化抗原，或通过胞饮作用将可溶性抗原摄入细胞内，加工处理抗原为小分子多肽。抗原肽与 MHC 分子形成复合物后表达于细胞表面，供 T 细胞识别。B 细胞作为 APC 主要在再次免疫应答中发挥作用（详见第十五章）。

第二节　抗原的处理与提呈

抗原处理或抗原加工（antigen processing）是指 APC 将胞质内产生的或摄入胞内的抗原降解为一定大小的多肽片段。其中，抗原肽与 MHC Ⅰ或Ⅱ类分子结合，以 pMHC 形式表达于细胞表面的过程。抗原提呈（antigen presenting）是指 APC 与 T 细胞接触时，表达在 APC 表面的 pMHC 被 T 细胞识别，从而将抗原信息传递给 T 细胞，诱导 T 细胞活化的过程。

APC 加工处理的抗原根据其来源主要分为两类。一类为外源性抗原（exogenous antigen），如胞外寄生细菌及其产物、细胞抗原和可溶性蛋白质抗原等。另一类为内源性抗原（endogenous antigen），如病毒感染细胞内新合成的病毒蛋白、胞内细菌的产物和肿瘤细胞内合成的肿瘤抗原等（图 7-2）。

APC 对抗原的加工和提呈分为四种途径：第一种为外源性抗原提呈途径，即 APC 通过吞噬（phagocytosis）或吞饮（pinocytosis）等作用将外源性抗原摄入细胞内，再经细胞内溶酶体酶消化、降解为抗原肽，与 MHC Ⅱ类分子结合，提呈给 $CD4^+$ T 细胞。第二种为内源性抗原提呈途径，即存在于胞质中的内源性抗原，直接被 APC 加工处理为抗原肽，与 MHC Ⅰ类分子结合，提呈给 $CD8^+$ T 细胞。此外，还包括脂类抗原提呈途径和交叉提呈途径。

一、外源性抗原的加工处理和提呈

外源性抗原提呈途径又称为溶酶体途径或 MHC Ⅱ类分子途径（图 7-3），其具体过程如下：APC 通过吞噬、胞饮及受体介导的内吞等作用方式将外源性抗原摄入胞质形成吞噬体（phagosome，又称内体），内体与溶酶体融合形成吞噬溶酶体（phagolysosome）。外源性抗原在

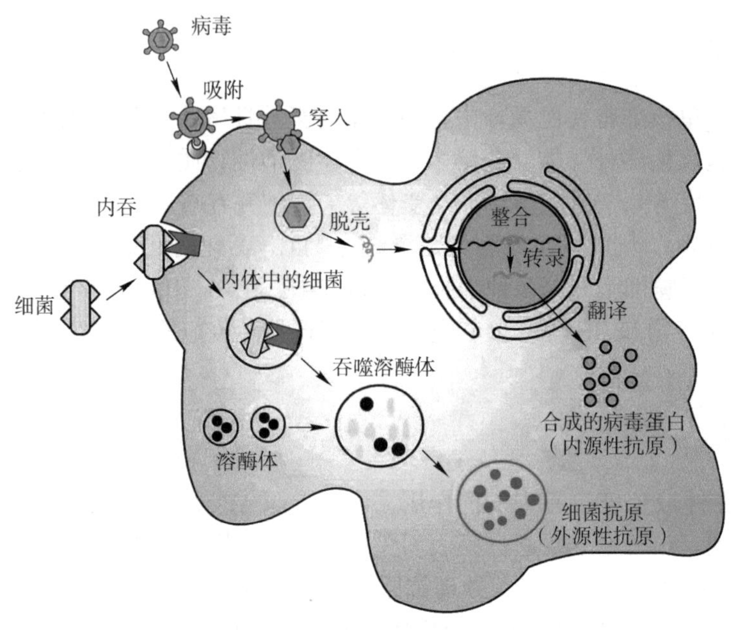

图 7-2　外源性抗原和内源性抗原的产生过程

吞噬溶酶体的酸性环境中被蛋白水解酶降解为多肽（10～30 个氨基酸残基），其中仅有小部分多肽是与 MHC Ⅱ类分子结合的抗原肽。另一方面，在内质网中新合成的 MHC Ⅱ类分子异二聚体（α/β）与一种被称为恒定链（invariant chain，Ii）的多肽链非共价结合形成$(\alpha/\beta/\text{Ii})_3$九聚体，MHC 分子抗原肽结合槽被 Ii 所占据。该九聚体由内质网经高尔基体形成 MHC Ⅱ类小室（M Ⅱ C）。在 M Ⅱ C 腔内 Ii 由酶降解成 MHC Ⅱ类分子相关的恒定链肽段（class Ⅱ associated invariant chain peptide，CLIP），CLIP 保留在抗原肽结合槽中继续发挥占位作用。M Ⅱ C 是富含 MHC Ⅱ类分子的溶酶体样细胞器，与吞噬溶酶体融合后，将抗原进一步降解为适合 MHC Ⅱ类

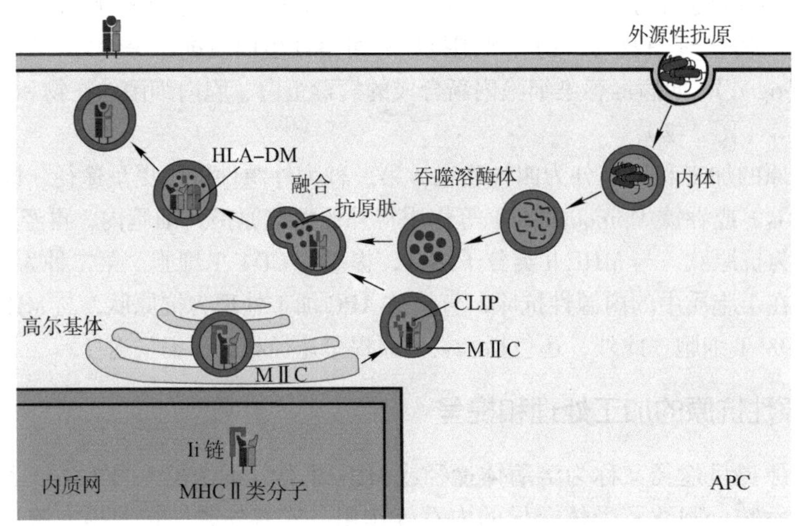

图 7-3　外源性抗原的加工、处理及提呈

分子结合的氨基酸短肽。在 MⅡC 腔内，HLA-DM 分子介导抗原肽结合槽与 CLIP 解离。空载的抗原肽结合槽与更高亲和力的抗原肽结合，形成稳定的抗原肽 - MHCⅡ类分子复合物。随后，复合物被转运至细胞膜表面，供 $CD4^+$ T 细胞识别。MⅡC 和吞噬溶酶体是 APC 加工外源性抗原的主要场所，MⅡC 是抗原肽与 MHCⅡ类分子结合的部位。

复合物无论被提呈亦或未被提呈，均可重新被细胞内化和降解，以避免免疫系统被长期激活。部分外源性抗原也可通过其他途径与 MHCⅡ类分子结合，如直接与细胞表面的空载 MHCⅡ类分子结合，或者在吞噬溶酶体内降解的抗原肽随后与再循环至胞内的空载的成熟 MHCⅡ类分子结合，形成 pMHC，转运至细胞膜表面提呈给 T 细胞。

二、内源性抗原的加工处理和提呈

内源性抗原提呈途径又称为胞质溶胶途径或 MHCⅠ类分子途径（图 7-4），其具体过程如下：内源性抗原在胞质中被蛋白酶体（proteasome）降解为短肽（6～30 个氨基酸残基）后，经抗原加工相关转运体（transporter associated with antigen processing，TAP）转运至内质网。在内质网中抗原肽与 MHCⅠ类分子结合形成复合物，经高尔基体转运至细胞表面，供 $CD8^+$ T 细胞识别。

MHCⅠ类分子 α 链和 $β_2$ 微球蛋白（$β_2m$）在内质网中合成。α 链合成后立即与伴侣蛋白结合。伴侣蛋白包括钙联蛋白、钙网蛋白和 TAP 相关蛋白，它们参与 α 链的折叠及 α 链与 $β_2m$ 组装，保护 α 链不被降解。

蛋白酶体在不同生物中高度保守，负责降解胞质蛋白成为肽段以维持细胞内环境的稳定。蛋白酶体只能降解未折叠的蛋白质，故内源性蛋白首先在胞质中与泛素结合，泛素化的

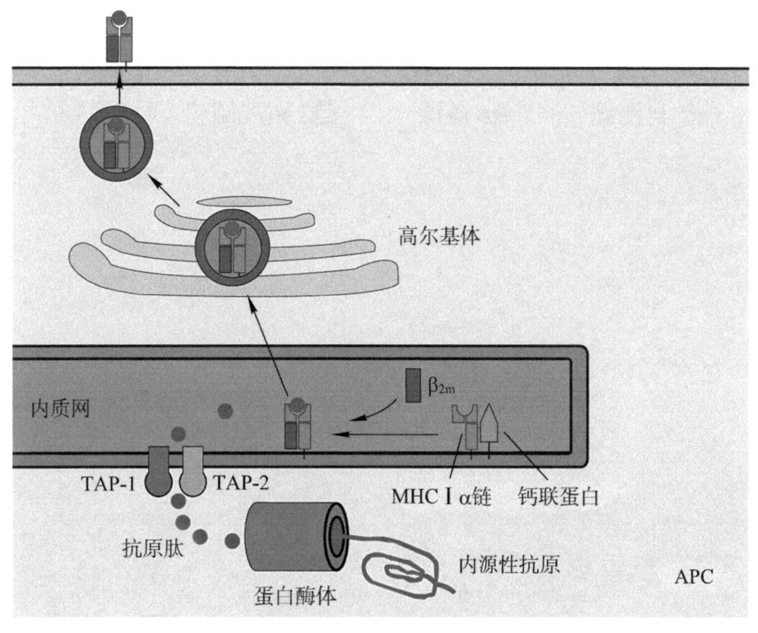

图 7-4　内源性抗原的加工、处理及提呈

蛋白质打开空间结构后释放泛素，线形蛋白进入蛋白酶体中被降解成多肽。胞质中形成的多肽经 TAP 转运到内质网，与在内质网合成的 MHC Ⅰ类分子结合形成抗原肽 -MHC Ⅰ类分子复合物。

TAP 是存在于内质网上的异二聚体（TAP1 和 TAP2），其功能是将胞质中多肽转运至内质网，同时也能将内质网中的游离肽段转运到胞质，使内质网中不致有过多的肽段。

三、脂类抗原的 CD1 分子提呈

CD1 分子是一类 MHC Ⅰ类样分子，包括 CD1a ~ e 五个成员。其分子结构与 MHC Ⅰ类分子相似，可与 β_2 微球蛋白结合形成复合体，提呈脂类抗原（特别是分枝杆菌的某些成分）供 CD1 限制性 T 细胞识别。CD1 限制性 T 细胞主要包括 γδ T 细胞和 NKT 细胞等。CD1 抗原提呈途径在机体抗微生物感染和对脂类抗原的应答中起重要作用。

四、交叉提呈（非经典的抗原提呈途径）

交叉提呈的发生机制目前尚不十分清楚。在某些情况下，外源性抗原直接进入胞质或从内体中逸出而进入胞质，进而得以按照内源性抗原加工处理途径而被提呈。另外，溶酶体中外源性抗原通过胞吐作用被排出细胞外，继而与细胞膜上空载 MHC Ⅰ类分子结合形成复合物，被提呈给 $CD8^+$ T 细胞亦是其可能的发生机制。在某些条件下，如果内源性抗原从胞质进入内体或吞噬溶酶体，即可按照外源性抗原提呈途径被加工处理，从而诱导 $CD4^+$ T 细胞活化。交叉提呈参与机体对某些病原体的抗感染免疫和抗肿瘤免疫。

（刘北星）

数字课程学习

教学 PPT　　自测题　　微课　　拓展阅读

第八章　抗体

抗体（antibody，Ab）是 B 细胞受抗原刺激后产生的、能与相应抗原发生特异性结合的、具有免疫功能的球蛋白。Ab 主要存在于血清，也可存在于其他分泌液（如唾液、乳汁和肠道分泌液等）。通过对血清蛋白进行电泳分析证实，Ab 主要存在于血清蛋白的 γ 球蛋白区（图 8-1）。因此，通常把血清或血浆中的 Ab 称为免疫球蛋白（Ig）。Ig 有分泌型（secreted Ig，sIg）和膜型（membrane Ig，mIg）两种。前者存在于体液，具有 Ab 的各种生物学功能；后者构成细胞膜上的 B 细胞抗原受体（BCR）。

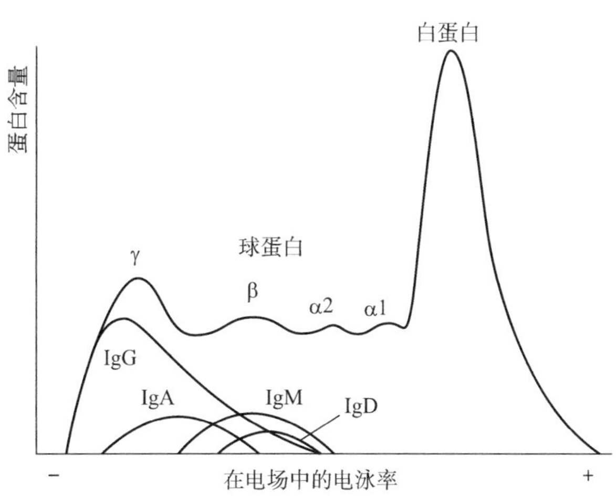

图 8-1　正常血清电泳蛋白分布图

B 细胞受抗原刺激后发生活化增殖，分化为抗体形成细胞（antibody forming cell，AFC）即浆细胞。正常血清含有的 Ab 是由多种 B 细胞克隆经抗原刺激后分别产生的、能与多种抗原决定簇发生特异性结合的多种 Ab 的混合物，具有高度异质性。由单一 B 细胞克隆产生的、只能与抗原的一种抗原决定簇发生特异性结合的 Ab 称单克隆抗体，只能与抗原的一种抗原决定簇发生特异性结合的性质被称为特异性。B 细胞克隆在异常情况下可过度增殖形成 B 细胞淋巴瘤，患者血清会出现大量具有单一抗原特异性的 Ig。对于该疾病的认识使人们获得了纯度较高的 Ig，促进了对 Ig 结构和功能的最初认识。目前，应用单克隆抗体技术可大量分离具有单一抗原特异性的 Ab，可用于对 Ab 结构和功能的研究，以及用于疾病诊断和治疗。本章主要介绍 Ab 的结构、生物学特性、基因重排及单克隆抗体技术。

第一节　抗体的分子结构

一、抗体的基本结构

抗体分子的基本结构是由 4 条多肽链组成的对称结构，包含两条完全相同的轻链和两条完全相同的重链，轻链与重链之间由二硫键连接形成单体分子。抗体为糖蛋白，分氨基端（N 端）和羧基端（C 端），糖基主要位于重链（图 8-2）。

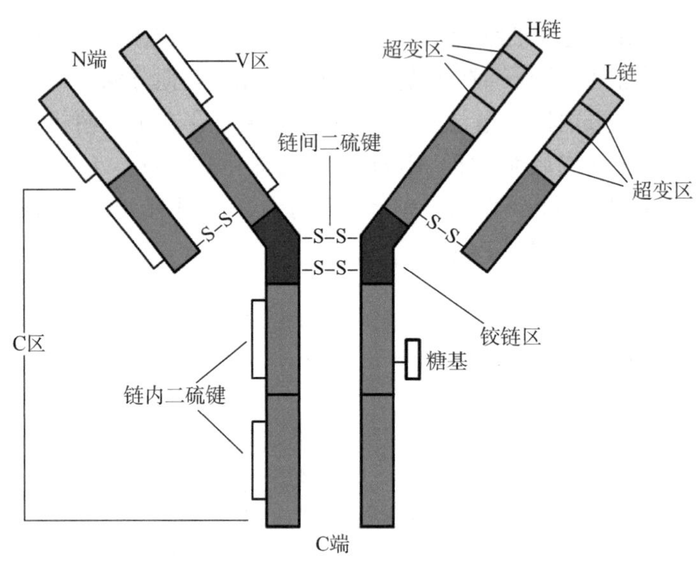

图 8-2　Ig 分子基本结构示意图

（一）轻链和重链

1. 轻链

轻链（light chain，L 链）相对分子质量约 25 000，由 214 个氨基酸残基组成，通常不含糖基，根据其结构组成和免疫原性不同分 kappa（κ）与 lambda（λ）两型。

2. 重链

重链（heavy chain，H 链）相对分子质量 50 000 ~ 75 000，由 450 ~ 550 个氨基酸残基组成，含 4 ~ 5 个链内二硫键。根据相对分子质量、含糖基数量和二硫键数量与位置不同，重链分 5 类，通常以小写希腊字母表示：μ、γ、α、δ 和 ε 链。不同的 H 链与 L 链（κ 或 λ）组成完整的 Ig 分子，分别称 IgM、IgG、IgA、IgD 和 IgE。

（二）可变区和恒定区

1. 可变区

可变区（variable region，V 区）在 L 链近 N 端 1/2 处（V_L）和 H 链 N 端 1/5 ~ 1/4 处（V_H），氨基酸的组成和排列顺序多变，称可变区。

可变区分超变区和骨架区。在可变区，某些特定位置的氨基酸残基显示更大的变异性，称超变区（hypervariable region，HVR）；可变区其他部分氨基酸组成和排列顺序变化很小，称骨架区（framework region，FR）。V_L的 HVR 在 28～35、49～56 和 91～98 位氨基酸，V_H的 HVR 在 29～31、49～58 和 95～102 位氨基酸，分别称 HVR1、HVR2 和 HVR3。

超变区是抗体与抗原的结合位置，又称互补决定区（CDR）。位于可变区的 HVR1、HVR2、HVR3 分别称 CDR1、CDR2、CDR3，其中 CDR3 的变异程度最大，在与抗原结合中起重要作用。骨架区对维持 HVR 的空间结构具有重要作用。

2. 恒定区

恒定区（constant region，C 区）在 L 链的近 C 端 1/2（C_L）处和 H 链的近 C 端 3/4～4/5 处（C_H），氨基酸的组成和排列顺序相对稳定，称恒定区。

同一种属动物抗体的 C 区比较恒定，是制备第二抗体用于免疫标记检测技术的重要基础。

（三）铰链区

铰链区（hinge region）位于 C_H1 和 C_H2 之间，由十几个氨基酸残基组成，包括脯氨酸及其他亲水性的氨基酸残基，为非独立功能区。两条 H 链间的二硫键刚好位于铰链区内。

当 V_L、V_H 与抗原结合时，此区发生扭曲，使抗体分子上的两个抗原结合点与两个抗原决定簇更好地发生互补性结合。抗体结合抗原后导致其 C_H2 和 C_H3 发生构型变化，抗体显示出活化补体、结合组织细胞等生物学活性。

二、抗体的其他成分

（一）连接链

连接链（joining chain，J 链）是由浆细胞合成的一条富含半胱氨酸的多肽链。J 链可连接单体抗体形成二聚体、五聚体或多聚体。2 个单体 IgA 由 J 链连接形成二聚体，5 个单体 IgM 由二硫键相互连接，并通过二硫键与 J 链连接形成五聚体。IgG、IgD 和 IgE 为单体分子，无 J 链结构。

（二）分泌成分

分泌成分（secretory component，SC）又称分泌片（SP）是黏膜上皮细胞合成和分泌的含糖肽链，是分泌型 IgA（secretory IgA，sIgA）分子上的一个辅助成分，以非共价键形式结合到二聚体上，一起被分泌到黏膜表面。SC 具有保护 SIgA 的铰链区免受蛋白水解酶降解的作用，并介导 IgA 二聚体向黏膜表面的转运。

三、抗体的功能区

H 链和 L 链的链内二硫键将约 110 个氨基酸残基序列折叠形成的球形区称功能区。功能区的二级结构内由 2～5 股反向平行的 β 折叠股各自形成两个反向平行 β 片层的平面，每个反向平行 β 折叠股由 5～10 个氨基酸残基组成，β 片层内侧的疏水性氨基酸起到稳定折叠结构的作用，大多数功能区内有一个二硫键，垂直连接两个 β 片层，使之成为一个球形结构称结构域（domain），肽链的这种折叠方式称免疫球蛋白折叠（Ig fold）（图 8-3）。

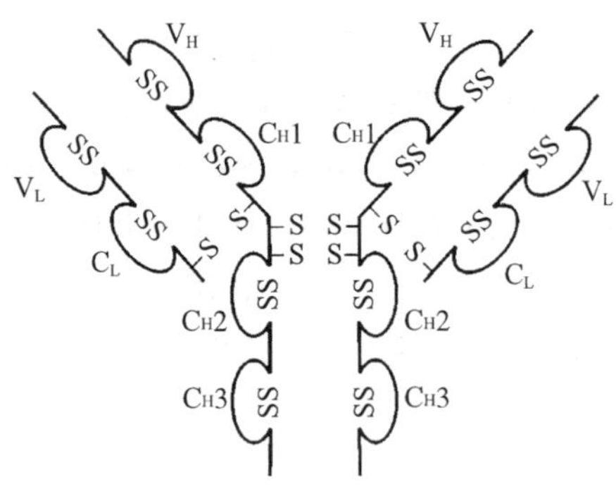

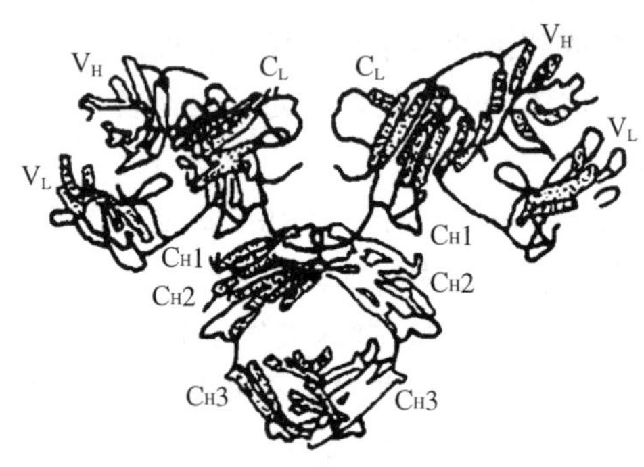

图 8-3　Ig 分子（IgG）功能区结构示意图

（一）功能区

（1）L 链功能区：含 2 个，一个 V_L，一个 C_L。

（2）H 链功能区：IgG、IgA、IgD 分别含 4 个，即 V_H1、C_H1、C_H2 和 C_H3；IgM、IgE 分别含 5 个，即多一个 C_H4 功能区。

（二）功能区的功能

（1）V_L 和 V_H：是抗原结合的部位。

（2）C_L 和 C_H：具有同种异型的遗传标志。

（3）IgG 的 C_H2 和 IgM 的 C_H3：具有补体固有成分 C1q 的结合点，参与补体激活。

（4）C_H3/C_H4：具有结合包括单核细胞、巨噬细胞、粒细胞、B 细胞、NK 细胞等细胞的 Fc 段受体的功能。

（5）IgG 的 C_H2+C_H3：介导 IgG 通过胎盘。

四、抗体的水解片段

抗体铰链区的亲水性使其易于暴露于液相而成为蛋白水解酶的酶切位点。

木瓜蛋白酶（papain）可将 IgG 的重链在铰链区近 N 端处解离为 3 个片段。①两个完全相同的抗原结合片段（fragment of antigen binding，Fab）：由一条完整的轻链和部分重链（V_H+C_H1）构成。该片段具有单价抗体活性，即能与一个相应的抗原决定簇特异性结合。②一个可结晶片段（crystallizable fragment，Fc）：相当于 C_H2 和 C_H3 功能区，此片段在低温下易于结晶，由此得名。Fc 段可与某些免疫细胞或免疫分子结合从而发挥效应。此外，对异种动物的免疫原性也主要取决于 Fc 段，例如用人的 IgG 免疫动物，则动物体内可产生针对人 IgG Fc 段的抗体。

胃蛋白酶（pepsin）可将 IgG 的重链在铰链区的近 C 端处裂解，获得一个大分子片段和若干个小分子多肽碎片。大分子片段仍保留有铰链区与二硫键，为 Fab 双体，具有双价抗体活性，能与两个相应的抗原决定簇结合，称 F（ab′）$_2$。Fc 段被蛋白酶降解为若干小分子片段，称 pFc′，不具有生物学活性（图 8-4）。

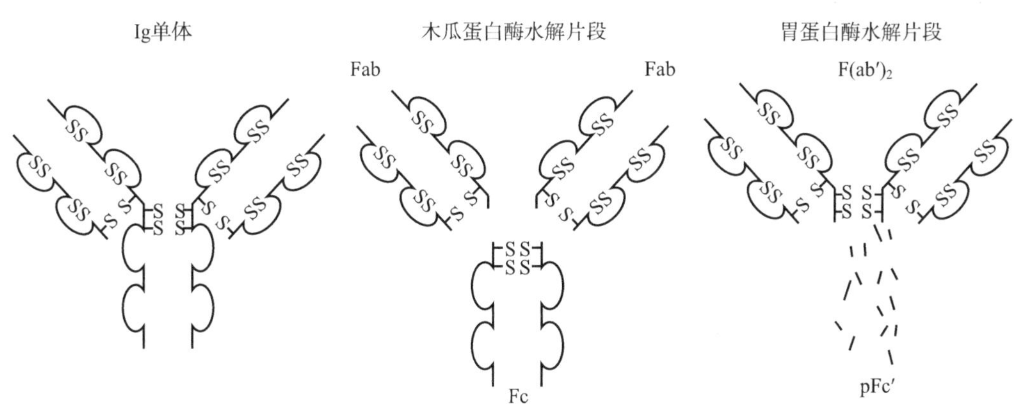

图 8-4　Ig 分子水解片段示意图

第二节　抗体的类型与生物学活性

一、抗体的类型

抗体具有能与相应的抗原决定簇特异性结合的活性，但其本身作为大分子糖蛋白，对异种动物或同种异体，甚至同一个体内其他 B 细胞来说又是一种抗原物质，因此，抗体分子具有双重特性。根据抗体分子的抗原特异性可将其分为同种型、同种异型和独特型（图 8-5）。

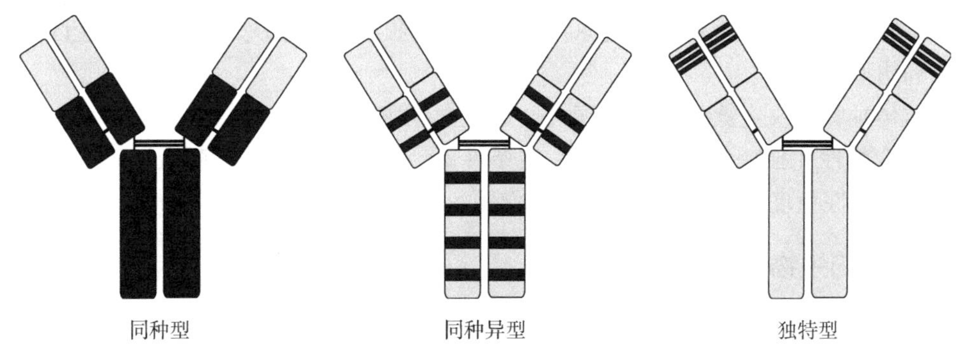

图 8-5　Ig 血清型的示意图

（一）同种型

同种型（isotype）是指同一种属每一个体都具有的抗体分子的抗原特异性。其抗原决定簇主要存在于C区。根据C区肽段和其氨基酸组成的不同，可将抗体分为若干类和亚类、型和亚型。

1. 类和亚类

根据哺乳动物抗体分子重链C区氨基酸的组成和排列顺序的差异，可将其分为IgG、IgA、IgM、IgD和IgE。不同重链间C区内的氨基酸组成约有60%不同，含糖量也存在明显差异。

同一类抗体分子重链C区抗原特异性仍有差异，据此可将其分为若干亚类。目前已发现IgG有4个亚类：IgG1、IgG2、IgG3和IgG4；IgA有2个亚类：IgA1和IgA2。上述不同亚类之间的氨基酸组成约有10%的差异。IgM、IgD和IgE尚未发现有亚类存在。

2. 型和亚型

各类抗体根据轻链C区氨基酸组成和排列顺序的不同分为两型，即κ型和λ型。在每个抗体分子中两条轻链是相同的。由于λ型轻链C区氨基酸仍存在微小差异，可将其分为4个亚型。例如，当λ型轻链第190位氨基酸为亮氨酸时称OZ（+），若为精氨酸时称OZ（–），当λ型轻链第154位氨基酸为甘氨酸时称Kern（+），为丝氨酸时称Kern（–），也可依次称为λ1、λ2、λ3和λ4亚型。

（二）同种异型

同种异型（allotype）是指同一种属不同个体之间抗体分子具有的差异性，主要反映在C_H1和C_L上一个或数个氨基酸残基的差异，它是由于不同个体的遗传基因决定的，故又称遗传标志。

目前，已在IgG和IgA重链（γ链和α链）C区中发现有决定同种异型抗原特异性的一串标志。γ链的同种异型标志称Gm因子，已发现30个（Gm1～Gm30），分别存在于IgG1、IgG2和IgG3的重链C区内。α链的同种异型标志称Am因子，存在于IgA2重链C区内，为A2m1和A2m2两型。Km因子是κ型轻链的同种异型标志，位于κ型轻链C区，有3种，分别称Km1、Km2和Km3。

（三）独特型

独特型（idiotype）是指在同一个体内，不同B细胞克隆产生的抗体分子V区及T细胞、B细胞表面抗原受体V区所具有的抗原特异性标志。独特型抗原决定簇由Ig超变区特有的氨基酸序列和构型决定。

体内抗体独特型决定簇数目十分庞大，每个B细胞克隆产生的抗体分子都具有该分子特定的抗原结合特性和独特型决定簇。在一定条件下，独特型决定簇可刺激机体产生抗独特型抗体，这对适应性免疫应答具有重要的调节作用。

二、抗体的生物学活性

（一）特异性结合抗原

抗体最显著的生物学活性是能特异性与抗原结合，此种结合特性由其抗体V区（HVR）

的空间构型决定。抗原结合点由L链和H链超变区组成，与相应抗原上的表位互补，抗体通过V区与相应抗原的特异性结合可中和毒素，阻止病原体对机体细胞的黏附和感染。抗体抗原体外发生的各种结合反应有助于对两者进行鉴定、水平检测和功能判定。

（二）激活补体

IgM、IgG1、IgG2和IgG3与抗原结合形成抗原–抗体复合物，称免疫复合物（immune complex，IC），抗原抗体结合可导致抗体Fc段发生构变，暴露补体结合位点，使C1q能与之结合，通过经典途径激活补体。凝聚的IgA1、IgG4等可通过旁路途径激活补体（参见第九章）。

（三）结合Fc受体

不同细胞表面具有不同的Fc受体（Fc receptor，FcR），如FcγR，FcεR，FcαR。抗体与抗原特异性结合后发生构型改变，促进了Fc段与相应细胞表面的FcR结合并介导不同的生物学效应。

1. 调理作用

调理作用（opsonization）是指抗体和补体等调理素（opsonin）促进吞噬细胞吞噬细菌等颗粒性抗原的作用。此外，Ig与细胞结合后还可激发细胞发生代谢变化和释放生物活性物质。

2. 抗体依赖细胞介导的细胞毒作用

IgG通过其抗原结合部位与肿瘤或病毒感染的靶细胞特异性结合后，通过Fc段与NK细胞、巨噬细胞或中性粒细胞表面相应FcγR结合，增强NK细胞或吞噬细胞等对靶细胞的杀伤作用，即抗体依赖性细胞介导的细胞毒作用（ADCC）。

3. 介导Ⅰ型超敏反应

IgE的Fc段的结构特点决定该抗体可在游离情况下与细胞表面高亲和力受体结合，被称为亲细胞抗体（cytotropic antibody）。IgE可诱导肥大细胞和碱性粒细胞发生脱颗粒、释放组胺及一些新合成的生物活性介质（如白三烯、前列腺素、血小板活化因子等），引起Ⅰ型变态反应（参见第十九章）。

（四）通过胎盘和黏膜

在人类，IgG是唯一能通过母体胎盘屏障转运到胎儿体内的抗体，IgG借助其Fc段与胎盘微血管壁可逆性结合而被主动转运，胎儿和新生儿抗感染免疫力主要依赖来自母体的IgG。另外，SIgA可通过呼吸道和消化道黏膜，是黏膜局部免疫的主要因素。

三、抗体的Fc受体

五类抗体的不同功能主要与其结构差异有关。其中，抗体Fab段通过与抗原决定簇发生特异性结合，起识别抗原的作用；C_H1和C_L两个结构域共同担当着稳定抗原结合部位的作用；以IgG为例，分别由两条重链C_H2结构域构成IgG的补体活化位点及与机体细胞表面FcR的结合部位。体内很多细胞表面具有不同类别抗体的FcR，通过FcR与抗体Fc段结合，介导抗体参与生理功能或病理损伤过程，目前已鉴定的有FcγR、FcαR和FcεR等。

（一）IgG 的 Fc 受体

IgG 的 Fc 受体有 3 种：FcγRⅠ（CD64）、FcγRⅡ（CD32）、FcγRⅢ（CD16），均为跨膜糖蛋白和 IgSF 成员。FcγRⅠ主要分布于单核细胞、巨噬细胞、中性粒细胞等，表达水平各不相同。FcγRⅠ是 IgG（尤其是 IgG1 和 IgG3）的高亲和力受体；FcγRⅡ分布广泛，以低亲和力结合 IC 和多聚 IgG；FcγRⅢ结合人 IgG1、IgG3，为低亲和力受体，主要分布于巨噬细胞、NK 细胞和嗜酸性粒细胞及中性粒细胞等，能与单体或 IC 形式的 IgG 结合，介导 NK 细胞 ADCC 效应以及巨噬细胞对 IC 的捕获或清除等。

（二）IgE 的 Fc 受体

IgE 的 FcR 分为 FcεRⅠ和 FcεRⅡ两类。FcεRⅠ为跨膜糖蛋白，胞膜外区属 IgSF 结构，是 IgE 的高亲和力受体。嗜碱性粒细胞和肥大细胞表达 FcεRⅠ，当变应原（抗原）与嗜碱性粒细胞、肥大细胞表面 IgE/FcεRⅠ复合物结合后通过 FcεRⅠ受体交联（cross-linking）启动细胞活化信号，使细胞脱颗粒、合成和释放多种炎性介质，介导Ⅰ型速发型超敏反应。FcεRⅡ（CD23）为跨膜糖蛋白，是低亲和力受体，属 C 型凝集素家族成员，主要分布于成熟 B 细胞、活化巨噬细胞和滤泡树突状细胞等细胞。

（三）IgA 的 Fc 受体

FcαR（CD89）为跨膜糖蛋白，属 IgSF 成员，为中等亲和力受体，主要表达于单核细胞、巨噬细胞、中性粒细胞等细胞，介导吞噬、ADCC 及炎症介质的释放。

关于 IgM 受体、IgD 受体鲜有报道。多聚免疫球蛋白受体（poly IgR）与多聚 IgA 和 IgM 跨膜转运至胞外分泌液中有关，通过结合抗体的 J 链而介导转运功能。Poly IgR 属 IsSF 成员。

四、免疫球蛋白超家族

应用 DNA 序列分析和 X 晶体衍射分析等研究证明，许多细胞膜表面和机体的某些蛋白质分子，其多肽链折叠方式与 Ig 折叠相似，在 DNA 水平上和氨基酸序列上与 IgV 区或 IgC 区有较高的同源性。编码这些多肽链的基因称免疫球蛋白基因超家族，表达的产物被总称为免疫球蛋白超家族（IgSF）。

随着细胞表面标记分子、单克隆抗体及基因工程研究的进展，近年来发现属于 IgSF 的成员已达近百种，主要包括 TCR、BCR、T 细胞和 B 细胞表面的信号转导分子、MHC 及其相关分子、FcR、某些细胞因子受体、神经系统功能相关分子和部分白细胞分化抗原等（图 8–6）。

IgSF 的成员含有 1 ~ 7 个 Ig 样功能区，每个 Ig 样功能区约含 110 个氨基酸残基。根据 IgSF 功能区中 Ig 折叠方式、两个半胱氨酸之间氨基酸残基的数目以及与 Ig 分子 V 区或 C 区同源性程度，IgSF 功能区分为 V 组、C1 组和 C2 组。

IgSF 的功能是以识别为基础的，因此又称识别球蛋白超家族。据推测，IgSF 很可能最早起源于原始的具有黏附功能的基因，通过复制和突变衍生形成了识别抗原、细胞因子受体、FcR、细胞间黏附分子及病毒受体等不同的功能区。

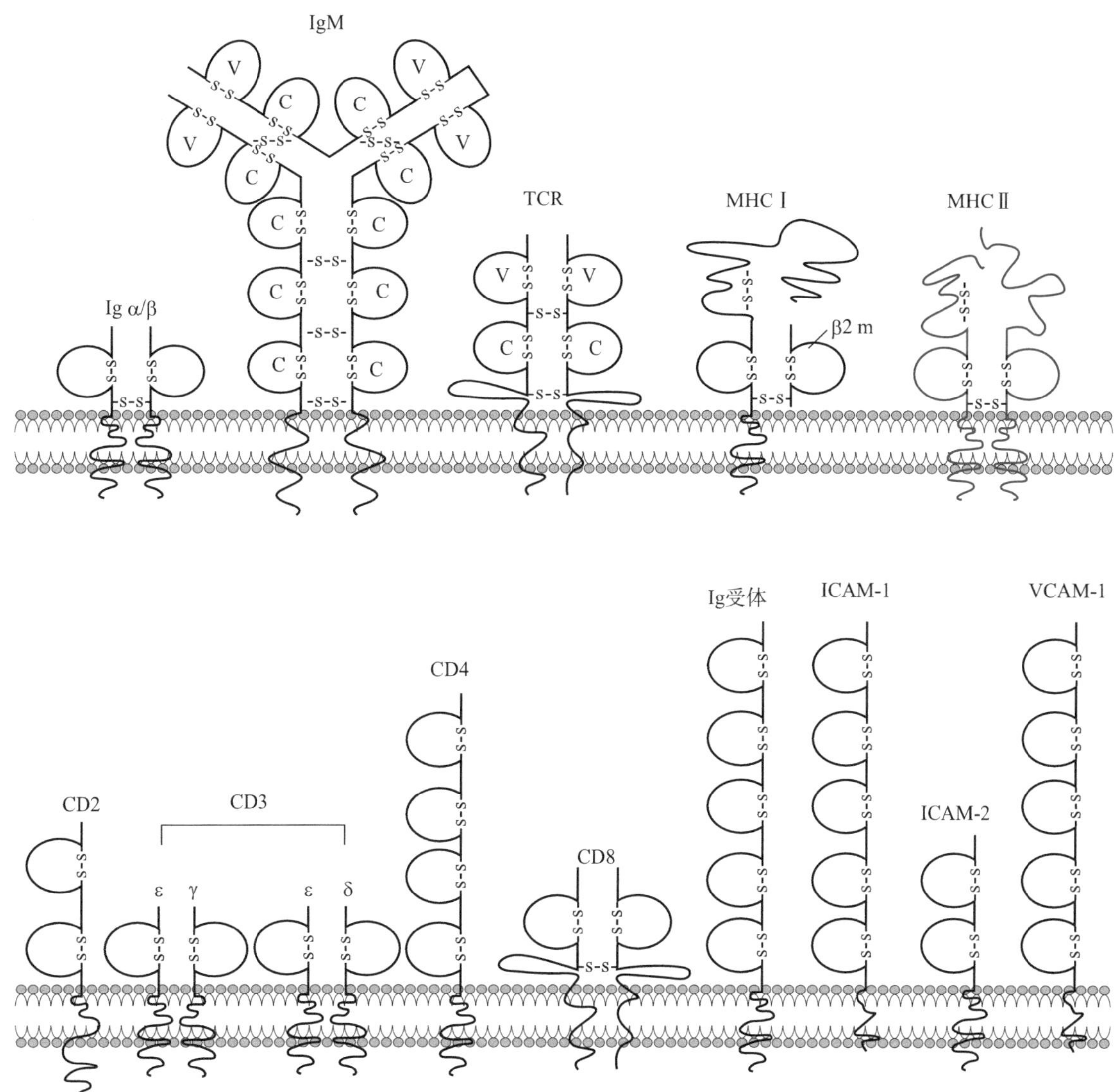

图 8–6　免疫球蛋白超家族分子的结构示意图

第三节　各类抗体的生物学特性

一、IgG

IgG 是血清中含量最高、半衰期最长的 Ig，主要由脾和淋巴结中浆细胞合成，通常于 3 ~ 5 岁达成人水平，40 岁后逐渐下降。

IgG 是唯一能够通过胎盘的抗体，在新生儿抗感染免疫中发挥重要作用。IgG 是机体主要的抗菌、抗病毒和抗毒素抗体，也是机体再次免疫应答的主要抗体。人类 IgG1、IgG2 及 IgG3

与相应抗原特异性结合后，通过经典途径激活补体，但各亚类与补体结合的能力不同，一般认为 IgG3 > IgG1 > IgG2。IgG4 聚合物可经过旁路途径激活补体。IgG 还能通过其 Fc 段与表面具有 FcγR 的吞噬细胞、NK 细胞结合，从而对细菌等颗粒性抗原发挥调理作用，促进吞噬，产生 ADCC 效应，有效杀伤、破坏肿瘤细胞和病毒感染细胞。

二、IgM

IgM 有两种类型，即血清型和膜型。血清 IgM 是相对分子质量最大的 Ig。IgM 是个体发育过程中最早合成和分泌的 Ig，在体液免疫应答中，最早产生的 Ig 也是 IgM，因此，IgM 在机体早期免疫防御中具有重要作用。血清特异性 IgM 含量升高提示有近期感染，有助于临床疾病的早期诊断。

IgM 几乎全部分布于血液，对防止菌血症的发生具有重要作用。IgM 具有较高的抗原结合价，具有显著激活补体的能力。IgM 不能通过胎盘，如果脐带血或新生儿血清中 IgM 水平升高，表明胎儿有宫内感染。此外，单体 IgM 是 B 细胞的主要表面标志，作为抗原受体 BCR（mIgM），能与相应抗原作用引发体液免疫应答。

三、IgA

IgA 有两种类型，即血清型和分泌型。新生儿可从母亲乳汁中获得分泌型 IgA（SIgA），这对婴儿抵抗呼吸道和消化道病原微生物感染有重要意义。分泌型 IgA 的单体和 J 链均由呼吸道、胃肠道、泌尿生殖道黏膜固有层中的浆细胞合成。在分泌型 IgA 形成之前，一个 J 链将两个单体 IgA 连接在一起形成二聚体。分泌片由黏膜上皮细胞合成，当二聚体 IgA 经过黏膜上皮细胞时，与分泌片通过二硫键相连组成完整的 SIgA 排出至黏膜表面，存在于分泌液（如唾液、泪液、初乳以及呼吸道、消化道、泌尿生殖道的分泌液）。SIgA 能阻止病原微生物对黏膜上皮细胞的黏附，具有抗菌、抗病毒和中和毒素等多种作用，是黏膜局部抗感染的重要免疫物质。

四、IgD

血清 IgD 的确切功能尚不清楚，共同表达于 B 细胞表面的 mIgD 和 mIgM 是 B 细胞成熟的重要标志。mIgD 作为 B 细胞表面的抗原识别受体，可接受相应抗原刺激，并对 B 细胞的活化、增殖和分化起调节作用。上呼吸道的分泌液表达高水平的 IgD，可与呼吸道细菌和病毒等病原体相互作用。近来研究发现，IgD 可结合肥大细胞和嗜碱性粒细胞，使细胞活化释放抗菌肽攻击病原体，此外还可释放细胞因子如 IL-4、TNF、IL-1 和趋化因子等。

五、IgE

IgE 是血清中含量最低的 Ig。过敏性疾病和寄生虫感染时血清特异性 IgE 含量显著升高。IgE 主要由呼吸道（如鼻、眼、喉、扁桃体、支气管）和胃肠道等处黏膜固有层的浆细胞产生，是种系进化中出现最晚的 Ig。

特异性 IgE 可通过 Fc 段与具有相应 FcεR 的肥大细胞或嗜碱性粒细胞结合，使上述细胞处于致敏状态。当致敏的肥大细胞或嗜碱性粒细胞再次与相应致敏抗原接触时，可引发Ⅰ型超敏反应（表 8-1）。

表 8-1　人类 Ig 的主要理化性质和生物学活性

性质	IgG	IgA	IgM	IgD	IgE
重链名称	γ	α	μ	δ	ε
开始合成时间	出生后 3 个月	出生后 4 ~ 6 个月	胚胎末期	较晚	较晚
重链功能区数目	4	4	5	4	5
主要存在形式	单体	单体、二聚体	五聚体	单体	单体
相对分子质量	150 000	160 000	970 000	184 000	188 000
血清浓度（mg/mL）	0.5 ~ 9.0	0.5 ~ 3.0	1.5	0.03	5×10^{-5}
占血清 Ig 总量（%）	75 ~ 85	10 ~ 15	5 ~ 10	< 1	0.02
存在于外分泌液	–	+++	+	–	–
经典途径激活补体	+	–	++	–	–
旁路途径激活补体	+	+	–	–	–
半衰期（天）	7 ~ 21	6	10	3	2
合成部位	脾、淋巴结、浆细胞	黏膜相关淋巴组织	脾、淋巴结、浆细胞	扁桃体、脾、浆细胞	黏膜固有层、浆细胞
通过胎盘	+	–	–	–	–
诱导肥大细胞、嗜碱性粒细胞脱颗粒	–	–	–	–	+
免疫作用	抗菌、抗病毒、抗毒素、自身抗体，再次免疫应答的主要抗体	黏膜免疫	初次免疫，早期防御作用。mIgM 表达在 B 细胞膜表面。	mIgD 表达在成熟 B 细胞上	抗寄生虫感染，Ⅰ型超敏反应

第四节　抗体的基因结构及其表达

人体内 B 细胞克隆总数理论上超过 10^{11}，可以表达和分泌上千亿种不同特异性的抗体分子，能与多种多样的抗原决定簇发生反应。B 胞内编码 Ig 基因的结构特点及成熟 B 胞在发育过程中的遗传学特征是产生抗体多样性的基础。

一、抗体的基因库

编码人类免疫球蛋白轻、重链的三个基因库，即重链基因连锁群（H 基因库）、κ 链基因连锁群（κ 基因库）和 λ 链基因连锁群（λ 基因库），分别位于不同的染色体上。H 基因库位于第 14 号染色体长臂，κ 基因库位于第 2 号染色体短臂，λ 基因库位于第 22 号染色体长臂。

每个基因库由彼此连锁的众多基因构成（表 8–2）。其中，编码 Ig 可变区、恒定区肽链的基因分别称 V 基因和 C 基因。人类除 κ 基因库中编码 κ 链 C 区肽链的基因只有一个外，其余编码 κ 链、λ 链和 H 链 V 区肽链的基因，以及编码 λ 链和 H 链 C 区肽链的基因都是由数目不等的众多基因片段构成。此外，在 V 基因和 C 基因之间还有若干连接基因（joining gene，J 基因）和多个多样性基因（diversity gene，D 基因）片段。其中，D 基因只存在于 H 链基因库。这些处于不同位置的基因片段只有在 B 细胞发育成熟过程中被拼接在一起，即需经基因重排（gene rearrangement）后才具有基因转录功能。

表 8–2 免疫球蛋白的基因库组成

Ig 基因库	V 基因	D 基因	J 基因	C 基因
H 链基因库（IgH）	$V_H1 \sim V_Hn$	$D1 \sim Dn$	$J1 \sim Jn$	$C_H1 \sim C_Hn$
κ 链基因库（IgK）	$V_\kappa 1 \sim V_\kappa n$	–	$J1 \sim Jn$	$C_\kappa 1$
λ 链基因库（IgL）	$V_\lambda 1 \sim V_\lambda n$	–	$J1 \sim Jn$	$C_\lambda 1 \sim C_\lambda n$

二、抗体的基因结构及其重排和表达

（一）H 链

人类免疫球蛋白 H 链基因由 V、D、J、C 四种不同的基因片段组成，其中有 V 基因片段 38 ~ 46 个、D 基因片段 23 个、J 基因片段 6 个和 C 基因片段 9 个（图 8–7a）。

（二）κ 链

编码人 κ 链的基因由 V_κ、J_κ、C_κ 三种不同的基因片段组成，包括 34 ~ 48 个 V_κ 基因片段、5 个 Jκ 基因片段和 1 个 Cκ 基因片段（图 8–7b）。

（三）λ 链

编码人 λ 链的基因也由 V_λ、J_λ、C_λ 三种不同的基因片段组成。包括 29 ~ 33 个 V_λ 基因片段和 4 ~ 5 个连接在一起的 J_λ–C_λ 基因对（图 8–7c）。

在 B 细胞分化成熟过程中，VJ 和 VDJ 发生重排，通过识别信号和重组酶完成拼接，形成功能性重组 DNA 片段，先完成 IgV 区肽链的编码基因的重排。随后，V 区基因与 C 区基因连接。H 链基因成功重排之后，L 链基因再开始重排。最后，H 链与 L 链相互随机配对组合，B 细胞表达 BCR（mIg）并进一步发育、分化和成熟，表达具有抗原特异性和类别多样性的抗体。

三、抗体多样性的遗传学基础

机体对外界环境中种类众多的抗原刺激可产生相应的特异性抗体，据估计抗体的多样性可达 10^{11}，以识别和结合各种各样的抗原物质。抗体多样性的产生主要由基因遗传学特征来控制。其中包括：①胚系中 V、D、J 基因片段众多；② VDJ 和 VJ 重排时，基因片段进行随

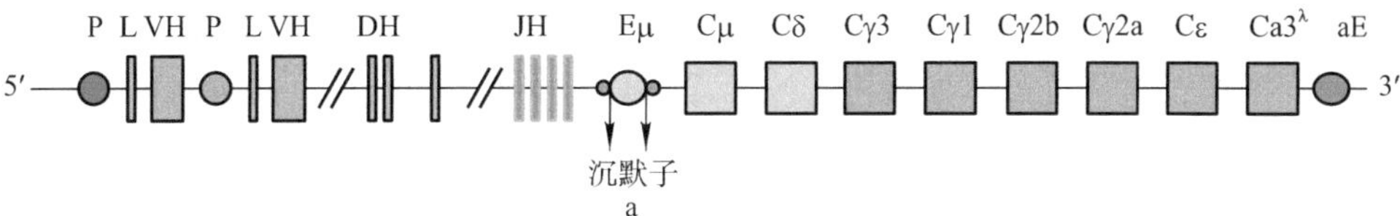

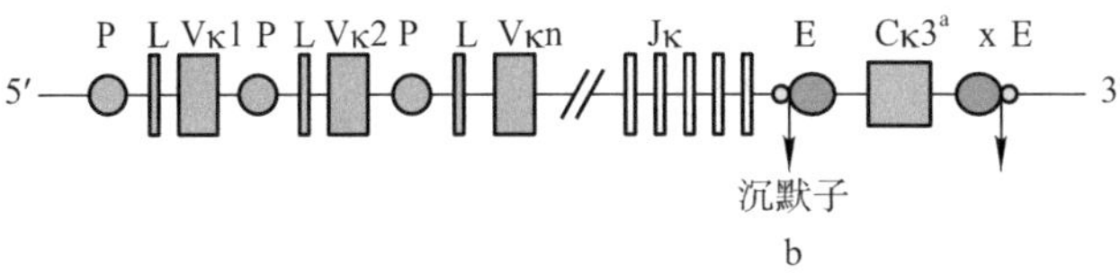

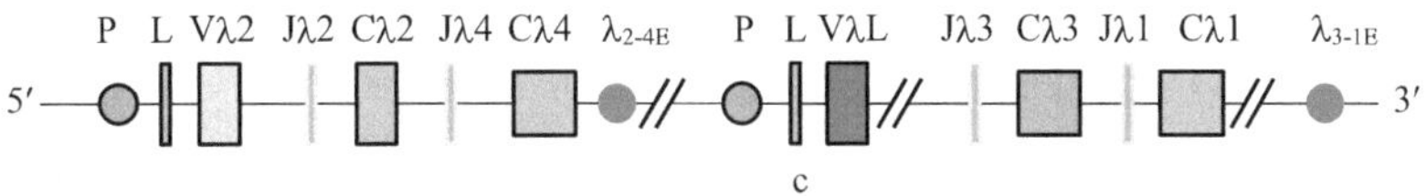

图 8-7　Ig 重链及轻链的基因结构

a. 编码人 H 链的基因；b. 编码人 κ 链的基因；c. 编码人 λ 链的基因

机组合；③ VDJ 连接过程中发生核苷酸缺失和 N 区核苷酸插入；④轻重链之间随机配对组合；⑤体细胞突变等。

四、抗体的类别转换

抗体的类别转换（class switch）又称同种型转换（isotype switch），是指 B 细胞在受抗原刺激后，首先合成 IgM，然后合成 IgG 等其他类别。一个 B 细胞克隆受到 TD-Ag 刺激，在 Th 细胞的辅助下活化，通过基因重排形成 VDJ-Cμ，先合成 IgM。然后受来自 Th 细胞的 CD40/CD40L 信号以及细胞因子的作用进一步基因重排，其中可变区的 VDJ 基因组合不变，Cμ 基因被替换成 Cγ、Cα 或者 Cε 等恒定区基因，合成具有相同抗原特异性的不同类 / 亚类的抗体。抗体的类别转换发生在抗原诱导下，受 T 细胞分泌的细胞因子的调节，IL-4 可诱导合成 IgG1 或 IgE，IFN-γ 诱导合成 IgG2a 和 IgG3，TGF-β 诱导合成 IgG2b 和 IgA，IL-5 诱导 IgA 的合成。

第五节　人工制备抗体

一、多克隆抗体

抗原分子通常具有多个抗原决定簇，动物免疫后可刺激多个具有相应抗原受体的 B 细胞发生免疫应答，可产生多种针对不同抗原决定簇的抗体。这些由不同 B 细胞克隆产生的抗体称多克隆抗体（pAb）。免疫血清就是针对抗原物质中多种抗原决定簇产生的多种抗体的混合物。

多克隆抗体含有免疫球蛋白的不同类、亚类、型、亚型及独特型，即具有异质性。尽管动物免疫血清对许多疾病显示出确切疗效，然而，特异性差和易致超敏反应是其不可避免的两个缺点。因为抗体本身作为大分子蛋白质，含有多种抗原表位，血清异质性 Ig 可以刺激机体产生多种抗抗体，这些抗抗体如果再与抗毒素结合会发生超敏反应，严重时可危及生命。

二、单克隆抗体

单克隆抗体（monoclonal antibody，mAb）是由单一克隆 B 细胞杂交瘤产生的、只识别抗原分子某一特定抗原决定簇的、具有高度特异性的抗体。每种单克隆抗体其类、亚类、型及亚型的亲和力完全相同，具有高度均一性。

杂交瘤细胞既保持了小鼠骨髓瘤细胞可以无限增殖的特性，又具有活化 B 细胞合成、分泌某种特异性抗体的能力。将这种融合成功的杂交瘤细胞株体外培养扩增或接种于小鼠腹腔，就可以从培养上清或腹水获得大量的 mAb。杂交瘤技术（图 8-8）建立在杂交瘤细胞的选择性培养系统上，普遍采用的 HAT 选择性培养系统是在普通细胞培养液中加入次黄嘌呤（H）、甲氨蝶呤（A）和胸腺嘧啶核苷酸（T）。HAT 选择性培养系统是根据细胞内嘌呤核苷酸和嘧啶核苷酸的生物合成途径而设计的用于分离杂交瘤细胞的特殊培养基。

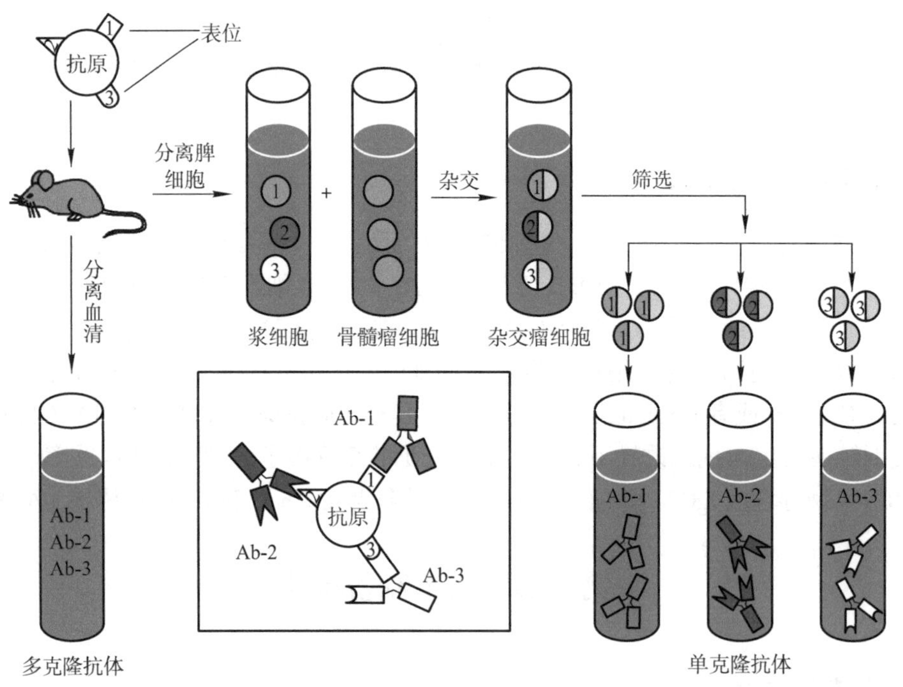

图 8-8　单克隆抗体的制备示意图

当今免疫学、分子生物学取得令人瞩目的成就与单克隆抗体的广泛应用密不可分。单克隆抗体在抗原的精制和结构分析，细胞发生、分化及功能，特别是在偶联抗癌药物、毒素或放射性物质后发挥导向作用等方面的应用，为临床疾病的诊断、预防和肿瘤治疗开辟了新前景。早期单克隆抗体主要为鼠源性抗体，鼠单克隆抗体 C 区可作为异源蛋白诱发免疫反应，产生人抗小鼠抗体（human anti-mouse antibody，HAMA）。由于自身存在的弊端，其应用受到极大限制。

三、基因工程抗体

基因工程抗体（genetic engineering antibody）是通过基因工程技术制备的抗体或抗体片段，其优点是抗体特异性强，均质，减少甚至是去除了鼠源性。基因工程抗体包括人-鼠嵌合抗体、人源化抗体、双特异抗体、小分子抗体和人抗体等。

嵌合抗体（chimeric antibody）是将小鼠 mAb 的 C 区用人抗体 C 区代替拼接而成，使 Fc 段人源化，但 V 区保留的鼠源性骨架区序列及其立体结构仍能诱发 HAMA。人源化抗体（humanized antibody）是通过将鼠 mAb 的 CDR 移植到人 mAb 的 V 区框架上，使人 mAb 获得鼠 mAb 抗原结合的特异性，进一步减少鼠的异源性。双特异抗体是分别针对靶抗原和效应分子或效应细胞的抗体分子，即在基因水平将目的蛋白基因同 Ig 部分片段基因相连，在真核或原核细胞中表达具有上述结构域的 Ig 融合蛋白。抗体的小分子化是基因工程抗体的又一特色，通过重组 DNA 技术可以合成任何所需抗体的特定片段，包括 Fab 段、Fc 段和含有轻、重链可变区的 Fv 片段（fragment of variable region），这些小分子片段相对分子质量小、免疫原性弱、渗透力强。另外也可以用抗体作载体，制备以抗体为导向，同时携带毒素、放射性核素或治疗性药物等其他衍生形式的抗体，扩大了抗体在临床治疗中的应用。

（刘　平）

数字课程学习

第九章 补体

19 世纪末体液免疫发现后不久，比利时免疫学家 Bordet 在研究免疫血清对细菌的作用时发现，陈旧的免疫血清对细菌（霍乱弧菌）只凝集而不溶解，但往该陈旧血清中加入新鲜血清（非免疫血清），该陈旧的免疫血清就像新鲜的免疫血清一样，可将细菌溶解。免疫血清中存在的抗体不足以使细菌溶解，是加入的新鲜血清中存在的一种对热敏感的物质起到了辅助作用。于是，将此热敏感物质称之为补体（complement，C），Jules Bordet 因此获得 1919 年的诺贝尔奖。近些年来，补体的研究进展迅速，现已证明，补体是存在于人体或脊椎动物血清、组织液或细胞膜表面的一组活化后具有酶样活性的蛋白质。补体并非单一分子，可与其相关的调节因子和膜蛋白共同组成一个反应系统，即补体系统（complement system）。补体系统不但广泛参与机体的抗感染免疫及免疫调节等生理活动，还可介导某些病理性反应，是体内重要的免疫效应系统和放大系统。

目前已知补体系统是由近 40 种蛋白组成的多分子系统，其中包括直接参与补体激活的各种补体固有成分，也包括调控补体活化的各种灭活因子和抑制因子，以及分布于多种细胞上的补体激活产生的受体等。这些蛋白分子在功能上互有联系又相互制约，遵循一定规律活化之后，产生细胞裂解、促进吞噬或引起炎症反应等多种生物学效应，其结果或者使机体抗微生物感染的能力增强，或者引起机体的免疫损伤。

第一节 补体系统的组成及理化性质

一、补体系统的组成

补体系统包括 30 余种活性成分，按其生物学功能可以分为三类。

1. 补体固有成分

补体固有成分指存在于体液中，参与补体活化级联反应的各种成分。包括：①经典途径的 C1q、C1r、C1s、C4、C2；②旁路激活途径的 B 因子、D 因子；③甘露糖结合凝集素（mannan-binding lectin，MBL）激活途径的 MBL、MBL 相关丝氨酸蛋白酶（MBL-associated serine protease，MASP）；④上述三条途径共同末端通路的 C3、C5、C6、C7、C8 和 C9。

2. 补体调节蛋白

补体调节蛋白指以可溶性形式或膜结合形式存在的各种补体调节分子，包括备解素、C1

抑制物、I 因子、H 因子、C4 结合蛋白、Sp40/40、过敏毒素灭活因子、膜辅助因子蛋白、衰变加速因子和同源限制因子等。

3. 补体受体

补体受体（complement receptor，CR）指存在于不同细胞膜表面，可与补体片段结合从而调节补体生物效应的受体分子。目前已发现的补体受体有 C1qR、CR1、CR2、CR3、CR4、CR5、H 因子受体（HFR）、C3a 受体（C3aR）和 C5a 受体（C5aR）等。

二、补体系统的命名

1968 年世界卫生组织（WHO）对补体进行了统一的命名，其命名一般遵循以下规律。

（1）参与补体激活经典途径的固有成分按其发现的先后顺序分别称为 C1、C2……C9，其中 C1 由 C1q、C1r、C1s 三种亚单位组成。

（2）补体系统的其他成分以英文大写字母表示，如 B 因子、D 因子、P 因子和 H 因子等。

（3）补体调节成分多以其功能进行命名，如 C1 抑制物、C4 结合蛋白、衰变加速因子等。

（4）补体活化后的裂解片段以该成分符号后面加小写英文字母表示，如 C3a、C3b 等。

（5）如果某些补体成分或复合物具有酶活性则在其符号上画一条横线，如 $C\overline{1}$、$\overline{C3bBb}$ 等；而灭活的补体片段在其符号前面加英文字母 i 表示，如 iC3b。

三、补体系统的理化性质

补体主要由肝细胞和巨噬细胞合成，但其他组织细胞亦有合成补体的能力。在组织损伤急性期或炎症状态下，局部单核 – 吞噬细胞可合成大量的补体，从而使血清补体水平迅速升高，故补体亦属于急性期蛋白。补体的大多数组分都是糖蛋白，且多属于 β 球蛋白，少数是 α 或 γ 球蛋白，如 C1q、C8 等为 γ 球蛋白，C1s、C9 为 α 球蛋白。

在生理状况下，大多数的补体成分以非活化形式存在。血清中补体的总含量相对稳定，约为 4 mg/mL，占血清球蛋白总量的 10% 左右，但正常血清中各组分的含量相差较大，其中 C3 含量最多，约为 1.3 mg/mL；D 因子含量最低，仅有 2 μg/mL。人类胚胎发育早期即可合成补体的各种组分，出生后 3 ~ 6 个月即达到成人水平。补体成分极不稳定，很容易受各种理化因素的影响，例如 56℃加热 30 min 即可被灭活，即使是在室温下也会被很快灭活，故补体应保存在 –20℃以下，只有冷冻干燥后才可以较长时间保存。另外紫外线照射、机械振荡或某些添加剂等理化因素的影响均可能破坏补体，所以补体活性检测应尽快进行。

第二节　补体系统的激活

生理情况下，大多数的补体固有成分均以酶原等非活化形式存在于血清之中。补体系统从酶原状态转化成具有酶活性状态的过程称为补体系统的激活。在某些启动因素作用下，补体固有分子按一定顺序以连锁反应的方式依次活化。前一组分被激活，即具备了裂解下一组分的活性，由此形成一系列放大的级联反应，最终导致一系列生物学效应，发挥抗感染和免疫调节作用。

能启动补体激活过程的物质称为补体激活剂。依照激活补体的激活剂的不同，补体系统的激活可分为三种途径：①经典途径（classical pathway）：是由抗原抗体复合物结合C1q启动的途径；②旁路途径（alternative pathway）：是由微生物提供表面，从C3开始激活的途径；③MBL途径（mannose-binding lectin pathway）是由甘露糖结合凝集素（MBL）结合细菌而启动的途径。旁路途径和MBL途径启动迅速，在抗感染早期发挥重要作用，而经典途径通常在疾病的持续过程中起重要作用。

一、经典（传统）激活途径

经典途径最重要的激活剂为抗原抗体复合物，其中抗体主要为IgG1、IgG2、IgG3和IgM。单个的IgM和两个以上的IgG与C1结合可有效地启动经典途径。整个激活过程是一个连锁反应，可划分为三个阶段。

1. 识别阶段

识别过程由C1开始完成。C1是经典激活途径中的起始成分。它是由1个分子的C1q、2个分子的C1r及2个分子的C1s借Ca^{2+}连接而成的大分子复合物。相对分子质量约为750 000。其中C1q为具有识别作用的亚单位，C1r和C1s为具有催化作用的亚单位（图9–1）。

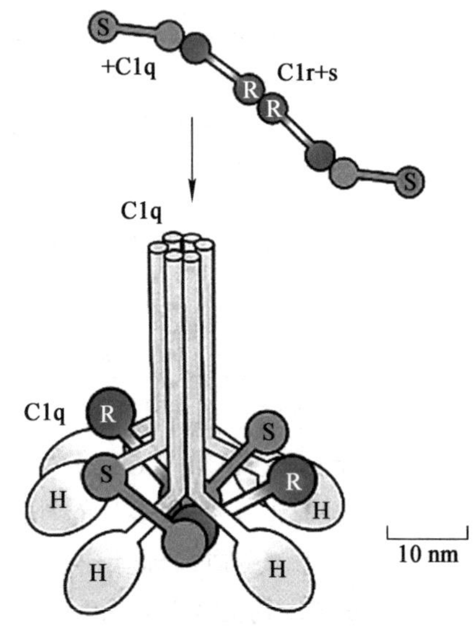

图9–1　C1分子结构及抗原抗体复合物结合示意图

C1r在C1大分子中起着连接C1q和C1s的作用。C1q启动后可引起C1r构型的改变，成为有活性的C1r，后者可使C1s活化。

C1r使C1s的肽链裂解，其中一个片段C1s具有酯酶活性，即C1酯酶，其天然基质为C4和C2，此酶活性可被C1INH（C1抑制物）灭活。

在经典途径中，一旦形成C1s，即完成识别阶段，并进入活化阶段。

2. 活化阶段

活化阶段即C1作用于后续的补体成分形成C3转化酶（$\overline{C4b2a}$）和C5转化酶（$\overline{C4b2a3b}$）的阶段。

C4是C1s的底物。在Mg^{2+}存在下，C1s使C4裂解为C4a和C4b两个片段。小片段C4a游离于液相，有弱的过敏毒素作用。大片段C4b多数与水分子结合，产生无活性的iC4b，可很快被代谢掉；少数C4b分子与邻近细胞表面的蛋白质或糖共价结合，使补体活化得以稳定有效地进行。

C2虽然也是C1s的底物，但C1s只有在先与C4作用之后才能更好地显露出C1s作用于C2的酶活性部位，从而明显增强对C2的裂解作用。C2在Mg^{2+}存在下被C1s裂解为两个片段C2a和C2b，C2b游离于液相中，当C4b与C2a结合成C4b2a，即为经典途径的C3转化酶。

C3在补体激活过程中起着枢纽的作用，是三条激活途径作用的中心。C3被C3转化酶裂解为 C3a（小片段）和 C3b（大片段，具有补体活性）（图 9-2），分子内部的疏酯基（-S-CO-）外露，成为不稳定的结合部位。疏酯基经加水分解后形成的 -SH 和 -COOH 可与细菌或细胞表面的 $-NH_2$ 和 -OH 共价结合。因此，C3b 通过其不稳定的结合部位，可结合到抗原抗体复合物或 C3 转化酶（B 因子）激活 C3 所在部位附近的微生物、高分子物质及细胞膜上。该过程对于补体介导的调理作用和免疫黏附作用具有重要意义。C3b 的另一端是个稳定的结合部位。C3b 通过此部位与具有 C3b 受体的细胞相结合，C3b 可被 I 因子灭活。C3a 留在液相中，具有过敏毒素活性，可被羟肽酶 B 灭活。

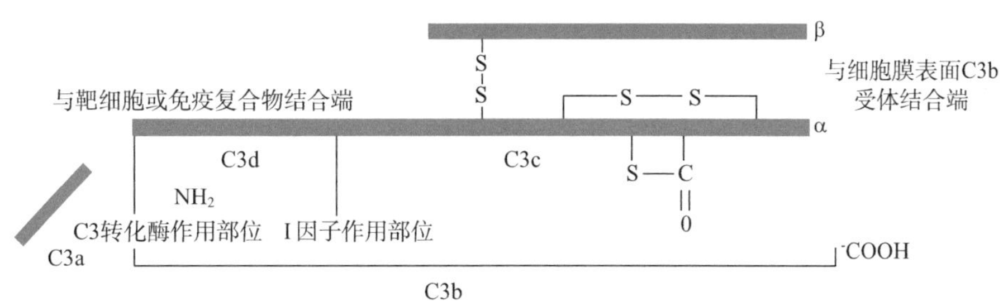

图 9-2 补体 C3 分子及其裂解产物活性示意图

C3b 与 $\overline{C4b2a}$ 相结合产生的（$\overline{C4b2a3b}$）为经典途径的 C5 转化酶。至此完成活化阶段。

3. 膜攻击阶段

C5 转化酶裂解 C5 后，继而作用于后续的其他补体成分，进入细胞受损、细胞裂解的阶段。

C5 转化酶裂解 C5 产生 C5a 和 C5b 两个片段。C5a 游离于液相中，具有过敏毒素活性和趋化活性。C5b 可吸附于邻近的细胞表面，但其活性极不稳定，易于衰变成 iC5b。

C6 ~ C9：C5b 虽不稳定，但与 C6、C7 结合成三分子的复合物 C5b67 则较稳定，不易从细胞膜上解离。C5b67 即可以吸附于已致敏的细胞膜上，也可吸附在邻近的、未经致敏的细胞膜上（即未结合有抗体的细胞膜上）。C5b67 是使细胞膜受损伤的一个关键组分，其与细胞膜结合后，即插入膜的磷脂双层结构中。若 C5b67 未与适当的细胞膜结合，则其中的 C5b 仍可衰变，失去与细胞膜结合和裂解细胞的活性。C5b67 虽无酶活性，但其分子排列方式有利于吸附 C8 形成 C5b678。其中 C8 是 C9 的结合部位，因此继续形成 C5 ~ 9，即补体的膜攻击复合体（membrane attack complex，MAC），使细胞膜穿孔受损。

目前已经证明，C5b、C6 和 C7 结合到细胞膜下时细胞膜仍完整无损；只有在吸附 C8 之后才出现轻微损伤，细胞内容物开始渗漏。在结合 C9 以后才加速细胞膜的损伤过程，因而认为 C9 是 C8 的促进因子。

二、旁路（替代）激活途径

旁路激活途径与经典激活途径不同之处在于前者是越过了 C1、C4、C2 直接激活 C3 继而完成 C5 至 C9 各成分的连锁反应。旁路途径的激活物质并非抗原抗体复合物而是细菌的细胞壁成分——脂多糖，以及多糖、肽聚糖、磷壁酸和聚合的 IgA 和 IgG4 等物质。旁路激活途径在细菌性感染早期，尚未产生特异性抗体时，即可发挥重要的抗感染作用。

在正常生理情况下，C3 与 B 因子、D 因子等相互作用，可产生极少量的 C3b 和 C3bBb（旁路途径的 C3 转化酶），但迅速受 H 因子和 I 因子的作用，不再能激活 C3 和后续的补体成分。只有当 H 因子和 I 因子的作用被抑制之后，旁路途径方得以激活 C3。血浆中的 C3 可缓慢地裂解，持续产生少量的 C3b，释入液相中的 C3b 迅速被 I 因子灭活。

B 因子：液相中缓慢产生的 C3b 在 Mg^{2+} 存在下，可与 B 因子结合形成 C3bB。

D 因子：体液中同时存在着无活性的 D 因子和有活性的 D 因子（B 因子转化酶）。D 因子作用于 C3bB，可使此复合物中的 B 因子裂解，形成 $\overline{C3bBb}$ 和 Ba 游离于液相中。$\overline{C3bBb}$ 可使 C3 裂解为 C3a 和 C3b，但实际上此酶效率不高亦不稳定，H 因子可置换 $\overline{C3bBb}$ 复合物中的 Bb，使 C3b 与 Bb 解离，解离或游离的 C3b 立即被 I 因子灭活。因此，在无激活物质存在的生理情况下，$\overline{C3bBb}$ 保持在极低的水平，不能大量裂解 C3，也不能激活后续补体成分。但此种 C3 的低速度裂解和低浓度 $\overline{C3bBb}$ 的形成是必需的。

旁路途径的激活在于激活物质（如细菌脂多糖、肽聚糖；病毒感染细胞、肿瘤细胞，痢疾阿米巴原虫等）的出现。目前认为，激活物质的存在为 C3b 或 $\overline{C3bBb}$ 提供不易受 H 因子置换 Bb、不受 I 因子灭活 C3b 的一种保护性微环境，使旁路激活途径从和缓进行的准备阶段过渡到正式激活的阶段。

P 因子：P 因子旧称备解素（properdin）。$\overline{C3bBb}$ 的半衰期甚短，当其与 P 因子结合成为 $\overline{C3bBb}$ 时，半衰期可延长。这样可以获得更为稳定的、活性更强的 C3 转化酶。$\overline{C3bBb}$ 与其裂解 C3 所产生的 C3b 可进一步形成多分子复合物 $\overline{C3bBb3b}$。$\overline{C3bBb3b}$ 像经典途径中的 C5 转化酶 $\overline{C4b2a3b}$ 一样，也可使 C5 裂解成 C5a 和 C5b。后续的 C6 ~ C9 各成分与其相互作用的情况与经典途经相同。

C3 在补体激活过程中占据着重要的地位。不论在经典途径还是在替代途径，C3 被激活后，其裂解产物 C3b 又可在 B 因子和 D 因子的参与作用下合成新的 $\overline{C3bBb}$。后者又进一步使 C3 裂解。由于血浆中有丰富的 C3，又有足够的 B 因子和 Mg^{2+}，因此这一过程一旦被触发，即可产生显著的扩大效应。因此有人称此为依赖 C3Bb 的正反馈途径，或 C3b 的正反馈途径。

三、甘露糖结合凝集素（MBL）激活途径

MBL 途径也称凝集素途径（lectin pathway），是由 MBL［也称甘露糖结合蛋白（mannose-binding protein，MBP）］启动的。MBL 可以与微生物的甘露糖残基结合，相当于经典途径的 C1q。 当 MBL 和微生物的甘露糖残基结合时，MBL 途径被激活，两个被称为 MASP1 和 MASP2（相当于经典途径的 C1r 和 C1s）的 MBL 激活途径蛋白结合到 MBL 上，形成的一个类似于经典途径 C1 的酶，该酶可以裂解 C4 和 C2，形成 C3 转化酶，其后的反应过程与经典途径相同（图 9-3）。

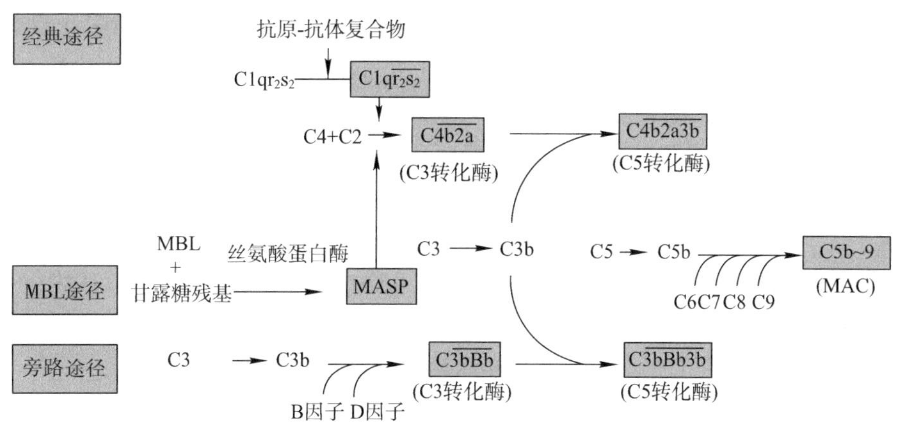

图 9-3 补体激活的三条激活途径示意图（横线表示激活状态）

第三节 补体激活的调节

补体系统的激活是一种高度有序的级联反应，该反应是在生物反馈调节的机制下进行的，受到多种调节分子的严格控制，从而限制了其活化的扩大化以维持体内补体水平的平衡。调节作用主要包括两个方面，即自身的衰变失活和某些抑制物的灭活。前者是指某些已活化的补体分子如不及时与靶细胞膜结合则迅速衰变失活；后者是指通过抑制物的灭活作用而使那些已活化的分子失去活性。

一、自身衰变的调节

某些激活的补体成分极不稳定，成为级联反应的重要的自限因素。构成 C3 转化酶的成分 C3b 和 C4b 均极易衰变，从而限制了 C3 裂解及其后的酶促反应；与细胞膜结合的 C4b、C3b 也易衰变，可阻断补体的级联反应。只有结合于固相的 C4b、C3b 才能触发经典途径，而旁路途径的 C3 转化酶只在特定的细胞或颗粒表面才具有稳定性。

二、补体调节因子的调控

补体调节因子存在于血浆中和细胞表面，这些因子可通过与不同补体成分的相互作用，使补体的激活与抑制处于动态平衡中，从而可防止其对自身组织的损害，同时又能有效地清除外来微生物。

（一）血浆中的可溶性调节分子

1. C1 抑制物

C1 抑制物（C1 inhibitor，C1INH）可与活化的 C1r 或 C1s 结合形成稳定的复合物而导致 C1 丝氨酸蛋白酶失活。此外，C1INH 还可抑制凝血因子、激肽释放酶及纤溶酶的活性，因而在凝血、激肽和纤溶系统中也有重要的调节作用。

2. C4 结合蛋白

C4 结合蛋白（C4 binding protein，C4bp）以两种方式抑制补体的活化。第一种方式是，通过其与C2竞争C4b，而从C4b2a中取代C2a，并通过其与C4b的结合而阻止剩余的C2同C4b结合，由此抑制C3转化酶的形成。C4bp与C4b的结合能力与细胞表面C4b分子数成正比，且较C2同C4b之间的结合能力高27倍。第二种方式是，C4bp作为I因子的一种辅助因子，促进I因子对C4b的裂解。有C4bp存在时，I因子可将C4b的α链完全裂解；而无C4pb时，I因子的裂解作用则不完全。

3. I因子

I因子旧称C3b灭活因子（C3b inactivator，C3bINA），在C4bp、MCP、H因子和CR1等辅助因子的协同下，I因子可将C4b裂解为C4d和C4c；还可使C3b裂解出C3f形成iC3b，后者再进一步裂解为C3dg和C3c，从而控制补体系统的活化。

4. H因子

H因子为I因子的辅助因子，可增加C4b对I因子的敏感性；加速C3转化酶的衰变，H因子能将已同C3b结合的B因子或Bb从C3酶中逐出，而使之失去酶活性，从而阻止替代途径中初始和放大C3转化酶的形成。目前已证实H因子和B因子在C3b上有同一结合部位，故H因子可同B因子或Bb竞争与C3b的结合。

5. 过敏毒素灭活因子

过敏毒素灭活因子（anaphylatoxin inactivator，AI）可去除C4a、C3a和C5a C末端的精氨酸残基，使这些片段丧失其过敏毒素活性。

（二）存在于细胞膜上的调节分子

1. 膜辅助因子蛋白

膜辅助因子蛋白（membrane cofactor protein，MCP）广泛分布于各种细胞膜上，可与C3b或C4b结合而促进I因子对C3b和C4b的裂解灭活，从而保护自身宿主细胞免遭补体介导的溶解破坏。有人将MCP的这种作用称为内源性辅助因子活性。

2. 衰变加速因子

衰变加速因子（decay accelerating factor，DAF）广泛分布于各种细胞上，可阻止经典途径和替代途径中C3转化酶和C5转化酶的装配，促进已形成的C3转化酶自发衰变，从而抑制MAC的形成。

3. 同源限制因子

同源限制因子（homologous restriction factor，HRF）又称C8结合蛋白（C8bp），分布于各种血细胞上，能与C8结合，抑制C9结合及聚合，阻止MAC插入自身细胞膜。

4. CD59

CD59又称膜反应性溶解抑制物（membrane inhibitor of reactive lysis，MIRL），广泛分布于各种血细胞和组织，能阻止MAC的完整组装和对同种自身细胞的溶解破坏。

需要注意的是补体激活正反馈环路等与本节所提及的抑制补体激活的机制将使补体的激活水平保持一个动态平衡状态，这一平衡一旦被打破就将导致组织损伤而引发疾病。

第四节 补体受体

补体受体是指分布在细胞膜上的能与补体活性分子相结合的一种表面糖蛋白。补体系统被激活后可产生一系列的具有重要生物活性的片段，这些片段可与不同细胞上的特异性补体受体结合而发挥作用。同一类型的细胞可以同时表达几种不同的补体受体，每一细胞上不同补体受体的数量亦有所不同。

一、补体受体1（CR1）

CR1（C3b/C4bR，CD35）是最先被发现的补体受体，为单链膜结合蛋白，分布于多种类型细胞表面，包括红细胞、中性粒细胞、巨噬细胞、嗜酸性粒细胞、T细胞和B淋巴细胞及树突状细胞。其配体主要为C3b和C4b。主要的生物学功能有：①抑制补体激活，协助I因子裂解C3b和C4b；②调理作用，CR1可增强吞噬细胞摄取包被了C3b或C4b的颗粒或微生物的能力；③促进免疫复合物清除，带有C3b的免疫复合物与红细胞上CR1结合，被携带至肝脏、脾等处清除；④免疫调节，CR1可依条件不同激活或抑制B细胞的活化，还可增强ADCC效应。

二、补体受体2（CR2）

CR2（C3dR，CD21）为单链跨膜糖蛋白，主要分布于B细胞、树突状细胞、吞噬细胞、咽上皮细胞及某些T细胞表面，其配体主要为iC3b和C3dg。CR2的主要功能是：①调节B细胞增殖、分化、记忆和抗体的产生；②可作为EB病毒的受体，与和EB病毒感染密切相关的伯基特淋巴瘤（Burkitt lymphoma）、鼻咽癌等疾病的发生密切相关。

三、补体受体3（CR3）

CR3（iC3bR，Mac-1，CD11b/CD18）属于黏附分子整合素家族成员，主要表达于各种骨髓来源的细胞表面，包括中性粒细胞、单核巨噬细胞、B细胞、NK细胞和肥大细胞等。其配体为iC3b。主要功能有：①介导黏附，中性粒细胞和单核细胞表面的CR3可促进这些细胞与内皮细胞的黏附，使炎性细胞聚集于组织损伤部位；②增强吞噬细胞功能，能促进被iC3b包被的微生物与吞噬细胞结合，促进吞噬作用；③具有凝集素活性。

四、补体受体4（CR4）

CR4（P150/95，CD11c/CD18）也是整合素家族的成员，主要分布在中性粒细胞、单核细胞、巨噬细胞和血小板上，与CR3常同时出现，在组织巨噬细胞上呈优势表达，配体为iC3b和C3dg，其主要功能是增强Fc受体介导的吞噬作用，但也可介导Fc受体非依赖性吞噬作用。

五、C3a/C4a受体和C5a受体

C3a/C4a受体和C5a受体主要分布于肥大细胞、单核巨噬细胞、中性粒细胞、嗜碱性粒细

胞、血小板、平滑肌等，配体为C3a/C4a和C5a。功能为介导补体激活的炎症效应。

第五节　补体的生物学功能

补体是机体重要的免疫效应系统之一。补体系统可通过三条不同的激活途径而最终于细胞膜表面形成MAC，介导溶细胞效应。同时，补体激活过程可生成多种多样的中间复合物及某些具有生物功能的活性片段，它们通过与细胞膜表面相应受体结合而介导多种生物功能。补体系统不但可在机体抗感染免疫防御、维护内环境稳定等方面发挥重要作用，还可与血液中的某些酶相互作用而产生一系列生理和病理效应，这亦具有十分重要的生物学意义。总之，补体的生物学功能主要包括MAC对细胞的裂解作用和活化的补体片段的生物学效应。

一、膜攻击复合体介导的生物学作用

补体系统被激活后，可在靶细胞表面形成MAC，从而导致靶细胞溶解，这种补体介导的细胞溶解是机体抵抗微生物感染的重要防御机制。在无抗体存在的情况下，某些微生物可激活补体旁路途径或MBL途径而被溶解。在某些病理情况下，补体系统可引起宿主细胞的溶解，并导致组织损伤与疾病。病原微生物感染机体后，可按以下顺序激活补体系统，产生包括溶菌作用在内的一系列生物学效应：①直接激活旁路途径，立即产生抗感染免疫效应；②急性期蛋白产生后，通过MBL途径产生抗感染免疫效应；③特异性抗体产生后，通过经典激活途径，产生抗感染免疫效应。补体旁路途径激活在机体早期抗感染免疫过程中具有重要意义，MBL途径和经典途径激活后，可产生更为有效的抗感染免疫作用。补体激活产生的溶菌作用或使肿瘤细胞和病毒感染的靶细胞溶解破坏，是对机体有利的；但在某些病理情况下，补体系统也可引起正常的宿主细胞溶解，从而导致组织损伤与疾病。例如异型输血时的溶血反应，自身免疫病时的细胞损伤等都可由补体系统引起。

二、补体活化片段介导的生物学作用

补体在激活过程中产生一系列活性片段，它们可通过与表达在不同细胞表面的相应受体结合而发挥多种多样的生物学作用。

1. 调理作用

血清中调理素与细菌或其他颗粒性抗原物质结合后，可促进吞噬细胞的吞噬，该作用称为调理作用。补体激活过程中产生的C3b、C4b、iC3b等均属于重要的调理素，它们可与中性粒细胞或巨噬细胞表面相应的受体结合。例如，C3b分子氨基端可与靶细胞结合，而羧基端与带有C3b受体的吞噬细胞结合，从而作为靶细胞或免疫复合物和吞噬细胞间的连接成分，促进了吞噬作用。因此，在病原微生物表面发生的补体激活，有助于促进微生物与吞噬细胞黏附，并被吞噬杀伤。这种依赖C3b的吞噬作用可能是机体抵抗全身性细菌感染或真菌感染的主要防御机制。

2. 免疫复合物清除作用

体内形成的中等大小的免疫复合物（immune complex，IC）可沉积于血管壁，通过激活补

体而造成周围组织损伤。补体成分的存在有助于减少IC生成，并使已形成的IC解离或溶解，从而发挥自我稳定作用，避免IC过度生成或沉积所致的组织损伤。其机制为：①补体通过与免疫球蛋白的共价结合，可在空间上干扰Fc之间的相互作用，从而抑制新的IC形成或使已经形成的IC发生解离；②循环IC可激活补体，在借助C3b与表达CR的红细胞结合，并通过血流运送到肝而被清除。由于红细胞数量多，其表面受体亦很丰富，故成为清除IC的主要参与者。

3. 清除凋亡细胞

机体在生理条件下也要经常产生大量的凋亡细胞，这些细胞表面表达多种自身抗原，若不能及时清除则可能会引发多种自身免疫病。而某些补体活化片段（C1q、C3b、iC3b等）均可识别和结合凋亡细胞，并通过与吞噬细胞表面的相应的受体相互作用而参与对这些细胞的清除。

4. 炎症介质作用

补体是机体重要的炎症介质之一，可通过许多途径引起不同的炎症。

（1）过敏毒素作用：C5a和C3a可以作用到肥大细胞和嗜碱性粒细胞的细胞膜上，使细胞脱颗粒，释放组胺、白三烯及前列腺素等活性介质，引起类似过敏反应的病理变化，所以将C5a和C3a称为过敏毒素（anaphylatoxin）；现已发现C4a亦有较弱的过敏毒素作用。这类作用可被抗组胺药物封闭。

（2）趋化作用：C4a、C5a、C3a和C5b67是中性粒细胞和单核–巨噬细胞的趋化因子（chemotaxin），它们可使这些吞噬细胞向炎症部位聚集，加强对病原体的吞噬和消除，同时引起炎症反应。

（3）激肽样作用：C2a具有激肽样活性，能增强血管的通透性，引起炎性充血，故称其为补体激肽。遗传性血管神经性水肿症即由于C1抑制物先天缺乏、血液中C2增高所致。

5. 免疫调节作用

补体的各种成分可对免疫应答的多个环节进行调节。C3可参与捕获、固定抗原、使抗原易被APC处理与提呈；C3b可与B细胞表面CR1结合，促进B细胞增殖分化为浆细胞；CR2能结合C3d、iC3b和C3dg，促进B细胞活化；杀伤细胞结合C3b后可增强对靶细胞的ADCC作用。

第六节　补体与临床疾病

一、补体与疾病发生

补体系统异常表现为两个方面。一种是代谢水平失常，即代谢速率与合成速率的动态平衡受到各种因素影响发生摇摆，引起血清补体水平的改变；另一种是先天性补体缺陷所致的补体系统某种组分缺失等。在正常情况下，血清中补体含量是相当稳定的，只有在患病情况下，补体总量或各成分含量才发生变化。

1. 高补体血症

在许多炎症、感染及恶性肿瘤中可以看到。补体总活性升高，通常比正常值高2～3倍，它与许多补体组分（如C4、C3及C9）升高有关。许多急性传染病血中补体效价显著增高，但症状来势凶猛者血中补体多下降，这是由于补体成分大量消耗所致。此外，甲状腺炎、阻塞性黄疸、糖尿病、痛风、雷诺综合征、溃疡性结肠炎等，也可看到补体含量升高。

2. 低补体血症

发生原因可能有以下三个方面。

（1）补体成分消耗增多：此情况常见于免疫复合物病（如肾病、血清病、链球菌感染后肾小球肾炎、系统性红斑狼疮、自身免疫性溶血性贫血、急性病毒性肝炎、类风湿关节炎等）、同种器官移植排斥反应及细菌性心内膜炎等时，补体总量及 C1q、C4、C2、C3 和 C5 水平下降。

（2）补体大量丧失：见于大面积烧伤，由于血清蛋白大量丧失，从而引起补体成分减少。

（3）补体合成不足：主要见于肝病患者，如肝硬化、慢性活动性肝炎、急性肝炎的重症病例。此时常发生 C4、C2、C3、C6 和 C9 水平显著降低。

低补体血症或机体补体缺乏主要表现为反复、难以治愈的感染，由此可见补体在维持机体正常的生命活动中的作用。

3. 遗传性补体缺陷

几乎所有补体成分都有可能发生遗传缺陷。多数遗传性补体缺陷多为常染色体隐性遗传，一般缺陷基因为纯合子时才发病。遗传性补体缺陷病通常表现为不易控制的细菌性感染，以化脓性细菌感染和奈瑟菌感染为多见，易发生化脓性感染、肺炎、脑炎、淋病等。补体特殊成分的缺陷将导致特殊疾病，如 C1INH 缺陷，将导致 C1 活化失控（亢进），进一步导致凝血、激肽和纤溶系统异常，使小毛细血管扩张、血管通透性增加，导致水肿，典型疾病是遗传性血管性水肿。该病以反复发作的皮肤、黏膜水肿为特征，可以累及全身各部位导致相应症状，如皮下水肿、消化道症状等，若喉头水肿可以导致窒息死亡。

二、补体与疾病诊治

多种疾病可以出现血清补体成分含量的改变，因此，补体活性或补体成分也可以作为疾病发生和发展的生物学标志和治疗的靶分子。测定血清中总补体活性和补体各组分含量可以作为很多疾病的诊断、治疗效果评价和疾病愈后评估的指标。

1. 补体相关疾病的诊断

补体相关疾病的诊断主要依靠对新鲜血清中补体活性和补体物质的测定。血清补体活性异常增高往往意味疾病病情严重。血清多个补体成分水平降低可能是补体消耗过度或补体合成功能障碍所致，单一补体成分减少提示可能存在编码基因缺陷。

2. 补体相关疾病的治疗

对于补体活性亢进的疾病可以考虑采用免疫抑制治疗。对于补体活性降低或补体缺陷疾病的治疗应积极抗感染，同时考虑输注新鲜血浆补充所需补体成分。对于重度的补体遗传缺陷可以考虑骨髓移植疗法。特异性的单补体因子补充剂和单补体因子抑制剂正在研发过程中。

（刘　辉）

数字课程学习

教学 PPT　　自测题　　微课　　拓展阅读

第十章　细胞因子

细胞因子（cytokine，CK）是一类由免疫细胞或其他组织细胞分泌的、在细胞间发挥相互调控作用的具有多种生物学功能的小分子多肽或糖蛋白。细胞因子种类繁多，产生细胞多样。通常细胞因子通过结合相应受体发挥生物学效应，不同的细胞因子生物学效应不尽相同。有关细胞因子及其受体的研究有助于从分子水平上阐明免疫应答及其调控机制，认识某些疾病的致病机制、发展过程，并可在临床上应用某些细胞因子及其拮抗剂治疗疾病。本章着重介绍主要的细胞因子、细胞因子受体及其在免疫应答过程中的生物学作用。

第一节　细胞因子的共同特点

一、细胞因子的基本特征

多数细胞因子为低相对分子质量蛋白质（8 000～30 000），半衰期短。细胞因子在体内外均可经诱导产生，较低浓度（10^{-15}～10^{-9} mol/L）即有高效的生物学活性。通常情况下，细胞因子与相应受体具有较高的亲和力。

二、细胞因子的作用方式

细胞因子通过自分泌（autocrine）、旁分泌（paracrine）或内分泌（endocrine）的方式发挥效应。自分泌效应是指某种细胞因子作用的靶细胞也是其产生细胞，如T细胞产生的白细胞介素-2（IL-2）刺激T细胞本身生长。旁分泌效应是指某种细胞因子的产生细胞和靶细胞非同一细胞，但是相互邻近，如树突状细胞（DC）产生的IL-12刺激邻近T细胞分化。内分泌效应是指某些细胞因子如肿瘤坏死因子通过血液循环对远距离的靶细胞发挥作用。一种细胞因子可由多种细胞产生，一种细胞在不同条件下可以合成和分泌不同的细胞因子。

三、细胞因子的功能特点

细胞因子在免疫细胞的发育分化、免疫应答及免疫调节中具有重要的生物学作用，其生物学作用的共同特点表现为多效性、重叠性、协同性、拮抗性和网络性。

1. 多效性

多效性（pleiotropism）是指一种细胞因子可对不同细胞发挥不同作用，产生不同的生物学效应，如 IL-4 可以激活 B 细胞并促进 B 细胞增殖与分化，同时也可以诱导 Th0 细胞向 Th2 细胞分化。

2. 重叠性

重叠性（redundancy）是指几种不同的细胞因子作用于同一靶细胞，产生相同或相似的生物学效应，如 IL-4 和 IL-6 均可以刺激 B 细胞增殖。

3. 协同性

协同性（synergy）是指两种或两种以上的细胞因子共同作用于一个靶细胞，并且一种细胞因子增强另一种细胞因子的功能，两者表现为协同作用，如 IL-3 和 IL-11 共同刺激造血干细胞的分化成熟。

4. 拮抗性

拮抗性（antagonism）是指一种细胞因子抑制另一种细胞因子的功能，如 IL-4 可以抑制 IFN-γ 诱导的 Th0 细胞向 Th1 细胞分化的作用。

5. 网络性

众多细胞因子在机体内共同存在，互相促进或互相抑制，形成十分复杂的细胞因子调节网络，即细胞因子具有网络性（network）。

第二节　细胞因子的分类及生物学功能

细胞因子的分类至今尚未统一。根据细胞因子的结构和主要功能可分为白细胞介素（interleukin，IL）、干扰素（interferon，IFN）、TNF（tumor necrosis factor，TNF）、集落刺激因子（colony stimulating factor，CSF）、趋化因子（chemokine）和生长因子（growth factor，GF）六大类。

一、白细胞介素

白细胞介素是指由白细胞产生又在白细胞间发挥作用的细胞因子。但后来发现，白细胞介素也可以由白细胞以外的细胞产生。目前已正式命名的白细胞介素有 IL-1 ~ IL-40。

（一）IL-1

IL-1 包括 IL-1α、IL-1β，二者的受体为 CD121a 和 CD121b。主要由活化的巨噬细胞产生。IL-1 具有广泛的生物学作用：①刺激 T 细胞分泌 IL-2 和表达 IL-2 受体（IL-2R），促进 T 细胞活化；②直接或间接诱导 Th2 细胞表达 IL-4，间接促进 B 细胞增殖和抗体产生；③刺激巨噬细胞合成细胞因子，激活中性粒细胞黏附，合成炎性蛋白；④促进肝细胞合成急性期蛋白，参与炎症反应；⑤刺激造血，诱导内皮细胞促凝血，促进伤口愈合；⑥刺激下丘脑，引起体温升高。

（二）IL-2

IL-2 主要由 T 细胞产生。IL-2R 包含 α 链（CD25）、β 链（CD122）和 γ 链（CD132）三条多肽链：α 链的胞内区较短，不能向细胞内传递信号，而 β 链和 γ 链的胞内区较长，具有传递增殖信号的能力。三种肽链单独与 IL-2 结合亲和力较低，只有同时表达才能产生高度亲和力。IL-2 的主要生物学作用有：①促进 T 细胞增殖，增强 T 细胞的杀伤活性；②促进 NK 细胞增殖，维持 NK 细胞长期生长；③促进 B 细胞表达 IL-2R，促使 B 细胞增殖和分化，产生抗体；④刺激巨噬细胞活化，提高吞噬能力。

（三）IL-4

IL-4 由 $CD4^+$ T 细胞、肥大细胞和 ILC2 产生，受体由 CD124 和 γ 链（CD132）构成。IL-4 的主要生物学作用有：①促进 B 细胞的增殖和分化，促进 B 细胞表达 MHC Ⅱ类分子，促进抗原提呈，促进 Ig 的分泌，促进 Ig 类别转换为 IgE；②促进 Th2 细胞分化、抑制 Th1 细胞分化。

（四）IL-6

IL-6 主要由巨噬细胞、Th2 细胞、血管内皮细胞、成纤维细胞产生，受体为 CD126 和 CD130。IL-6 的主要生物学作用有：①刺激 B 细胞增殖、分化和分泌抗体；②促进 T 细胞增殖、活化；促进 T 细胞分泌 IL-2 和表达 IL-2R；③刺激肝细胞合成急性期蛋白，参与炎症反应；④促进骨髓造血干细胞生长。

（五）IL-10

IL-10 主要由 Th2、Treg 细胞、巨噬细胞、DC 和 B 细胞产生，受体为 IL-10Rα 和 IL-10Rβ。IL-10 的主要生物学作用有：①抑制 TNF-α、IL-1 和 IL-12 等细胞因子产生，具有免疫负调节功能；②促进 B 细胞增殖，分泌抗体；③抑制炎症反应；④抑制 Th1 细胞免疫应答。

（六）IL-12

IL-12 主要由巨噬细胞和 DC 产生，受体为 IL-12Rβ1 和 IL-12Rβ2。IL-12 的主要生物学作用有：①促进 Th0 细胞向 Th1 细胞分化，分泌 IL-2 和 IFN-γ；②增强 $CD8^+$ CTL 杀伤活性。③抑制 Th0 细胞向 Th2 细胞分化和 IgE 合成；④激活和增强 NK 细胞杀伤活性及产生 IFN-γ。

（七）IL-15

IL-15 主要由多种非 T 细胞产生。IL-15R 包含 α 链（IL-15Rα）、β 链（CD122）和 γ 链（CD132）三条多肽链，与 IL-2R 具有共同的 β 链和 γ 链，因此 IL-15 与 IL-2 具有许多相似生物学活性。IL-15 的主要生物学作用有：①促进 NK 细胞分化发育，刺激 NK 细胞活化、增殖及分泌 IFN-γ；②诱导 T 细胞增殖活化，维持记忆性 T 细胞生长；③促进 B 细胞增殖。

（八）IL-17

IL-17 包括 IL-17A、IL-17B、IL-17C、IL-17D、IL-17E（IL-25）、IL-17F 六个成员，IL-17A、IL-17F 主要由 Th17 细胞、$CD8^+$ T 细胞、γδ T 细胞产生；IL-17B、IL-17C、IL-17D 可由多种细胞产生；IL-17E 也被称为 IL-25，主要由肥大细胞和 Th2 细胞产生，IL-17 受体家族包括 IL-17RA、IL-17RB、IL-17RC、IL-17RD、IL-17RE 五个成员。IL-17 的主要功能表现为：①促进 T 细胞增殖；②募集并激活中性粒细胞；③诱导上皮细胞、内皮细胞和成纤维细胞产生 IL-6 和 TNF-α 等炎性细胞因子和趋化因子；④刺激上皮细胞等多种细胞产生防御素等抗菌物质。

（九）IL-18

IL-18 由活化的巨噬细胞和库普弗细胞产生，受体为 CD218a（IL-18Ra）和 CD218b（IL-18Rb）。IL-18 的主要生物学作用有：①促进 NK 细胞激活，分泌 IFN-γ；②与 IL-12 协同，促进 Th1 分化；③刺激单核细胞分泌 GM-CSF、TNF、IL-1β；④激活中性粒细胞。

表 10-1 列举了其他部分白细胞介素主要来源及功能。

表 10-1 其他部分白细胞介素

名称	氨基酸残基数	受体	主要产生细胞	主要功能
IL-3	133	CD123、βc	T 细胞、胸腺上皮细胞、基质细胞	在早期造血阶段起协同作用
IL-5	115	CD125、βc	T 细胞、肥大细胞、ILC2	嗜酸性粒细胞增殖、分化
IL-7	152	CD127 CD132（γc）	骨髓基质细胞	T 细胞、B 细胞前体细胞的增殖分化
IL-9	126	IL-9R CD132（γc）	T 细胞	刺激 Th2 细胞和肥大细胞
IL-11	178	IL-11R CD130	基质成纤维细胞	协同刺激造血
IL-13	132	IL-13R CD132（γc）	T 细胞、ILC2	B 细胞的增殖和分化、抑制巨噬细胞产生炎性因子、抑制 Th1、诱导超敏反应 / 哮喘
IL-16	130	CD4	T 细胞、肥大细胞、嗜酸性粒细胞	趋化 $CD4^+$ T 细胞、单核细胞和嗜酸性粒细胞、对 IL-2 激活的 T 细胞具有抗凋亡作用

二、干扰素

干扰素是由多种细胞产生的、具有抗病毒、抗肿瘤和免疫调节作用的可溶性糖蛋白。根据干扰素的来源、结构和生物学功能不同，分为Ⅰ型、Ⅱ型和Ⅲ型干扰素。

（一）Ⅰ型干扰素

Ⅰ型干扰素主要包括 IFN-α 和 IFN-β，主要由病毒感染的细胞、浆细胞样 DC（pDC）等产生，其生物活性以抗病毒为主。Ⅰ型干扰素具有广谱抗病毒活性，对 DNA 病毒和 RNA 病毒均有抑制作用；Ⅰ型干扰素还具有免疫调节作用，促进 MHC Ⅰ类分子的表达。

（二）Ⅱ型干扰素

Ⅱ型干扰素即 IFN-γ，主要由活化的 T 细胞和 NK 细胞产生。IFN-γ 具有较强的免疫调节作用。可增强固有免疫应答，能激活中性粒细胞和巨噬细胞，增强其吞噬能力；可使巨噬细胞表面 MHC Ⅱ类分子的表达增加，增强其抗原提呈能力。活化 NK 细胞，增强其细胞毒作用。同时也可增强适应性免疫应答，IFN-γ 能增强 Th1 细胞的活性，从而增强细胞免疫。IFN-γ 对 Th2 细胞的增殖有抑制作用，进而抑制体液免疫功能。

（三）Ⅲ型干扰素

Ⅲ型干扰素是最近发现的干扰素家族的成员，包括 IFN-λ1（IL-29）、IFN-λ2（IL-28A）、IFN-λ3（IL-28B），主要由 DC 产生。IFN-λ 兼具Ⅰ型干扰素和白细胞介素家族的双重特征。

IFN-λ 具有与 IFN-α 相似的抗病毒、抑制肿瘤细胞生长以及免疫调节等生物学活性。

三、肿瘤坏死因子家族

肿瘤坏死因子包括 TNF-α 和 TNF-β。TNF-α 由巨噬细胞产生，TNF-β 主要由 T 细胞产生，又称淋巴毒素（lymphotoxin，LT）。TNF 对肿瘤细胞具有杀伤作用，并参与某些炎症反应的过程；TNF 还具有免疫调节作用，促进 T 细胞和 B 细胞增殖。肿瘤坏死因子家族目前已发现 CD30L、CD40L、FasL 和 TRAIL（TNF related apoptosis-inducing ligand）等 30 余种细胞因子。表 10-2 列举了肿瘤坏死因子家族部分成员及其功能。

表 10-2　肿瘤坏死因子家族部分成员

名称	氨基酸残基数	受体	主要产生细胞	主要功能
TNF-α	157	CD120a CD120b	巨噬细胞、T 细胞、NK 细胞	局部炎症，杀伤或抑制肿瘤细胞、激活内皮细胞
TNF-β	171	CD120a CD120b	T 细胞、B 细胞	杀伤靶细胞、活化内皮细胞、淋巴结发育
CD40L	261	CD40	T 细胞、肥大细胞	B 细胞激活、Ig 类别转换
FasL	278	CD95	T 细胞	诱导细胞凋亡

四、集落刺激因子

集落刺激因子是指能够刺激多能造血干细胞和不同发育分化阶段的造血祖细胞增殖分化、在半固体培养基中形成相应细胞集落的细胞因子，主要包括干细胞因子（SCF）、粒细胞集落刺激因子（G-CSF）、巨噬细胞集落刺激因子（M-CSF）、粒细胞 - 巨噬细胞集落刺激因子（GM-CSF）、多重集落刺激因子（multi-CSF，又称 IL-3）、红细胞生成素（EPO）。此外，血小板生成素（TPO）和 IL-11 也是重要的造血因子。表 10-3 列举了部分集落刺激因子及其功能。

表 10-3　集落刺激因子

名称	氨基酸残基数	受体	主要产生细胞	主要功能
SCF		CD117	骨髓基质细胞	诱导多能造血干细胞及肥大细胞增殖分化
GM-CSF	127	CD116	巨噬细胞、T 细胞	刺激髓样单核细胞增殖分化
G-CSF	177/174	G-CSFR	成纤维细胞、单核巨噬细胞	刺激中性粒细胞的分化发育
EPO	166	EPOR	肾间质细胞、库普弗细胞	刺激红细胞前体细胞的分化成熟
TPO	332	CD110	肝、肾平滑肌细胞	刺激骨髓巨核细胞的分化成熟

五、趋化因子

趋化因子是一类相对分子质量为 8 000 ~ 12 000、对免疫细胞具有趋化作用的多肽。趋化因子的主要功能是招募血液中的单核细胞、中性粒细胞、淋巴细胞等进入感染发生的部位。几乎所有的趋化因子都含有由半胱氨酸（cysteine，C）残基形成的分子内二硫键。根据分子近氨基端 C 的位置、数目及排列顺序，趋化因子分为四个亚家族（表 10–4）。CXC 趋化因子的近氨基端存在 C–X–C（X 为其他氨基酸）基序；C–C 趋化因子的近氨基端存在两个相邻的 C；C 趋化因子的近氨基端只有一个 C；CX3C 趋化因子的近氨基端存在 C–X–X–X–C（X 为其他氨基酸）基序。

表 10–4 趋化因子

亚家族	名称	受体	主要产生细胞	主要功能
CXC	IL–8	CXCR1 CXCR2	单核巨噬细胞、成纤维细胞、表皮细胞、内皮细胞	趋化并激活中性粒细胞、趋化嗜碱性粒细胞及 T 细胞，刺激血管生成
CC	MIP–1α	CCR1、3、5	单核巨噬细胞、T 细胞、肥大细胞、成纤维细胞	趋化嗜酸性及嗜碱性粒细胞，调节巨噬细胞功能，和 HIV–1 竞争结合受体，抑制 HIV 感染靶细胞
	MIP–1	CCR1、3、5	单核巨噬细胞、中性粒细胞、内皮细胞	和 HIV–1 竞争结合受体，抑制 HIV 感染靶细胞
	MCP–1	CCR2B	单核巨噬细胞、成纤维细胞	趋化单核细胞、T 细胞、NK 细胞及嗜酸性粒细胞、嗜碱性粒细胞、树突状细胞
	RANTES	CCR1、3、5	T 细胞、血小板、内皮细胞	趋化单核细胞、T 细胞、嗜酸性及嗜碱性粒细胞，抑制 HIV–1 感染靶细胞
C	lymphotactin	XCR1	活化 T 细胞	趋化 T 细胞、B 细胞及 NK 细胞
CX3C	franctalkine	CX3CR1	单核细胞、内皮细胞	趋化单核细胞、T 细胞及 NK 细胞

六、生长因子

生长因子是具有刺激细胞生长作用的细胞因子，包括转化生长因子 –β（transforming growth factor–β，TGF–β）、表皮细胞生长因子（epidermal growth factor，EGF）、血管内皮细胞生长因子（vascular endothelial growth factor，VEGF）、成纤维细胞生长因子（fibroblast growth factor，FGF）、神经生长因子（nerve growth factor，NGF）等。其中，TGF–β 主要由活化的 T 细胞和 B 细胞产生，多数肿瘤细胞也可产生 TGF–β。TGF–β 具有抑制免疫活性细胞增殖，抑制淋巴细胞分化、抑制细胞因子产生等作用。此外，TGF–β 还具有其他调节作用，如促进成纤维细胞、成骨细胞和施万细胞的生长，趋化单核细胞和成纤维细胞等。

第三节　细胞因子受体

通常情况下，细胞因子发挥生物学功能是通过与靶细胞膜表面的受体相结合，将信号传递到细胞内部，引起细胞基因转录的变化而发挥作用的。细胞因子受体的名称通常是在细胞因子名称的后面加 R（receptor）表示，如 IL-1R（IL-1 受体）、TNFR（TNF 受体）等。细胞因子受体为跨膜蛋白，由胞膜外区、跨膜区和胞质区组成。胞膜外区可识别结合细胞因子，胞质区启动受体激活后的信号转导。大多数细胞因子受体是由两个或两个以上的亚单位组成的异源二聚体或多聚体，其中一个亚单位特异性结合细胞因子，为细胞因子结合亚单位，另一个亚单位转导信号，为信号转导亚单位，结合亚单位构成低亲和力受体，信号转导亚单位一般单独不能与细胞因子结合，但可与结合亚单位共同构成高亲和力受体并转导信号。某些细胞因子受体，常共用一个信号转导亚单位，此亚单位参与多个受体信号转导，称为共有链（common chain）。目前已知的细胞因子受体共有链主要有 gp130、共有 γ 链（common γ chain，γc）、共有 β 链（common β chain，βc）等。由于细胞因子受体共有链的存在，不同细胞因子可能有相似的生物学功能，如 IL-3、IL-5、GM- CSF 通过其受体都作用于造血系统，促进造血干细胞或定向干细胞增殖。

某些细胞因子受体胞质区缺乏信号结构域，与相应细胞因子结合后不能启动生物学效应，反而使细胞因子失活，或者介导细胞因子内化后被降解，从而负向调控细胞因子活性，此类受体称为诱饵受体（decoy receptor）。例如 TNF 诱饵受体。

细胞因子受体除了以膜结合形式存在外，还以可溶性形式存在于体液中。

一、膜型细胞因子受体家族

根据细胞因子受体胞膜外区氨基酸序列的同源性和结构特征，可将细胞因子受体家族分为六种类型（图 10-1）：Ⅰ型细胞因子受体家族（type 1 cytokine receptor family）、Ⅱ型细胞因子受体家族（type Ⅱ cytokine receptor family）、肿瘤坏死因子受体超家族（tumor necrosis factor receptor superfamily，TNFRSF）、免疫球蛋白超家族受体（IgSFR）、IL-17 受体家族（IL-17 receptor family）和趋化因子受体家族（chemokine receptor family）。

（一）Ⅰ型细胞因子受体家族

Ⅰ型细胞因子受体家族又称为血细胞生成素受体家族（hematopoietin receptor family），包括 EPOR、TPOR、IL-2R、IL-3R、IL-4R、IL-5R、IL-6R、IL-7R、IL-9R、IL-11R、IL-12R、IL-13R、IL-15R、G-CSFR、GM-CSFR 等。该家族成员的共同特征是：①胞膜外区均包括由 200 个氨基酸残基构成的同源区；② N 端有四个保守的半胱氨酸，C 端存在由色氨酸（W）- 丝氨酸（S）- 任意氨基酸（X）- 色氨酸（W）- 丝氨酸（S）组成的 W-S-X-W-S 构型；③功能上与各类血细胞增殖、分化有关。

（二）Ⅱ型细胞因子受体家族

Ⅱ型细胞因子受体家族又称干扰素受体家族（interferon receptor family），该家族成员包括

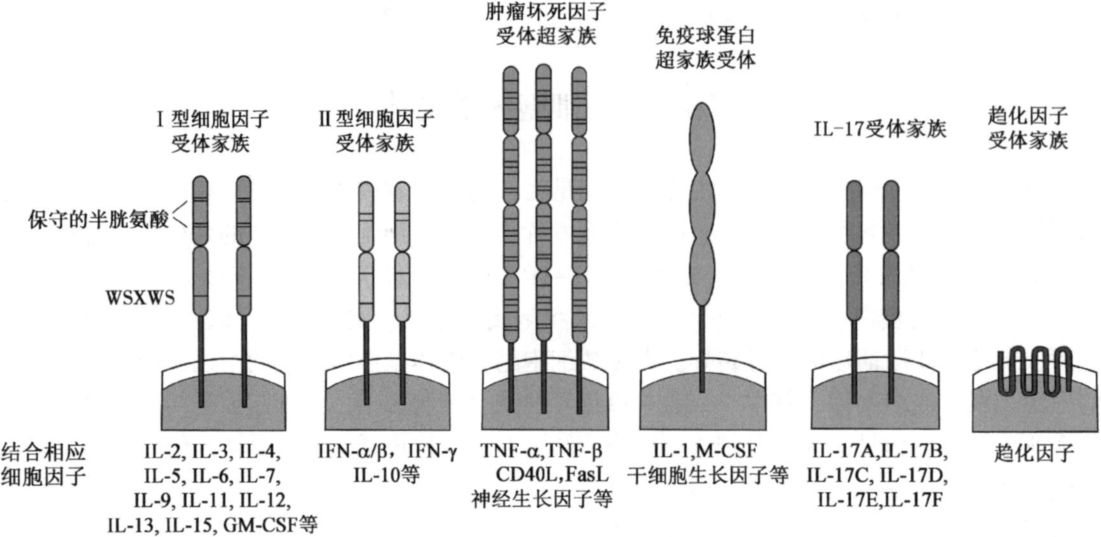

图 10-1　细胞因子受体

IFN-α/βR、IFN-γR、IL-10R、IL-22R 和组织因子受体（TFR），其分子结构与Ⅰ型细胞因子受体家族相似，但 N 端及近膜处分别含有两个保守的半胱氨酸，但无 W-S-X-W-S 基序。

（三）肿瘤坏死因子受体超家族

肿瘤坏死因子受体超家族成员包括 TNF-RⅠ（CD120a）、TNF-RⅡ（CD120b）、CD30、CD40、NGFR 等。其分子结构特征是膜外区含有多个由 40 个氨基酸组成的富含半胱氨酸的结构域，TNFRSF 多以同源三聚体发挥作用。

（四）免疫球蛋白超家族受体

免疫球蛋白超家族受体的胞膜外部分均具有一个或数个免疫球蛋白（Ig）样结构域，包括 IL-1R、IL-6R、M-CSFR 和血小板源性生长因子受体（PDGFR）等。某些细胞因子受体的胞膜外区可以同时含有两种不同类型的细胞因子受体结构，例如 IL-6R 既含有 Ig 样功能区，也含有 W-S-X-W-S 构型。

（五）IL-17 受体家族

IL-17 受体家族包括 IL-17RA、IL-17RB、IL-17RC、IL-17RD、IL-17RE 五个成员，IL-17 受体为 IL-17RA 与其他成员以不同形式组合的同源或异源二聚体。受体分子均为完整膜蛋白，胞质区含有一个 SEFIR 基序。已知 IL-17RA/RC 的配体为 IL-17A、IL-17F，IL-17RA/RB 的配体 IL-17E。

（六）趋化因子受体家族

趋化因子受体家族属于 G 蛋白偶联受体（G-protein coupled receptor，GPCR）超家族，此类受体有七个跨膜区，又称七次跨膜受体超家族。根据结合的配体不同，趋化因子受体家族成员包括 CCR1-11、CXCR1-6、XCR1 和 CX3CR1 等。

二、可溶性细胞因子受体

许多细胞因子（如IL-1、IL-2、IL-4、IL-6、TNE和IFN-γ）的受体有可溶性形式，即可溶性细胞因子受体（soluble cytokine receptor，sCKR）。sCKR仍可结合细胞因子，也可与相应的膜型受体竞争配体而起到抑制细胞因子作用。检测某些sCKR的水平有助于相关疾病的诊断及病程发展和转归的监测。

一些细胞因子的受体存在天然拮抗剂，如IL-1受体拮抗剂（IL-1Ra）是一种由单核巨噬细胞产生的与IL-1有一定同源性的多肽，可以竞争结合IL-1R，从而抑制IL-1的生物学活性。有些病毒也可产生细胞因子结合蛋白，抑制细胞因子与相应受体的结合从而干扰机体的功能。

第四节 细胞因子与临床

一、细胞因子异常与疾病

生理状态下，细胞因子的表达和分泌受到严格的调控，可参与免疫应答，发挥抗肿瘤抗感染和诱导细胞的凋亡作用。在某些病理状态下，细胞因子及其受体的表达异常，参与多种疾病的发生。因此，许多疾病过程可以出现细胞因子及其受体的水平变化，作为某些疾病的诊断指标之一。

（一）细胞因子及其受体的缺陷

细胞因子及其受体的缺陷包括先天性缺陷和继发性缺陷两种病理情况。先天性缺陷，如X连锁重症联合免疫缺陷病（X-linked severe combined immunodeficiency disease，XSCID）患者因IL-2受体γ链缺陷，而IL-4R、IL-7R、IL-9R、IL-13R、IL-15R和IL-21R都共用IL-2Rγ链，导致IL-2、IL-4、IL-7、IL-9、IL-13、IL-15、IL-21等多种受体的信号转导功能障碍，表现为细胞免疫、体液免疫功能严重受损，通常在幼儿期因感染而夭折。细胞因子的继发性缺陷多发生在感染、肿瘤等疾病以后，如人类免疫缺陷病毒（HIV）感染并破坏$CD4^+$ T细胞后，可导致$CD4^+$ T细胞产生的各种细胞因子缺陷，免疫功能下降。

（二）细胞因子表达过高

感染或自身免疫病患者体内某些细胞因子水平会异常增高。

细胞因子风暴（cytokine storm）也称高细胞因子血症。SARS-CoV-2、SARS冠状病毒、禽流感病毒等病原体引发重症感染时，短时间会诱生机体产生大量的促炎细胞因子，如TNF-α、IL-1、IL-6、IL-12、IFN-α、IFN-β、IFN-γ、MCP-1和IL-8等，促炎细胞因子与抗炎细胞因子之间的平衡失调，从而引发全身炎症反应综合征，严重者可导致多器官功能障碍，是多种重症感染者死亡的主要原因。细胞因子风暴除发生于病毒感染以外，还可发生于移植物抗宿主病、脓毒血症、肿瘤的免疫治疗等多种情况下，IL-4、IL-10、IL-13、TGF-β、sTNFR、sIL-6R、抗IL-6单抗等可拮抗炎症因子，避免组织过度损伤。

类风湿关节炎患者的滑膜液中IL-1、TNF-α和IL-6水平可明显高于正常人，并且这些细胞因子均可促进炎症过程，使病情加重。因此，应用细胞因子的抑制剂或细胞因子受体阻断剂可治疗这类炎症性细胞因子水平升高的疾病。

（三）可溶性细胞因子受体水平升高

在某些疾病条件下，由于细胞膜表面的细胞因子受体脱落成为可溶性细胞因子受体，存在于体液中，可引起可溶性细胞因子受体的水平升高，例如系统性红斑狼疮患者血清中可溶性 IL-2 受体水平异常增高。这类分子可竞争性地结合细胞因子，使后者不再与膜表面的细胞因子受体结合，从而抑制细胞因子的功能。

二、细胞因子的临床应用

目前，利用基因工程技术生产的重组细胞因子作为生物应答调节剂治疗肿瘤、造血功能障碍等已获得良好的疗效。目前已批准上市的重组细胞因子、细胞因子抗体和细胞因子受体拮抗蛋白等药物已获得广泛的临床应用（表 10-5 和表 10-6）。

表 10-5　细胞因子类药物

药物名称	适应证
IL-2	肿瘤、免疫缺陷症，疫苗佐剂
IL-11	放射、化学治疗所致血小板减少症
IFN-α	白血病、卡波西肉瘤、肝炎、恶性肿瘤、AIDS
IFN-γ	慢性肉芽肿、生殖器疣、恶性肿瘤、过敏性皮炎、感染性疾病、类风湿关节炎
IFN-β	多发性硬化
G-CSF	自身骨髓移植、化学治疗导致的粒细胞减少症、AIDS、白血病、再生障碍性贫血
GM-CSF	自身骨髓移植、化学治疗导致的白细胞减少症、AIDS、再生障碍性贫血、骨髓增生异常综合征（MDS）
EPO	慢性肾衰竭导致的贫血、恶性肿瘤或化学治疗导致的贫血、失血后贫血
EGF	外用药治疗烧伤、口腔溃疡

表 10-6　细胞因子受体及其拮抗剂 / 单克隆抗体的应用

药物名称	适应证
可溶性 IL-1R	哮喘、急性粒细胞白血病
可溶性 IL-4R	哮喘
IL-1R 拮抗剂	类风湿关节炎
可溶性 TNFR Ⅱ -Fc 融合蛋白	类风湿关节炎、慢性心力衰竭
可溶性 TNFR Ⅰ -Fc 融合蛋白	休克、类风湿关节炎、多发性硬化
抗 IL-1β 单抗	Muckle-Wells 综合征
抗 IL-2R 单抗	肾移植

续表

药物名称	适应证
抗 IL-4 单抗	哮喘
抗 IL-5 单抗	哮喘
抗 IL-6R 单抗	类风湿关节炎
抗 IL-8 单抗（ABX-IL8）	银屑病
抗 TNF-α 单抗	克罗恩病（Crohn's disease）、类风湿关节炎
抗 IL-17 单抗	中重度斑块状银屑病
抗 IL-17R 单抗	中重度斑块状银屑病

（张红军）

数字课程学习

教学 PPT

第十一章　主要组织相容性复合体

组织相容性抗原是指在组织细胞表面存在的一组能引起移植排斥反应的抗原系统，其中能引起较强移植排斥的抗原称为主要组织相容性抗原（major histocompatibility antigen），其编码基因称为主要组织相容性复合体（MHC）。MHC是位于脊椎动物染色体上一组紧密连锁的基因群。在不同哺乳动物中，MHC编码的抗原系统具有不同的命名（表11-1），但其组成、结构、分布和功能相似。小鼠的主要组织相容性抗原称为H-2抗原，其编码基因为H-2复合体。人类白细胞抗原（HLA）是人类白细胞膜上的主要组织相容性抗原，其编码基因称HLA复合体。

表11-1　不同哺乳动物MHC的名称

种属	人	猩猩	恒河猴	犬	猪	兔	豚鼠	大鼠	小鼠
MHC	HLA	ChLA	RhLA	DLA	SLA	RLA	GpLA	RT1	H-2

研究证明，MHC的生物学意义不仅局限于移植排斥反应，其在免疫应答和免疫调节中亦具有重要作用。

第一节　MHC的基因组成及特点

一、小鼠MHC：H-2复合体

小鼠具有遗传背景已知、繁殖快、易饲养等特点，是MHC研究的主要工具。小鼠的MHC定位于第17号染色体短臂，又称H-2复合体，由K、I、S、L、D等几个基因区组成（图11-1）。根据编码产物的不同，可将各区基因分为三类：①Ⅰ类基因：包括*K*、*D*、*L*，编码Ⅰ类分子。②Ⅱ类基因：又称I区基因，包括I-A和I-E等亚区，编码Ⅱ类分子。免疫应答基因（immune response gene，Ir）位于此区，编码Ⅰ区相关抗原（Ⅰ region associated antigen，Ia antigen）。③Ⅲ类基因：位于S区的基因。包括编码补体C4、C2、B因子（Bf）及肿瘤坏死因子（TNF）的基因等。

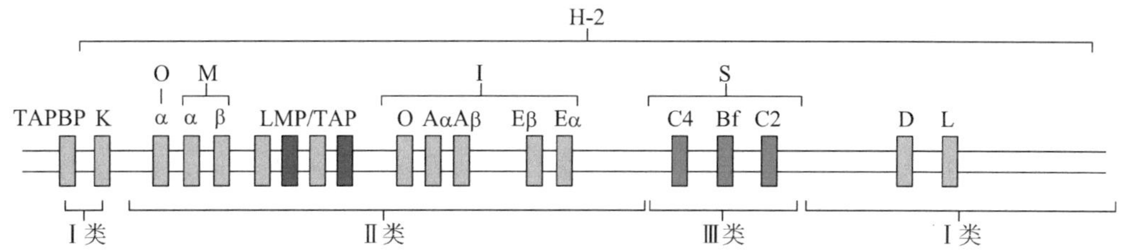

图 11-1 小鼠主要组织相容性复合体

二、人类 MHC：HLA 复合体

HLA 复合体定位于第 6 号染色体短臂（6p21.31），全长 3.6 Mb。截至 2016 年已鉴定出 269 个基因座位，其中有产物表达的功能性基因为 145 个。

（一）HLA 复合体的结构

HLA 复合体分为三个区域，每个区域内的基因分别称为 HLA Ⅰ类、HLA Ⅱ类和 HLA Ⅲ类基因。这些基因又可根据编码产物的功能分为三类，分别是经典 HLA 基因、免疫功能相关基因及免疫无关基因（图 11-2）。

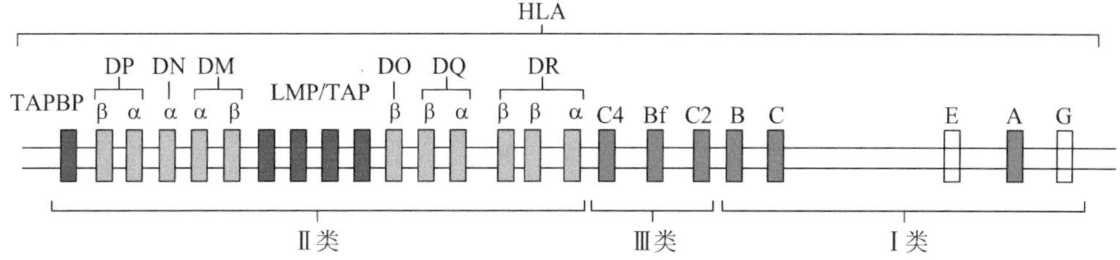

图 11-2 人类主要组织相容性复合体

1. 经典 HLA 基因

其编码产物直接参与抗原提呈并决定个体组织相容性。本章除特别注明外，HLA 基因一般指经典 HLA Ⅰ类基因和 HLA Ⅱ类基因。

HLA Ⅰ类基因包括 A、B、C 三个座位，其编码产物为 HLA Ⅰ类分子。HLA Ⅱ类基因包括 DP、DQ、DR 三个亚区，每个亚区又包括两个或两个以上的功能性基因座位，其编码产物为 HLA Ⅱ类分子。

2. 免疫功能相关基因

其基因产物通常不直接参与抗原提呈，主要在免疫应答和免疫调节中发挥重要作用。

（1）非经典 HLA Ⅰ类基因：除经典 HLA Ⅰ类基因外，Ⅰ类基因区中还有许多其他基因，包括 *HLA-E*、*HLA-F*、*HLA-G* 等，其编码产物的组织分布有限，多态性相对不明显，功能尚未完全清楚，目前已知 *HLA-E* 分子是 NK 细胞 NKG2A 和 NKG2C 的专一配体，参与抑制 NK 细胞功能，*HLA-G* 在维持母胎耐受中发挥作用。

（2）抗原加工提呈相关基因：又称非经典 HLA Ⅱ类基因，主要包括位于 HLA Ⅱ类基因区域中的5组基因：①抗原加工相关转运体（transporter associated with antigen processing，TAP）基因：包括*TAP1*和*TAP2*两个基因座位，其产物参与内源性抗原肽向内质网腔的转运。②蛋白酶体β亚单位（proteasome subunit beta type，PSMB）基因：编码蛋白酶体β亚单位，参与内源性抗原的酶解。③HLA-DM基因：包括*DMA*和*DMB*基因，其产物为DM分子，参与抗原提呈细胞对外源性抗原肽的加工提呈，协助溶酶体中的抗原肽进入HLAⅡ类分子的抗原结合槽中。④HLA-DO基因：包括*DOA*和*DOB*两个座位，分别编码DO分子的α和β链，参与对DM分子功能的负调节。⑤TAP相关蛋白（TAP-associated protein）基因：其产物参与内源性抗原的加工提呈，主要对HLAⅠ类分子在内质网中的装配发挥关键作用。

（3）血清补体成分编码基因：由编码C2、C4A、C4B、B因子等4种补体成分的基因座位组成。此类基因位于HLAⅢ类基因区内。

（4）炎症相关基因：此类基因均位于HLAⅢ类基因区内，多数与炎症有关。包括肿瘤坏死因子基因家族（TNF、LTA和LTB）、热休克蛋白（heat shock protein，HSP）基因家族等。

（5）MHCⅠ类相关分子（MHC class 1 chain-related）基因家族，位于HLAⅢ类基因区内，包括*MICA*和*MICB*基因，其编码产物结构上与MHCⅠ类分子相似，因此得名。MICA和MICB分子可以与NK细胞的NKG2D结合，在固有免疫应答中发挥作用。

3. 免疫无关基因

HLA复合体中还存在某些与免疫应答无关的基因，如位于Ⅲ类基因区的21羟化酶（CYP21）基因等。

（二）HLA复合体的遗传特征

HLA基因及其编码产物具备下述遗传特征。

1. 多基因性

HLA复合体包含多个HLAⅠ类和HLAⅡ类基因座位，但其编码产物的结构和功能相似。以HLAⅠ类基因为例，HLA-A、HLA-B和HLA-C的表达产物结构相似，共同参与内源性抗原的加工处理和提呈。这种由多个基因座位的编码产物共同负责相同或相似生物学性状的现象称为多基因性（polygenic）。

2. 多态性

群体中单个基因座位存在两种以上分布频率超过1%的等位基因的现象称为多态性（polymorphism）。HLA复合体是人体最富多态性的基因系统，不同个体HLA型别各异，可作为个体特定（individuality）的遗传标志。

截至2021年9月，已确认的HLA等位基因达32 330个（表11-2）。为了准确地描述HLA复合体各基因座位和复等位基因的复杂情况，国际上统一了HLA基因座位和等位基因的命名，被命名的等位基因名称中都有一个星号（*），星号前为基因座位，星号后为等位基因。例如，HLA-A*103代表HLA-A基因座位的第103号等位基因。

HLA的多基因性和多态性决定HLA分子结构和抗原提呈能力的差异。这是构成个体免疫应答差异性的关键。以抗感染免疫为例，威胁人类的病原体种类繁多，随时可能发生变异，群体中免疫应答更加有效的个体能够获得生存优势，将自身HLA型别传播给更多的后代，提

表 11-2 已获正式命名的部分 HLA 基因座位及其等位基因数

	经典 HLA Ⅰ类			经典 HLA Ⅱ类			免疫功能相关基因					其他	总计
	A	B	C	DR	DQ	DP	E	G	F	MICA	MICB		
基因数	7 114	8 464	6 855	3 873	2 539	2 216	278	47	92	388	237	227	32 330

注：本表截至 2021 年 9 月

高群体对感染的抵抗力。复杂的 HLA 系统有利于维持种群的生存与延续，但也给器官移植时选择合适的供者带来困难。

3. 单体型遗传

单体型（haplotype）是指连锁在一条染色体上 HLA 各基因座位的组合。两个同源染色体上的单体型共同构成了个体的 HLA 基因型（genotype），其编码产物称为表型（phenotype）。在遗传过程中，HLA 单体型作为完整的遗传单位由父母双方传给子女，很少发生同源染色体之间的交换。如图 11-3 所示，父母与子女之间有一个单体型相同。如果父方染色体为 AB，母方为 CD，则子女的单体型共有 AC、AD、BC、BD 四种可能。因此在同胞间 HLA 基因型完全相同的概率为 25%，完全不同的概率为 25%，一个单体型相同的概率为 50%，同卵双胞胎或同卵多胞胎的基因型完全相同。

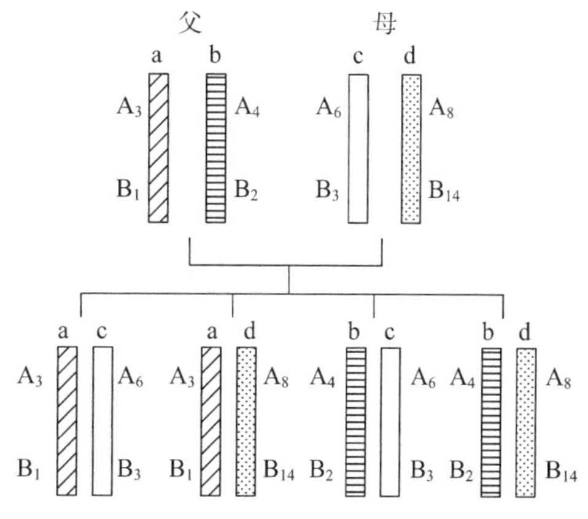

图 11-3 HLA 家系遗传示意图

4. 连锁不平衡

连锁不平衡（linkage disequilibrium）是指分属两个或两个以上基因座位的等位基因同时出现在一条染色体上的概率高于随机的现象。自然婚配的人类群体中，各 HLA 基因并非完全随机地组成单体型。某些基因连锁在一起的概率比其他基因更多或更少，从而导致了连锁不平衡现象。

5. 共显性表达

一对等位基因同为显性，称为共显性（codominance）。HLA 复合体中每对等位基因均能表达出相应的产物，这种现象称为共显性表达。共显性表达增加了人群中 HLA 抗原系统的复杂性。

HLA 的单体型遗传、连锁不平衡和共显性表达是长期自然选择的结果，这些遗传特征使 HLA 型别体现出人种和地域的差异。例如中国北方汉族常见 A*32、B*44 及 DRB1*07 等型别。中国南方汉族常见 A*11、B*4001 及 DRB1*16 等型别。虽然这些差异对器官移植、疾病诊疗、新药研发等的影响尚处于探索阶段，但加强对中国人群 HLA 型别的研究，加强对遗传资源的管理和保护已经是保障国家安全和种族安全的重要课题。

第二节　MHC 分子的结构及其特性

MHC 复合体各基因区分别编码不同的基因产物，其结构和功能密切相关，并有不同的分布特性。本节主要介绍经典的 HLA Ⅰ类分子和Ⅱ类分子。

一、HLA Ⅰ类分子

HLA Ⅰ类分子又称 HLA Ⅰ类抗原，广泛分布于几乎所有有核细胞表面。其中淋巴细胞表面表达的 HLA Ⅰ类分子密度最大，其次是肾、肝及心脏。神经细胞和成熟的滋养层细胞很少表达 HLA Ⅰ类分子。HLA Ⅰ类分子除以膜结合形式存在以外，也以可溶性形式出现在血清、初乳和尿液等体液中。HLA Ⅰ类分子含有两条分离的多肽链，一条重链称为 α 链，相对分子质量为 44 000，是由经典 HLA Ⅰ类基因编码的；另一条轻链称为 β 链，又称 $β_2$ 微球蛋白，相对分子质量为 12 000，是第 15 号染色体上的非 HLA 基因所编码的。根据对 HLA-A2 等分子的晶体结构分析，Ⅰ类抗原可分胞外区、跨膜区和胞内区三部分。

根据分子内二硫键的位置，重链胞外区又分 α1、α2 和 α3 三个结构域（domain），其中 α1 和 α2 组成抗原结合槽（图 11-4），是 HLA Ⅰ类分子和抗原肽结合的部位。该部位由两条 α 螺旋和 8 条相互平行的 β 片层组成，形成的抗原结合槽两端封闭，可容纳 8 ~ 10 个氨基酸残基的短肽。不同型别 HLA Ⅰ类分子的差异主要存在于抗原肽结合槽，是构成 HLA 分子多态性的主要部位，称为多态区。

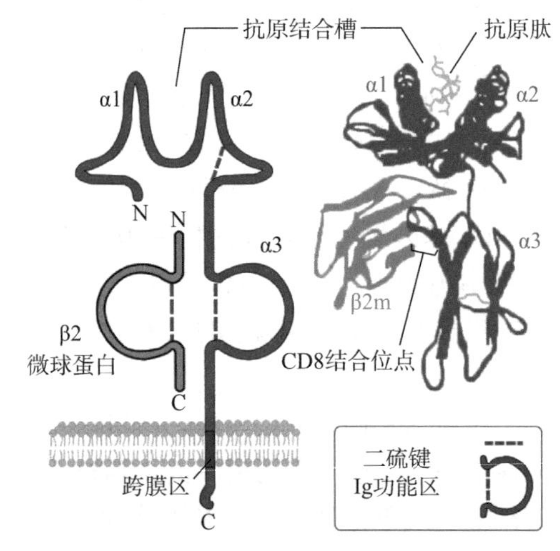

图 11-4　HLA Ⅰ类分子结构示意图

重链的 α3 结构域称为免疫球蛋白样区，其序列高度保守，与免疫球蛋白（Ig）的 C 区具有同源性，又称非多态区，是 HLA Ⅰ类分子与 T 细胞表面 CD8 分子的结合部位。HLA Ⅰ类分子的 β 链（$β_2$m）并不插入胞膜，它与 α3 片段结合，以非共价键与重链的胞外部分（α1、α2、α3 片段）相互作用，这对维持 HLA Ⅰ类分子天然构型的稳定性及其分子表达有重要意义。

跨膜区由约 25 个氨基酸残基组成，它们形成螺旋状，穿过细胞膜的磷脂双分子层，并将 HLA Ⅰ类分子锚定在膜上。胞内区是 α 链的羧基末端部分，由约 30 个氨基酸组成，位于胞质中，具高度保守性。该区参与调节 HLA Ⅰ类抗原与其他膜蛋白或细胞骨架成分间的相互作用，也与细胞内外信号传递有关。

二、HLA Ⅱ类分子

HLA Ⅱ类分子主要分布于 APC 及活化 T 细胞表面，是由 α 链（相对分子质量 35 000）和

β 链（相对分子质量 28 000）组成的异源二聚体。两条多肽链的基本结构相似，氨基端在胞外，羧基端在胞内。HLA Ⅱ类分子亦可分胞外区、跨膜区和胞内区三部分。

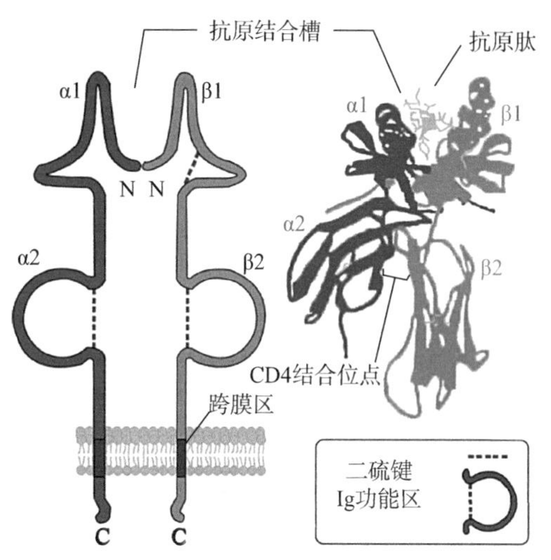

图 11-5　HLA Ⅱ类分子结构示意图

α 链与 β 链的胞外区均可再分为两个各含 90 个氨基酸残基的结构域，从氨基端开始，分别称为 α1、α2 和 β1、β2。α1 和 β1 又称肽结合区，两者构成抗原结合槽。抗原结合槽也由两条 α 螺旋和 8 条互相平行的 β 片层构成，与 HLA Ⅰ类分子不同，HLA Ⅱ类分子的抗原结合槽两端呈开放结构，可容纳较长的抗原肽（10～30 个氨基酸残基）。不同型别 HLA Ⅱ类分子抗原结合槽不同，又称多态区。α2 和 β2 组成了免疫球蛋白样区，又称非多态区，该区域维持 HLA Ⅱ类分子构型，其中 β2 还可与 T 细胞表面 CD4 分子结合。Ⅱ类分子的羧基端游离在胞质中，含有 10～15 个氨基酸残基，组成胞内区。胞内区具高度保守性，参与跨膜信号的传递（图 11-5）。

HLA Ⅰ类分子和 HLA Ⅱ类分子的结构、分布和功能特点见表 11-3。

表 11-3　HLA Ⅰ类和 HLA Ⅱ类分子特性比较

	HLA Ⅰ类分子	HLA Ⅱ类分子
编码基因位点	HLA-B、C、A	HLA-DR、DQ、DP
组织分布	有核细胞	树突状细胞、B 细胞和巨噬细胞
分子结构（相对分子质量）	α 链（45 000） β2m（12 000）	α 链（35 000） β 链（28 000）
肽结合结构域	α1+α2	α1+β1
表达特点	共显性	共显性
作用特点	识别和提呈内源性抗原肽，与辅助受体 CD8 结合，对细胞毒性 T 细胞（CTL）的识别起限制作用	识别和提呈外源性抗原肽，与辅助受体 CD4 结合，对辅助性 T 细胞（Th）的识别起限制作用

三、MHC 分子与抗原肽的相互作用

MHC 分子通过抗原结合槽搭载对应的抗原肽，形成可提呈于细胞表面的抗原肽 -MHC 分子复合物。MHC 与抗原肽的结合的关键是识别抗原肽的两个或多个部位的氨基酸残基。这个部位称为锚定位，对应的氨基酸残基称为锚着残基（anchor residue）。研究发现，MHC 分子与抗原肽相互作用时具有灵活性，一种型别的 MHC 分子能够选择多种具有相同或相似的锚定位

的抗原肽。这些锚定位对应的锚着残基的总和称为共同基序（common motif）。共同基序的存在表明，个体通过表达有限数目的MHC分子，可以结合和提呈自然界无限多样的抗原肽，这为设计和应用多肽及T细胞疫苗进行免疫学防治提供了便利的条件。

第三节　MHC分子的生物学功能

MHC分子在机体免疫应答过程中起重要作用，是提呈抗原的关键分子。T细胞对抗原识别具有MHC限制性。MHC分子不仅参与T细胞分化发育和固有免疫应答，也是遗传调控免疫应答水平的物质基础。

一、参与抗原提呈和MHC限制性

MHC分子是参与抗原提呈的关键分子。T细胞通常识别的是抗原提呈细胞（APC）提呈的抗原肽-MHC分子复合物。这种识别是通过T细胞和APC之间的“TCR-抗原肽-MHC”三分子复合结构实现的（图11-6）。在TCR与MHC的相互作用中，TCRα、β链分别以各自CDR1和CDR2结构域识别MHC分子，主要以其CDR3识别位于MHC分子肽结合槽中的抗原肽。同时，Th细胞表面的CD4分子作为辅助受体与MHCⅡ类分子非多态性的β2结构域结合；CTL表面的CD8分子也作为辅助受体与MHCⅠ类分子的α3结构域结合。这种TCR在识别APC或靶细胞表面抗原肽的同时，还需识别与抗原肽结合成复合物的自身MHC分子的双重识别现象，称为MHC限制性（MHC restriction）。

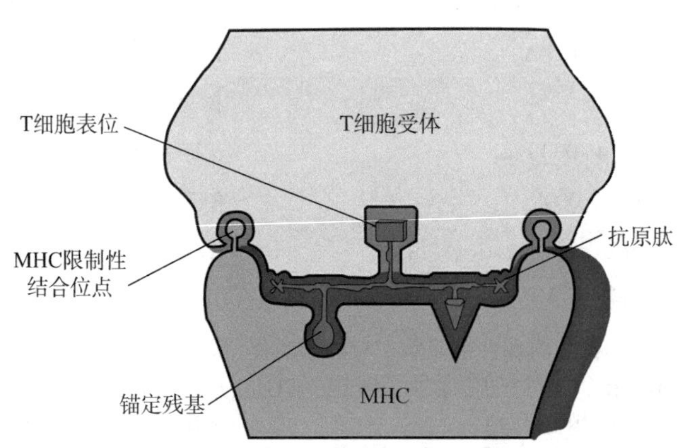

图11-6　TCR-抗原肽-MHC三分子复合结构示意图

二、参与T细胞分化发育

MHC分子参与早期T细胞在胸腺中的阳性选择和阴性选择，通过阳性选择建立T细胞识别抗原的MHC限制性，通过阴性选择形成T细胞对自身抗原的中枢耐受。MHC分子在T细胞的分化发育过程中起关键作用（详见第三章）。

三、参与固有免疫应答

许多 MHC 基因的表达产物参与对固有免疫应答的调控。例如补体成分编码基因的表达产物 C2、C4、B 因子等直接参与补体激活和炎症反应，炎症相关基因 TNF 等参与对炎症反应的启动和调节等。非经典的 MHC Ⅰ类基因和 MHC Ⅰ类相关分子基因的表达产物如 HLA-E，HLA-G 和 MICA/B 等与 NK 细胞表面受体结合，可抑制或促进 NK 细胞的活化。

四、参与免疫应答的遗传控制

机体对特定抗原物质是否产生应答以及应答的强弱受遗传控制。这些基因被相应地称为免疫应答基因（Ir）。人类 Ir 基因定位于 MHC Ⅱ类基因区，具有高度多态性。不同个体携带的 MHC 型别不同，表达的 MHC 分子的抗原结合槽的结构、凹槽与抗原肽锚定残基的亲和力不同，由此决定 APC 对特定抗原的提呈能力及机体的免疫应答效应各异。

第四节　HLA 在医学上的意义

一、HLA 分型

HLA 分型是研究 HLA 基因及其编码产物的分布、功能及其生物学、医学意义的必要手段。主要的分型方法包括经典的血清型分型法、细胞学分型法及分子生物学分型法。

二、HLA 与器官移植

器官移植后移植物能否存活主要取决于供者和受者之间的 HLA 型别是否相符。在肾移植中，各 HLA 基因座位配合的重要性依次为 HLA-DR、HLA-B、HLA-A。建立精确和快速的 HLA 分型技术，在选择移植供者和防治移植排斥反应中有重要意义。造血细胞移植时为减少受者淋巴细胞对移植细胞的破坏，需进行供、受者 HLA 单体型的配型（详见第二十章）。

三、HLA 与疾病的相关性

携带某些特定 HLA 型别的个体易患某一疾病或对该疾病具有较强的抵抗力，即 HLA 型别与疾病易感性之间存在关联。流行病学上通过统计分析患病人群和正常人群表达某些特定 HLA 型别的差异性，以相对危险率（relative risk，*RR*）表示 HLA 型别与疾病易感性的关联强度。其计算公式如下：

$$RR=\frac{P^+ \times C^-}{P^- \times C^+}$$

式中 P^+ 代表携带某种抗原的患者数，C^- 指不带某种抗原的对照组人数；P^- 指不带某种抗原的患者数，C^+ 指携带某种抗原的对照组人数。当 $RR=1$ 时，两者无关联；若 $RR>1$ 时，则认为此病与某种 HLA 抗原有关联；*RR* 值越大，表示携带此抗原的人患某病的危险性越大。反之，若 *RR* < 1 时，表示携带此抗原的人对某病有抵抗性。以强直性脊柱炎为例，HLA–B27 在中国健康人群的检出率约为 6.2%，而在患者人群的检出率约为 91%。计算可得 HLA–B27 阳性人群强直性脊柱炎的患病率是阴性人群的 151.1 倍。这些流行病学研究揭示自身免疫病的发病与 HLA 表型相关，为危险人群的预防、辅助诊断和治疗提供了依据（表 11–4）。

表 11–4　HLA 抗原与某些疾病的相关性

疾病	HLA 抗原	相对危险率
霍奇金病	A1	1.4
特发性血色素沉着病	A3	8.2
强直性脊柱炎	B27	151.1
急性前葡萄膜炎	B27	10.0
亚急性甲状腺炎	B35	13.7
先天性肾上腺皮质增生	B47	15.4
多发性硬化	DR2	4.8
突眼性甲状腺肿	DR3	3.7
系统性红斑狼疮	DR3	5.8
乳糜泻	DR3	10.8
重症肌无力	DR3	2.5
胰岛素依赖性糖尿病	DR3/DR4	25.0
类风湿关节炎	DR4	4.2
寻常型天疱疮	DR4	14.4
淋巴瘤性甲状腺肿	DR5	3.2
恶性贫血	DR5	5.4

四、HLA 与肿瘤

研究表明，恶性肿瘤细胞表面 HLA Ⅰ类分子表达减少或缺乏，不能诱导 $CD8^+$ CTL 细胞有效地识别和杀伤肿瘤细胞，是导致肿瘤细胞逃逸免疫监视的原因之一。在动物实验中将 MHC Ⅰ类基因导入肿瘤细胞后，其成瘤性与转移性将降低或消失。因此临床上可采用 IFN 等细胞因子联合用药，促进肿瘤细胞 HLA Ⅰ类分子表达，增强 $CD8^+$ CTL 细胞的特异杀伤能力。

五、HLA 与法医学

由于 HLA 复合体具有高度多态性，在非亲缘个体之间 HLA 型别完全相同的概率极低，因此，HLA 型别被看作是伴随个体终生的特异性遗传标记。法医学上可借助 HLA 基因型或表型的检测进行个体识别。另外，由于 HLA 复合体具有高度多态性以及单体型遗传的特点，HLA 分型也是鉴定亲子关系的重要手段。

（於昊龙 王金岩）

数字课程学习

教学 PPT　自测题　微课　拓展阅读

第十二章　细胞黏附分子

细胞黏附分子是表达于细胞表面的跨膜糖蛋白，介导细胞间或细胞与细胞外基质（extracellular matrix，ECM）间的相互接触和结合。黏附分子包括胞膜外区、跨膜区和胞质区。胞质区与细胞骨架结合，胞膜外区与其他细胞表面的配体或细胞外基质结合。细胞黏附分子以受体－配体结合的形式发挥作用。在某些情况下，黏附分子也可以是配体。

根据结构特点，黏附分子可分为整合素家族（integrin family）、免疫球蛋白超家族（IgSF）、选择素家族（selectin family）、钙黏蛋白家族（cadherin family）和黏蛋白样家族（mucin-like family）。此外，还有一些黏附分子尚未分类。大部分黏附分子已有 CD 编号。细胞黏附分子参与细胞的分化和发育、活化和增殖、附着和移动等，是胚胎发育、淋巴细胞归巢、免疫应答、炎症反应、创伤修复和肿瘤转移等一系列重要生理和病理过程的分子基础。本章主要介绍与免疫功能密切相关的几种黏附分子及其主要功能。

第一节　各类黏附分子的特性与功能

一、整合素家族

整合素家族因最初被发现介导细胞骨架与细胞外基质的连接使细胞形成整体而得名。整合素分子在体内广泛表达，并具有细胞类型的特异性（如 β2 组主要分布于白细胞）。整合素有未活化和活化两种形式，活化的整合素以高亲和力结合相应配体（如细胞外基质或免疫球蛋白超家族黏附分子）发挥作用。

（一）整合素分子的基本结构

整合素是由 α 和 β 两条链（或称亚单位）经非共价键连接组成的异源二聚体分子（图 12-1）。α 和 β 亚单位胞膜外区共同组成配体结合位点，β 亚单位胞质区与细胞骨架相连。

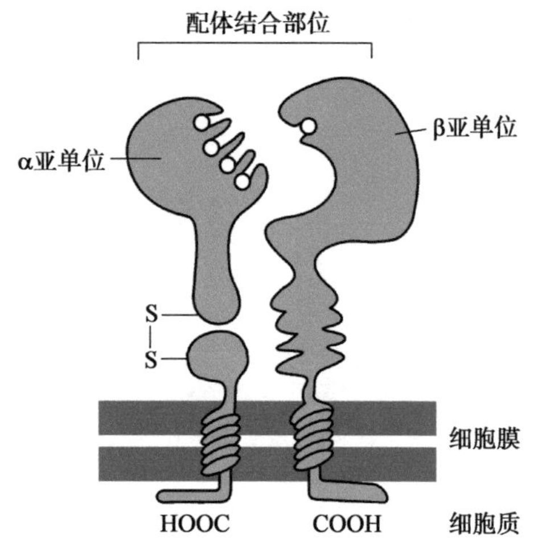

图 12-1　整合素分子的基本结构

（二）整合素家族主要成员及其功能

整合素家族至少有 18 种 α 亚单位和 8 种 β 亚单位，组合形成 30 余种分子。根据 β 亚单位的不同，整合素分为 8 个亚家族或组（β1 ~ β8 组）。同一组中不同成员的 β 链均相同，α 链不同。研究较多的是 β1 组（又称迟现抗原或 VLA 组）、β2 组（白细胞黏附受体组）、β3 组（血小板糖蛋白组）和 β7 组，其部分成员的亚单位组成、相应配体和分布见表 12-1。

表 12-1　整合素家族部分成员的组成、主要配体和分布

分组	成员	亚单位组成（CD 编号）	主要配体	分布
β1 组（VLA 组）	VLA-1	α1β1（CD49a/CD29）	CO，LN	NK，B，Ta，Fb，En，神经细胞
	VLA-2	α2β1（CD49b/CD29）	CO，LN	B，Ta，Mo，Pt，En，Fb，Ep
	VLA-3	α3β1（CD49c/CD29）	LN，FN，CO	Ta，Thy，En，Fb，Ep
	VLA-4	α4β1（CD49d/CD29）	FN，VCAM-1，MAdCAM-1	NK，B，T，Thy，Eo，En，Fb
	VLA-5	α5β1（CD49e/CD29）	FN	B，T，Thy，Mo，Pt
	VLA-6	α6β1（CD49f/CD29）	LN	Thy，T，Mo，Ep，Pt，Fb，En
	VLA-7	α7β1（CD49g/CD29）	LN	肌细胞，黑色素瘤
	VNR-β1	αvβ1（CD51/CD29）	FN，VN	En，Pt，Meg
β2 组（白细胞黏附受体组）	LFA-1	αLβ2（CD11a/CD18）	ICAM-1，-2，-3，-5	My，T，B
	Mac-1	αMβ2（CD11b/CD18）	iC3b，C4b，Fg，ICAM-1	My，NK
β3 组（血小板糖蛋白组）	gpⅡbⅢa	αⅡbβ3（CD41/CD61）	Fg，FN，vWF，TSP	Pt，En，Meg，Mac，M
β7 组	α4β7	α4β7	FN，VCAM-1，MAdCAM-1	NK，B，T

注：B，B 细胞；En，内皮细胞；Eo，嗜酸性粒细胞；Ep，上皮细胞；Fb，成纤维细胞；Mac，巨噬细胞；Meg，巨核细胞；Mo，单核细胞；My，髓样细胞；NK，自然杀伤细胞；Pt，血小板；T，T 细胞；Ta，活化的 T 细胞；Thy，胸腺细胞；CO（collagen），胶原蛋白；Fg（fibrinogen），血纤蛋白原；FN（fibronectin），纤连蛋白；LN（laminin），层粘连蛋白；LFA-1（lymphocyte function associated antigen-1），淋巴细胞功能相关抗原 -1；ICAM-1，-2，-3，-5（intercellular adhesion molecule-1，-2，-3，-5），细胞间黏附分子 -1，-2，-3，-5；MAdCAM-1（mucosal addressin cell adhesion molecule-1），黏膜地址素细胞黏附分子 -1；TSP（thrombospondin），血小板反应蛋白；VCAM-1（vascular cell adhesion molecule-1），血管细胞黏附分子 -1；VLA（very late antigen），迟现抗原；VN（vitronectin），玻连蛋白；vWF（von Willebrand factor），冯・维勒布兰德因子

1. β1 亚家族

β1 亚家族有 12 个成员，VLA-1 ~ VLA-7、α8β1、α9β1、α10β1、α11β1 和 VNR-β1，分别由 α1 ~ α11 链、αv 链与 β1 链（CD29）组合而成。β1 亚家族在组织中分布广泛，主要介导细胞与细胞外基质（如胶原、纤连蛋白、层粘连蛋白等）的相互作用。

2. β2 亚家族

β2 亚家族有 4 个成员：淋巴细胞功能相关抗原 -1（lymphocyte function associated antigen-1，LFA-1）、Mac-1、αXβ2 和 αDβ2，分别由 αL、αM、αX、αD 链与 β2 链（CD18）组成。β2 亚家族主要表达于白细胞，参与白细胞的黏附和迁移，在免疫应答和炎症反应中发挥重要作用。

3. β3 亚家族

β3 亚家族有 2 个成员：gpⅡbⅢa 和 αvβ3，分别由 αⅡb 和 αv 链与 β3 链（CD61，又称 gpⅢa）组成。gpⅡbⅢa 主要表达于血小板和巨核细胞，是血小板活化和聚集的重要介质。αvβ3 又称 VNR-β3，表达广泛，具有调控血管生成、炎症反应等多种黏附功能。

4. β7 亚家族

β7 亚家族有 2 个成员：α4β7 和 αEβ7，分别由 α4 和 αE（CD103）链与 β7 链组成，主要介导淋巴细胞向肠道组织的归巢和在肠道黏膜部位的驻留。α4β7 主要表达于黏膜免疫系统的淋巴细胞，配体是黏膜血管内皮细胞的黏膜地址素细胞黏附分子 -1（mucosal addressin cell adhesion molecule-1，MAdCAM-1），参与淋巴细胞向黏膜相关淋巴组织的归巢。αEβ7 主要表达于黏膜淋巴细胞（约 90% 为上皮内淋巴细胞）和树突状细胞，配体是上皮细胞黏附分子 E-钙黏素，介导这些细胞在黏膜部位的驻留。

二、免疫球蛋白超家族

多种黏附分子含有一个或多个免疫球蛋白 V 区或 C 区样结构域，氨基酸结构具有一定的同源性，属于 IgSF 的成员。IgSF 黏附分子是 Ca^{2+} 非依赖性跨膜糖蛋白，在免疫细胞相互识别、相互作用以及信号转导中发挥重要作用。该家族成员种类繁多，分布广泛，在此仅介绍该家族中的几种黏附分子。

（一）淋巴细胞功能相关抗原 -2/3

淋巴细胞功能相关抗原 -2（lymphocyte function associated antigen-2，LFA-2 即 CD2）是相对分子质量为 50 000 的跨膜分子，表达于胸腺细胞、成熟 T 细胞和 NK 细胞。LFA-3（CD58）是 LFA-2 的配体分子，主要表达于内皮细胞、上皮细胞、成纤维细胞及抗原提呈细胞（APC）。LFA-2 与 LFA-3 的相互结合介导了 T 细胞与 APC 或靶细胞之间的黏附。

（二）细胞间黏附分子

细胞间黏附分子（ICAM）有 5 个成员：ICAM-1（CD54）、ICAM-2（CD102）、ICAM-3（CD50）、ICAM-4（CD242）和 ICAM-5。ICAM-1 表达于内皮细胞、上皮细胞、白细胞、成纤维细胞等多种细胞。ICAM-1 的配体是整合素分子 LFA-1 和 Mac-1。可溶性 ICAM-1（sICAM-1）存在于正常人血清中。ICAM-2 主要表达于白细胞和内皮细胞，与 LFA-1 结合。ICAM-3 表达于白细胞，配体也是 LFA-1 分子。炎症发生时，多种细胞因子（如 IFN-γ、IL-1 和 TNF-α）可上调内皮细胞 ICAM-1、ICAM-2、ICAM-3 的表达，促进表达相应受体（如 LFA-1）的白细胞黏附于内皮细胞，介导白细胞向炎症部位的定向迁移。ICAM-4 表达于红细胞，ICAM-5 表达于神经元。

（三）血管细胞黏附分子 -1

血管细胞黏附分子 -1（vascular cell adhesion molecule-1，VCAM-1，又称 CD106）表达于

活化的内皮细胞，配体为 VLA-4。VCAM-1 调控单核细胞、淋巴细胞、嗜碱性粒细胞和嗜酸性粒细胞与活化内皮细胞间的黏附，参与炎症反应。

（四）黏膜地址素细胞黏附分子 -1

黏膜地址素细胞黏附分子 -1（MAdCAM-1）主要表达于派尔集合淋巴结和肠系膜淋巴结的高内皮微静脉，配体主要是整合素 α4β7 和 L- 选择素。MAdCAM-1 与配体结合介导淋巴细胞向黏膜相关淋巴组织的归巢和再循环。

另外，参与 T 细胞和 APC 相互作用的 IgSF 成员还包括：CD4、CD8、CD28、CTLA-4（CD152）、B7-1（CD80）、B7-2（CD86）、ICOS（CD278）、ICOSL（CD275）、PD-1（CD279）和 PD-L1/PD-L2（CD274/CD273）等（详见第五章）。

三、选择素家族

选择素是细胞膜上一组具有糖基结合特性的黏附分子，介导循环中白细胞与血管内皮细胞的最初结合。

（一）选择素家族的基本结构和组成

选择素家族有三个成员：E- 选择素（CD62E）、L- 选择素（CD62L）和 P- 选择素（CD62P），其中 E-、L-、P- 分别代表内皮细胞（endothelial cell）、白细胞（leukocyte）和血小板（platelet）。各成员胞膜外区均由 C 型凝集素样（CL）结构域、表皮生长因子（EGF）样结构域和补体调节蛋白（CCP）重复序列组成（图 12-2）。其中，CL 结构域是选择素与糖基配体结合的区域。选择素识别的是一些唾液酸化或岩藻糖基化寡糖，如唾液酸化的路易斯寡糖 ^{x}（sialyl Lewis oligosaccharide^{x}，sLe^{x} 即 CD15s）。这些寡糖基团常存在于一些糖蛋白分子的表面。选择素参与多种重要的生理过程，如造血干细胞与骨髓微环境的相互作用、淋巴细胞归巢、白细胞向炎症部位迁移和肿瘤细胞转移等。

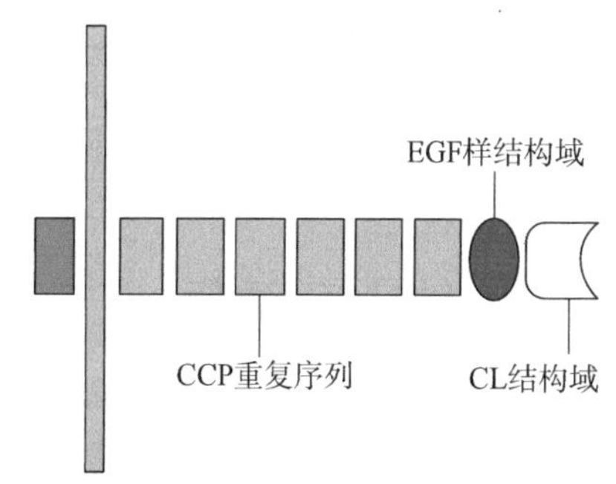

图 12-2 选择素分子的基本结构

（二）选择素分子的分布、配体及功能

1. E- 选择素

E- 选择素表达于活化的内皮细胞，配体是白细胞表面的唾液酸化糖蛋白，包括 CD15s、皮肤淋巴细胞相关抗原（cutaneous lymphocyte antigen，CLA）、P- 选择素糖蛋白配体 -1（P-selectin glycoprotein ligand 1，PSGL-1）及 E- 选择素配体 -1 蛋白（E-selectin ligand-1 protein，ESL-1）等。E- 选择素在炎症反应的最初几小时内即开始表达，介导白细胞与内皮细胞之间的黏附，参与炎症。

2. L- 选择素

L- 选择素表达于白细胞，其配体是表达于内皮细胞的糖基化依赖的细胞黏附分子 -1（glycosylation-dependent cell adhesion molecule-1，GlyCAM-1）、MAdCAM-1 和 CD34 等。L- 选择素参与白细胞与内皮细胞之间的黏附及淋巴细胞归巢。

3. P- 选择素

P- 选择素表达于活化的内皮细胞、血小板和巨核细胞，配体包括 CD15s 和 PSGL-1。P-选择素在内皮细胞受到组胺或凝血酶等刺激时，迅速表达于细胞膜表面，介导白细胞与内皮细胞、白细胞与血小板的黏附，参与炎症和血小板聚集。

三种选择素的分布、配体和主要功能见表 12-2。

表 12-2　选择素的分布、配体和功能

选择素	分布	配体	主要功能
E- 选择素（CD62E）	活化的内皮细胞	CD15s、CLA、PSGL-1、ESL-1	白细胞与内皮细胞黏附，参与炎症
L- 选择素（CD62L）	白细胞	CD15s、CD34、GlyCAM-1、MadCAM-1	白细胞与内皮细胞黏附，参与炎症、淋巴细胞归巢
P- 选择素（CD62P）	活化的内皮细胞、血小板、巨核细胞	CD15s、PSGL-1	白细胞与内皮细胞黏附，参与炎症

注：CLA，皮肤淋巴细胞相关抗原；PSGL-1，P- 选择素糖蛋白配体 -1；GlyCAM-1，糖基化依赖的细胞黏附分子 -1；MAdCAM-1，黏膜地址素细胞黏附分子 -1

四、钙黏蛋白家族

钙黏蛋白也称钙黏素（cadherin），是一组具有同亲性、Ca^{2+} 依赖性的细胞黏附分子。钙黏蛋白分子为单链糖蛋白，胞膜外区有数个重复结构域，含有 Ca^{2+} 结合位点，N 端区域是配体结合部位（图 12-3）；胞质区与细胞骨架蛋白相连。目前发现，钙黏蛋白家族有 6 个亚家族，其中发现最早且研究最深入的是经典 I 型钙黏蛋白亚家族。该家族有 E- 钙黏蛋白、N- 钙黏蛋白和 P- 钙黏蛋白三个主要成员，因最初被发现时表达于上皮（epithelial）、神经（neuronal）和胎盘（placental）组织而得名。钙黏蛋白的配体是与自身相同的钙黏蛋白分子，即具有同亲性，钙黏蛋白家族相同分子的相互黏附称同型黏附。钙黏蛋白家族在维持机体组织完整性、胚胎发育及肿瘤浸润和转移中具有重要作用。

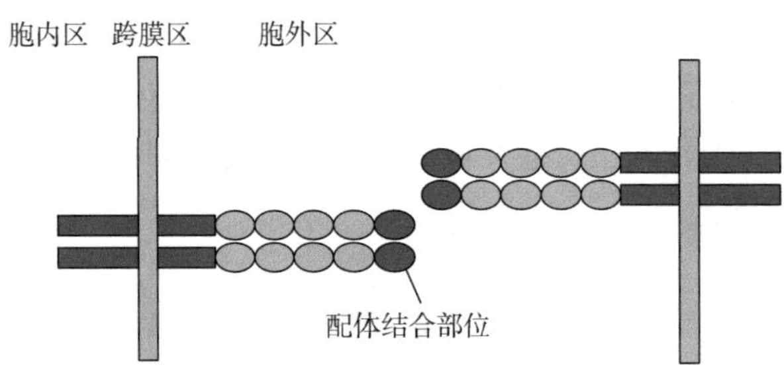

图 12-3　钙黏蛋白分子的基本结构

五、黏蛋白样家族

黏蛋白样家族是一组富含丝氨酸和苏氨酸、高度糖基化的跨膜糖蛋白。该家族包括CD34、GlyCAM-1和PSGL-1三个成员。这些黏附分子的胞膜外区含有唾液酸化的寡糖基团，可与选择素结合，是选择素家族的配体。CD34主要分布于造血干细胞和某些血管内皮细胞表面，是L-选择素的配体，调控造血及淋巴细胞归巢；GlyCAM-1分布于淋巴结的高内皮微静脉，也是L-选择素的配体，介导淋巴细胞与淋巴结高内皮微静脉的黏附；PSGL-1主要分布在中性粒细胞、单核细胞及淋巴细胞表面，是E-选择素和P-选择素的配体，介导白细胞向炎症部位的迁移。

第二节　黏附分子的生物学作用

黏附分子的生物学作用十分广泛，与免疫功能密切相关。

一、参与免疫细胞间的相互作用

T细胞活化不仅需要抗原所提供的特异性信号（第一信号），还需要黏附分子与其相应配体相互作用产生的协同刺激信号（第二信号）。CD28/B7、LFA-1/ICAM-1、LFA-2/LFA-3等黏附分子配对结合，可加强T细胞与APC的相互作用，增强TCR结合抗原肽-MHC复合物的亲和力，并为T细胞活化提供必要的协同刺激信号。B细胞借助LFA-1/ICAM-1和LFA-2/LFA-3等黏附分子对与活化T细胞相互结合。在免疫应答效应阶段，细胞毒性T细胞（CTL）杀伤靶细胞时，LFA-1/ICAM-1和LFA-2/LFA-3等黏附分子间相互作用可使效-靶细胞紧密接触，促使CTL有效杀伤靶细胞。

二、参与炎症反应

炎症的一个重要特征就是白细胞黏附并穿越血管内皮细胞向炎症部位渗出。黏附分子调节白细胞与内皮细胞间的结合和相互作用。介导不同白细胞渗出的黏附分子有所不同。以中性粒细胞渗出为例，在炎症早期，促炎症细胞因子（如TNF和IL-1）刺激血管内皮细胞合成并表达E-选择素，E-选择素与中性粒细胞表面配体分子sLe^{x}和PSGL-1相互作用，减缓中性粒细胞的流动，使中性粒细胞在血管内皮细胞表面滚动。血管内皮细胞表达的膜型IL-8与中性粒细胞的趋化因子受体CXCR1和CXCR2结合，使中性粒细胞表面LFA-1分子活化，以高亲和力与内皮细胞表面ICAM-1结合，中性粒细胞与内皮细胞的结合更加紧密，从而促使其穿出血管内皮细胞。白细胞穿出后，其表达的黏附分子（如L-选择素）下调，白细胞与血管内皮细胞脱离而向炎症部位迁移（图12-4）。

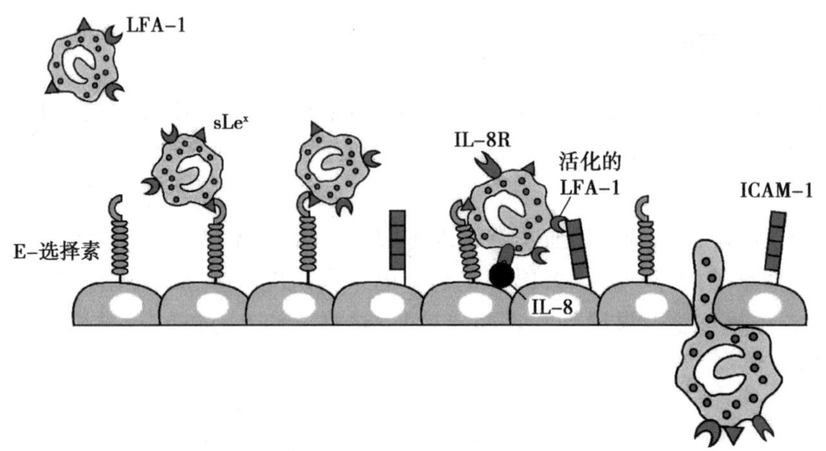

图 12-4 黏附分子介导中性粒细胞从血管移行到炎症部位的过程

中性粒细胞表面 sLe^x 和内皮细胞上 E- 选择素结合，介导中性粒细胞沿血管内皮细胞滚动和结合；膜型 IL-8 刺激中性粒细胞 LFA-1 活化；LFA-1 与内皮细胞 ICAM-1 以高亲和力结合，导致中性粒细胞与内皮细胞紧密黏附，随后穿出血管到达炎症部位。

三、参与淋巴细胞归巢和再循环

淋巴细胞归巢和再循环过程是在众多黏附分子的相互作用下完成的。淋巴细胞表达的淋巴细胞归巢受体（lymphocyte homing receptor，LHR）与血管内皮细胞表达的配体即血管地址素（vascular addressin）是介导淋巴细胞归巢和再循环的黏附分子。淋巴细胞归巢受体包括 L- 选择素、LFA-1、VLA-4 和 CD44 等；血管地址素包括 CD34、GlyCAM-1、MAdCAM-1、ICAM-1 等。

第三节 黏附分子的临床意义

黏附分子在某些疾病中的表达可发生变化，这对研究疾病的发病机制及防治具有重要意义。监测患者组织中黏附分子表达的变化或血浆可溶性黏附分子的水平可辅助判断预后。

一、黏附分子与遗传病

白细胞黏附缺陷症（leukocyte adhesion deficiency，LAD）是一种常染色体隐性遗传病，临床表现为反复发作的细菌感染。LAD 分为 LAD-Ⅰ、LAD-Ⅱ和 LAD-Ⅲ三型，LAD-Ⅰ的发病机制是 CD18 基因突变导致 β2 整合素如 LFA-1、Mac-1 等表达障碍；LAD-Ⅱ型的发病机制是由于岩藻糖代谢障碍导致选择素配体 sLe^x 合成缺陷；LAD-Ⅰ和 LAD-Ⅱ均使白细胞不能黏附及穿过血管内皮细胞聚集到炎症部位。LAD-Ⅲ的发病机制是 β1、β2 和 β3 整合素活化障碍，同样表现为白细胞黏附缺陷并因 β3 整合素受累而伴有出血。另一种常染色体隐性遗传病：格兰茨曼血小板功能不全（Glanzmann thrombasthenia），是 β3 整合素 gpⅡbⅢa 缺陷所致血小板功能不全，临床表现为出血。

二、黏附分子与炎症性疾病

黏附分子与几种炎症性疾病的发病相关。在类风湿关节炎的急性发作期，淋巴细胞、单核细胞表面的CD2、LFA-1和CD44等表达增加，与血管内皮细胞表面的相应配体结合，使这些细胞迁移至组织，进而增强炎症细胞的组织浸润，加重局部病变和器官功能损害。病毒性肝炎和酒精性肝炎时，肝细胞ICAM-1表达增加；病毒性脑炎的脑血管内皮细胞亦可见ICAM-1分子表达增加。

三、黏附分子与肿瘤

肿瘤的浸润与转移与黏附分子表达改变有关。肿瘤细胞表面E-钙黏蛋白分子表达明显减少或缺失，因而细胞间附着减弱，促使肿瘤细胞脱离原发部位，这是肿瘤细胞浸润及转移的第一步。血液循环中的肿瘤细胞通过选择素与血小板或白细胞结合，促进循环中肿瘤细胞的生存和增殖。肿瘤细胞表面的选择素配体及上调的整合素分别与血管内皮细胞表达的P-选择素、E-选择素和整合素配体如VCAM1结合，促进肿瘤细胞与血管内皮细胞的黏附，进而穿出血管壁。另外，黏附分子可辅助判断肿瘤的分期和预后。如分化良好的上皮性肿瘤细胞E-钙黏蛋白表达正常，中等分化肿瘤细胞E-钙黏蛋白表达降低，低分化肿瘤细胞几乎不表达E-钙黏蛋白，表现为E-钙黏蛋白降低或缺失。非霍奇金淋巴瘤患者血清可溶性CD44水平升高表明预后不良。

四、黏附分子与移植排斥反应

黏附分子还参与了移植排斥反应。黏附分子介导免疫细胞向移植部位的迁移，作为共刺激分子激活T细胞，诱导效应T细胞与移植物靶细胞的黏附和杀伤。因此，抗LFA-1和ICAM-1等黏附分子的单克隆抗体可阻断免疫细胞间的相互作用，降低免疫细胞的活化水平，延长移植物存活时间。可溶性黏附分子如sICAM-1和sVCAM-1等水平升高可作为移植排斥的先兆指标。

（裴春颖）

数字课程学习

教学PPT　　自测题　　微课　　拓展阅读

第十三章　固有免疫应答

固有免疫（innate immunity）亦称天然免疫（natural immunity）或非特异性免疫（nonspecific immunity），是指机体在种系发生和进化过程中逐渐形成的一种天然免疫防御功能，构成机体抵御病原微生物入侵的第一道防线。当机体遇到病原体等抗原物质后，固有免疫系统立即产生固有免疫应答效应，以排斥和清除抗原性异物，维持机体的稳定。固有免疫系统由组织屏障、固有免疫细胞和固有免疫分子等组成。固有免疫应答的主要特征是：先天固有，可稳定遗传；免疫作用广泛，无特异性；初次与抗原接触即能发挥效应，但无免疫记忆性。固有免疫是适应性免疫应答的始动者，可调控或影响适应性免疫应答的类型和强度；同时，适应性免疫应答的维持及其效应的发挥也必须有固有免疫的协助和参与。

第一节　固有免疫系统的组成

一、组织屏障

（一）皮肤和黏膜屏障

皮肤以及覆盖于同外界相通腔道（呼吸道、消化道和泌尿生殖道等）的黏膜构成皮肤黏膜屏障，为机体抗感染的第一道天然防线，主要具有如下屏障功能：

1. 物理屏障

皮肤的上皮细胞排列致密，可机械性阻挡外源性致病菌及正常菌群中某些机会性致病菌的入侵。黏膜组织的物理屏障作用较弱，但呼吸道黏膜上皮纤毛的定向摆动、黏膜表面分泌液的冲刷作用及其上皮细胞更新迅速等特点，均有助于机械性阻挡黏膜表面病原体的定植或入侵。

2. 化学屏障

皮肤和黏膜可分泌多种具有抑菌或杀菌作用的化学物质，如皮脂腺分泌的脂肪酸、汗腺分泌的乳酸、胃黏膜分泌的胃酸、女性阴道分泌物中的乳酸和血清蛋白，以及唾液、泪液，或呼吸道、消化道和泌尿生殖道分泌液中的溶菌酶、抗菌肽及乳铁蛋白等，共同组成机体抵御病原体入侵的化学屏障。近年来发现，由上皮细胞、巨噬细胞和中性粒细胞等产生的分泌性白细胞蛋白酶抑制因子（secretory leukocyte protease inhibitor，SLPI）存在于各种黏膜分泌液中，具有较强的抗细菌、抗真菌和抗病毒活性，是各种黏膜发挥化学屏障作用的主要组分之一。

3. 微生物屏障

分布于皮肤和黏膜表面的许多正常菌群，通过与病原体竞争受体、营养物质，或通过分泌杀菌或抑菌物质等方式发挥微生物屏障作用。例如，肠道中的大肠埃希菌产生的大肠菌素可抑制志贺菌和白假丝酵母菌等在肠道的定植和生长；寄居于皮脂腺内的丙酸杆菌分解三酰甘油后产生的脂肪酸能对金黄色葡萄球菌等潜在致病性暂住菌发挥溶解作用。此外，正常菌群还能促进免疫器官的发育并刺激其产生免疫应答，这既限制了正常菌群的过度增殖，又对与正常菌群具有共同抗原表位的致病菌产生一定的抑制或杀伤效应。

（二）体内屏障

机体内部器官、组织也形成一些局部屏障结构。侵入皮下或黏膜的病原体很容易进入毛细淋巴管或血管，在流经各组织器官时，这些体内屏障即可阻挡病原体入侵，并维持内环境的稳定。

1. 血－脑屏障

由软脑膜、脉络丛的脑毛细血管壁和包在壁外的星形胶质细胞形成的胶质膜共同组成。其结构致密，可阻挡病原体及其毒性代谢产物经血液进入脑组织或脑脊液，从而保护中枢神经系统免受病原体的侵袭。婴幼儿因血－脑屏障发育尚未完善，故易发生中枢神经系统感染。

2. 胎盘屏障

由母体子宫内膜的基蜕膜和胎儿绒毛膜共同组成，能够有效防止母体内的病原体及其毒性代谢产物进入胎儿体内。妊娠前三个月，胎盘屏障尚未发育完善，若此时母体受到某些病原微生物感染，就可能干扰胎儿正常发育，导致胎儿畸形，甚至发生流产或死产。

3. 其他屏障

人体的胸腺、睾丸、附睾及胃黏膜等部位存在屏障结构，如“血－胸腺屏障”“血－睾屏障”等，其在防御病原微生物入侵和维持机体局部内环境稳定方面均发挥非常重要的作用。

二、固有免疫细胞

病原体突破皮肤黏膜屏障侵入宿主体内后即可遭遇固有免疫细胞的防御效应。固有免疫细胞是启动和参与固有免疫应答的重要细胞，主要包括吞噬细胞、树突状细胞（DC）、NK 细胞、肥大细胞、嗜碱性粒细胞、嗜酸性粒细胞、NKT 细胞、γδT 细胞、B1 及 ILCs 细胞等。

（一）吞噬细胞

吞噬细胞主要包括中性粒细胞和单核巨噬细胞。中性粒细胞和单核细胞主要分布于外周血中，单核细胞从血液迁移到不同组织后分化为巨噬细胞。

1. 中性粒细胞

中性粒细胞是血液中数目最多的白细胞，寿命短，更新快。当病原体引发感染时，机体可立即调动骨髓中贮备的大量中性粒细胞进入血液循环，它们通过变形运动，迅速穿过毛细血管壁，到达感染部位，介导早期炎症反应。因此，临床上通常将外周血白细胞数量增高作为感染的指征。中性粒细胞具有较强的趋化作用和吞噬能力，是抗胞外寄生菌感染的主要效应细胞。其对病原微生物的识别和吞噬杀伤过程与巨噬细胞相似，但中性粒细胞产生的过氧化氢又可与卤化物、髓过氧化物酶（myeloperoxidase，MPO）组成 MPO 杀菌系统，对病原微生物具有强大的杀伤作用。中性粒细胞还表达 C3b 受体和 IgG Fc 段受体，通过补体或抗体介导的调理作用，进一步增强其吞噬和杀伤活性。

2. 单核巨噬细胞

单核细胞占血液白细胞总数的 3%~8%。它们在血液中短暂停留后，迁移至组织称为巨噬细胞（macrophage，MΦ）。根据功能差异，巨噬细胞分为两个亚群，即 1 型巨噬细胞（type-1 macrophage，M1）和 2 型巨噬细胞（type-2 macrophage，M2）。M1 又称经典活化的巨噬细胞（classical activated macrophage），富含溶酶体颗粒，可通过产生反应性氧中间物（reactive oxygen intermediate，ROI）、一氧化氮和释放溶酶体酶杀伤清除病原体；通过合成分泌 CCL2、CCL3、CXCL8 等趋化因子和 IL-1、IL-6 和 TNF 等促炎细胞因子介导炎症反应。M2 又称为旁路活化的巨噬细胞（alternative activated macrophage），可通过合成分泌 IL-10、TGF-β、血小板衍生生长因子（platelet-derived growth factor，PDGF）和成纤维细胞生长因子（fibroblast growth factor，FGF），介导抑炎作用和参与损伤组织的修复和纤维化。

M1 细胞通过其表达的识别受体与病原体（或其某些产物）、肿瘤细胞及宿主凋亡细胞表达的相应配体分子结合后（详见第四章），发挥生物学功能。这些功能主要包括：

（1）对病原体和异常细胞的吞噬与杀伤效应：巨噬细胞可通过吞噬或吞饮方式将病原体摄入细胞内形成吞噬体，再与细胞质中的溶酶体融合，形成吞噬溶酶体，然后在多种溶酶体水解酶的作用下对吞噬的病原体进行消化降解。溶酶体内的依氧和非依氧杀菌系统是巨噬细胞杀伤病原微生物的两大系统。依氧杀菌系统又包括反应性氧中间物和反应性氮中间物（reactive nitrogen intermediate，RNI）作用系统。前者是在吞噬作用激发下，通过呼吸爆发，生成多种具有很强氧化作用和细胞毒作用的活性氧物质而杀伤病原体；后者是指巨噬细胞等活化后，通过产生一氧化氮进而发挥对细菌、某些原虫和肿瘤细胞的杀伤或细胞毒效应。非依氧杀菌系统不需要分子氧的参与，主要由酸性环境、溶菌酶和杀菌性蛋白构成。被杀伤的病原体进一步由蛋白酶、核酸酶和脂酶等降解、消化，不能消化的残渣最后被排至吞噬细胞外（图 13-1）。

病原微生物被吞噬、杀灭和消化，此为完全吞噬。某些胞内寄生的病原微生物感染免疫力低下的宿主后，只被吞噬却不被杀死，此为不完全吞噬。不完全吞噬对宿主不利，病原微生物在吞噬细胞内可以免受体液中免疫因子或药物的作用，甚至能在吞噬细胞内生长繁殖，导致吞噬细胞死亡；不完全吞噬的病原微生物也可随游走的吞噬细胞经淋巴液或血液扩散至机体的其他部位。静息的巨噬细胞杀伤功能相对较弱，但是经细菌脂多糖（lipopolysaccharide，LPS）或细胞因子（IFN-γ 等因子）活化的巨噬细胞，其识别受体的表达、效应分子的分泌均显著增强，因而杀伤功能也明显增强，可将不完全吞噬转变为完全吞噬。尤其在肿瘤和病毒的特异性抗体产生之后，巨噬细胞还可通过 ADCC，与适应性免疫应答共同完成抗病毒和抗肿瘤的作用。

（2）抗原提呈作用：巨噬细胞是重要的专职抗原提呈细胞（APC），可将吞噬或吞饮摄取

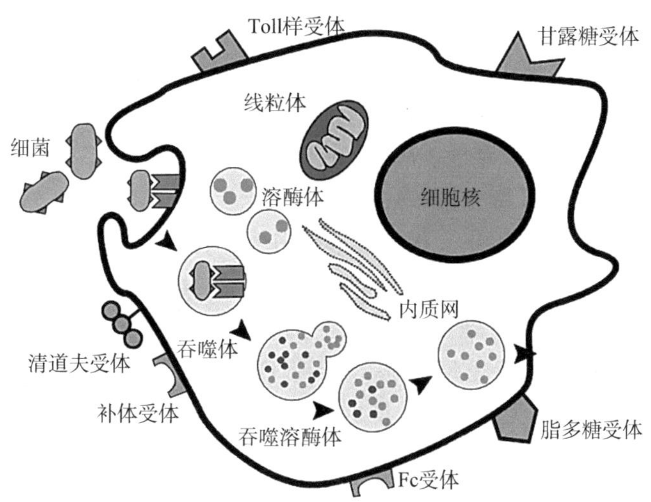

图 13-1 单核巨噬细胞的吞噬过程

的抗原加工处理成具有免疫原性的小分子肽段，并与 MHC 分子结合形成抗原肽 -MHC 分子复合物，表达于巨噬细胞表面供 T 细胞识别，从而启动特异性免疫应答（详见第七章）。

（3）免疫调节：巨噬细胞通过产生和分泌多种细胞因子，如 IL-1、IL-3、IL-6、IL-8、IL-12、TNF-α、IFN-α 和 IFN-γ 等，参与免疫调节（详见第十章）。

（二）NK 细胞

NK 细胞来源于骨髓的淋巴样造血干细胞。由于其识别抗原没有抗原特异性，而且无需抗原的预先致敏即可直接发挥杀伤功能，因此被视为是不同于 T 细胞、B 细胞的第三类淋巴细胞，在抗肿瘤、抗病毒或抗胞内寄生菌感染中发挥重要作用。NK 细胞对靶细胞或抗原的识别机制详见第四章，本章节仅重点介绍 NK 细胞的杀伤机制和生物学功能。

1. NK 细胞的杀伤机制

（1）穿孔素 / 颗粒酶途径：穿孔素是储存于胞质颗粒内的细胞毒性物质，在钙离子存在的条件下，可在靶细胞的细胞膜上形成多聚穿孔素“孔道”，使水和电解质迅速进入细胞内，导致靶细胞崩解死亡。颗粒酶（丝氨酸蛋白酶）可循穿孔素在靶细胞上形成的孔道进入靶细胞，通过激活凋亡相关的酶系统而导致靶细胞凋亡。

（2）Fas/FasL 途径：活化后 NK 细胞表达的 FasL 与靶细胞表达的 Fas 结合后，可在靶细胞表面形成 Fas 三聚体，进而使其胞质内的死亡结构域相聚成簇，后者与 Fas 相关死亡结构域蛋白结合，并募集和激活胱天蛋白酶（caspase）8，通过胱天蛋白酶 8 级联反应导致靶细胞凋亡。

（3）TNF-α/TNFR-I 途径：TNF-α 与靶细胞表面的 I 型 TNF 受体（TNFR-I）结合后，可形成 TNF-R 三聚体，同样使其胞质内的死亡结构域相聚成簇，募集与死亡结构域结合的蛋白，激活胱天蛋白酶 8，最终导致靶细胞凋亡（图 13-2）。

2. NK 细胞的生物学功能

（1）抗肿瘤和抗感染作用：NK 细胞可杀伤 MHC I 类分子发生变异或丢失的早期突变的肿

瘤细胞或病原体感染的靶细胞，在监视、杀伤体内突变的肿瘤细胞和清除胞内感染中发挥重要作用。细胞因子 IFN-α、IFN-β、IL-2 和 IL-12 可显著增强 NK 细胞活性。NK 细胞这种抗原非特异性、MHC 分子非限制性的杀伤效应与 CTL 的抗原特异性、MHC I 类分子限制性的杀伤作用形成有益的互补，共同发挥抗肿瘤和抗感染效应。

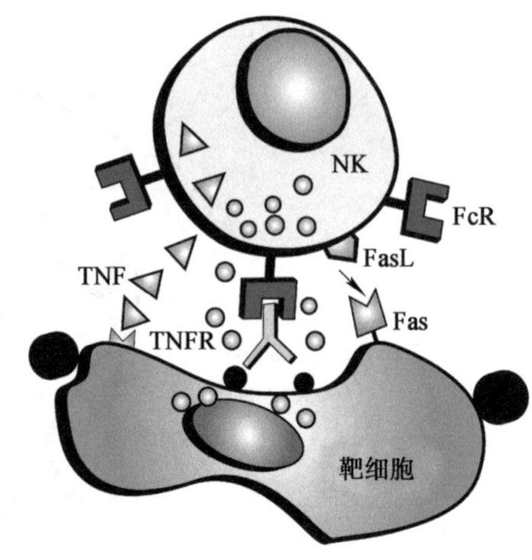

图 13-2　NK 细胞的杀伤机制

（2）免疫调节作用：NK 细胞活化后通过分泌 IFN-γ、TNF-β 和 IL-2 抑制体液免疫应答，维持 Th1 的优势状态，增强细胞介导的免疫应答。同时，NK 细胞分泌的 IFN-γ 和 TNF-α 可以进一步活化吞噬细胞，形成 NK 细胞—IFN-γ—巨噬细胞—IL-12—NK 细胞正反馈循环，扩大和增强机体抗感染免疫能力。

（三）其他细胞

1. 树突状细胞

树突状细胞是目前所知机体内抗原提呈功能最强的专职 APC，可有效刺激 T 细胞和 B 细胞活化，进而将固有免疫和适应性免疫有机地联系起来。此外，DC 还参与胸腺内 T 细胞的阳性选择和阴性选择、免疫耐受的诱导和免疫记忆的维持，其分泌的多种细胞因子也广泛参与免疫应答的调节。因此，DC 作为机体最重要的固有免疫细胞之一，构成抗感染免疫的中心环节（有关 DC 的功能详见第七章）。

2. 肥大细胞和嗜碱性粒细胞

两者表面均高表达 IgE Fc 受体和补体受体（C3a 和 C5a），是参与 I 型和 III 型超敏反应的主要效应细胞。新近研究发现，肥大细胞尚有吞噬功能，可加工、提呈抗原，启动适应性免疫应答；还可分泌 IL-1、IL-3、IL-4、IL-5、IL-10 和 TNF 等多种细胞因子，参与免疫调节；也可通过表达 CD40 和 CD40L，促进 T 细胞、B 细胞和 APC 活化。嗜碱性粒细胞还可通过分泌大量 IL-4 和 IL-13 等免疫分子参与机体抗寄生虫免疫应答。肿瘤灶局部除有淋巴细胞和巨噬细胞浸润外，也有嗜碱性粒细胞浸润，表明嗜碱性粒细胞也参与机体的抗肿瘤免疫应答。

3. 嗜酸性粒细胞

嗜酸性粒细胞具有一定的吞噬杀菌能力，可选择性吞噬抗原 - 抗体复合物，并通过溶酶体对吞噬物进行酶解。在 IgG 和 C3b 的作用下，嗜酸性粒细胞能够黏附于蠕虫，通过释放碱性蛋白、嗜酸性阳离子蛋白、过氧化物酶和氧自由基等发挥杀虫效应。因此，嗜酸性粒细胞是抗蠕虫感染的主要效应细胞。

4. B1 细胞

B1 细胞是一类分泌 IgM 的主要免疫细胞，在接受相应多糖抗原刺激后的较短时间内即可产生以 IgM 为主的低亲和力抗体。IgM 固定补体的能力较强，可通过补体的溶解效应清除相应的病原微生物。

5. NKT 细胞和 γδT 细胞

两者对靶细胞的识别均不受 MHC 限制，对靶细胞的杀伤机制也基本与 αβT 细胞相同，即通过分泌与细胞毒性活性相关的效应分子（主要包括穿孔素、颗粒酶）或表达 FasL 杀伤胞内寄生菌或病毒感染的靶细胞以及肿瘤细胞；并能够分泌多种细胞因子，包括 IFN-γ、TNF-α、IL-2、IL-4、IL-5、IL-6 和 GM-CSF 等，参与介导炎症反应和免疫调节，对适应性免疫应答具有导向作用。

三、固有免疫分子

（一）补体

补体是参与固有免疫应答的重要免疫效应分子之一。在机体启动适应性免疫应答之前，补体的旁路途径或 MBL 途径的激活对机体早期抗感染免疫具有重要意义；当特异性抗体产生后，补体经典途径的活化又进一步促进了适应性免疫应答更有效地发挥抗感染作用。补体活化后，一方面通过形成 C5b6789n 膜攻击复合物（MAC），发挥免疫溶解效应，有效杀伤病原微生物。另一方面形成补体活化片段，发挥相应功能，如 C3b、C4b 和 iC3b 发挥免疫调理作用，C3a、C5a 和 C5b67 具有趋化作用，C3a 和 C5a 与相应受体结合后，产生致炎作用等（详见第九章）。

（二）细胞因子和黏附分子

病原微生物侵入机体后，可刺激免疫细胞和感染的组织细胞产生多种细胞因子和黏附分子，它们在免疫调节、介导炎症反应、抗感染和抗肿瘤等多方面具有重要作用。细胞因子和黏附分子在机体内形成一个复杂而精细的调节网络，不仅在固有免疫应答阶段发挥重要作用，而且还参与适应性免疫应答的启动、维持和免疫效应的发挥（详见第十章和第十二章）。

（三）防御素

防御素（defensin）主要存在于中性粒细胞中，是一类富含精氨酸的小分子多肽。目前已发现 4 种人体防御素（HNP1 ~ 4），其主要作用是杀灭胞外寄生菌，HNP1 ~ 3 对分枝杆菌等胞内菌以及真菌和某些有包膜病毒也有一定的杀伤作用。防御素可破坏细菌细胞膜的完整性，导致细胞内外物质交换失控，细菌死亡。此外，防御素可诱导病原微生物产生自溶酶，干扰 DNA 和蛋白质合成；也可通过致炎和趋化作用增强吞噬细胞对病原微生物的吞噬杀伤作用。

（四）溶菌酶

溶菌酶（lysozyme）主要来源于吞噬细胞，是一种不耐热的碱性蛋白质，广泛存在于各种体液、外分泌液和吞噬细胞溶酶体中。溶菌酶能够裂解革兰氏阳性菌细胞壁中 N- 乙酰葡萄糖胺与 N- 乙酰胞壁酸之间的 β-1,4 糖苷键，破坏细胞壁的肽聚糖结构，从而导致细菌细胞溶解破坏。革兰氏阴性菌由于在其肽聚糖外还有 LPS 和脂蛋白包裹，所以对溶菌酶不敏感，但在相应抗体或补体存在的条件下，也可被溶菌酶溶解破坏。

（五）抗菌肽

抗菌肽（antimicrobial peptide）是具有抗菌活性短肽的总称，其生物学活性如下：①广谱杀菌作用：多数抗菌肽对革兰氏阳性菌具有较强的杀灭作用，一些抗菌肽对革兰氏阴性菌也具有杀伤效应。其作用机制是在菌细胞膜上形成穿孔性离子通道，破坏其结构，引起胞内水溶性物质大量渗出，导致细菌死亡。②广谱抗病毒作用：对 DNA 或 RNA 病毒均具有明显的抑制作用。③抗真菌活性：抗菌肽可使真菌形态发生改变，或通过抑制其线粒体能量合成发挥抗真菌作用。此外，抗菌肽对某些原虫和线虫也具有杀伤活性。

（六）其他参与固有免疫的分子

参与固有免疫的分子还有乙型溶素、吞噬细胞杀菌素和组蛋白等免疫分子。乙型溶素通常在血浆凝固时由血小板释放，可作用于革兰氏阳性菌细胞膜，产生非酶性破坏效应。

第二节　固有免疫应答的作用时相和特点

一、固有免疫应答的作用时相

固有免疫应答是抗感染免疫应答的重要组成部分。当初次接触某一病原体后，机体需经历三个应答时相，即瞬时固有免疫应答、早期固有免疫应答和适应性免疫应答阶段。前两个时相因无抗原特异性淋巴细胞的扩增，诱导期短，属于固有免疫（图 13–3）。

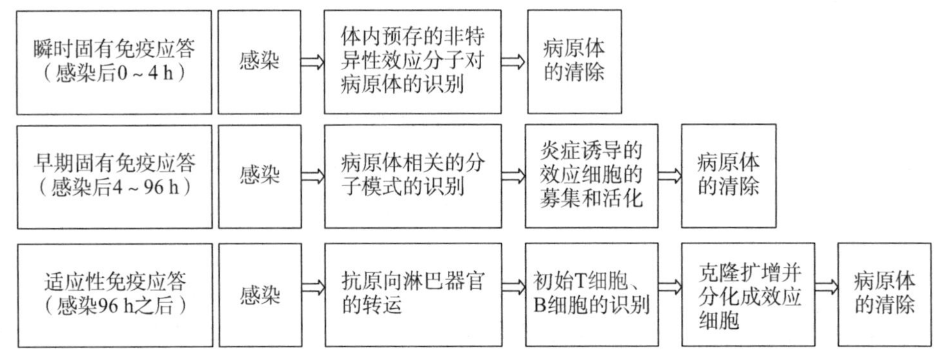

图 13–3　免疫应答的作用时相

（一）瞬时固有免疫应答

瞬时固有免疫应答发生于感染后 0～4 h 之内。机体的皮肤黏膜屏障和识别、清除病原微生物的一些预存的免疫效应分子，如防御素、溶菌酶、急性期蛋白、抗菌肽、补体和细胞因子等具有即刻免疫防御作用，可抵御病原体的入侵。即使少数病原体突破机体屏障防御进入机体，也可被局部的巨噬细胞迅速吞噬或通过直接激活补体旁路途径而被溶解破坏。在活化的巨噬细胞和感染部位组织细胞产生的细胞因子及趋化因子，以及分布于黏膜组织血管、淋巴管和神经末梢周围的肥大细胞活化后脱颗粒和血管内皮细胞表达的黏附分子等因素的共同作用下，中性粒细胞首先到达感染部位，成为抗细菌和真菌感染的重要效应细胞。中性粒细胞浸润是细菌感染性炎症反应的重要特征。大多数病原微生物感染终止于这一时相，如果病原体未被清除，则进入早期固有免疫应答期。

（二）早期固有免疫应答

早期固有免疫应答发生于感染后 4 ~ 96 h 之间。参与成分主要包括各种固有免疫细胞及一些细胞因子和炎性介质等。病原体的某些成分（如 LPS）或被感染的组织细胞产生的一些细胞因子首先募集感染组织周围的吞噬细胞至炎症反应部位，增强局部抗感染免疫应答能力。而活化后的吞噬细胞又可产生大量促炎性细胞因子和炎性介质，使局部血管通透性增强，利于血管内的吞噬细胞、补体和抗体等免疫效应分子进入感染部位，从而扩大了机体的固有免疫应答能力。TNF 等使血小板活化后导致的血栓形成能够有效地阻止局部病原微生物进入血流，防止菌血症的发生；某些促炎性细胞因子既可直接作用于下丘脑的体温调节中枢引起发热，通过改变病原微生物的生存环境产生抑制作用，也可刺激肝细胞合成分泌一系列急性期蛋白，并由此进一步活化补体，增强调理作用和溶菌效应。此外，B1 细胞接受某些病原微生物非特异性抗原（如 LPS 等）刺激后，可在 48 h 之内产生以 IgM 为主的相应抗体，其在补体的协同作用下对进入血流且表达上述相同抗原的病原微生物产生杀伤溶解作用。病毒感染后 2 ~ 3 天，在趋化因子的作用下 NK 细胞迁徙至感染部位，一方面可直接杀伤病毒感染的靶细胞，另一方面通过释放 I 型 IFN，干扰病毒复制，同时激活巨噬细胞，增强机体抗感染能力，是早期抗病毒感染的重要效应细胞。此外，NK 细胞在抵御某些真菌和胞内寄生虫感染中也具有重要作用。

γδT 细胞、NKT 细胞、嗜酸性粒细胞、嗜碱性粒细胞等其他固有免疫细胞在固有免疫应答中也发挥相应功能。如果病原体仍未被清除，则进入适应性免疫应答期。

（三）适应性免疫应答

适应性免疫应答发生于感染 96 h 之后。未被清除的病原体被 APC 加工、提呈给 T 细胞，诱导 T 细胞介导的细胞免疫应答；B 细胞直接识别抗原后诱导体液免疫应答。最终机体高效、特异地将病原体清除（详见第十四章和第十五章）。

二、固有免疫应答的特点

（一）固有免疫的识别特点

固有免疫细胞通过识别“危险信号”，启动机体的免疫应答。外源性的危险信号主要指病原体相关分子模式（PAMP），是某些病原体或其产物共有且在进化上高度保守的特定分子结构；内源性的危险信号主要指损伤相关的分子模式（DAMP），是机体自身受损、坏死细胞，或某些活化的免疫细胞释放的内源性分子。固有免疫细胞通过其表达的模式识别受体（PRR）识别这些危险信号。这种识别方式赋予了固有免疫细胞区分自己和非己、宿主正常细胞和病变细胞的能力。此外，吞噬细胞和 DC 通过调理性受体识别 IgG 或 C3b 结合的病原体；NK 细胞通过其表达的杀伤活化受体和杀伤抑制受体分别识别病原体和发生改变的宿主细胞的相应配体；NKT 细胞、γδT 细胞和 B1 细胞通过具有有限抗原特异性的抗原识别受体，直接识别病原体感染的靶细胞。总之，固有免疫细胞的识别是一种非特异性的广泛的识别。

（二）固有免疫的应答特点

机体对病原体感染所产生的固有免疫应答主要是一种由多细胞、多分子协同参与的炎症反应过程。在趋化因子或炎症介质的作用下，固有免疫细胞被募集至炎症部位，不经克隆扩增即可迅速发挥效应，但却不能产生长期的保护性免疫记忆。固有免疫所诱导的炎症效应一方面有助于机体对危险因子的控制和清除，另一方面，过强的炎症反应也将造成宿主自身的免疫损伤。固有免疫应答和适应性免疫应答的比较见表 13–1。

表 13–1　固有免疫应答和适应性免疫应答的比较

免疫应答类型	固有免疫应答	适应性免疫应答
主要参与细胞	单核巨噬细胞、DC、NK 细胞、肥大细胞、粒细胞、NKT 细胞、γδT 细胞、B1 细胞和 ILCs 等	αβT 细胞和 B2 细胞等
主要参与分子	补体、细胞因子（TNF-α、IFN-α/β 等）、急性期蛋白、溶菌酶、防御素、抗菌肽和乙型溶素及细胞毒性颗粒等	特异性抗体、细胞因子（TNF-β、IFN-γ 等）、细胞毒性颗粒和 FasL 等
主要识别受体	模式识别受体和调理性识别受体	特异性抗原识别受体
识别和作用特点	直接识别病原微生物某些共有高度保守的分子结构，可在未经克隆扩增情况下迅速产生免疫效应，但无免疫记忆性	T 细胞识别 APC 提呈的抗原肽 -MHC 分子复合物，而 B 细胞直接识别抗原表位；经克隆扩增和分化为效应细胞后发挥免疫作用，具有免疫记忆性
作用时相	即刻至 96 h	96 h 后

第三节　固有免疫应答对适应性免疫应答的影响

固有免疫细胞的抗原提呈作用和其分泌细胞因子的调节效应可启动适应性免疫应答，并影响其应答的强度、类型和免疫记忆的形成与维持；适应性免疫应答效应的发挥也必须有固有免疫细胞的协助和参与（图 13–4）。

一、启动适应性免疫应答

DC 和巨噬细胞作为专职 APC，具有摄取、加工和提呈抗原的能力，为 T 细胞的活化提供双信号刺激，直接参与适应性免疫应答的启动。此外，病原体被单核巨噬细胞吞噬消化后形成的降解产物可通过胞吐的方式排出胞外，其中的某些降解产物可直接激活 B 细胞，启动体液免疫应答。

二、调控适应性免疫应答的类型和强度

固有免疫应答对适应性免疫应答的调控主要是固有免疫细胞通过表面 PRR 接受不同 PAMP 刺激后，分泌不同的细胞因子而实现的。例如，活化的巨噬细胞分泌 IL–12 等细胞因子，诱导 Th0 细胞分化为 Th1 细胞，介导细胞免疫应答。某些寄生虫感染后，可刺激 NKT 细胞或肥大细胞分泌 IL–4 等细胞因子，诱导 Th0 细胞分化为 Th2 细胞，促进体液免疫应答。此

外，参与固有免疫的DC和补体及DC表面的补体受体和Fcγ受体在诱导及维持适应性免疫应答的免疫记忆中也发挥重要的作用。如B细胞记忆克隆的维持依赖于抗原的持续刺激，而滤泡DC借助其表达的补体受体可将以免疫复合物形式存在的抗原长时间滞留于细胞表面，从而维持记忆B细胞的生存。

三、参与适应性免疫应答的效应

固有免疫细胞和免疫分子在适应性免疫应答的效应阶段同样发挥重要作用。例如体液免疫的效应分子抗体本身并不具备直接杀伤和清除抗原的能力，而在吞噬细胞、NK细胞和补体的参与下，通过调理作用、ADCC和补体介导的溶菌效应才能有效地清除病原体。Th1细胞介导的细胞免疫主要是借助Th1型细胞因子（IL-2、IFN-γ和TNF-β）和活化的巨噬细胞而发挥免疫效应的。没有固有免疫细胞或固有免疫分子的介入，就不会出现有效的适应性免疫应答。

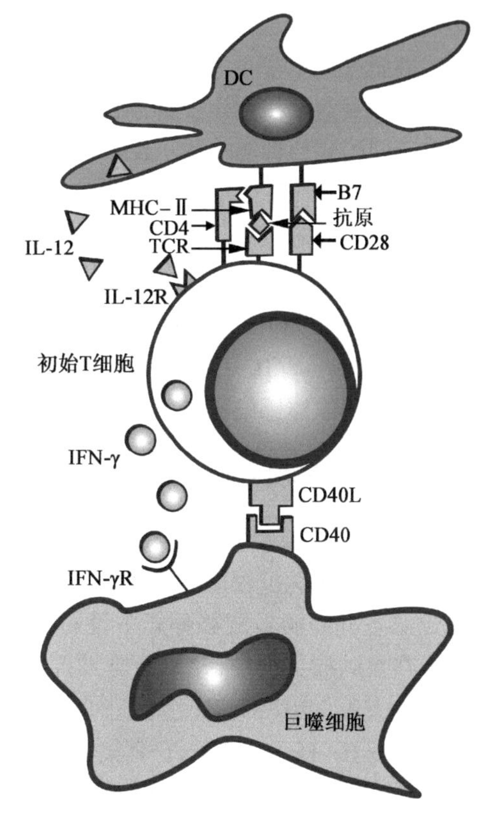

图 13-4 固有免疫细胞启动并参与适用性免疫应答

第四节 固有免疫应答与临床

固有免疫系统能够敏感地识别外来病原体和体内各种危险信号，构筑了机体的第一道免疫防线。宿主固有免疫系统的功能状态与各种临床疾病密切相关。本章重点阐述固有免疫与感染性疾病和肿瘤的关系。

一、固有免疫与感染性疾病

固有免疫在机体抵御感染性疾病，如寄生虫感染、细菌感染、真菌感染和病毒感染过程中均发挥重要作用。固有免疫系统通过多种非特异性机制或彻底消灭病原微生物，或限制感染直至产生获得性免疫。补体旁路途径的激活是最早的抗感染免疫防御机制之一。例如，以昆虫为宿主的寄生虫的早期阶段对补体激活的旁路途径所致的裂解作用非常敏感。但当其发育到后期阶段，可产生一层厚衣壳，成为抵抗膜攻击复合体的物理屏障，逃逸补体介导的裂解作用。对感染抵抗的最基本的细胞机制与吞噬细胞吞噬入侵的病原微生物的能力有关。通过模式识别受体及补体受体，固有免疫细胞识别多种入侵病原微生物，经氧依赖和氧非依赖途径杀伤靶细胞，同时诱导产生多种前炎症介质抵抗感染。然而，许多病原体已进化出了逃避策略，例如，克氏锥虫表达能破坏吞噬小体膜的C9同源物，使寄生虫逃入胞质；鼠弓形虫主动入侵细胞，形成不能被酸化的寄生虫性囊泡。这些逃逸策略使病原体能够在宿主细胞内存活，进而逃避了宿主的体液性效应分子的机制。NK 细胞在抗感染中主要起两个作用：一是对病原体的直接杀伤和生长抑制；另一个是产生细胞因子（IFN-γ 和 TNF-α 等），参与免疫调节。在不同的病原体感染中，NK 细胞的作用地位不同，例如在经静脉感染新型隐球菌的模型中，去除 NK 细胞可使早期肺部的真菌数增多；而白假丝酵母菌的感染模型中，NK 细胞对感染的控制似乎并不重要。此外，APC、巨噬细胞和 DC 为抗感染的适应性免疫应答的诱导创造了必要条件。固有免疫细胞产生的细胞因子，能够精细地调控后续的抗感染适应性免疫应答的类型和强度，如 IL-12 和 IFN-γ 促进 $CD4^+$ Th1 细胞介导的细胞免疫；而对细胞外寄生虫的应答不能诱导早期 IL-12 的产生，而诱导的是 $CD4^+$ T 细胞产生 IL-4、IL-5 的 Th2 细胞应答。不同类型的病原体感染，产生的细胞因子应答有区别也有重叠。

二、固有免疫与肿瘤

免疫系统的三大功能之一——免疫监视作用，能够抑制肿瘤的发生并防止肿瘤转移微环境的建立。固有免疫控制着宿主与肿瘤微环境之间的平衡。在肿瘤与宿主相互作用的过程中，肿瘤分泌各种外泌素能够募集中性粒细胞和嗜酸性粒细胞，促进 NK 细胞增殖和巨噬细胞的活化。在抗肿瘤免疫中，NK 细胞发挥着至关重要的作用，一方面 NK 细胞主动清除转化的细胞；另一方面，NK 细胞还能促进 DC 的成熟和迁移，增强其对 T 细胞的抗原提呈能力。细胞因子 IL-2、IL-15 和 IFN-α/β 募集 NK 细胞至外周肿瘤发生部位，NK 细胞活化后表达 FasL 分子，释放穿孔素和颗粒酶，能够直接杀伤肿瘤组织。NK 细胞对 MHC I 类分子表达缺失或下降的突变细胞的识别能力，有益地补充了 CTL 对此类细胞的识别不足，更加凸显了 NK 细胞在抗肿瘤免疫中的作用地位。嗜酸性粒细胞具有杀伤功能；中性粒细胞在癌症相关的炎症反应和组织重构中发挥重要作用；巨噬细胞分泌外泌素，可调节肿瘤的侵袭和转移；肥大细胞分泌的介质包含功能性的 mRNA、小 RNA 和免疫蛋白，能够参与免疫调节、B 细胞活化和炎症的诱导。总之，各种固有免疫细胞构筑了抗肿瘤的第一道防线。然而，在与宿主免疫系统的对抗中，肿瘤细胞也逐渐形成了免疫逃逸机制。一是免疫编辑，即弱免疫原性的肿瘤细胞变异体被选择，利用宿主的免疫系统促进肿瘤的生长和逃逸；二是在肿瘤的微环境中，主动抑制免疫应答，促进肿瘤的生长。逃逸机体的第一道免疫防线——固有免疫，可能是局部肿瘤进展成转移性肿瘤的第一步。让固有免疫系统快速识别并有效杀伤肿瘤细胞，而不被肿瘤细胞所利用，将有助于机体对肿瘤的控制。

（程景波）

数字课程学习

教学 PPT　自测题　微课　拓展阅读

第十四章 适应性免疫应答
——T 细胞介导的免疫应答

T 细胞从骨髓淋巴样干细胞分化而来，进入胸腺表达功能性 TCR 和多种膜分子，经历阳性选择和阴性选择后存活的 T 细胞获得 MHC 限制性和中枢耐受特性，随后迁出胸腺进入外周免疫器官。发育成熟但尚未接触过抗原的 T 细胞称为初始 T 细胞，其在外周免疫器官特异性识别抗原后活化、增殖、分化为效应 T 细胞，进而发挥生物学效应，此过程称为 T 细胞介导的细胞免疫应答。T 细胞对特异性抗原的识别和应答是细胞免疫应答的核心。细胞免疫应答分为三个阶段：T 细胞对抗原的识别；T 细胞的活化、增殖和分化；效应 T 细胞介导的细胞免疫应答。

第一节 T 细胞对抗原的识别

T 细胞识别的主要抗原类型是蛋白质抗原。来自于细胞外和细胞内合成的蛋白质抗原分别被称为外源性抗原和内源性抗原（详见第二章和第七章）。$CD4^+$ T 细胞识别由抗原提呈细胞（APC）提呈的外源性抗原肽 -MHC Ⅱ类分子复合物，$CD8^+$ T 细胞识别由 APC 提呈的内源性抗原肽 -MHC Ⅰ类分子复合物。TCR 利用可变区的三个超变区（即互补决定区）特异性识别抗原肽 -MHC 分子复合物（pMHC）中的抗原肽，同时还必须识别提呈抗原肽的自身 MHC 分子，遵循 MHC 限制性原则。

一、T 细胞与 APC 的非特异性结合

树突状细胞（DC）是唯一能够激活初始 T 细胞的专职 APC。未成熟 DC 从黏膜、组织或血液摄取抗原，加工处理抗原，提呈 pMHC 于成熟 DC 表面，供 T 细胞识别。初始 T 细胞与 DC 最初通过黏附分子的识别发生非特异性结合。T 细胞表达黏附分子 LFA-1、CD2 和 ICAM-3 与 DC 表达的 ICAM-1、LFA-3 和 DC-SIGN 相互识别。黏附分子之间的结合是可逆的，若 TCR 能够识别 pMHC 则黏附分子发生变构，进一步促进 T 细胞和 DC 特异性结合；若 TCR 不能特异性识别 pMHC，则 T 细胞与 DC 解离，T 细胞或停留在 T 细胞富集区继续等待 DC 提呈抗原，或进入淋巴细胞再循环。

二、T 细胞与 APC 的特异性结合

T 细胞与 APC 通过黏附分子发生非特异性结合后，若 TCR 能够识别 pMHC 则黏附分子

LFA-1 发生构象改变，对 ICAM-1 亲和力增强，从而稳定和延长 T 细胞与 APC 的结合时间，有益于 T 细胞的活化、增殖和分化。T 细胞与 APC 的特异性结合会形成一种称为免疫突触（immunological synapse）的特殊结构（图 14-1）。免疫突触的核心是 TCR 与 pMHC 的特异性结合，借助 CD3 分子、TCR 共受体 CD4 或 CD8 分子增强 TCR 与 pMHC 结合的亲和力和抗原信号的转导。在 TCR-pMHC 结合的外层，T 细胞和 APC 通过共刺激分子相互识别，如 T 细胞表达的 CD28 与 APC 表达的 B7 分子结合，进一步增强和促进 APC 对 T 细胞的信号转导和信号通路的激活。免疫突触的最外层是 T 细胞和 APC 表面黏附分子的结合。免疫突触有助于提高 T 细胞对 pMHC 的识别，增强抗原信号转导，参与 T 细胞活化。

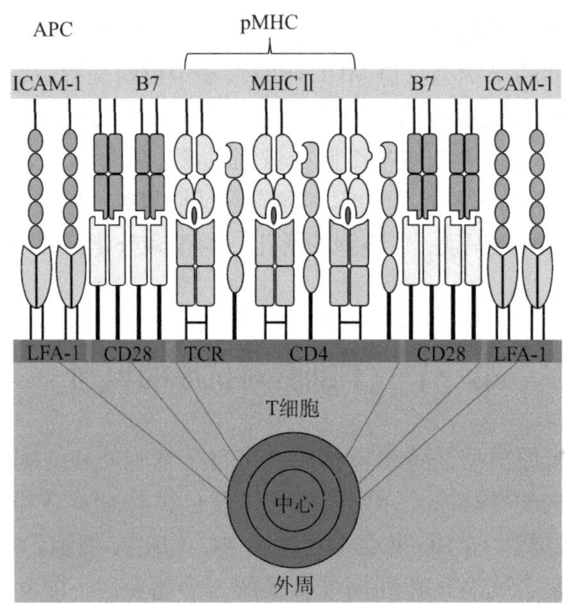

图 14-1 免疫突触组成示意图

第二节 T 细胞的活化、增殖和分化

T 细胞活化是一个包括接受抗原刺激信号、信号转导、细胞内酶的活化以及基因转录表达等在内的连续复杂过程。T 细胞活化需要双信号刺激，即抗原刺激信号（第一信号）和共刺激信号（第二信号），同时还需要细胞因子的参与。双信号是在初始 T 细胞特异性识别抗原时由 APC 提供的（图 14-2）。若仅有第一信号缺乏第二信号刺激，不仅不能使 T 细胞活化，反而会导致 T 细胞失能（anergy）。

一、T 细胞活化的双信号刺激

1. T 细胞活化的第一信号

T 细胞活化的第一信号称抗原刺激信号。T 细胞利用 TCR-CD3 复合体中的 TCR 特异性识

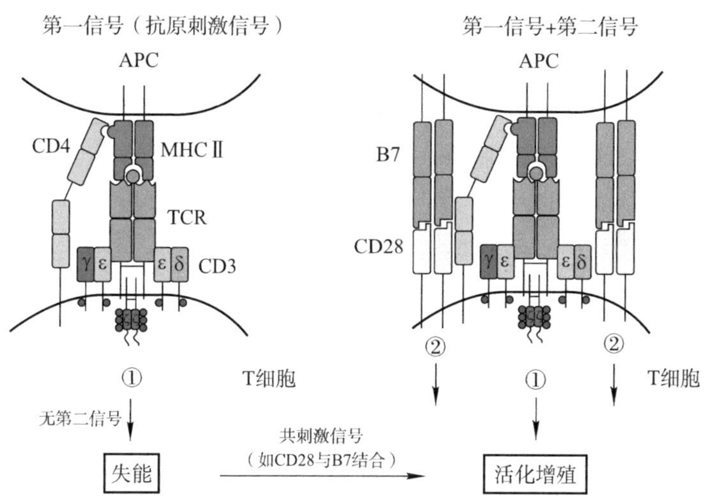

图 14-2　T 细胞活化的双信号示意图

别 pMHC，借助 CD3、CD4 或 CD8 分子的协助，将抗原刺激信号转导到细胞内。仅有第一信号不足以激活 T 细胞，T 细胞活化还需要共刺激分子提供的第二信号。

2. T 细胞活化的第二信号

T 细胞活化的第二信号称共刺激信号。T 细胞表达多种共刺激分子如 CD28、CTLA-4、CD40L、ICOS、4-1BB、PD-1 等，分别与 APC 表面表达的相应配体结合，形成共刺激信号（表 14-1）。根据效应差异，共刺激分子分为正向共刺激分子（如 CD28、CD40L、ICOS 及 4-1BB 等）和负向共刺激分子（如 CTLA-4 及 PD-1 等），它们分别为 T 细胞活化传递活化信号和抑制信号。T 细胞活化的第二信号中最重要的是由 CD28 和 B7 结合介导的，其主要作用是促进 IL-2 等基因转录与蛋白质合成。CTLA-4 分子与 CD28 高度同源，但与 B7 分子的亲和力更高，在 T 细胞活化后表达，可竞争性结合 B7 分子进而抑制 CD28 介导的 T 细胞活化，是 T 细胞重要的负向共刺激分子。正负共刺激分子相互协同，保证免疫应答以适时、适度的方式启动和终止。

表 14-1　T 细胞表达的共刺激分子与 APC 表达的配体

T 细胞 共刺激分子	表达细胞		共刺激分子 （配体）
	初始 T 细胞	活化 T 细胞	
正向共刺激分子	CD28	CD28	B7
	—	CD40L	CD40
	—	ICOS	ICOS-L
负向共刺激分子	—	4-1BB（$CD8^+$ T 细胞特有）	4-1BBL
	—	CTLA-4	B7
	—	PD-1	PD-L1、PD-L2

3. 细胞因子的作用

IL-2 是 T 细胞自分泌的生长因子，与其受体 IL-2R 相互作用，促进 T 细胞活化、增殖，增强 T 细胞杀伤活性。IL-2R 的 β 和 γ 链在初始 T 细胞表面持续表达，以中等亲和力与 IL-2 结合。在双信号刺激下，初始 T 细胞进入细胞增殖周期（G1 期），合成分泌 IL-2，同时诱导 IL-2R 合成 α 链并形成高亲和力 αβγ 异源三聚体受体。IL-2 与高亲和力受体结合使细胞增殖周期持续，T 细胞大量扩增，同时发挥自分泌或旁分泌效应。特别是，$CD8^+$ T 细胞的活化较 $CD4^+$ T 细胞需要更强的共刺激信号，IL-2 对此起重要作用。此外，IL-4、IL-12、IL-15、IL-23 和 IFN-γ 等细胞因子在 T 细胞增殖和亚群分化中也发挥重要作用。

二、T 细胞活化信号的转导及基因表达

细胞外信息通过受体转变为胞内生化信息的过程即为信号转导（signal transduction）。信号转导的关键是招募胞内信号蛋白分子聚集到细胞膜受体周围，利用酪氨酸激酶的磷酸化作用等传导信号。含有免疫受体酪氨酸激活基序（ITAM）的信号通路蛋白主要负责受体激活后下游信号传导。T 细胞识别抗原后，胞内富含酪氨酸的信号元件 ITAM 被 Src 蛋白激酶磷酸化，启动胞内信号级联反应。

TCR 胞内结构较短，需借助 CD3、CD4、CD8 和 CD28 等分子的协助，才能将胞外信号传递到细胞内，激活相关基因。T 细胞接受抗原刺激信号后，TCR-CD3 复合体与 pMHC 结合，共受体 CD4 或 CD8 通过胞外结构域分别与 MHC Ⅱ 类分子或 MHC Ⅰ 类分子结合；通过各自的胞内结构域，与 Src 蛋白激酶 Lck 结合。Lck 对初始和效应 T 细胞的 TCR 信号转导起关键作用。在 TCR-CD3 复合体中 CD3 的 γ、δ、ε 和 ζ 肽链胞内区 ITAM 被 Lck 磷酸化后，酪氨酸激酶 ZAP-70 通过与 ITAM 序列上的两个磷酸化酪氨酸结合被募集到 ITAM 上，再被 Lck 磷酸化而活化。活化的 ZAP-70 磷酸化 T 细胞活化连接蛋白（linker for activation of T cell）和接头蛋白 SLP-76，接头蛋白 Gads 将 LAT 和 SLP-76 连接，在 TCR 附近形成 LAT：Gads：SLP-76 蛋白复合体。该复合体有多个结合位点，可招募其他接头分子和酶蛋白，启动 4 个重要信号模块，即活化丝氨酸 / 苏氨酸蛋白激酶 Akt 促进细胞代谢，活化磷脂酶 C-γ（PLC-γ）促进转录因子活化，活化 Vav 增强肌动蛋白的多聚体形成和细胞骨架重塑，招募接头分子 ADAP 促进整合素黏附和聚集作用。

PLC-γ 活化是 TCR 信号转导中重要的一个分支。PLC-γ 被招募到细胞膜附近，与 LAT 和 SLP-76 结合，经酪氨酸激酶 Tec 家族成员 ITK 磷酸化而活化。活化的 PLC-γ 产生两种第二信使即甘油二酯（diacylglycerol，DAG）和可溶性 IP_3，通过三条通路调节转录因子活化。通路一刺激 Ca^{2+} 内流。IP_3 是 Ca^{2+} 离子通道可使内质网储存 Ca^{2+} 释放，促进细胞膜 Ca^{2+} 通道开放，刺激细胞外 Ca^{2+} 内流，细胞质 Ca^{2+} 浓度升高可激活活化 T 细胞核因子（nuclear factor of activated T cell，NFAT）。通路二激活小 G 蛋白（或小 GTP 酶）Ras。DAG 位于细胞膜上，可激活一系列下游信号，包括活化 Ras。Ras 信号通过激活诱导丝裂原激活蛋白激酶产生级联反应，促进转录因子 AP-1 表达。通路三激活蛋白激酶 C-θ（PKC-θ）。DAG 募集 PKC-θ 到细胞膜，PKC-θ 通过激酶活性启动下游反应，促进转录因子 NF-κB 活化。NFAT、AP-1 和 NF-κB 共同作用，启动基因转录表达（如 IL-2），促进 T 细胞增殖和分化。

第三节　T 细胞介导的免疫效应

初始 T 细胞活化、增殖、分化为多个细胞亚群，在生理和病理过程中介导不同的免疫效应。$CD8^+$ 效应 T 细胞称细胞毒性 T 细胞（CTL），主要发挥特异性抗病毒和抗肿瘤效应。$CD4^+$ 效应 T 细胞分多个亚群，如辅助性 T 细胞（Th）亚群，Th1、Th2、Th17 和 Tfh 等以分泌细胞因子和膜分子接触方式发挥免疫调节作用。又如调节性 T 细胞，$CD4^+$ Treg 细胞通过免疫抑制方式维持机体稳态或介导免疫病理。初次免疫应答后绝大部分效应 T 细胞发生凋亡被清除，少量 T 细胞成为免疫记忆细胞在体内长期存活。

一、Th1 细胞介导的免疫效应

Th1 细胞主要介导抗胞内病原体（如结核分枝杆菌）感染，也参与病理损伤（如迟发型超敏反应）。

1. Th1 细胞诱导巨噬细胞活化，介导迟发型超敏反应

Th1 细胞可招募巨噬细胞到感染部位：①通过分泌细胞因子 IL-3 和 GM-CSF 刺激骨髓产生单核细胞；②通过分泌 TNF-α 和 TNF-β 改变血管通透性，促进血管内皮细胞黏附分子表达，促进血浆单核细胞渗出；③分泌巨噬细胞趋化蛋白 -1（MCP-1，又称 CCL2）吸引巨噬细胞聚集到炎症部位。

Th1 细胞为巨噬细胞活化提供双信号：① Th1 细胞分泌 IFN-γ 激活巨噬细胞；② Th1 细胞表达 CD40L 与巨噬细胞表面 CD40 结合，增强巨噬细胞对 IFN-γ 的反应性。活化的巨噬细胞生物学功能增强：①自分泌 TNF-α 增加，结合巨噬细胞表面 TNFR 促进巨噬细胞活化。TNF-α 协同 IFN-γ 增加 NO 和超氧化物（O_2^-）产生，增强对胞内寄生菌的吞噬杀伤效应。②上调 B7 和 MHC Ⅱ类分子表达，增强巨噬细胞的抗原提呈能力。③分泌 IL-12 增加，协同 IFN-γ 促进 Th0 细胞向 Th1 细胞分化，扩大 Th1 细胞效应。④进一步释放炎症性细胞因子 IL-1、IL-6、IL-8、TNF、GM-GSF 等，加重炎症反应，扩大免疫应答效应。⑤活化的巨噬细胞和 Th1 细胞参与迟发型超敏反应的发生（详见第十九章）。

2. 辅助 $CD8^+$ T 细胞活化增殖

$CD8^+$ T 细胞活化和增殖有赖于 Th1 细胞分泌的 IL-2 刺激，并且 IL-2 可提高 CTL 的杀伤活性。

3. 辅助 B 细胞产生调理性抗体

Th1 细胞分泌 IFN-γ 和 IL-2 辅助 B 细胞产生调理性抗体（IgG1 和 IgG3），通过与吞噬细胞表达的 CR 或 FcγR 结合，促进吞噬细胞的吞噬杀伤。

二、Th2 细胞介导的免疫效应

Th2 细胞主要介导抗胞外寄生虫（如蠕虫）感染，也参与过敏和哮喘等 I 型超敏反应。Th2 细胞分泌的 IL-13 增加平滑肌收缩有利于肠道驱虫；诱导上皮细胞修复和促进黏液分泌，阻止寄生虫黏附并加速清除。Th2 细胞分泌 IL-5 招募和活化嗜酸性粒细胞，嗜酸性粒细胞产

生碱性蛋白可杀伤蠕虫。Th2 细胞通过分泌 IL-4 介导 IgE 抗体类别转换，参与抗寄生虫感染或Ⅰ型超敏反应。

三、Th17 细胞介导的免疫效应

Th17 细胞主要防御胞外细菌和真菌感染，也介导慢性炎症和自身免疫病如炎症性肠病、银屑病等的发生。

Th17 细胞介导的免疫防御作用机制主要体现在：①促进中性粒细胞的产生和招募。通过分泌 IL-17A 和 IL-17F 活化基质细胞和髓系细胞产生 G-CSF，刺激骨髓产生中性粒细胞。通过分泌 IL-17A 和 IL-17F 诱导内皮细胞、上皮细胞和成纤维细胞产生趋化因子 CXCL8（IL-8）等，趋化和募集中性粒细胞。②分泌的 IL-22 和 IL-17 协同促进上皮细胞表达抗菌肽，具有直接杀伤细菌效应。③分泌的 IL-22 促进上皮细胞更新进而削弱细菌和真菌的上皮定植，并促进免疫屏障修复功能。④促进组织细胞分泌 CCL20，招募更多 Th17 细胞到达炎症部位。

Th17 细胞分泌 IL-17、IL-21、IL-22 等刺激组织局部产生更多 CCL20，招募 Th17 细胞的同时，放大 Th17 细胞的致炎效应，进而参与慢性炎性反应和自身免疫病等的发生。

四、Tfh 细胞介导的免疫效应

Tfh 细胞定位于外周免疫器官的淋巴滤泡内，表达特征标志物 CXCR5 和 PD-1，辅助 B 细胞活化、生发中心形成和高亲和力抗体产生，并在抗体类别转换中发挥关键作用。

Tfh 细胞分泌的 IL-21 不仅通过自分泌或旁分泌促进 Tfh 细胞存活，还直接作用于生发中心 B 细胞，促进 B 细胞增殖和分化。Tfh 细胞分泌的 IL-21、IL-4 和 IFN-γ 促进 B 细胞合成抗体和增强抗体的类别转换。Tfh 细胞表达的 CD40L 与 B 细胞的 CD40 结合，参与高亲和力 B 细胞的阳性选择和抗体类别转换，CD40L/CD40 信号缺失导致生发中心的形成缺陷。Tfh 细胞还参与调控记忆 B 细胞功能，并促进其长期存活。

五、Treg 细胞介导的免疫效应

Treg 细胞通过膜分子接触，分泌免疫抑制性细胞因子 IL-10 和 TGF-β 等介导免疫抑制效应，在预防自身免疫病、维持机体稳态中发挥重要作用，也参与肿瘤免疫逃逸和免疫病理损伤。

Treg 细胞对 T 细胞、B 细胞和 DC 等多种免疫细胞均可发挥免疫抑制作用。其中，Treg 细胞对 T 细胞的抑制作用机制有：①分泌 IL-10 和 TGF-β，抑制效应 T 细胞的活化增殖控制其作用范围和强度。TGF-β 可抑制 T 细胞增殖。IL-10 可抑制 APC 表达 MHC 分子和共刺激分子，抑制 APC 产生促炎细胞因子如 IL-12，进而削弱 Th1 细胞亚群分化。②持续高水平表达 CTLA-4，与 T 细胞竞争性结合 APC 表达的 B7 分子，阻止 APC 对初始 T 细胞的共刺激。③持续高水平表达 IL-2Rα 链（CD25），竞争性结合 IL-2，抑制 IL-2 与 T 细胞结合。④ Treg 细胞还能诱导树突状细胞分泌其他氨基酸相关酶，从而间接抑制效应 T 细胞增殖。

六、CTL 介导的免疫效应

CTL 细胞主要通过诱导细胞凋亡，高效、特异、连续性杀伤靶细胞。CTL 的特异性细胞毒效应在宿主抗病毒和抗肿瘤中发挥重要作用。

1. CTL 对靶细胞的杀伤特点

CTL 对靶细胞的杀伤特点：① CTL 识别抗原具有 MHC Ⅰ类分子限制性。与 NK 细胞不同，CTL 的细胞毒效应基于对抗原的特异性识别。$CD8^+$ T 细胞通过双信号识别抗原，活化、增殖和分化为 CTL。CTL 在执行细胞毒效应过程中，严格遵循 MHC Ⅰ类分子限制性原则，即 CTL 只能识别由 MHC Ⅰ类分子提呈的抗原肽。若靶细胞表面 MHC Ⅰ类分子变异或丢失，CTL 则不能识别靶细胞，这为肿瘤细胞逃避免疫监视提供了机会。② CTL 具有循环杀伤作用，即一个效应 CTL 能杀伤多个靶细胞。

2. CTL 对靶细胞的杀伤过程（图 14–3）

（1）识别：CTL 特异性识别靶细胞表达的抗原肽 – MHC Ⅰ类分子复合物。

（2）诱导细胞凋亡：细胞凋亡的一个标志是激活核酸酶（caspase activatable deoxyribonuclease，CAD）。通常情况下，CAD 以非活化形式存在于细胞质中。胱天蛋白酶 3（caspase 3）可去除 ICAD 抑制使 CAD 活化，活化的 CAD 进入细胞核，切割 DNA 成 200 个碱基对片段，导致细胞凋亡。CTL 可通过两种机制诱导靶细胞凋亡：①穿孔素依赖机制：

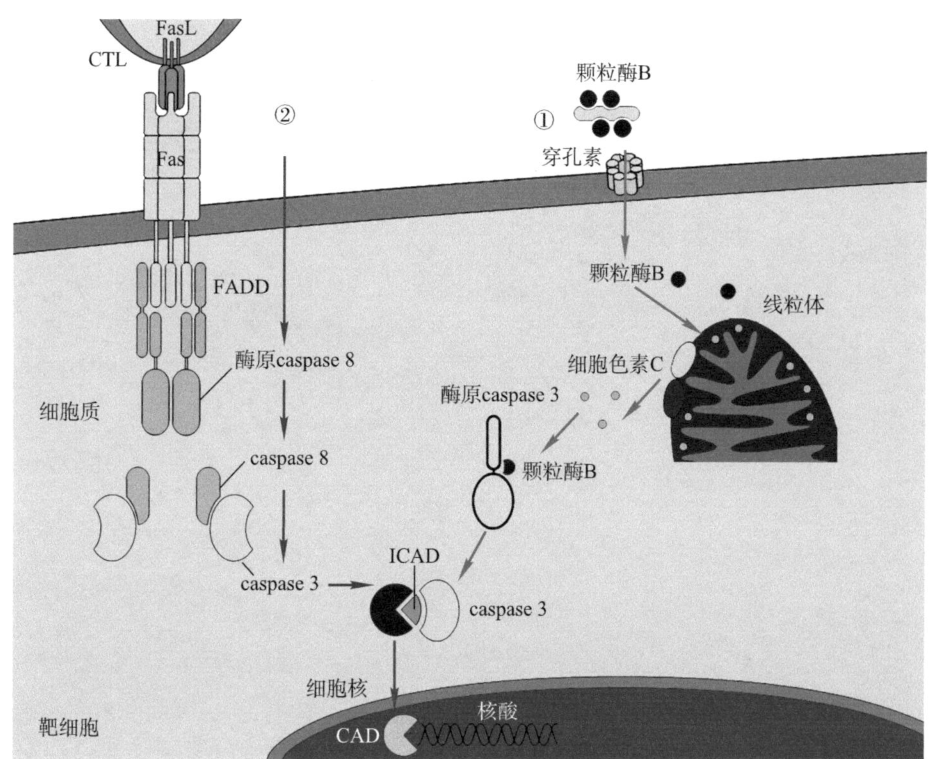

图 14–3　$CD8^+$ CTL 杀伤靶细胞机制

CTL 可分泌两种细胞毒性蛋白质，即穿孔素和颗粒酶（主要是颗粒酶 B）。穿孔素聚集在靶细胞膜形成跨膜孔道，导致细胞膜完整性破坏，细胞外水分及电解质可快速进入细胞内，致细胞死亡。颗粒酶 B 通过穿孔素制造的膜孔道进入靶细胞，介导线粒体释放细胞色素 c 和激活 caspase 3，最终活化 CAD，诱导细胞凋亡。②穿孔素非依赖机制：CTL 表达 FasL 或分泌 TNF-α，与靶细胞表面受体 Fas 或 TNFR-1 结合，启动细胞凋亡程序。以 FasL 和 Fas 结合为例，凋亡发生过程如下：正常情况下，Fas 分子分散表达在靶细胞膜上；当 Fas 分子与 CTL 表达的 FasL 结合时，促成了三个 Fas 单体的聚集，进而促进 Fas 分子胞质尾部的效应器蛋白与 Fas 相关死亡结构域蛋白（Fas-associated protein with death domain，FADD）结合；进一步，利用 caspase 8 途径，启动级联反应激活 caspase 3，最终活化 CAD，诱导细胞凋亡。

3. CTL 分泌细胞因子

CTL 分泌 IFN-γ 和 TNF-α 等。IFN-γ 能直接抑制病毒复制，诱导 MHC Ⅰ类分子表达，活化巨噬细胞。TNF 可协同 IFN-γ 活化巨噬细胞，也可与其受体 TNFR-1 结合诱导杀伤靶细胞。

（冯 辉）

数字课程学习

教学 PPT  自测题  微课 拓展阅读

第十五章　适应性免疫应答
——B 细胞介导的免疫应答

B 细胞是参与机体体液免疫应答的主要细胞，通过膜型免疫球蛋白（mIg）即 BCR 识别抗原。抗原诱导相应 B 细胞增殖活化、分化成浆细胞，进而产生针对抗原的特异性抗体，通过抗体发挥多种生物学功能。由于抗体分布于体液中，因此将 B 细胞介导的免疫应答称为体液免疫应答（humoral immune response）。

第一节　B 细胞对抗原的识别和抗原提呈

与 T 细胞识别抗原不同，B 细胞利用 BCR 可直接识别天然抗原，无 MHC 限制性。B 细胞可识别胸腺依赖性抗原（TD-Ag）和胸腺非依赖性抗原（TI-Ag），前者激活 B 细胞活化需要辅助性 T 细胞（Th）参与，而后者则不需要。

一、B 细胞对 TI-Ag 的识别

TI-Ag 能直接激活初始 B 细胞活化而无需 Th 细胞辅助。根据激活 B 细胞方式的不同，TI-Ag 分为 TI-1 抗原和 TI-2 抗原。TI-1 抗原能够与 B 细胞表达的 BCR 或丝裂原受体结合激活 B 细胞。TI-2 抗原可通过交联多个 BCR 激活 B 细胞。机体对 TI 抗原的识别发生较早，在抗胞外病原体感染中发挥重要作用。但因为缺乏 Th 细胞辅助，无法诱导免疫球蛋白类别转换、抗体亲和力成熟和记忆 B 细胞形成。

（一）B 细胞对 TI-1 抗原的识别

高浓度 TI-1 抗原通过与 B 细胞表面的丝裂原受体结合，诱导多克隆 B 细胞活化，为此 TI-1 抗原又称为 B 细胞丝裂原，如细菌脂多糖（LPS）。低浓度 TI-1 抗原通过与 BCR 结合激活抗原特异性 B 细胞。TI-1 抗原激活成熟或不成熟 B 细胞产生低亲和力抗体 IgM。

（二）B 细胞对 TI-2 抗原的识别

TI-2 抗原具有多个重复表位，如肺炎球菌荚膜多糖、聚合鞭毛素等。TI-2 抗原通过多个重复表位引起 BCR 广泛交联，进而激活成熟 B1 细胞。由于人体内 B1 细胞至 5 岁左右才发育成熟，所以婴幼儿易感染肺炎球菌等病原体。但是 BCR 过度交联会使 B1 细胞产生耐受。因此，抗原表位密度在 TI-2 抗原激活 B 细胞中发挥主要作用。

二、B 细胞对 TD 抗原的识别和提呈

与 TI 抗原不同，TD 抗原激活 B 细胞需要 Th 细胞辅助。B 细胞利用 BCR 识别 TD 抗原，在 Th 细胞参与下活化、增殖、分化为浆细胞分泌抗原特异性抗体。在 Th 细胞的辅助下，活化的 B 细胞不仅合成 IgM，更主要是产生 IgG 等其他抗体类型，同时获得免疫记忆。TD 抗原与 TI 抗原的差异比较详见表 15-1。

表 15-1　TD 抗原和 TI 抗原的差异比较

特点	TD 抗原	T1 抗原	
		TI-1 抗原	TI-2 抗原
化学特性	蛋白质	多糖	多糖
结构特点	结构复杂 多种决定簇	结构简单 多为 B 细胞丝裂原	结构简单 重复出现的表位
Th 的参与	需要	不需要	不需要
活化的 B 细胞亚群	B2	B1	B1
多克隆 B 细胞激活	无	有	无
诱导 Ig 的类型	各类 Ig	IgM	IgM
免疫记忆	有	无	无
诱导免疫耐受	难	易	易
抗原种类	BSA、OVA、类毒素、红细胞	细菌脂多糖、DNA	肺炎球菌的荚膜多糖、聚合鞭毛素

（一）B 细胞对 TD 抗原的识别

TD 抗原多为蛋白质抗原，如病原微生物、血细胞和血清蛋白等，含有 T 细胞表位和 B 细胞表位，分别被 T 细胞和 B 细胞识别。B 细胞通过 BCR 识别 TD 抗原中的 B 细胞表位，将抗原摄取到细胞内进行处理和提呈。识别 TD 抗原的 B 细胞类型为 B2 细胞。

（二）B 细胞对 TD 抗原的提呈

B 细胞在将蛋白质类抗原摄入胞内，遵循外源性抗原处理与提呈的机制（详见第七章），在胞内形成抗原肽 -MHC Ⅱ 类分子复合物，表达在 B 细胞表面，供活化的 $CD4^+$ Th 细胞识别。随后，活化的 $CD4^+$ Th 细胞为 B 细胞活化提供第二信号，并在抗体类别转换等方面发挥重要作用。

在抗原浓度低时，B 细胞是最有效的抗原提呈细胞。在 TD 抗原诱导的再次免疫应答中，被扩增的 B 细胞（记忆细胞）因其表达高亲和力的 BCR，能够特异性结合抗原，主要承担抗原提呈作用。

第二节　B 细胞活化、增殖与分化

B 细胞介导的免疫应答绝大多数是由 TD 抗原引起。TD 抗原激活 B 细胞需要 Th 细胞的辅

助。TD抗原诱导B细胞活化需要双信号刺激，即抗原信号和共刺激信号。抗原与BCR结合是B细胞活化的第一信号；B细胞与Th细胞表达的多种共刺激分子和黏附分子相互作用，提供B细胞活化的第二信号。在抗原和Th细胞信号的协同作用下，B细胞才得以进入增殖周期。伴随着细胞分裂过程，B细胞发生体细胞高频突变、亲和力成熟和Ig类别转换，最终分化为抗体形成细胞（AFC，即浆细胞）。在B细胞应答中，Th细胞除了提供膜接触信号外，还分泌多种细胞因子影响B细胞分化和应答。

一、B细胞在Th细胞辅助下活化

TD抗原刺激B细胞活化需要Th细胞辅助，在这一过程中涉及APC（如DC）与Th细胞、B细胞与Th细胞的相互作用（图15-1）。

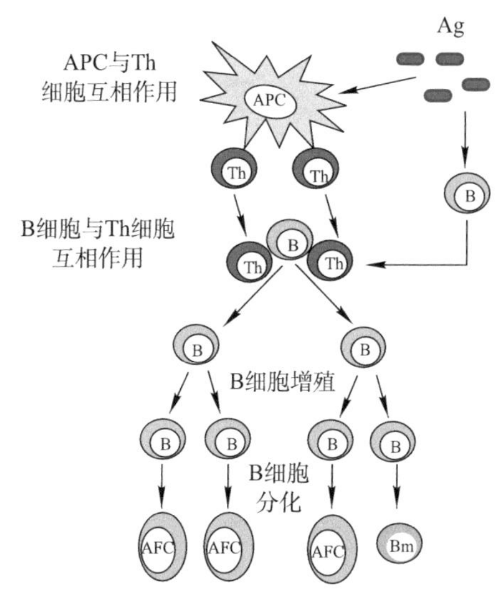

图15-1 抗体产生过程中细胞的协同作用

（一）APC与Th细胞相互作用

抗原初次进入机体时，主要由DC捕捉加工，将其降解为抗原肽，与MHCⅡ类分子结合提呈到DC表面，通过引流淋巴管进入淋巴结后，供Th细胞识别（此时识别的是T细胞表位），形成TCR-抗原肽-MHC Ⅱ复合物，产生Th细胞活化的第一信号；此外，通过共刺激分子包括CD28/B7、CD40/CD40L和黏附分子LFA-1/ICAM-1和CD2/LFA-3等相互作用，产生活化的第二信号，其中最重要的共刺激信号是CD28/B7（详见第十四章），Th细胞接受上述两种信号后方能活化。此外，活化的Th细胞表达CTLA-4，可与DC上的B7结合，会抑制Th细胞的进一步活化，对B细胞产生抗体起到调控作用。

（二）B细胞与Th细胞相互作用

在初次应答发生时，B细胞通过BCR、Igα/Igβ及其共受体（CD19、CD21和CD81）识别抗原的B细胞表位，使B细胞获得活化的第一信号（详见第六章）。CD21可识别补体C3b和C3dg，而这两个分子通过调理作用使抗原滞留在滤泡树突状细胞（follicular dendritic cell，FDC）表面供B细胞识别。活化的Th细胞表达CD40L，再与B细胞上的CD40相互作用，使B细胞获得了活化的第二信号。活化的B细胞则通过诱导性共刺激分子配体（ICOSL）与T细胞上的诱导性共刺激分子（ICOS）结合，促使其进入滤泡分化成滤泡辅助性T细胞（Tfh）。Tfh细胞可分泌细胞因子如IL-21、TGF-β、IFN-γ和IL-4等，完成辅助B细胞分化成浆细胞，产生抗体和Ig类别转换等作用。

在再次应答发生时，由已经扩增的记忆B细胞作为APC与Th细胞相互作用，通过抗原提呈及共刺激分子作用可彼此接触，并能相互诱导活化（图15-2）。①B细胞激活Th细胞：T细胞通过其特异性抗原受体TCR识别B细胞表面结合了MHC Ⅱ类分子的抗原肽，形成TCR-抗原肽-MHCⅡ复合物，产生Th细胞活化的第一信号。与上述DC激活Th细胞类似，B 细胞通过 CD28/B7 等配对分子，可产生 Th 细胞活化的共刺激信号，在双信号存在下使 Th 细胞活化。活化的 Th 细胞表达了 CD40L 并分泌细胞因子。②活化的 Th 细胞激活 B 细胞：B 细胞通过 BCR 结合抗原，产生活化的第一信号，通过 CD40 与 Th 细胞表面的 CD40L 结合，产生活化的第二信号，在这两种信号的作用下使 B 细胞活化。

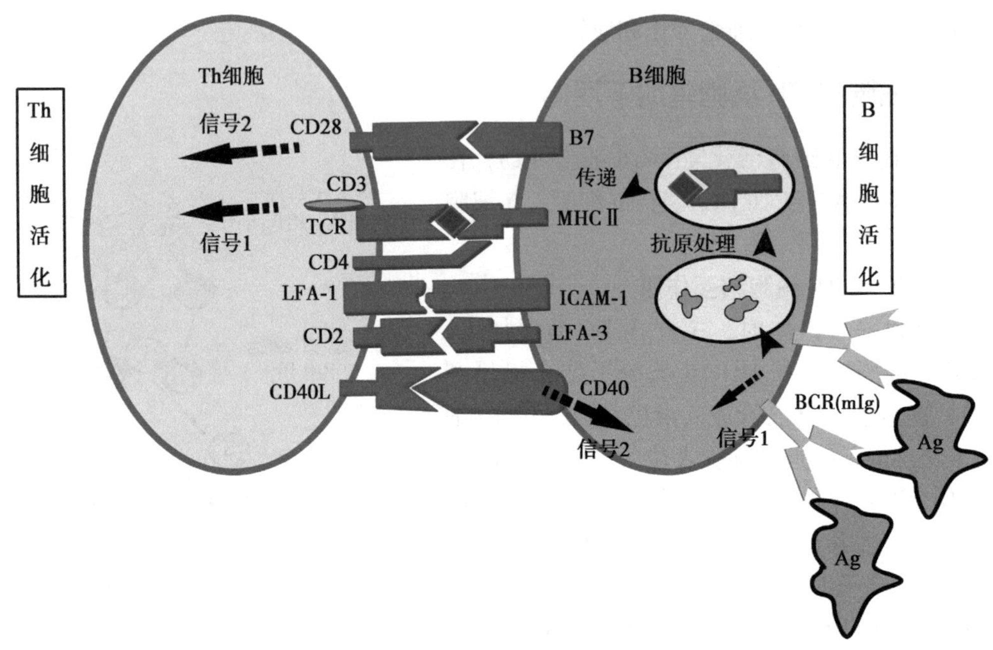

图 15-2 B 细胞和 Th 细胞相互作用

B 细胞和 Th 细胞之间通过 MHC-Ⅱ/CD4、ICAM-1/LFA1、LFA3/CD2 等多个黏附分子形成局部的免疫突触，一方面增强 T 细胞、B 细胞之间的结合，另一方面使 T 细胞分泌的细胞因子局限在突触部位，进一步促进 B 细胞增殖、类别转换和亲和力成熟。

此外，Th1 细胞产生 IL-2 和 IFN-γ，IL-2 促进 T 和 B 细胞增殖，Th2 细胞分泌的细胞因子包括 IL-4、IL-5、IL-6、IL-10 和 IL-13 等。IL-4 是 B 细胞的激活和分化因子，还可促进 Th2 细胞的分化、增殖，提高抗体应答。IL-5 诱导 B 细胞生长和分化，而 IL-6 是 B 细胞分化因子。

二、B 细胞在生发中心增殖与分化

在抗原的刺激下，外周免疫器官中 B 细胞在 T 细胞、B 细胞交界区通过 Th 完成滤泡外活化，活化的 B 细胞离开 T 细胞、B 细胞交界区进入滤泡形成初级聚合灶，可分泌抗体或者形成生发中心，并经历体细胞高频突变、阳性选择、Ig 亲和力成熟及类别转换，分化为浆细胞和记忆 B 细胞（memory B cell，Bm）。

（一）B 细胞的滤泡外活化

抗原从血液或组织分别进入脾或淋巴结，并聚集在 T 细胞区和滤泡中。B 细胞在 FDC 或巨噬细胞上接触抗原 6 ~ 24 h 后，它会增加 CCR7 的表达并向 T 细胞区迁移。而 DC 激活的 T 细胞则上调 CXCR5 的表达并向 B 细胞区迁移。在 T 细胞、B 细胞交界处，B 细胞在 Th 细胞的作用下完成活化、增殖，此过程即为滤泡外活化。

（二）初级聚合灶形成 – 第一阶段免疫应答

在 T 细胞、B 细胞交界区，T 细胞和 B 细胞完成第一次接触后的 2 至 3 天，B 细胞减少 CCR7 的表达，向滤泡间（脾）或髓索（淋巴结）区域迁移。再过 1 天左右，一些 B 细胞聚集在滤泡间区域，增殖并分化为浆母细胞（plasmablast），这些细胞寿命短（仅存活数天），主要分泌 IgM 类抗体，发挥瞬时保护功能。浆母细胞的聚集即初级聚合灶的形成，完成第一阶段免疫应答。

（三）生发中心形成 – 第二阶段免疫应答

生发中心（GC）又称次级淋巴滤泡，是 B 细胞在抗体应答中大量发生增殖、选择、成熟和死亡的部位。有些激活的 B 细胞会与它们相关的 Tfh 一起迁移到淋巴滤泡中，继续增殖，最终形成生发中心（图 15–3）。生发中心在初次接触抗原 1 周后开始形成，可持续到第 3 ~ 4 周。B 细胞在生发中心不断分裂，形成了暗区和明区，并经历非常严格的选择过程，只有表

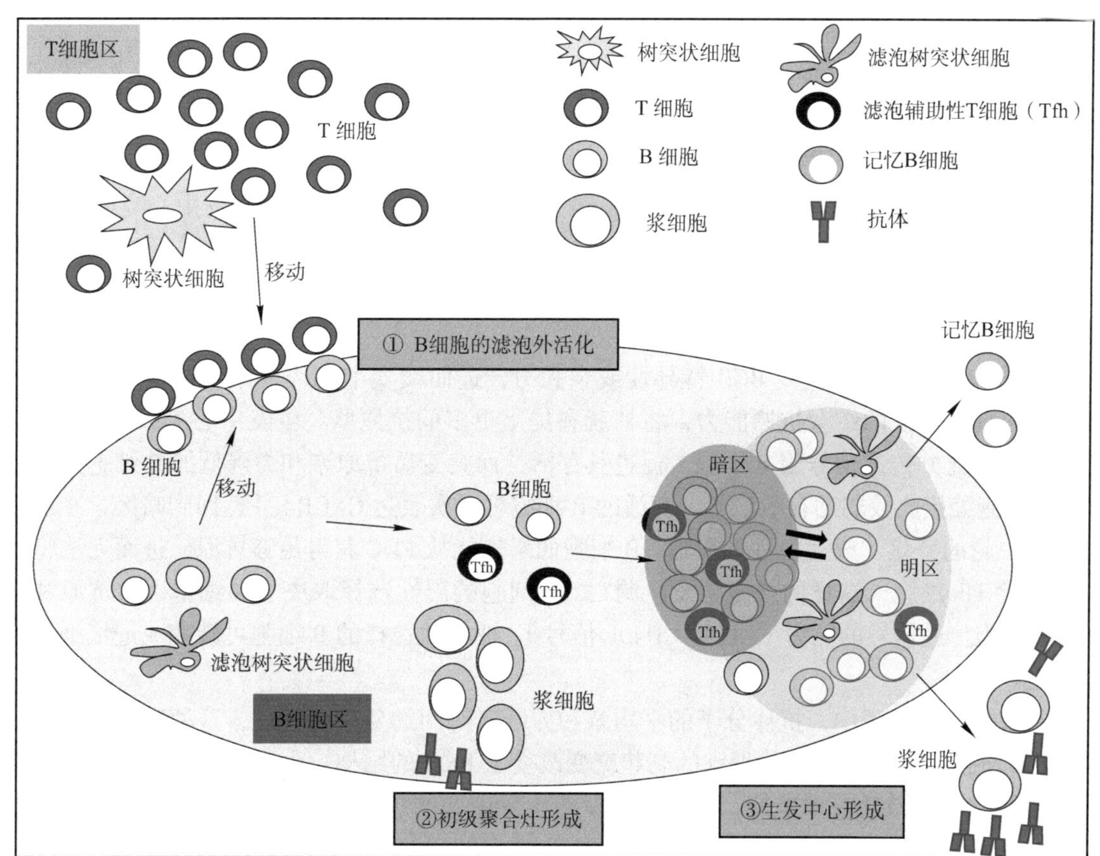

图 15–3 生发中心的形成

达高亲和力 mIg 的 B 细胞才会继续分化发育。

1. 暗区

生发中心中增殖性 B 细胞 – 中心母细胞（centroblast）每 6 ~ 8 h 快速分裂一次，此区域密度较大，故名为暗区。这些中心母细胞表达趋化因子受体 CXCR4 和 CXCR5，mIg 尤其是 IgD 的表达显著降低。暗区的基质细胞产生 CXCL12（CXCR4 配体），可在该区域保留中心母细胞。

2. 明区

随着时间的推移，一些中心母细胞降低其细胞分裂速率，进入生长期，CXCR4 表达降低，并开始产生更高水平的 mIg，这些 B 细胞被称为中心细胞（centrocyte）。CXCR4 表达降低或缺失使中心细胞移动到包含大量 FDC 的明区。FDC 产生趋化因子 CXCL13（CXCR5 的配体），可使 B 细胞向此处移动。B 细胞在明区也会增殖，但程度低于暗区。明区还含有可染小体巨噬细胞，能够清除凋亡的细胞。

在明区，一部分 B 细胞继续分化为浆细胞和记忆 B 细胞，浆细胞不再表达 BCR 和 MHC Ⅱ分子，可迁入骨髓，长时间分泌抗体，完成第二阶段的免疫应答，而记忆 B 细胞不产生 Ig，可离开生发中心进入血液循环，遇到相同抗原后，迅速活化，产生 Ig，发挥再次免疫应答的作用。另一部分正在增殖的 B 细胞将重新表达 CXCR4 进入暗区，再次成为中心母细胞，再经历突变和选择的重复循环。

（四）体细胞高频突变、生发中心 B 细胞阳性选择与亲和力成熟

与其他体细胞自然发生的突变相比（突变频率 $1/10^{10}$ ~ $1/10^{7}$），中心母细胞分裂时 Ig 轻链和重链可变区基因中大约有 1/1 000 碱基对发生突变，为此中心母细胞 IgV 区基因的突变现象称为体细胞高频突变（somatic hypermutation）。当抗原特异性 B 细胞在生发中心克隆扩增之后，重链基因 VDJ 以点突变的形式发生突变，其中少数是有益的突变，即突变后合成的抗体对激发抗原的亲和力明显增加；大部分突变是无益的。体细胞高频突变是导致抗体多样性的原因之一，需要抗原诱导和 Tfh 细胞辅助。

体细胞高频突变可改变 BCR 特异性或亲和力，进而突变细胞经历阳性选择。突变后的 B 细胞若具有较强的结合抗原能力，将捕获和提呈更多的抗原肽。生发中心 Tfh 细胞识别这些肽后被活化并传递信号给 B 细胞，促进其存活。而突变后抗原亲和力降低的 B 细胞则只能从 Tfh 细胞处接收较弱的存活信号。存活的 B 细胞可再次表达 CXCR4 并返回到暗区，在那里经历新一轮的分化，成为中心母细胞。B 细胞如果未能从 FDC 获得足够抗原，进而无法将抗原提呈给 Tfh 细胞，这样的细胞将发生凋亡。B 细胞的阳性选择取决于 B 细胞摄取抗原和接收 Tfh 细胞传递信号的能力（CD40–CD40L 信号）。被阳性选择的 B 细胞可转变成记忆细胞和浆细胞。

在抗体生成过程中，抗体分子的平均亲和力随着时间的延长而增加，这种现象称为抗体的亲和力成熟。B 细胞通过体细胞的高频突变改变了 BCR 的结构，由于具有更高亲和力 BCR 的 B 细胞将更有效地获取抗原，并将其提呈给生发中心的抗原特异性 Tfh 细胞，因此在再次应答时产生的抗体亲和力逐渐升高。

（五）Ig 的类别转换

IgM 是活化 B 细胞最早合成的抗体，随着抗原刺激和 T 细胞辅助，抗体重链 V 区从连接 Cμ 转换为连接 Cγ、Cα 和 Cε，因而产生的抗体类别转换为 IgG、IgA 和 IgE。简言之，B 细胞活化后先合成 IgM 类抗体，然后转换合成 IgG 等其他类别抗体。Ig 类别发生变化的过程称为 Ig 的类别转换（class switch）（详见第八章）。Ig 的类别转换中重链 V 区保持不变，是 C 区基因发生不同重排的结果。因此，类别转换不会改变抗体识别抗原的特异性。

T 细胞可以通过分泌不同的细胞因子，介导 Ig 的类别转换。IL-4 促进 IgG1 和 IgE 的形成；IL-21 促进 IgG1 和 IgG3 形成；TGF-β 诱导 IgG2b 和 IgA 形成；IL-5 促进 IgA 形成；IFN-γ 诱导 IgG2a 和 IgG3 形成。

第三节　抗体的产生及其介导的免疫效应

免疫效应是指淋巴细胞增殖、活化及分化后产生效应物质，由效应物质完成排除异己抗原的过程。B 细胞介导的体液免疫应答的效应物质是抗体，通过抗体与抗原结合，进而清除抗原异物。抗体的免疫效应表现在两个方面，一方面使机体获得针对病原体的防御功能，另一方面可能引起组织细胞的病理性损伤。

一、抗体的产生

B 细胞受到抗原刺激后活化、增殖和分化为浆细胞，合成并分泌 Ig（抗体）分子。浆细胞染色体上的 Ig 基因经过基因重排形成编码抗原特异性的抗体分子的基因，在粗面内质网的大小不等的核糖体上分别合成重链和轻链。重链和轻链在粗面内质网中装配成 4 条多肽链的抗体分子，装配完毕后移向滑面内质网，最后到达高尔基复合体。在移动过程中通过糖基转移酶的作用，Ig 被糖基化形成糖蛋白。然后以封闭小池的形式移向细胞膜，并分泌至细胞外，成为游离的抗体。部分 Ig 分子镶嵌在 B 细胞膜上成为 mIg，构成识别抗原的受体。体液中游离的 Ig 与 mIg，两者结合特异性抗原的活性是一致的，但羧基端不同。mIg 的末端的 25 个氨基酸残基是疏水的，镶嵌在细胞膜的脂质双层中。通常在一定条件下，抗体产生存在类别转换过程，即 B 细胞活化后先合成 IgM 类抗体，然后转换合成 IgG 等其他类抗体（详见第八章）。

二、抗体产生的一般规律

在抗原的诱导下，B 细胞转变成浆细胞，浆细胞产生抗体，通过淋巴循环进入血流。血液中的抗体浓度及亲和力随应答时间的持续而增加。抗原初次进入机体产生的应答称初次应答（primary response），相同的抗原再次进入机体所产生的应答称再次应答（secondary response）。抗原初次进入后，在血清中能测到特异性抗体前，有一潜伏期，随后抗体滴度增加进入平台期，然后抗体滴度下降进入下降期。抗体下降是由于其与抗原结合或者通过自然代谢排除所致。初次应答和再次应答的表现明显不同：初次应答的潜伏期为 7 ~ 10 天，抗体的种类以 IgM 为主，抗体滴度及亲和力均低。再次应答潜伏期短，为 2 ~ 3 天，平台期和下降期长；

抗体的种类以 IgG 为主，还有少量的 IgM，抗体滴度比初次应答高，有高达 10 倍以上者，抗体亲和力比初次应答明显增高（图 15-4）。

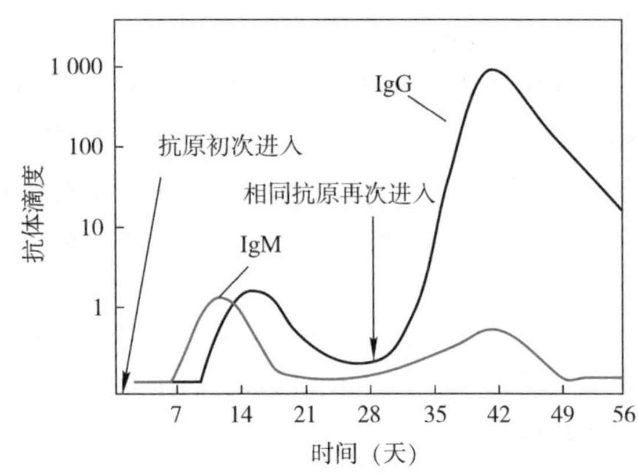

图 15-4　抗体产生的一般规律

三、抗体的免疫效应

免疫应答的效应阶段是排除异物的过程。B 细胞表面 mIg 与抗原结合后，在 Th 细胞的辅助下被激活，最终产生抗体形成细胞，即浆细胞，还有一部分转化成小的静息的记忆细胞。浆细胞产生抗体，抗体与特异性抗原结合，借助于其他细胞清除抗原，而记忆细胞则负责再次应答。抗体的免疫效应包括 Fab 段与抗原结合的中和作用、Fc 段与细胞上 Fc 受体结合的免疫调理及 ADCC 作用、激活补体以及介导超敏反应等（详见第八章）。

（一）中和作用

具有中和作用的抗体主要是血液循环中的 IgG。IgG 通过抗原结合部位结合外毒素，可中和其毒性；结合病毒，可阻止病毒进入宿主细胞，从而发挥抗体分子的保护作用。

（二）免疫调理

IgG 类抗体与颗粒性抗原结合，其 Fc 段与巨噬细胞或中性粒细胞表面的 FcR 结合，促进吞噬细胞对抗原的吞噬作用。IgG（IgG1、IgG2、IgG3）和 IgM 类抗体与相应的抗原结合后，可激活补体，再与补体活化的裂解片段 C3b，形成 C3b- 抗原 - 抗体复合物，此复合物中的 C3b 与吞噬细胞表面 C3b 受体结合，也可促进吞噬细胞的吞噬作用。

（三）激活补体

抗原 - 抗体复合物（IgG、IgM）能激活补体的经典途径，产生攻膜复合体（MAC）发挥溶菌和溶细胞效应。

（四）ADCC

IgG 类抗体能使多种细胞（如 NK 细胞、巨噬细胞、中性粒细胞等）发挥 ADCC。当 IgG 的 Fab 段与抗原结合后，其 Fc 段与上述细胞表面的 FcγR 结合，从而导致对靶细胞的杀伤。

（五）参与黏膜免疫

分泌型 IgA 抗体在消化道和呼吸道黏膜抗感染中发挥重要的作用。

（六）超敏反应

抗体可引起Ⅰ、Ⅱ、Ⅲ型超敏反应。Ⅰ型由 IgE 介导，Ⅱ型、Ⅲ型由 IgG 和 IgM 介导（见第十九章）。

（闫东梅）

数字课程学习

教学 PPT　　自测题　　微课　　拓展阅读

第十六章　免疫应答的调节

免疫调节（immunoregulation）是指在抗原驱动的免疫应答过程中免疫细胞之间、免疫细胞与免疫分子之间以及免疫系统与其他系统之间的相互作用使免疫应答维持在适宜的强度和时限，以保证机体免疫功能的稳定。其本质是在遗传基因控制下由多因素参与的调节过程。

第一节　免疫应答的遗传控制

机体对某一抗原能否产生免疫应答以及产生免疫应答的水平是由个体的遗传背景所决定的，即免疫应答受控于遗传因素。控制免疫应答的基因主要包括编码 MHC 分子的主要组织相容性基因复合体（MHC）和编码抗原识别受体（TCR、BCR）的基因。MHC 是存在于脊椎动物染色体上编码 MHC 分子、控制免疫细胞间相互识别、调节免疫应答的紧密连锁的基因群。小鼠免疫应答受控于第 17 号染色体的 H-2 I 区，I 区的基因产物称为 I a 抗原，即免疫相关抗原（immune associated antigen，Ia），其本质是 MHC Ⅱ类分子。人类免疫应答的水平与 HLA 的基因调控密切相关，主要表现在：① T 细胞在胸腺内的分化和成熟直接接受 HLA Ⅰ类和 HLA Ⅱ类分子的选择；②通过 HLA Ⅰ类和 HLA Ⅱ类分子抗原结合沟槽选择性地提呈内源性抗原和外源性抗原，直接参与 T 细胞的活化，启动免疫应答；③构成抗原提呈细胞与 $CD4^+$ T 细胞之间以及靶细胞与 $CD8^+$ T 细胞之间的 MHC 限制。

第二节　抗原的调节作用

抗原对免疫应答具有直接的驱动和调节作用，抗原的结构特点、作用途径和剂量等决定免疫应答的类型及强度。抗原主要作用于免疫应答的起始阶段。

一、抗原的结构

抗原结构影响免疫应答，主要包括以下几点。

1. 抗原结构

抗原结构复杂，含有芳香族氨基酸，免疫原性强。抗原结构简单，免疫原性弱。

2. 抗原与机体的亲缘关系

抗原与机体的亲缘关系越远，携带与机体不同表位就越多，活化机体相应的 T 细胞和 B

细胞克隆也越多，免疫原性越强；反之，免疫原性就越弱。

3. 抗原的降解

载体易于降解，可容易暴露出载体表位，有利于抗原提呈，免疫原性强；而携带B细胞表位的抗原易于降解，可减少在体内的滞留时间，其免疫原性则弱。

二、抗原的剂量和进入机体的途径

1. 抗原的剂量

通常抗原的剂量与免疫应答的强度呈正相关，但抗原剂量过小或过大均可引起免疫耐受。随着抗原在体内的降解和清除，免疫应答的强度也相应降低或终止。

2. 抗原进入的途径

抗原进入机体的途径决定免疫应答的强度。皮下接种可激发较强的免疫应答，若口服或雾化吸入、静脉注射都可能引起免疫耐受。

三、抗原竞争现象

先进入机体的抗原可抑制随后进入的另一种结构相似的抗原所诱导的免疫应答的强度，这一现象称抗原竞争（antigenic competition）。其原因之一是两T细胞表位之间对MHC抗原结合槽的竞争。

第三节　免疫分子的调节作用

免疫分子，包括补体分子、抗体分子和协同刺激分子与相应受体对免疫应答水平发挥有重要的调节作用。

一、补体活化片段的调节

B细胞和APC等多种细胞表面存在多种补体活化片段的受体，补体活化片段通过其受体调节免疫应答（图16-1）。

1. 促进APC提呈抗原

APC通过CR 1捕获和转运抗原。滤泡树突状细胞和巨噬细胞通过CR1和FcR易于捕获C3b-Ag-Ab或Ag-Ab复合物，提高提呈抗原的效率。

2. 促进B细胞的活化

B细胞表面具有CR1和CR2（CD21），可分别与C3b-Ag-Ab复合物或C3d、iC3b和C3dg抗原复合物结合，提高B细胞捕获抗原和提呈抗原的能力并促进B细胞的活化。

3. 对T细胞的调节作用

C1q与APC作用导致Treg增加而抑制T细胞活化，或通过C1qR减弱T细胞增殖。C3a通过T细胞或APC表面C3aR作用促进T细胞活化。

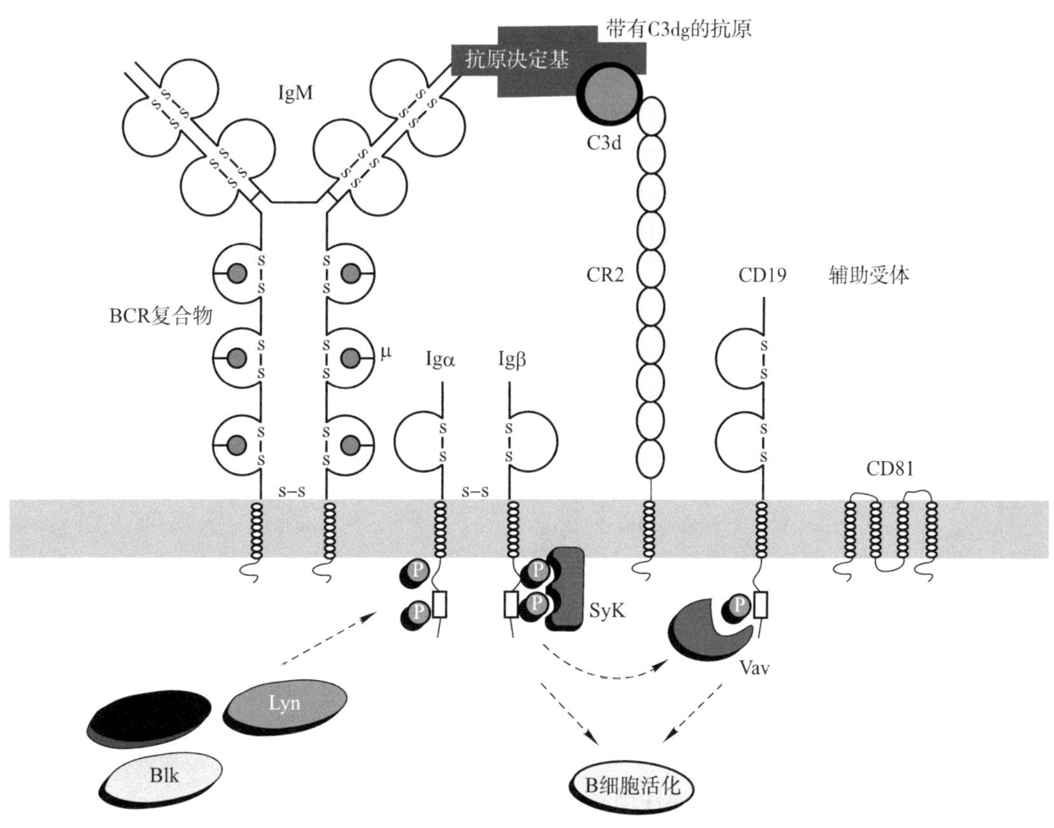

图 16–1　补体活化片段对体液免疫应答的调节

二、特异性抗体的反馈调节

免疫应答产生的抗体能够调控免疫应答的强弱和时限。

1. 免疫复合物的调节作用

抗体与抗原结合形成免疫复合物（IC），不仅可促进抗原的清除，而且能够发挥特异性抗体的正、负反馈调节作用。

（1）IgM 免疫复合物：具有正反馈调节作用，可增强对该抗原的免疫应答（图 16–1）。抗原抗体（IgM）复合物激活补体经典途径产生的 C3dg 片段共价结合在细菌表面，与 B 细胞表面的 C3dg 受体（CD21）结合后，通过与 CD21 相关的 CD19 传送信号。CD19、CD21 和 CD81 等 B 细胞膜表面的辅助受体与 BCR（膜表面 IgM）交联导致 CD19 的酪氨酸残基磷酸化，之后通过磷脂酰肌醇 3 激酶（PI3–K）信号转导途径导致 B 细胞活化。

（2）IgG 免疫复合物：具有负反馈调节作用，可能的机制如下：① IgG 的封闭作用，即 IgG 与 B 细胞 mIg 竞争抗原；② IgG 免疫复合物上的游离抗原决定簇与 B 细胞 mIg 结合，免疫复合物上的抗体 Fc 段与同一 B 细胞上的 FcγRⅡ结合，形成 BCR 与 FcγRⅡ交联，导致 B 细胞产生抑制信号，阻断 B 细胞的应答（图 16–2）。

在免疫应答中，IgM 首先产生，形成的免疫复合物促进免疫应答；当 IgG 产生时，也标志

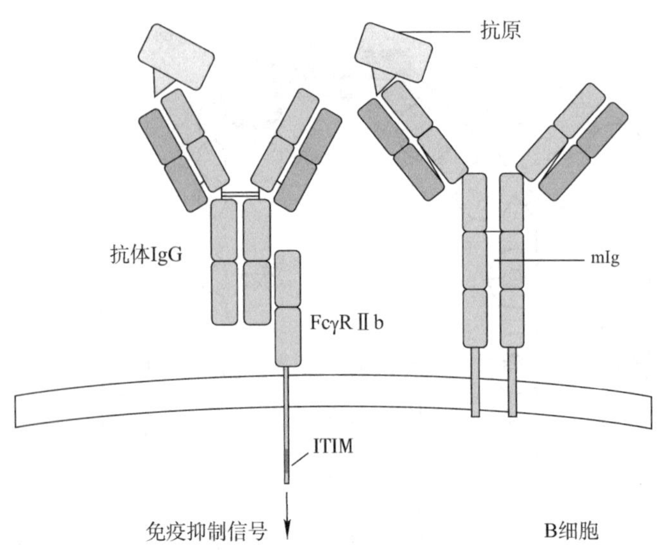

图 16-2　IgG 的封闭作用

着体液免疫应答达到高峰，所形成的免疫复合物抑制免疫应答。因此，抗体类型转换的本身也间接地调控免疫应答的强度。

2. 独特型抗独特型网络调节

独特型抗独特型网络学说认为任何抗体分子上都存在着独特型（idiotypes，Id）决定簇，他们能被体内另一些淋巴细胞所识别并产生抗独特型抗体（anti idiotype antibodies，Aid）。以独特型和抗独特型的相互识别为基础，免疫系统内部构成网络联系，通过 Id 和 Aid 的相互识别、相互刺激和相互制约对免疫系统进行调节。

（1）独特型（idiotype，Id）：不同 B 细胞克隆产生的抗体分子的 V 区（包括 BCR 和免疫球蛋白超家族的 TCR）表位的不同，都具有免疫原性，通常把抗体 V 区的表位称之为独特型。机体受抗原刺激后产生抗体（Ab1），当 Ab1 的独特型达到一定剂量时则引起免疫应答，产生抗独特型（Ab2）。

（2）抗独特型（anti-idiotype，Aid）：Ab2 分为二类，一为 Ab2α，抗 Ab1V 区骨架部分，具有封闭相应 B 细胞克隆的抗原受体或 Ig 分子的抗原结合点，抑制相应 T/B 细胞克隆的活化；二为 Ab2β，抗 Ab1V 区 CDR 部分，具有类似相应抗原的分子构象，可模拟抗原与相应的 T/B 细胞克隆受体结合，故称 Ab2β 为抗原的内影像（internal image）。

（3）独特型—抗独特型网络调节：抗原进入体内，刺激相应 B 细胞克隆产生大量的 Ab1，Ab1 在清除相应抗原的同时其 V 区作为抗原（Id）又可刺激相应 B 细胞克隆产生 Ab2，Ab2α 可封闭抗原与相应的 BCR 结合而抑制免疫应答；Ab2β 可模拟抗原刺激产生 Ab1 的 B 细胞克隆，增强免疫应答；Ab2 V 区又可刺激相应 B 细胞克隆产生 Ab3，由 Ab2β 诱导产生的 Ab3 其特异性与 Ab1 又相同，因此，亦称 Ab3 为 Ab1′，即 Ab1 的内影像（图 16-3）。

随着抗体的出现，抗原浓度降低，其后抗独特型的浓度亦逐渐降低，至降低到抗独特型浓度不足以引起免疫应答时终止。因此，独特型—抗独特型网络在免疫应答过程中具有十分

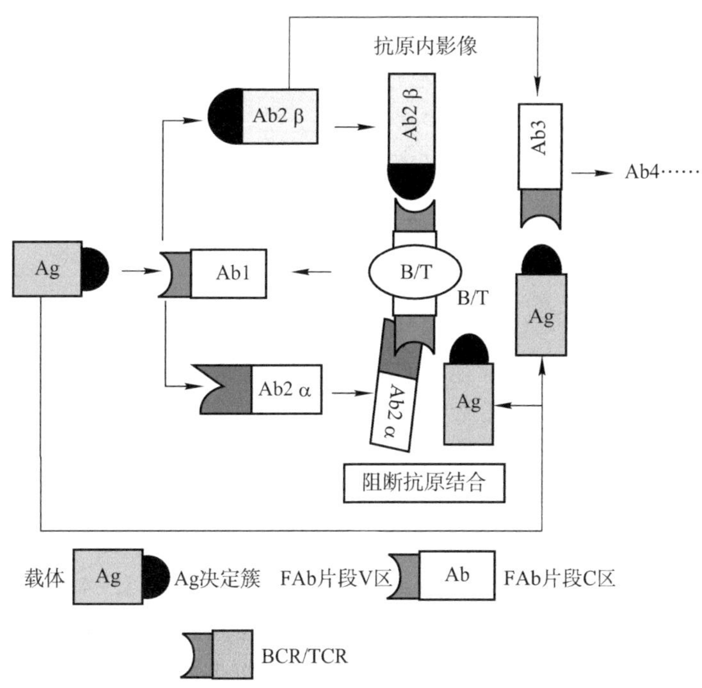

图 16-3　独特型 - 抗独特型网络调节示意图

重要的调节作用。

三、CD28 超家族的免疫调节

PD-1、CTLA-4 及 BTLA 等分子属于 CD28 超家族成员。CD28 表达于静止 T 细胞，PD-1 和 BTLA 分子表达于活化的 T 细胞、B 细胞及髓系细胞，而 CTLA-4 仅大量表达于活化的 T 细胞。CD28 与协同刺激分子 B7-1（CD80）或 B7-2（CD86）结合，提供协同刺激信号，使 T 细胞活化。CTLA-4 与 CD80 或 CD86 结合、PD-1 与 PD-L1（广泛表达于多种类型细胞）或 PD-L2（表达于树突状细胞、巨噬细胞和 B 细胞）结合、BTLA 与 HVEM（表达于抗原递呈细胞）结合，产生抑制信号，可防止 AICD 的发生，不引起活化的淋巴细胞凋亡，阻止细胞因子（如 IL-2）的产生和抑制活化 T 细胞的增殖，PD-1、CTLA-4 及 BTLA 的负调节作用，在抑制过度免疫应答和防止自身免疫病的发生起重要作用。抗 PD-1 单克隆抗体药物已应用于 PD-L1 阳性肿瘤的临床治疗。

四、抑制性受体的免疫调节

抑制性免疫受体启动后，由 PTK 参与的激活信号转导通路被阻断。因而生理条件下，既保证正向信号能充分发挥作用，引起免疫应答，也使得免疫应答通过负向信号得到调节，使免疫应答保持在适度的时空范畴。

第四节　免疫细胞的调节作用

细胞之间通过细胞因子、协同刺激分子及 MHC 分子等以其复杂的作用直接或间接地调节免疫应答，以维持免疫功能的正常状态。

一、T 细胞亚群的免疫调节作用

1. $CD4^+$ T 细胞亚群的调节

初始 $CD4^+$ T 细胞可分化为 Th 细胞和 $CD4^+$ Treg 细胞等亚群，各亚群相互间的协同或抑制在免疫应答类型及其强度的调节中发挥极为重要的作用（图 16–4）。

（1）Th 细胞亚群的调节：Th 细胞可分为 Th0 细胞、Th1 细胞、Th2 细胞和 Th17 细胞等四个亚群。Th0 细胞为未定型细胞，最终要分化为 Th1 细胞、Th2 细胞和 Th17 细胞。Th1 细胞分泌 IFN–γ、IL–2 和 TNF–β 等细胞因子；Th2 细胞分泌 IL–4、IL–6 和 IL–10 等细胞因子；Th17 细胞分泌 IL–17 等。IFN–γ 促进 Th0 细胞向 Th1 细胞分化；IL–4 则促进 Th0 细胞向 Th2 细胞分化。Th17 细胞的分化和功能均受 Th1 和 Th2 细胞因子的调控。Th1 细胞产生的细胞因子 IFN–γ 抑制 Th17 细胞的分化。Th2 细胞产生的 IL–4 也抑制 Th17 细胞的分化。当 Th1 细胞占优势，促进细胞免疫应答，抑制体液免疫应答；当 Th2 细胞占优势，促进体液免疫应答，则抑制细胞免疫应答；Th17 促进炎症和自身免疫反应。

（2）$CD4^+$ Treg 细胞的调节：Treg 细胞为 $CD4^+CD25^+Foxp3^+$ T 细胞。占外周血 $CD4^+$ T 细胞的 5%～10%。Treg 细胞主要通过：① TGF–β、IL–10 和 IL–6 等多种细胞因子抑制细胞介导的免疫应答；② Treg 细胞表面表达 CTLA–4 膜分子，CTLA–4 与效应细胞上的 CD28 竞争结

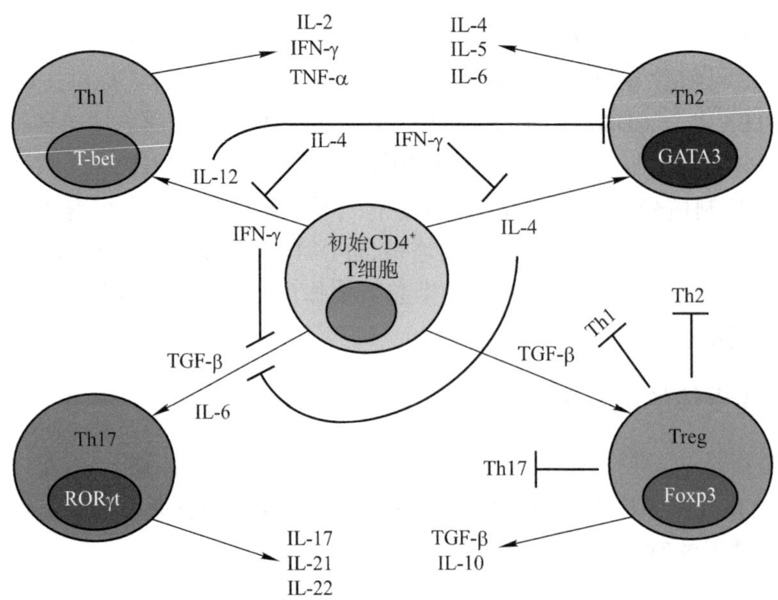

图 16–4　$CD4^+$ T 细胞亚群的免疫调节示意图

合 CD80/CD86，抑制效应细胞功能。另外，CTLA-4 与 DC 细胞表面的 CD80/CD86 结合导致 DC 细胞内游离的色氨酸减少，降低了 T 细胞的活化水平。③ Treg 细胞表达糖皮质激素诱导的肿瘤坏死因子受体（GITR），GITR 在 $CD4^+CD25^+$ Treg 的免疫抑制效应中发挥着重要作用。④ Treg 细胞膜上高表达 CD25 分子，可与效应 T 细胞竞争结合 IL-2，导致效应细胞停止增殖而抑制免疫应答。Treg 细胞发挥负向免疫调节作用，主要具有维持机体免疫耐受以及抑制自身免疫性疾病发生的作用。

2. Tc 细胞的调节

Tc 细胞为 $CD8^+$ T 细胞，具有杀伤靶细胞和抑制免疫应答的双重作用。对免疫应答抑制作用的实质可能是通过改变 Tc 细胞的功能和免疫应答的类型而实现。

研究证明 $CD8^+$ T 细胞按所分泌的细胞因子的谱系不同可分为 Tc1（CTL 或 $CD8^+$ Th1）细胞和 Tc2 细胞（$CD8^+$ Th2）。Tc1 细胞具有较强的杀伤活性，表现为 MHC Ⅰ类分子限制，可分泌 IFN-γ，对 Th1 细胞起正向调节作用，对 Th2 细胞起负向调节作用；Tc2 细胞具有较弱的杀伤作用，抑制 CD4（TCRγδ）T 细胞。Tc2 细胞主要分泌 IL-4、IL-5、IL-10 和 TGF-β，也可分泌少量 IFN-γ，对 Th2 细胞起正向调节作用，对 Th1 细胞起负向调节作用。采用同种肿瘤抗原刺激和不同的细胞因子诱导建立的小鼠 Tc1 细胞和 Tc2 细胞克隆各自所分泌的细胞因子与上述基本相同。目前，尚不清楚 Tc1 细胞和 Tc2 细胞之间的转变机制。

3. γδT 细胞

γδT 细胞在发挥杀伤作用排除外来抗原的同时也通过分泌细胞因子调节免疫应答，调节的方向取决于感染的病原微生物是胞内寄生还是胞外寄生。机体感染胞内寄生的病原微生物，γδT 细胞通过分泌 IFN-γ、IL-2 和 IFN-α 增强细胞免疫应答，以对抗胞内寄生的病原微生物；机体感染胞外寄生的病原微生物，γδT 细胞则分泌 IL-4、IL-5 和 IL-6 增强体液免疫应答，以对抗胞外寄生的病原微生物。γδT 细胞亦可分泌 IL-3 和 GM-CSF 增强骨髓的造血能力等。同时，活化的 γδT 细胞具有提呈抗原的功能。

4. NKT 细胞

NKT 细胞为表达 TCR 和 NK 细胞膜分子（如 NK1.1、NKp46 等）的 T 细胞，NKT 细胞兼有 T 细胞和 NK 细胞的功能，是一个在适应性免疫和固有免疫均起重要作用的独特 T 细胞亚群。NKT 细胞分为Ⅰ型 NKT 细胞、Ⅱ型 NKT 细胞和 NKT-like 细胞。Ⅰ型、Ⅱ型 NKT 细胞皆为 CD1d 依赖性细胞，能够识别 CD1d 分子提呈的糖脂类抗原，Ⅰ型 NKT 细胞能够识别 α- 半乳糖神经鞘氨醇（α-Galcer），而Ⅱ型 NKT 细胞不能识别，NKT-like 细胞为 CD1d 非依赖性细胞。NKT 细胞少数表达 CD4，不表达 CD8。NKT 细胞被激活后分泌穿孔素杀伤靶细胞，同时也可分泌 Th1、Th2 或 Th17 型细胞因子调节免疫应答。在胞内寄生的病原微生物的刺激下产生大量的 IFN-γ 和 IL-12，诱导 Th0 细胞向 Th1 细胞分化，增强细胞免疫应答；在胞外寄生的病原微生物的刺激下分泌大量的 IL-4，诱导 Th0 细胞向 Th2 细胞分化，参与浆细胞抗体类别的转换，增强体液免疫应答。

二、B 细胞的调节作用

B 细胞表达膜型受体 IgM 和 IgD，该受体与 Igα 和 Igβ 构成复合体介导抗原识别过程中 B

细胞的活化信号转导。B 细胞表面同时表达抑制性受体如 FcγRIIb 等。FcγRIIb 胞内部分含有 ITIM 基序，传递 B 细胞活化的抑制性信号，抑制 B 细胞活化。FcγRIIb 发挥抑制作用需要与 BCR 发生交联。参与交联的主要成分有两种：抗 BCR 分子的抗体（即 Ab2 抗体）和抗原 – 抗体复合物，而且参与启动 FcγRIIb 抑制信号途径的 Ab2 抗体通常是 IgG。Ab2 IgG 的抗原结合部位识别 BCR 分子，Ab2 抗体的 Fc 段则与同一 B 细胞表面的 FcγRIIb 结合。抗原 – 抗体复合物中，IgG 抗体识别的抗原表位不同于同一抗原分子上 BCR 识别的表位。BCR 识别其表位并与之结合后，由识别另一表位的 IgG 抗体以其 Fc 段启动 FcγRIIb 介导的信号转导，抑制 B 细胞活化及相应抗体产生。

另外，研究证明存在具有调节作用的 B 调节细胞亚群（Breg），Breg 通过分泌细胞因子如 IL–10 和细胞间接触的方式介导免疫抑制功能，在固有免疫和适应性免疫中起重要作用。

三、活化诱导的细胞死亡

抗原刺激活化诱导的细胞死亡（activation induced cell death，AICD）是一种程序性主动死亡，即凋亡（apoptosis），对免疫应答的终止起调节作用。通过对 CD95（Fas）和 CD95L（FasL）基因敲除小鼠的研究证实 AICD 主要是由 CD95 和 CD95L 结合实现的。

当抗原激发 T 细胞增殖和分化成效应细胞时，其表面 CD95 的表达也同时上调。当发挥排除抗原效应后，则通过其表面高密度表达的 CD95 与自身表达的 CD95L 或其脱落的 CD95L 结合诱导顺式自杀（suicide in cis）；也可以与其他活化的 T 细胞表达的 CD95L（或其脱落的 CD95L）结合诱导反式自杀（suicide in trans）。B 细胞接受抗原刺激后进行增殖、活化和分化后，CD95 表达亦增加。当发挥免疫效应后，可与活化的 T 细胞所表达的 CD95L 结合，诱导 AICD。所以，当抗原逐渐被清除后，抗原活化的 T 和 B 效应细胞通过 AICD 也逐渐被清除，终止免疫应答。这就避免了在产生免疫应答后，T 和 B 细胞的蓄积以及由其蓄积所引起的自身免疫性损伤，防止自身免疫性疾病的发生。

第五节　神经内分泌系统对免疫的调节

免疫系统与人体其他系统一样，也受神经内分泌系统的调控；反之，免疫系统对神经内分泌系统亦产生影响。神经内分泌系统和免疫系统之间的相互影响和相互调节是由一定的物质基础所决定的。

一、下行通路和上行通路

神经内分泌系统和免疫系统之间存在可互相联系的通道，包括下行通路和上行通路。

1. 下行通路

下行通路由神经系统、内分泌系统到免疫系统。

（1）神经系统：大脑皮质是神经系统的最高中枢，并有免疫功能分区现象。当不同部位接受外界的刺激时，对免疫功能将产生不同的影响。

（2）内分泌系统：与神经系统通过下丘脑垂体内分泌腺（肾上腺、甲状腺和性腺等）轴构成调节通路，调控免疫应答。

（3）免疫系统：中枢免疫器官和外周免疫器官直接受外周自主神经的支配。免疫器官和免疫细胞表达神经递质和内分泌激素的受体，接受神经内分泌系统下达的各种信息，有效地调节免疫功能。

2. 上行通路

上行通路由免疫系统、内分泌系统到神经系统。内分泌系统和神经系统同样存在细胞因子等受体，并与其配体结合发挥作用。免疫器官和免疫细胞也能产生神经内分泌肽类物质，中枢神经系统亦有其受体。免疫细胞所合成的与垂体合成的神经内分泌肽无论从结构上还是功能上都极为相似。如免疫促肾上腺皮质激素（immunoreactive adrenocorticotropic hormone，iACTH）与垂体合成的 ACTH 在结构上完全一致，在功能上也能诱导肾上腺皮质合成皮质醇，增加肾上腺皮质分泌肾上腺皮质激素，除直接或间接影响免疫功能外，并对垂体和丘脑亦具有反馈调节作用。也就是说，在神经系统、内分泌系统和免疫系统中存在通用的信息分子神经内分泌肽，此即为共享分子。共享分子的存在，加强了三个系统的相互影响，组成了神经系统、内分泌系统和免疫系统的整体调节网络。

免疫器官和免疫细胞产生的胸腺肽、神经内分泌肽类物质和细胞因子作为信息分子可传入中枢神经系统并与相应受体结合，对神经和内分泌系统起重要作用。这样，以免疫器官和免疫细胞产生的神经内分泌肽类物质和细胞因子为起点，构成了上行通路。

二、神经内分泌系统对免疫系统的调节

1. 神经内分泌肽对免疫的调节

通过下行通路，神经内分泌系统以分泌神经内分泌肽对免疫功能产生调节作用。这些神经内分泌肽通过间接和（或）直接作用对免疫系统施加影响，调节免疫功能。如 P 物质是 11 肽神经递质，具有多种生理作用，同时具有免疫增强功能。尚有外周植物神经通过神经递质去甲肾上腺素和乙酰胆碱调节免疫功能。肾上腺皮质激素和雄激素等下调免疫应答；而甲状腺素、胰岛素、生长激素和雌激素则增强免疫应答。

2. 应激对免疫功能的影响

（1）精神状态对免疫功能的影响：主要由外界刺激造成的，这种刺激也是一种应激（stress），如寒冷、恐惧、悲伤、紧张、焦虑、负担过重和精神打击等，都可导致血流重新分配，黏膜血管收缩，免疫物质减少，在黏膜分布的微生物有机会侵入机体。加之影响下丘脑、垂体和肾上腺皮质轴，增加 ACTH 的释放，导致肾上腺皮质分泌糖皮质激素增高，作用于黏膜以及免疫细胞的相应受体引起免疫抑制。以上因素可直接引起感冒，如在短期内不能解除，易导致严重感染和肿瘤等疾病。

（2）创伤对免疫功能的影响：主要由手术、外伤、烧伤和创伤性检查所引起，由于疼痛、内脏牵拉、麻醉和恐惧，对患者构成应激性刺激，严重损害和抑制机体的免疫功能。应用糖皮质激素等拮抗剂可阻断糖皮质激素对免疫功能的抑制。

因此，调节患者心态，稳定患者情绪，保证患者心情愉快是医务工作者的首要任务之一。

三、免疫系统对神经内分泌系统的影响

免疫细胞和免疫器官除具有接受神经内分泌系统产生的神经内分泌肽的受体外，其本身尚可产生神经内分泌肽、细胞因子和胸腺肽，并具备以下特点：①皆为免疫反应的产物；②能为中枢神经系统通过其相应的受体所接受；③能引起神经系统的功能变化，同时也作用于相应的免疫细胞。因此，可将此类由免疫系统产生并传递给神经内分泌系统的信息分子称为免疫递质（immune transmitter）。免疫细胞和胸腺所产生的神经内分泌肽对神经内分泌系统具有反馈调节作用，同时对免疫系统自身也有与神经内分泌系统所分泌的神经内分泌肽相同的调节作用，细胞因子和胸腺肽对神经内分泌系统亦产生重要影响。IL-1 最重要的作用是在不同的层次上参与下丘脑 - 垂体 - 肾上腺皮质轴的调节。可直接作用于下丘脑区神经元上的 IL-1 受体，通过此受体作用于促肾上腺皮质激素释放因子（corticotropin releasing factor，CRF）的分泌，从而增加 ACTH 的释放。神经内分泌系统不仅能分泌神经内分泌肽，而且神经细胞还能提呈抗原和产生多种具有免疫效应的细胞因子并表达细胞因子的受体；同样免疫细胞不但分泌细胞因子，而且具有神经内分泌肽类受体，亦能产生神经内分泌肽。通过以上多种途径的相互影响，构成对免疫的整体调节（图 16-5）。

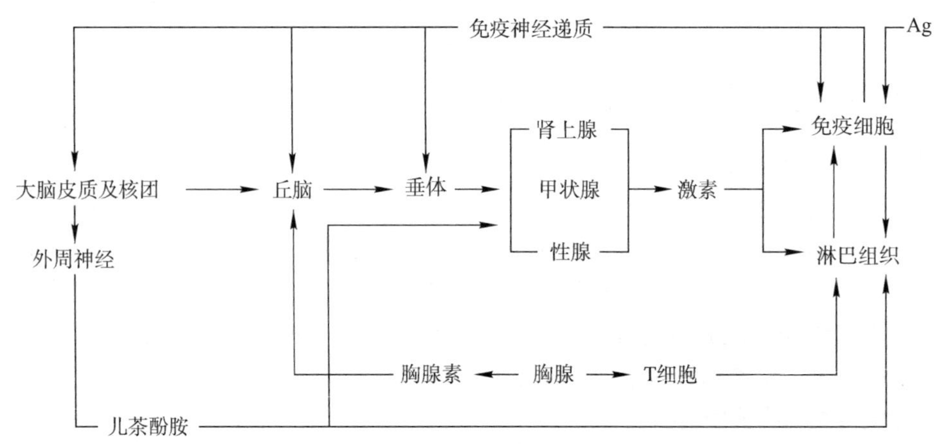

图 16-5　神经 - 内分泌 - 免疫系统网络调节通路

（袁小林）

数字课程学习

教学 PPT　　自测题　　微课　　拓展阅读

第十七章　免疫耐受

免疫耐受（immunological tolerance）是指免疫系统对某些特定抗原所表现出的特异性无应答状态。当免疫系统与相应抗原接触时，可出现应答和耐受两种结果。诱导机体产生免疫应答的抗原称为免疫原（immunogen），诱导机体产生免疫耐受的抗原称为耐受原或耐受性抗原（tolerogenic antigen）。

免疫耐受可天然形成，如机体在正常生理状态下对自身组织抗原的免疫耐受，又称之为自身耐受（self-tolerance）。自身耐受保护自身组织不被正常免疫系统攻击。免疫系统通过多种机制维持自身耐受，从而防止对自身组织的破坏。自身耐受机制的异常将导致针对自身抗原的免疫应答，称为自身免疫（autoimmunity），相关疾病称为自身免疫病（autoimmune disease）。明确自身耐受的机制是认识自身免疫病发病的关键（自身免疫病的发病和临床病理特点将在第十八章介绍）。

免疫耐受也可以后天获得。在正常情况下，外来抗原进入机体后，能够刺激免疫系统对其发生有效的免疫应答。但在某些条件下，免疫系统却能对本应发起免疫应答的抗原产生不应答状态，称为获得性免疫耐受。例如，机体的免疫系统对消化道接触的食物和呼吸道接触的花粉等抗原的免疫耐受就属于获得性免疫耐受。获得性免疫耐受使机体能够适应经常接触的环境抗原。

免疫耐受机制的揭示和研究具有重要的生物学意义和临床应用价值。人们正试图通过揭示天然免疫耐受机制和了解获得性免疫耐受形成的条件，人工操纵耐受的形成或打破，以应用于临床相关疾病的预防和治疗。例如，在疫苗研制方面，成功的疫苗应该是通过特殊的设计避免免疫耐受的产生，使之能有效促进淋巴细胞活化，从而增强抗原的免疫原性；通过打破肿瘤耐受，激发有效抗肿瘤免疫应答；通过诱导移植物、变应原及自身抗原耐受，防治移植排斥反应、Ⅰ型超敏反应和自身免疫病。在本章中，我们首先阐述天然免疫耐受的形成机制，然后讨论影响获得性免疫耐受形成的因素及在临床上应用的策略。

第一节　免疫耐受的机制

免疫耐受的形成机制按 T 细胞、B 细胞形成的时期不同分为中枢耐受（central tolerance）和外周耐受（peripheral tolerance）。T 细胞、B 细胞在中枢免疫器官的分化、发育过程中所形成的耐受机制称为中枢耐受机制，维持成熟的 T 细胞、B 细胞在外周的免疫耐受状态称之为外周耐受机制。

一、中枢耐受机制

T 细胞、B 细胞免疫耐受形成的最敏感部位是在中枢免疫器官，即 T 细胞发育的胸腺与 B 细胞发育的骨髓。由于淋巴细胞在中枢免疫器官中成熟的过程中，由胚系序列产生功能性抗原受体（TCR 和 BCR）基因的重排过程是随机的，不受“自己”或“非己”的影响，因此，在不成熟淋巴细胞克隆中既有识别多种外源性抗原的淋巴细胞，也不排除产生对自身抗原特异性识别的淋巴细胞。但由于中枢免疫器官中可高表达组织特异性抗原（tissue specific antigen，TSA），也被称为组织限制性抗原（tissue restricted antigen，TRA），绝大多数与 TSA 具有高亲和力的淋巴细胞通过阴性选择被克隆性清除，使得外周免疫器官和组织中的成熟淋巴细胞库中没有或较少地存在自身反应性淋巴细胞克隆（图 17-1）。

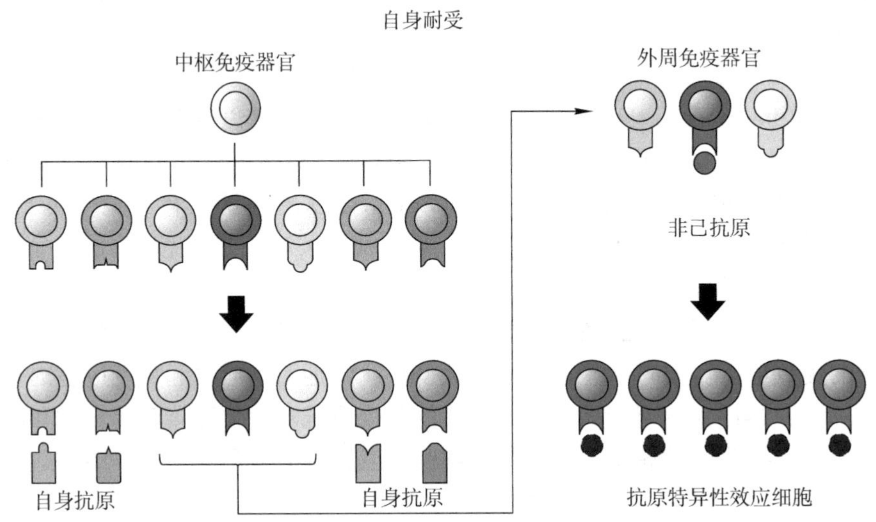

图 17-1　中枢免疫器官中阴性选择清除自身反应性淋巴细胞克隆示意图

（一）T 细胞的中枢耐受

T 细胞在胸腺内成熟的过程中，由于 TCR-α 和 β 链基因片段的随机重排，未成熟的 T 细胞可表达多种多样的 TCR，与自身抗原具有高亲和力的未成熟 T 细胞通过阴性选择被清除（见第三章）。胸腺中位于皮髓交界处的胸腺髓质上皮细胞（medullary thymic epithelia cell，mTEC）和 $CD8\alpha^+$ 髓样树突状细胞可表达上千种组织特异性抗原（TSA）（图 17-2），这些细胞可直接提呈 TSA，或由树突状细胞摄取提呈来自凋亡 mTEC 释放的 TSA，使自身反应性 T 细胞通过阴性选择被清除（图 17-3）。一些在胸腺中接触过自身抗原的自身反应性 T 细胞也可由于某种尚不清楚的机制分化成调节性 T 细胞（图 17-3），进入外周免疫系统后发挥对自身组织免疫应答的抑制作用（参见外周免疫耐受机制）。近来发现，在胸腺髓质上皮细胞和髓样树突状细胞系呈高表达的一种自身免疫调节因子（autoimmune regulator，AIRE）参与调控胸腺 TSA 的表达。AIRE 基因的突变或缺失，可导致 200 ~ 1 200 种胸腺基质细胞的 TSA 表

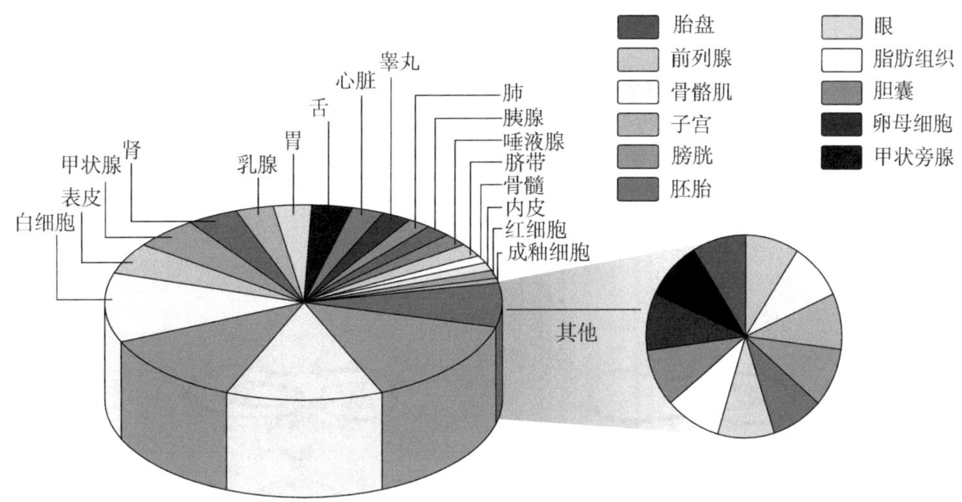

图 17-2　组织特异性抗原（TSA）表达的种类

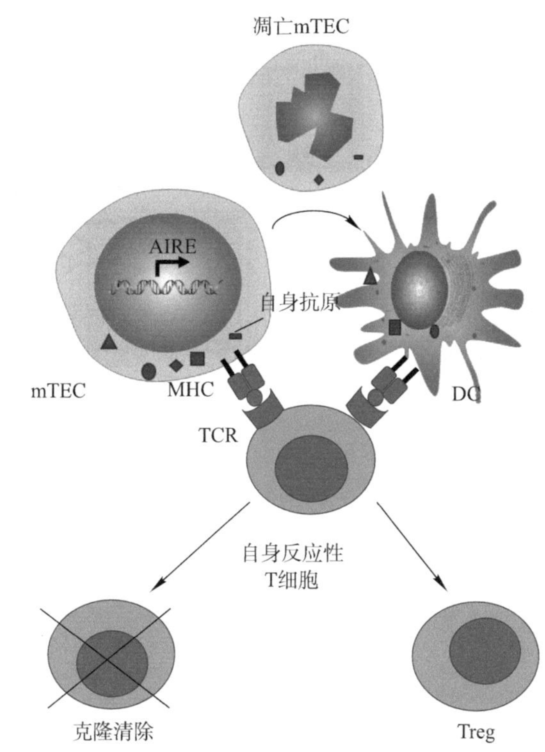

图 17-3　T 细胞中枢耐受机制示意图

达降低或缺失。AIRE 基因突变可引起自身免疫性多腺体综合征Ⅰ（autoimmune polyglandular syndrome Ⅰ，APS-Ⅰ），包括甲状腺、胰腺和肾上腺等多器官出现免疫病理性改变。

（二）B 细胞的中枢耐受

骨髓中，对自身抗原具有高亲和力的未成熟 B 细胞可发生特异性改变或被清除。未成熟

B 细胞的 BCR 与骨髓基质细胞表面的自身抗原或可溶性自身抗原以较高的亲和力结合，激活 *RAG–1* 和 *RAG–2* 基因，通过重编辑 BCR 改变其特异性，失去自身反应能力，不再与自身抗原结合，此过程称为受体编辑（receptor editing）。如果重编辑失败，B 细胞不能合成新的轻链，或新表达的 BCR 仍能与自身抗原结合，该 B 细胞将被克隆清除（图 17–4）。此外，如果不成熟 B 细胞的 BCR 与自身抗原亲和力较弱，这些细胞将处于功能性无应答状态，即克隆无能（clonal anergy），并以该状态离开骨髓进入外周组织。

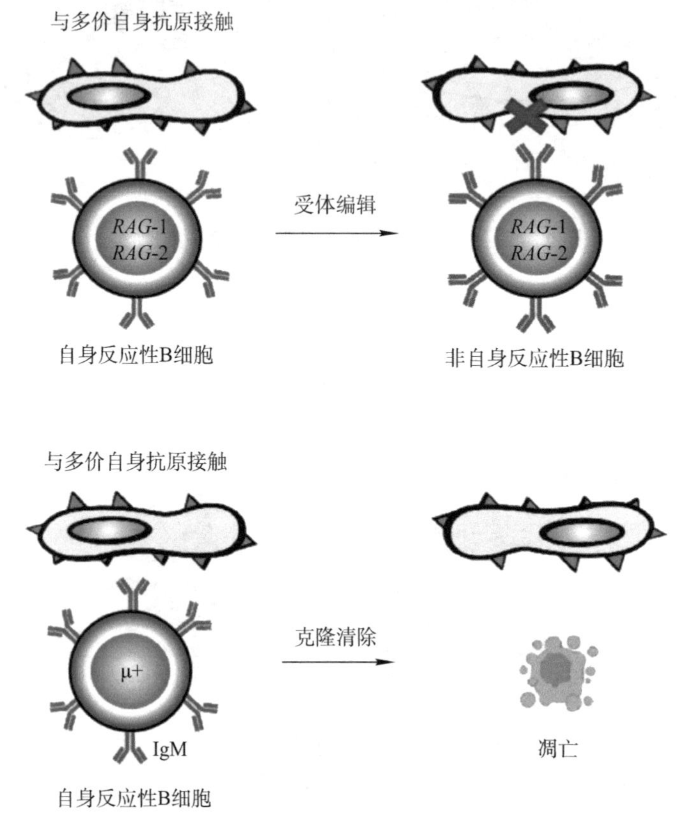

图 17–4 未成熟 B 细胞在骨髓内的重编程及凋亡

二、外周耐受机制

虽然通过中枢耐受机制可清除大多数的自身反应性 T 细胞和 B 细胞，但对中枢免疫器官不表达或表达不足的自身抗原的 T 细胞和 B 细胞克隆则不被清除，继续发育成熟，进入外周成熟淋巴细胞库。外周耐受可通过如下机制维持外周自身反应性 T 细胞和 B 细胞对自身抗原处于不应答状态。

（一）自身反应性淋巴细胞的克隆无能

T 细胞和 B 细胞的活化需要包括来自抗原、共刺激分子和细胞因子等多种刺激信号的共同作用。其中某种活化刺激信号的缺失或无功能，均可导致 T 细胞、B 细胞不能活化，处于不活化的“无能”状态。

1. T 细胞克隆无能

TCR 识别结合 APC 表达的 MHC- 抗原肽获得第一活化刺激信号，正常生理状态下的共刺激分子的存在为 T 细胞提供第二活化刺激信号，使其活化产生免疫应答（详见第十四章）。当出现共刺激分子缺乏时，T 细胞不能获得足够的第二活化信号刺激，则无法对抗原产生应答。如图 17–5 所示，由于缺乏共刺激分子 B7 和 CD28 正常结合作用，T 细胞对自身抗原不产生应答，表现为克隆无能。

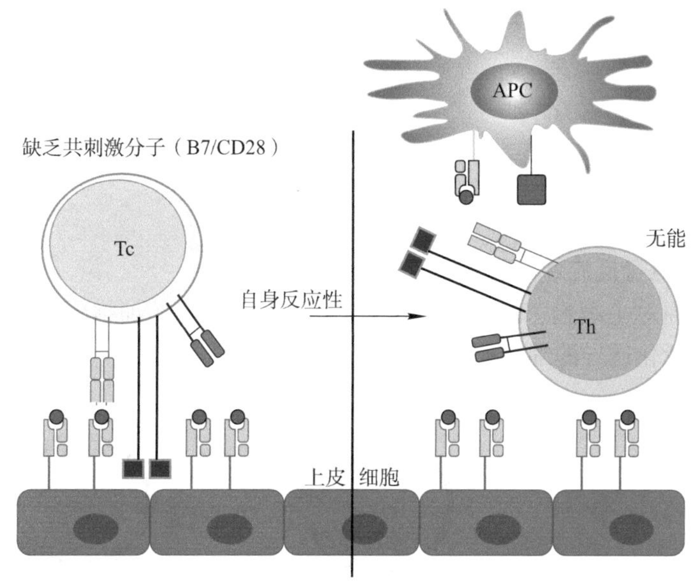

图 17–5 T 细胞克隆无能

另外，在 T 细胞识别抗原时，通过抑制性受体 CTLA–4 与 APC 上的共刺激分子 B7 的结合，向细胞内传递活化的抑制性信号，抑制 T 细胞活化，也可以诱导克隆无能。

组织中的 APC 可能是决定自身耐受与自身免疫病的重要因素之一。存在于外周淋巴样组织和非淋巴组织中的 APC 通常处于静息状态，只表达少量共刺激因子，甚至不表达。这样的 APC 可以持续提呈自身抗原，识别这些自身抗原的 T 细胞将转入免疫无能状态。感染和炎症反应可以活化外周组织中的 APC，使共刺激分子表达增加，打破自身免疫的平衡，诱导针对这些组织抗原的自身免疫应答。

2. B 细胞克隆无能

在无 T 细胞辅助的情况下，自身反应性 B 细胞暴露于外周可溶性自身抗原，不能对抗原发生应答，处于免疫无能状态。体内含有的多重相同结构抗原（如多糖物质）能与 B 细胞表面 BCR 发生交联，受体被封闭，抗原信息不能提呈给 Th 细胞，B 细胞不能活化，继而形成免疫耐受。大多数自身反应性 T 细胞的清除或处于无功能状态，致使对自身抗原反应性的 B 细胞不能获得 Th 细胞辅助，而处于无应答状态（图 17–6）。

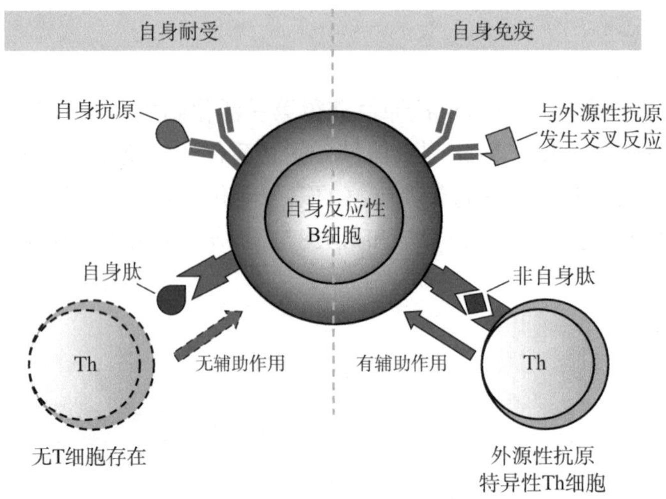

图 17-6　B 细胞克隆无能

（二）活化诱导自身反应性淋巴细胞死亡

持续存在的抗原对 T 细胞、B 细胞的不断刺激可导致活化的细胞凋亡（图 17-7），这种细胞程序性死亡称为活化诱导的细胞死亡（AICD）。

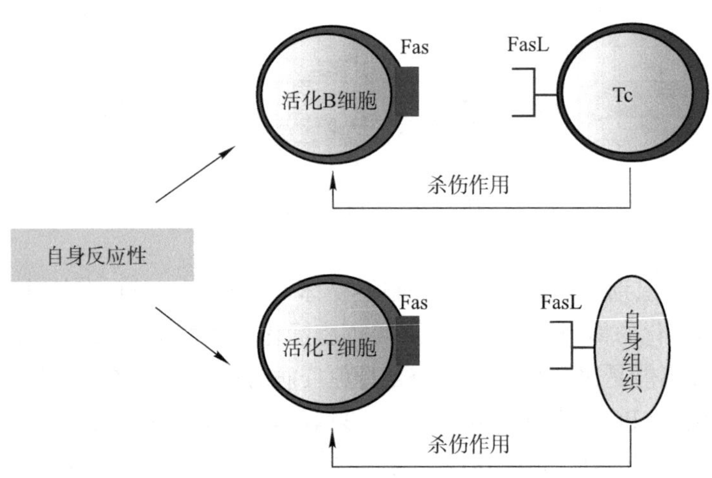

图 17-7　活化诱导的自身反应性淋巴细胞死亡

1. 活化诱导的细胞死亡致 T 细胞被清除

当 T 细胞受到重复刺激活化时，细胞表面 FasL 表达增加，与同一 T 细胞或是相邻 T 细胞表面的 Fas 结合，活化胞内半胱氨酸蛋白酶，继之胱天蛋白酶级联反应，最终导致细胞凋亡。借此机制可将成熟淋巴细胞群中对持续抗原刺激能够发生特异性应答的 T 细胞清除。高浓度的 T 细胞生长因子 IL-2 可以提高抗原刺激 T 细胞对 Fas 的敏感性，使其介导的细胞凋亡上调（图 17-7）。

2. 活化诱导的细胞死亡致 B 细胞被清除

若免疫无能 B 细胞与任何抗原特异性辅助性 T 细胞接触，B 细胞表面的 Fas 与 T 细胞表面的 FasL 结合，致 B 细胞凋亡。反之，如果 Fas 和 FasL 发生突变，此种清除自身反应性 B 细胞的机制无法进行，将导致自身抗体的产生。

（三）调节性 T 细胞的作用

$CD4^+CD25^+$Treg 是一类具有免疫调节（或抑制）作用的专职调节 T 细胞群。存在于外周的自身反应性 T 细胞、B 细胞的活化均受到 Treg 细胞的抑制，维持自身耐受状态，Treg 功能异常可导致自身免疫病。将 $CD4^+CD25^+$Treg 缺陷的小鼠的 T 细胞转移到裸鼠中会导致多种自身免疫病，而预先输入 $CD4^+CD25^+$Treg 可预防这类疾病的发生；将正常小鼠脾的 $CD4^+$ T 细胞中去除 $CD25^+$ 细胞后转移给同基因型 T 细胞缺陷小鼠，将导致各种器官特异性自身免疫病（包括 1 型糖尿病、甲状腺炎和胃炎等）和系统性消耗疾病，而注射 $CD4^+CD25^+$ 细胞群可以抑制这些自身免疫病的发生。$CD4^+CD25^+$Treg 细胞表达转录调节因子 Foxp3 及 CTLA-4 和膜结合 TGF-β（mTGF-β），可通过细胞 - 细胞间接触抑制自身反应性 T 细胞的增殖（图 17-8）。

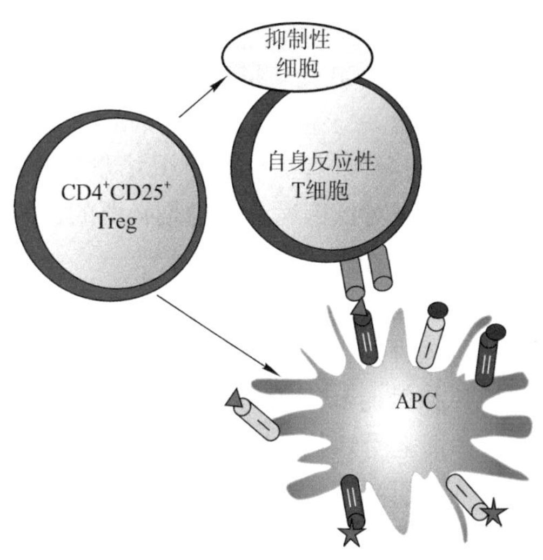

图 17-8　调节性 T 细胞的抑制作用

此外，尚有 $CD8^+$ Treg、NKT、调节性 B 细胞、调节性 DC、髓源性抑制细胞（myeloid derived suppressor cell，MDSC）等通过免疫抑制作用控制自身免疫病的发生。如 $CD8^+$ Treg 可通过与树突状细胞的直接接触，改变树突状细胞共刺激分子的表达，或通过释放细胞因子（如 IL-10）发挥抑制作用。NKT 可分泌 IL-13 调节 $CD8^+$T 细胞功能，从而控制多种自身免疫病的发生。

（四）独特型网络的致耐受作用

近年来的研究证明，独特型 - 抗独特型网络系统在耐受性的形成和自身耐受的维持上也起着重要作用。其可能机制为：①细胞膜上具有独特型决定簇的细胞可被抗独特型（抗 id）抗体特异地破坏，大量抗 id 抗体能造成独特型阳性 B 细胞耗尽；②抗独特型抗体可作用于 T 细胞、B 细胞上的独特型抗原决定簇，使 T 细胞、B 细胞耐受；③在免疫应答过程中产生的自身抗 id 抗体还可与 B 细胞上的抗原受体结合而抑制抗体产生；④大量抗 id 抗体的存在可诱导 Treg 产生抑制性细胞因子（图 17-9）。

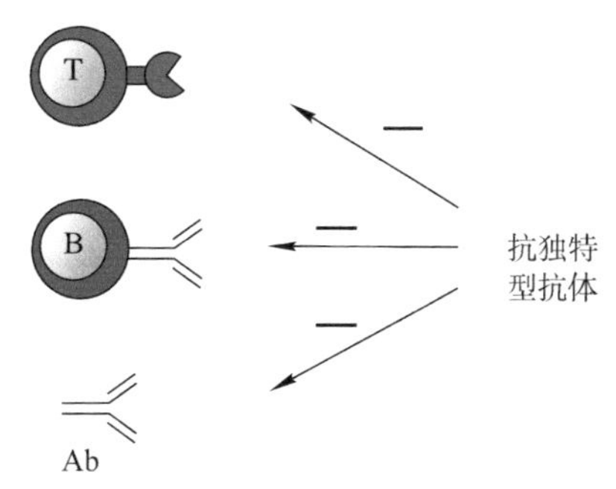

图 17-9　独特型网络的致耐受作用

（五）免疫忽视

通常，自身抗原表达水平很低，或逃脱中枢

阴性选择的自身反应性淋巴细胞上 TCR 和 BCR 与自身抗原亲和力较低，不易被激活。这一现象即免疫忽视（immunological ignorance）。

此外，正常机体存在某些免疫豁免部位（imunological previleged site），如眼前房、脑、睾丸等，也对维持局部外周耐受具有重要意义。其机制可能包括豁免部位的血 – 组织屏障，使自身抗原与免疫系统隔离；豁免部位存在大量免疫抑制分子，如眼前房中神经肽、TGF-β、IDO，虹膜上皮和内皮细胞高表达 FasL、PD-L1 诱导 T 细胞凋亡或失活，脑组织中小胶质细胞高表达 CD200 受体抑制信号传递，睾丸中的雄激素微环境抑制巨噬细胞活化；通过 Treg 介导眼前房相关的免疫偏离（immune deviation），诱导豁免部位对外来抗原的耐受。

然而，有学者提出脑组织并非是严格的免疫豁免部位，因实验证实 T 细胞和单核细胞迁移至脑组织对抵御病毒感染是必要的，并且最近研究也证实大脑脑膜中存在淋巴管。

（六）淋巴细胞移行限制

未活化的自身反应性淋巴细胞仅表达 L- 选择素和 CD45RA 等黏附分子，因此不能穿过血管壁进入外周组织，使得自身反应性淋巴细胞很少有机会接触外周组织中的自身抗原。与自身抗原接触的 B 细胞将失去进入淋巴滤泡的能力，因而也失去了产生针对自身抗原的抗体能力。B 细胞受到某种因素作用表面趋化因子受体（CXCR5）的表达降低，也会影响初始 B 细胞进入淋巴滤泡。

综上所述，机体建立免疫耐受可能是数种机制的综合作用。T 细胞和 B 细胞耐受的机制虽在很多方面具有相似性，但也有显著区别。依据致耐受因素和被作用的免疫细胞发育程度的不同，使得建立免疫耐受所涉及的机制也会有所差异。

第二节　影响适应性免疫耐受形成的因素

免疫耐受是免疫系统的重要生理功能之一。了解影响适应性免疫耐受形成的因素，进行人工诱导耐受和人工终止耐受，将对病理免疫应答的防治具有重要的生物学意义和临床应用价值。①人工诱导耐受：可通过诱导对自身抗原耐受为治疗自身免疫病提供特异手段，诱导对移植物耐受预防移植排斥反应，诱导对变应原耐受防治变态反应。②人工终止耐受：可通过打破肿瘤的耐受，激发有效的抗肿瘤免疫应答；终止对某些病原微生物的耐受则是治疗一些慢性感染的有效手段。

一、人工诱导耐受

免疫耐受是否能成功诱导主要取决于抗原和机体两方面的因素。

（一）抗原方面

抗原的性质、剂量、免疫接种途径、抗原在体内的持续时间以及是否添加佐剂等是决定抗原能否诱导耐受建立的重要因素。

1. 抗原的性质

一般来说，结构越简单的小分子抗原，抗原同诱发耐受的动物的亲缘越近，越容易诱发免疫耐受；反之，抗原的相对分子质量越大，分子结构越复杂，亲缘越远，免疫原性越强。

小分子可溶性抗原，如血清蛋白、多糖和脂多糖多为耐受原；颗粒性抗原，如异型红细胞和细菌多为免疫原。蛋白质的聚合体为良好的免疫原，非聚合、单体物质常为耐受原。以 BSA 为例，因其属于天然可溶性蛋白，是单体和聚合体的混合物。将此混合物免疫小鼠，可刺激抗体产生。如果通过高速离心去掉聚合体，只注射单体形式的 BSA 后，免疫小鼠不产生抗体而发生耐受。其原理是因为 BSA 是 TD-Ag，需经 APC 提呈及 Th 细胞的辅助。聚合体形式的 BSA 可以被 APC 有效地摄取、加工并提呈给 Th 细胞，Th 细胞分泌细胞因子及提供协同刺激信号，激活 B 细胞产生特异性抗体。而单体形式的 BSA 不易被 APC 摄取及提呈，就不能有效地激活 Th 细胞。缺少了 Th 细胞的辅助，B 细胞不易产生抗体。天然抗原分子表面有许多表位，表位不同，耐受性也有差异。以天然鸡卵溶菌酶（hen egg lysosome，HEL）为抗原免疫小鼠，不能产生 Ab，导致免疫耐受。如去除 HEL N 端的 3 个氨基酸，则可刺激小鼠产生免疫应答。其机制是由于天然 HEL 的 N 端表位能诱导调节性 T 细胞活化，而其 C 端表位诱导 Th 细胞活化。用天然 HEL 免疫，活化的调节性 T 细胞能抑制 Th 细胞功能。如去除 N 端的表位，Th 细胞被活化，辅助 B 细胞产生 Ab。此外，具有许多重复结构的抗原表位，耐受原性强。

2. 抗原的剂量

诱导耐受形成所需抗原的剂量随抗原的种类、动物的种属、品系及年龄而异。TI 抗原高剂量才能诱导细胞产生耐受，而 TD 抗原低剂量与高剂量均可诱导耐受产生。以 BSA 为例，注射低剂量（10^{-8} mol/L）及高剂量（10^{-5} mol/L）的 BSA 均不会刺激机体产生抗体；但当注射适宜剂量（10^{-7} mol/L）的 BSA 后，机体产生高水平的抗体。抗原剂量过低，不足以激活 T 及 B 细胞，不能诱导免疫应答，致低带耐受（low zone tolerance）。以 T 细胞活化为例，APC 表面必须有 10 ~ 100 个相同的多肽 -MHC 分子，与相应数目的 TCR 结合后，才能使 T 细胞活化，低于此数目，不足以使 T 细胞活化。如果 Ag 剂量太高，抑制性 T 细胞被活化，产生抑制性细胞因子抑制免疫应答，致高带耐受（high zone tolerance）。通常 T 细胞比 B 细胞更易于诱导耐受。

3. 抗原注射的途径

一般来说，抗原经口服、鼻内、静脉注射最易诱导耐受，腹腔注射次之，皮下及肌内注射不易诱导机体产生耐受。

1911 年，美国科学家威尔斯（H. Gideon Wells）发现给予豚鼠口服鸡卵清白蛋白（OVA）可预防全身性过敏反应的发生，从而第一次提出口服耐受的概念。口服耐受是指体外给予抗原，经肠道刺激外周免疫系统产生免疫耐受。其机制目前还未完全明了。低剂量口服抗原后，抗原到达胃肠道，可能通过肠黏膜相关淋巴样组织主动诱导调节性 T 细胞产生，调节性 T 细胞迁移至全身免疫系统，通过分泌 IL-4、TGF-β、IL-10 等抑制性细胞因子造成机体对该抗原的耐受。口服高剂量抗原，抗原以完整的或经处理过的形式通过肠壁进入全身循环系统，可能主要通过克隆无反应性 / 克隆清除诱导 T 细胞无应答。肠黏膜相关淋巴样组织由绒毛组成，而散在于绒毛中的派尔集合淋巴结则是发生特异性免疫应答的主要场所。派尔集合淋巴结及小肠固有层的 B 细胞同时产生分泌型 IgA，形成局部黏膜免疫，但却导致全身的免疫耐受，也称为“耐受分离”（split tolerance）。通过“耐受分离”所诱导的不应答可称为“旁路抑制”（bystander suppression）。“旁路抑制”是指口服抗原后，调节性 T 细胞被特异性抗原所激活并移至靶器官，分泌抗原非特异性细胞因子抑制微环境中的炎症反应。这种抑制无需知道引起自身免疫反应的特定抗原的性质，只需口服来自同一靶器官的相关抗原就可非特异性抑制免疫应答，并且这种抑制作用只在口服抗原刺激时产生。目前，利用谷氨酸脱羧酶、胰岛素、胰岛素受体等作为抗原诱导1型糖尿病个体产生自身耐受已取得成功，口服Ⅱ型胶原在多发性硬化、类风湿关节炎及相应动物模型治疗中的效应已得到证实。

另一个黏膜耐受途径是通过鼻黏膜途径。它比经口耐受有如下优点：避免抗原与胃内酸性和蛋白水解性环境相遇，同等剂量鼻内应用可能比口服更有效。

不同部位静脉注射引起的后果也不同。人γ球蛋白（HGG）经外周静脉注入可引起免疫应答，经肠系膜静脉注入则引起免疫耐受；IgG或白蛋白经周围静脉注入才可以引起免疫应答。

有些半抗原经口服或经肠系膜静脉接种，产生耐受性；经皮下接种则刺激机体产生免疫应答。其原因可能是由于皮下注射后，半抗原与组织蛋白结合，形成完全抗原，刺激免疫系统产生抗体应答；而经口接种后则受到胃肠道消化及在肝内的解聚，进入血流到达淋巴组织的为非聚合体，而引起免疫耐受。

4. 抗原在体内的持续时间

免疫耐受的维持需要体内有抗原的持续刺激，一旦抗原在体内消失，已建立起来的免疫耐受则逐渐消退。因为免疫系统中不断有新的免疫活性细胞产生，所以需要耐受原持续存在以使新生成的免疫细胞对其耐受。对自身抗原的耐受性能维持终生，原因之一也是因为自身抗原的持续存在。不同性质的抗原在体内持续的时间不同。能在体内增殖、分化的细胞性抗原（如骨髓细胞、淋巴细胞）和活的病原微生物有可能形成嵌合体而产生持久的免疫耐受。单次注射缓慢分解的抗原（如D–氨基酸聚合体）比快速分解的抗原诱导的耐受持续时间长（小鼠可长达1年）。

5. 佐剂的作用

抗原不加佐剂易致耐受，加佐剂则易诱导免疫应答。通常，含有佐剂的蛋白抗原具有良好的免疫原性，大剂量全身应用无佐剂的抗原可以诱导耐受。这可能是由于免疫佐剂刺激APC表面共刺激因子的表达。相反，在没有共刺激因子作用的情况下，识别抗原的T细胞可能进入免疫无能状态。

（二）机体方面

能不能诱导耐受不仅与抗原有关，还与每位个体的遗传背景有关。

1. 免疫系统的成熟度

机体的免疫系统越成熟越不易形成耐受性，故在胚胎期或新生期容易诱发免疫耐受，而成年期较难。在免疫功能成熟的个体诱导耐受常需要大剂量抗原，并且需要和免疫抑制剂共同应用。

2. 动物的种属和品系

研究表明，多种动物通过人工诱导都可建立对某种抗原的免疫耐受，但其建立的难易程度有所不同。一般来说，在胚胎期和出生后的大鼠和小鼠中都可以建立耐受；而对于家兔、有蹄类和灵长类来说，通常只有在胚胎期才能诱导建立免疫耐受。同一种属的不同品系，对建立耐受性的敏感程度也有很大差异。如用 0.1 mg HGG 即可使 C57BL/6 小鼠产生耐受性，对 A/J 小鼠则需注射 10 倍以上的剂量才能使之产生耐受性，对 BALB/c 小鼠需注射 10 mg 才能使之产生耐受性。

3. 免疫抑制措施的影响

应用人工方法使机体免疫功能暂时处于抑制状态有利于诱导耐受。抑制机体免疫功能的方法很多，主要有：①亚致死量 X 线全身照射，以杀灭绝大多数淋巴细胞；②胸导管引流，除去循环中的淋巴细胞；③用抗淋巴细胞单克隆抗体破坏相应淋巴细胞；④应用免疫抑制剂，如环磷酰胺、环孢素或他克莫司，大剂量时可抑制全部免疫反应，适当剂量与抗原同时应用，可帮助建立对该抗原的特异性免疫耐受。

（三）新方法的应用

协同刺激分子为有效激活 T 细胞提供第二信号，若使用第二信号阻断剂则可以诱导机体对抗原的耐受。将 CTLA-4 与 Ig Fc 段连在一起制备出融合蛋白 CTLA-4 Ig，它可与 B7 高效结合，阻断 B7-CD28 的相互作用；抗 CD40 配体阻断 CD40 与其配体的结合。类似研究在多种实验动物模型上取得了成功。

DC 是介导免疫应答的最重要的 APC 之一。因此，抑制 DC 的功能，也可以诱导耐受形成，如 IL-10、TGF-β、PGE_2 既能抑制 DC 成熟，又能抑制成熟 DC 向初始 T 细胞提呈抗原。先天具有低水平 APC 的器官（如角膜）不易发生移植排斥反应。事先清除供体的 APC 可有效建立移植物的耐受，这已在甲状腺、卵巢、肾的移植中得到证实。

FasL 与 Fas 作用可诱导 Fas^+ 的 T 细胞凋亡，如果提高移植物 FasL 的表达，则会延长移植物的存活。用人工合成的 MHC Ⅰ类分子肽段能够特异地阻断 $CD8^+$ 前体细胞对同种异体 MHC Ⅰ类分子的识别，诱导机体对同种异体抗原产生免疫耐受。基于胸腺内阴性选择的机制，移植异种抗原至胸腺内可导致机体对此抗原的全身耐受。如将异体胰岛注入糖尿病大鼠胸腺内，发现血糖恢复正常，而且胰岛在胸腺中存活，再将胰岛移植于肾包膜下也不被排斥。

目前越来越多的研究表明，肝在免疫耐受中发挥着重要的作用。如通过门静脉输注不同类型供者的特异性抗原能诱导受者对供者移植物产生免疫耐受。这类免疫耐受的产生可能与库普弗细胞有关。通过摄取与处理，库普弗细胞将抗原的免疫原性转变为耐受原性形式。

二、人工终止耐受

肿瘤的发生和发展、慢性迁延性炎症的产生均与免疫耐受的诱导相关。肿瘤组织来源于正常的机体细胞，因肿瘤细胞表面抗原的改变、MHC 分子水平下调和协同刺激信号缺陷等，导致免疫系统对其呈耐受状态。在迁延不愈的慢性感染中，病原体（如结核菌、利什曼原虫和 HIV 等）难以被清除的主要机制就是因为免疫耐受的形成。采用人工方法打破或终止机体的耐受，即可有效地治疗上述疾病。

使用各种模拟抗原物质，可特异地打破已建立的免疫耐受性。例如，通过理化、生物等因素致耐受原结构改变，或注射与耐受原结构类似的新抗原等。人工给予 IL-2、IL-12、IFN-γ 等细胞因子，提高 B7 及 CD40 等的表达，也可使已有的耐受终止。

近年来研究发现，Treg 细胞在保持自身耐受和免疫稳定的同时，也以某种机制抑制免疫系统对肿瘤的免疫应答，这很可能是疫苗难以诱导有效免疫应答的重要因素。因此，新的肿瘤治疗策略是在采用刺激 $CD4^+$ 效应 T 细胞数量增加和功能增强的同时，抑制或清除 $CD4^+CD25^+$Treg 细胞。

另外，Treg 细胞可以在一定程度上抑制抗感染免疫应答。其生理意义在于，一方面可使感染信号持续存在，以维持记忆细胞的生存；另一方面可以防止引起组织破坏的病理性免疫应答发生。然而，Treg 细胞的这种作用也是这些病原微生物难以清除的原因。有效操纵 $CD4^+CD25^+$Treg 细胞是治疗一些慢性感染的新途径。

（杨 巍）

数字课程学习

教学 PPT　自测题　微课　拓展阅读

第十八章 自身免疫

自身免疫（autoimmunity）是机体免疫系统对自身组织成分产生的免疫应答。自身免疫应答一旦损伤了正常的自身组织结构，将导致自身免疫病（autoimmune disease）的发生。

机体免疫系统具有针对各种抗原刺激产生免疫应答的能力，但在正常情况下，对自身抗原产生免疫耐受。在免疫耐受状态下，所有个体的外周免疫系统中普遍存在低效价、低亲和性、多为 IgM 类的多种自身抗体，如抗核抗体（抗 DNA 抗体）、类风湿因子（抗 IgG 抗体）、抗线粒体抗体等以及自身反应性 T 细胞（autoreactive T cell，ART）和自身反应性 B 细胞（autoreactive B cell，ARB）。这些自身抗体和自身反应性淋巴细胞在老龄人体内明显增多，因此，自身免疫对于协助清除体内衰老变性的细胞，维持机体的自身稳定具有重要的生理学意义。只有机体免疫系统在某些内因和外因诱发下，对自身抗原产生过度的免疫应答，并在某些因素作用下导致组织损伤或器官功能障碍，才发生自身免疫病。

自身免疫病一直是临床医生和免疫学者非常感兴趣的研究领域，这是因为自身免疫病是降低人类寿命的重要原因之一，同时，对自身免疫病的理解也是破译免疫系统自己与非己识别基础的重要手段。

第一节 自身免疫病的分类与免疫学特征

一、自身免疫病的分类

自身免疫病目前仍采用传统分类方法，根据自身免疫应答针对的自身抗原的分布进行分类。若自身抗原存在于某一特定靶器官（如胰腺、脑、甲状腺和消化道等），则为器官特异性（organ-specific）自身免疫病，如糖尿病、甲状腺炎等；若自身抗原存在的组织分布于全身则为非器官特异性（non-organ-specific）自身免疫病，也称作全身性或系统性自身免疫病（systemic autoimmune disease），如系统性红斑狼疮、类风湿关节炎等。这种分类方法存在许多人为因素，因为器官特异性与非器官特异性自身免疫病具有共同的发病机制，而且一种器官特异性自身免疫病往往与另一种器官特异性自身免疫病相关联，如甲状腺炎患者有时伴有胃炎，恶性贫血患者同时患有甲状腺炎，这可能反映出共同的免疫学、遗传学和环境因素在诱导两种类型的自身免疫病中起关键性作用。在两种类型之间也存在一些中间型自身免疫病。在表 18-1 所示的自身免疫病病谱中，表右侧列出的非器官特异性自身免疫病的代表疾病为系统性红斑狼疮，其病变广泛累及全身结缔组织，且血液中出现抗多种自身成分的抗体。表左侧列出的器官特异性自身免疫病的代表性疾病为桥本甲状腺炎，其病变局限于甲状腺内，且血液中出现特异性抗甲状腺成分抗体。表中央列出的自身免疫病病变多局限于某个器官，且血液中出现器官特异性抗体，如原发性胆汁性肝硬化患者血中的抗体主要是抗线粒体抗体。

此外，也可根据受累组织分类，如结缔组织疾病、神经肌肉疾病、内分泌疾病、血液系统疾病、泌尿系统疾病、消化系统疾病等。

自身免疫病的患病率约为3.5%，最常见的是格雷夫斯病（Graves disease）、1型糖尿病、恶性贫血、类风湿关节炎、甲状腺炎、多发性硬化症和系统性红斑狼疮。

表18-1　自身免疫病病谱

器官特异性 ⟶			
桥本甲状腺炎	肺出血－肾炎综合征	药物性免疫性溶血性贫血	类风湿关节炎
原发性黏液性水肿	重症肌无力	原发性血小板减少性紫癜	硬皮病
格雷夫斯病	幼年型糖尿病	特发性白细胞减少症	皮肌炎
恶性贫血	寻常型天疱疹	胆汁性肝硬化	盘状红斑狼疮
自身免疫性萎缩性胃炎	大疱性类天疱疮	慢性活动性肝炎	系统性红斑狼疮
艾迪生病	交感性眼炎	隐源性硬化症	
过早停经	晶状体性葡萄膜炎	舍格伦综合征	
男性不育	多发性硬化症		
	⟵		非器官特异性

二、自身免疫病的免疫学特征

自身免疫病具有下列免疫学特征，并可作为诊断自身免疫病的参考指标：①患者血液中含有高效价自身抗体和（或）自身反应性淋巴细胞；②通过血清或淋巴细胞可以被动转移疾病；③应用自身抗原或自身抗体可在动物建立疾病模型；④患者或患病动物病变组织中有Ig沉积或淋巴细胞浸润；⑤常与其他自身免疫病共存；⑥免疫抑制剂治疗有效；⑦有遗传倾向，且与性别和年龄有关。

自身免疫病的免疫学检查主要是应用免疫荧光技术（IFT）、酶联免疫吸附试验（ELISA）和放射免疫测定法（RIA）等检查组织切片中和（或）血清中的自身抗体，如在桥本甲状腺炎的甲状腺组织中可检出抗甲状腺过氧化物酶抗体，在系统性红斑狼疮患者血清中可检出抗dsDNA抗体，在类风湿关节炎患者血清中可检出抗IgG Fc段抗体（类风湿因子），在重症肌无力患者血清中可检出抗乙酰胆碱受体抗体等。自身抗体的检出只能作为一种参考性诊断指标，因为正常人体内也可出现低效价天然自身抗体，并且患者血清中的自身抗体的效价高低往往与疾病的严重程度不相平行，表明致病性自身抗体只占全部自身抗体的一部分。

第二节 自身免疫病的发病机制及影响因素

一、分子模拟

由于某些微生物和寄生虫的抗原成分与人的自身抗原的表位一致或相似，由这些外源性抗原刺激产生的免疫效应也作用于自身抗原，这种现象被称为分子模拟（molecular mimicry）。当外源性抗原被排除后，自身抗原仍然受到免疫反应的攻击，自身免疫反应导致组织损伤，继而释放出更多的自身抗原，后者持续刺激自身免疫反应，进一步加重组织损伤。例如，A族溶血性链球菌细胞壁M蛋白抗原与人心肌及心瓣膜上的分子有共同抗原，链球菌感染后，心肌及心瓣膜自身反应性B细胞（也与链球菌细胞壁M蛋白抗原起交叉反应）从链球菌细胞壁M蛋白抗原反应性Th细胞获得协同刺激信号，从而产生抗心肌及心瓣膜抗体，导致风湿性心脏病的发生。又如在类风湿关节炎患者血液中可检出高效价的抗分枝杆菌HSP60抗体，且患者关节滑膜组织中也有高水平的HSP60存在；在1型糖尿病患者中发现，与谷氨酸脱羧酶交叉反应的来自柯萨奇病毒和巨细胞病毒的一些多肽片段，是自身反应性T细胞的重要靶点。

目前认为，分子模拟可能在1型糖尿病、强直性脊椎炎、吉兰-巴雷综合征、原发性胆汁性肝硬化和多发性硬化症的发病中起重要作用。

二、免疫隔离部位抗原释放

机体免疫系统对自身抗原的免疫耐受主要是在胚胎发育过程中形成的。胚胎时期自身抗原的含量很低，不足以刺激免疫应答。有些自身抗原被隔离在某些部位，这些部位被称为免疫豁免部位，在人体如脑、角膜、眼前房、睾丸、心肌和子宫等。免疫豁免部位抗原在胚胎时期未被识别，出生后在外伤或感染情况下，这些抗原被释放进入血液循环和外周免疫器官，从而导致自身免疫病的发生。精子、眼晶状体、甲状腺、胃壁细胞、胰岛β细胞等均属于这类抗原。最为了解的例子是精子的发育过程：睾丸小管被包绕在紧密连接的足细胞鞘内，先于免疫系统发育，在胚胎发育的早期就被封闭起来。免疫细胞不能穿透由足细胞形成的屏障，所以从来没有接触到睾丸小管管腔独有的自身分子（精子）。如果由于创伤（如外伤或输精管结扎）被暴露出来，就能发生抗自身分子（精子）的免疫反应。一些男性不育症已经确信是通过这种机制引起的。又如一侧眼外伤导致的组织损伤刺激产生的自身免疫反应，可使另一侧眼发生炎症（交感性眼炎）。

三、自身抗原改变

细胞表面的自身抗原由于受病毒感染或药物的化学作用，改变了原有的结构，产生了新的抗原决定簇，从而破坏了原有的自身免疫耐受，发生自身免疫病。病毒和药物可以直接使抗原变性、或通过与载体蛋白结合而改变抗原结构、或改变遗传物质结构而使细胞膜抗原的表达改变。例如，儿童患有的血小板减少症经常在病毒感染后发生；长期服用降压药α-甲基多巴可发生免疫性溶血性贫血。一些分子的三维空间构造可以保护内部的表位避免与免疫系统接触。如果这个分子因变性或断裂而改变，“隐藏”的内部表位变成暴露的表位，很容易被抗体识别和结合，类风湿因子的产生就是这种现象的典型例子。抗原性发生变化的自身 IgG 分子的 Fab 段与抗原的结合触发其 Fc 段构象改变，以便暴露与补体或 Fc 受体结合的“隐藏”位点，同时也暴露了能够被 IgM 抗体识别并结合的隐蔽的糖基结构。IgM（类风湿因子）与 IgG 的结合促进免疫复合物的形成和补体的激活，从而导致类风湿关节炎的发生。

四、表位扩展

在研究机体对外源性抗原的免疫应答中发现，外源性抗原分子中存在两种表位，即引起初始免疫应答的优势表位（dominant epitope）和引起后续免疫应答的隐蔽表位（cryptic epitope）。针对隐蔽表位的免疫反应往往与自身抗原有交叉反应，这种在自身免疫病的发病过程中对新的自身抗原的获得性识别称为表位扩展（epitope spreading）。慢性反复发作性实验性过敏反应性脑脊髓炎是表位扩展起重要致病作用的典型例子：小鼠接受髓鞘碱性蛋白（myelin basic protein，MBP）中的优势表位多肽注射后，出现针对非优势表位的免疫反应性，这种反应是 T 细胞对新的自身髓磷脂抗原介导的免疫反应，反应过程中释放出的炎症性细胞因子和趋化因子导致疾病的反复发作和慢性化。在 1 型糖尿病、类风湿关节炎中也可观察到表位扩展的现象。

五、自身反应性淋巴细胞逃避“克隆清除”

在正常情况下，自身反应性 T 细胞在胸腺内分化成熟过程中，由于在阴性选择中识别了 MHC-Ⅱ类分子提呈的自身抗原肽而自身发生凋亡，即“克隆清除”。若自身反应性 T 细胞在胸腺内逃避了“克隆清除”，成熟后进入外周免疫器官，则可对相应的自身抗原刺激产生免疫应答，从而引起自身免疫病。自身反应性 B 细胞在骨髓内分化成熟过程中也可发生逃避“克隆清除”。少数逃避了“克隆清除”的自身反应性 T 细胞和自身反应性 B 细胞，在外周免疫器官受自身抗原刺激活化过程中，可通过与 Fas/FasL 途径介导的激活诱导的细胞凋亡（AICD）机制被继续“克隆清除”。若这一途径出现障碍，也可导致自身免疫病的发生。

六、自身反应性 B 细胞旁路活化或多克隆激活

自身免疫应答均为 T 细胞依赖性免疫应答。有些自身反应性 B 细胞受自身抗原刺激后得到了第一信号，但由于 T 细胞易耐受不能提供第二信号，因而处于静止状态。若这时外来的抗原进入机体，此类外来抗原具有与自身抗原相同的或相似的 B 细胞表位，但 T 细胞表位不同，则可以激活相应的 T 细胞克隆，从而使自身反应性 B 细胞活化，产生自身免疫病。此外，某些病毒（如 EB 病毒）和细菌的产物（如内毒素）进入机体后，在激活相应的 B 细胞的同时，也可以非特异性的直接多克隆激活自身反应性 B 细胞，从而产生自身抗体。

病毒感染激发产生的抗病毒抗体独特型诱导的抗独特型抗体，与病毒表面对宿主细胞受体特定吸附部位具有相似的结构，因此，病毒感染诱发的抗独特型抗体可以与宿主细胞表面病毒受体结合，结果导致宿主细胞损伤，这也可被视为一种独特型旁路。在人类，某些病毒诱发的抗独特型抗体与神经肌肉接头处突触后膜上的乙酰胆碱受体结合，并使其破坏，结果

造成神经肌肉传导障碍，出现肌肉收缩无力等临床症状，这可能是重症肌无力的发病机制之一。

七、免疫调节异常

正常机体内存在精细的免疫调节机制，虽然也存在针对多种自身成分的自身反应性 T 细胞和 B 细胞，但不致引起组织损伤。在免疫调节异常的情况下，如 Th1 细胞和 Th2 细胞功能失衡、细胞因子产生紊乱、MHC-Ⅱ类抗原表达失调、抑制性免疫调节作用（如 Treg）减弱、$CD4^{+}$Th17 细胞功能失衡、共刺激分子表达异常、微小 RNA 表达异常等，可发生自身免疫病。

八、遗传

抗原特异性自身免疫反应具有家族性倾向，例如，自身免疫性甲状腺疾病患者的家族成员体内也含有抗甲状腺抗体。某些自身免疫病与特定的 HLA 型别相关联，如携带 HLA-DR3 的欧洲人易患系统性红斑狼疮和重症肌无力，携带 HLA-DR2 的人易患多发性硬化症等。在一些病例中（如 HLA-B27 和 HLA-DR3），一个单个的 HLA 基因与多种自身免疫病的风险增加有关。基于这些统计学相关的分子机制仍不确定，可能涉及对自身表位加工和提呈给自身反应性 T 细胞的过程。某些基因位点突变也与自身免疫病的发生有关，如补体 C2、C4、C5 和 C8 基因突变可增加发生系统性红斑狼疮的危险性，这可能是补体的突变导致了对免疫复合物的清除减少所致。双生子一致性是鉴定某种性状是否由遗传决定的比较可靠的方法，1 型糖尿病单卵双生子患病一致性为 50%，而双卵双生子患病一致性仅为 10%；系统性红斑狼疮单卵双生子患病一致性为 50%～60%，而双卵双生子患病一致性仅为 5%，说明自身免疫病的发生确实受遗传因素影响，但又不完全是遗传因素决定的。自身免疫病的遗传易感性符合多基因遗传病的基本特点。

九、年龄与性别

自身免疫病多发生于老年人，儿童发病非常少见，老龄动物比幼龄动物更易诱发出实验性自身免疫病，这可能是免疫调节对老年免疫系统的控制不严格造成的。女性发病高于男性，系统性红斑狼疮和格雷夫斯病的发病女性：男性分别为 10：1 和 7：1。某些特殊品系的雌性小鼠可以自发性地发生系统性红斑狼疮，若切除卵巢或用睾丸酮处理可以避免系统性红斑狼疮的发生；在切除了睾丸的雄性小鼠也容易诱导出其他类型自身免疫病，说明神经内分泌因素在自身免疫病的发病中起到重要作用。

值得一提的是，自身免疫病需与近年来新定义的自身炎症性疾病（autoinflammatory disease）相区别。后者是指机体在无抗原刺激以及不产生针对特定抗原的体液免疫和细胞免疫前提下所发生的炎症反应。此类疾病是由固有免疫异常引起的，适应性免疫不参加作用，临床上多属于遗传性疾病，患者反复发作炎症，但不伴有感染，体内检不出高滴度自身抗体或自身反应性 T 细胞。目前发现的一系列自身炎症性疾病多为免疫分子（如细胞因子、补体等）活化紊乱所致。

第三节　自身免疫病的组织损伤机制

一、自身抗体介导的组织损伤（Ⅱ型超敏反应）

（一）自身抗体直接介导细胞破坏

自身抗体与细胞表面的自身抗原结合后，通过Fc段与吞噬细胞表面的Fc受体结合，或者激活补体后通过与吞噬细胞表面的C3受体结合而损伤自身细胞。在自身免疫性溶血性贫血和血小板减少性紫癜中，自身IgG抗体与红细胞或血小板结合，通过上述效应机制导致红细胞和血小板损伤，因为应用免疫抑制剂类固醇激素治疗时发现，疗效与吞噬细胞的Fc受体减少相关联，而与血清中自身抗体效价的降低无关；并且应用大剂量非特异性IgG可以减少细胞的破坏，这可能也是由于应用的IgG阻断了吞噬细胞表面的Fc受体的缘故。自身抗体也可以直接与组织结合，如在肺出血－肾炎综合征，IgG抗体与肾小球和肺基底膜结合，通过吸引吞噬细胞释放溶解酶而导致组织损伤。

（二）自身抗体调变细胞功能

自身抗体与某些细胞表面分子结合，可以通过干扰或增强细胞功能而引起自身免疫病。在重症肌无力中，抗乙酰胆碱受体自身抗体与神经肌肉接头处乙酰胆碱受体结合，可加速乙酰胆碱受体内化作用，结果使乙酰胆碱受体数量减少（抗原调变）而出现肌肉收缩无力等症状。在Graves病中，抗促甲状腺激素受体的自身抗体，模拟促甲状腺激素TSH，与TSH受体结合，进而促进甲状腺上皮细胞分泌过量的甲状腺素，引起甲状腺功能亢进。

二、自身抗原抗体复合物介导的组织损伤（Ⅲ型超敏反应）

自身抗原形成的循环免疫复合物，通过激活补体或使携带Fc受体的细胞释放介质而导致组织损伤。免疫复合物也可能与淋巴细胞表面的Fc受体结合而干扰正常的免疫调节作用。在系统性红斑狼疮，威胁患者生命的并发症是肾损害，这是由于免疫复合物沉积在肾小球基底膜所致。免疫复合物也可沉积在血管引起血管炎的发生。

三、自身反应性T细胞介导的组织损伤（Ⅳ型超敏反应）

虽然自身抗体已被肯定地证明参与自身免疫病的发病机制，但细胞介导免疫起到最基本的作用，因为T细胞不仅参与辅助B细胞产生自身抗体，也直接引起组织的炎症性损伤。T细胞浸润是器官特异性自身免疫病胰岛素依赖性糖尿病和多发性硬化症的标志，也引起非器官特异性自身免疫病系统性红斑狼疮的皮肤损伤。然而，目前对自身免疫病发病机制中T细胞的MHC限制性和抗原识别了解很少，因为很难在患者体内分离出这些T细胞并鉴定其靶抗原，但在自身免疫病动物模型能克隆出能够转移自身免疫病的自身免疫性T细胞。大鼠接受MBP注射后可诱导出与多发性硬化症相似的实验性过敏反应性脑脊髓炎，已鉴定出MBP具有免疫原性的多肽和具有耐受原性的多肽，并且也分离出能够在健康鼠中转移或抑制实验性过敏反应性脑脊髓炎的不同T细胞克隆。

几种自身免疫病的受累组织、靶抗原和组织损伤机制见表 18–2。

表 18–2　几种自身免疫病的受累组织、靶抗原和组织损伤机制

疾病	受累组织	靶抗原	组织损伤机制
自身免疫性溶血性贫血	红细胞	红细胞表面分子	Ⅱ型超敏反应
肺出血 – 肾炎综合征	肺、肾	基底膜Ⅳ型胶原	Ⅱ型超敏反应
风湿热	心脏瓣膜和心肌细胞膜	链球菌 M 蛋白，心肌抗原	Ⅱ型超敏反应
重症肌无力	骨骼肌	乙酰胆碱受体	Ⅱ型超敏反应
血小板减少性紫癜	血小板	血小板整合素分子	Ⅱ型超敏反应
格雷夫斯病	甲状腺	甲状腺刺激素受体	Ⅱ型超敏反应
男性不育症	精原细胞、精子	未知	Ⅱ型超敏反应
寻常型天疱疮	皮肤	桥粒芯蛋白 – 3	Ⅱ型超敏反应
系统性红斑狼疮	皮肤、血管、肌肉、关节、肾	核酸、染色体蛋白	Ⅱ、Ⅲ型超敏反应
桥本甲状腺炎	甲状腺	甲状腺球蛋白	Ⅱ、Ⅳ型超敏反应
1 型糖尿病	胰岛 β 细胞	谷氨酸脱羧酶、前胰岛素原、其他 β 细胞产物	Ⅱ、Ⅳ型超敏反应
强直性脊椎炎	低位脊椎	未知	Ⅲ型超敏反应
类风湿关节炎	滑膜、关节	未知	Ⅲ、Ⅳ型超敏反应
多发性硬化症	中枢神经系统髓鞘	髓鞘蛋白（几种）	Ⅳ型超敏反应
反应性关节炎	下肢关节、有时眼和生殖器、泌尿系统或消化系统	与感染性病原体可能相关	Ⅳ型超敏反应

第四节　自身免疫病的免疫治疗

一、非特异性免疫治疗

对自身免疫病理想的治疗方法是重新建立对引起自身免疫病的自身抗原的特异性免疫耐受，然而，由于一种自身免疫病可能是由几种自身抗原引发的，并且一旦发生自身免疫，针对自身抗原的免疫耐受诱导是相当困难的，因此，目前对自身免疫病的免疫学治疗基本上是抑制免疫性炎症反应的不同环节。例如，①非类固醇抗炎药或糖皮质激素降低炎症反应；②非特异性免疫抑制剂，尤其是环孢素和他克莫司抑制免疫细胞活性；③血浆置换清除自身抗体和免疫复合物；④抗肿瘤的细胞毒药物破坏引发自身免疫病的 ART 和 ARB；⑤放射线照射杀伤免疫细胞等。上述方法应慎重应用，以免造成继发性免疫缺陷。

二、特异性免疫治疗

由于非特异性免疫抑制疗法疗效差、副作用大，目前基于自身免疫病的发病和效应机制，在实验动物模型上已进行了特异性免疫抑制治疗的尝试，有些已转入临床试验阶段。主要的方法有：①抗 CD4、CD3、MHC-II 类分子等单克隆抗体抑制 APC、自身反应性 T 细胞和自身反应性 B 细胞之间的协同作用；②抗自身反应性 T 细胞的 TCR 和自身反应性 B 细胞的 BCR 独特型抗体清除这些细胞；③自身反应性 T 细胞克隆或其 TCR 多肽调节 T 细胞功能；④由自身抗体制备的 Fab 段或单链抗体封闭靶抗原表位；⑤口服自身抗原诱导自身免疫耐受；⑥应用细胞因子纠正 Th1/Th2 偏移；⑦同种异体造血干细胞移植重建免疫系统等。

第五节　几种常见自身免疫病免疫学特征

一、系统性红斑狼疮

系统性红斑狼疮（systemic lupus erythematosus，SLE）是一种病变累及全身结缔组织的非器官特异性自身免疫病。患者血中可检出多种自身抗体，如抗核抗体、抗肾小球基底膜抗体、抗血细胞抗体、类风湿因子等，其中抗核抗体最为重要，SLE 患者抗核抗体检出率为 95%～100%。抗核抗体是抗核酸和抗核蛋白抗体的总称，包括抗 DNA（dsDNA 和 ssDNA）抗体、抗组蛋白抗体、抗非组蛋白抗体等。抗 dsDNA 抗体可在 75% 的 SLE 患者体内检出，因而有较高的特异性，可作为 SLE 活动性的判定指标。正常人体内也可查出低滴度的抗 dsDNA 抗体。抗非组蛋白抗体中的抗 Sm 抗体是抗细胞核的无核酸巨分子抗体，几乎仅见于 SLE 患者，其检出率为 30%，是 SLE 的又一比较特异性的自身抗体。抗 ssDNA 抗体、抗组蛋白抗体、抗其他非组蛋白抗体在多种疾病和正常人血清中也存在。除血细胞破坏是由Ⅱ型超敏反应所致外，其他病理变化均由Ⅲ型超敏反应引起。由于Ⅱ、Ⅲ型超敏反应均消耗补体，患者血清补体水平显著降低。

SLE 的发病机制比较复杂，其中遗传因素、病毒感染及免疫调节异常均可影响其发生。在遗传因素中，SLE 发病有家族倾向，并与 HLA 相关联，且单卵双生子患病一致性较高。SLE 患者血中可查出多种抗病毒抗体，如抗风疹病毒抗体、抗麻疹病毒抗体、抗单纯疱疹病毒抗体、抗 EB 病毒抗体等。SLE 患者常伴有细胞免疫功能低下。

二、类风湿关节炎

类风湿关节炎（rheumatoid arthritis，RA）是一种以侵犯关节及关节周围结缔组织为主的自身免疫病。RA 的发病机制为：病毒或其他微生物感染导致关节滑膜腔变性，从而刺激机体产生自身抗体，这种自身抗体本身也是变性的 IgG，又诱发产生抗变性 IgG Fc 段（CH2、CH3）抗体，后者即为类风湿因子（rheumatoid factor，RF），可为 IgM、IgG 和 IgA 类抗体。RF 与变性的 IgG 结合，形成免疫复合物，沉积于关节滑膜腔，引起关节及关节周围组织损伤（Ⅲ型超敏反应）。IgM 类 RF 主要存在于血液中，而引起关节损伤的主要是 IgG 类 RF。RA 患者的 RF 检出率为 80%，正常人只有 2%，在各种微生物感染性疾病或胶原性疾病中也可出现 RF。然而，持续的高滴度 RF 提示疾病处于活动期，且骨侵蚀发生率高。

RA 也可由Ⅳ型超敏反应引起：由于 Treg 细胞功能低下或缺失，$CD4^+T$（Th1）细胞识别关节滑膜未知的抗原而介导炎症反应。在 RA 动物模型和患者的关节内均存在 Th1 细胞和巨噬细胞，以 Th1 细胞作为靶细胞的免疫治疗可显著改善患者的临床症状。在 RA 患者的关节滑膜液中也检出 $CD8^+T$ 细胞，其含量多于外周血中，但其识别的抗原为自身抗原还是外源抗原（如巨细胞病毒、EB 病毒、流感病毒等）还不清楚，这些细胞在关节内分泌的 IFN-γ 可持续引起关节的炎症反应。然而，在 $CD4^+T$ 细胞或 $CD8^+T$ 细胞缺失的动物实验中证实，$CD8^+T$ 细胞对关节炎的发生和维持并不重要，而 $CD4^+T$ 细胞更为重要。

三、重症肌无力

重症肌无力（myasthenia gravis，MG）是一种神经骨骼肌肉接头处信号传导障碍的自身免疫病。MG 的自身抗原为突触后膜上的乙酰胆碱受体（acetylcholine receptor，AChR），AChR 是由 $\alpha_2\beta\gamma\delta$ 5 个亚单位组成，其主要免疫原区（main immunogenic region，MIR）位于 α 亚单位第 67～76 位氨基酸。MG 患者血清抗 AChR 抗体检出率为 85%～90%，其中 65% 为抗 MIR 抗体。实验资料表明，MG 是抗体介导的自身免疫病：接受 MG 患者血清注射的动物可发生实验性自身免疫性重症肌无力（experimental autoimmune MG，EAMG），其症状与 MG 相似；患有 MG 的母亲生出的新生儿可出现先天性 MG；血浆置换疗法（去除抗体）可显著改善患者症状。抗 AChR 抗体的 2 个 Fab 段与相邻 2 个 AChR α 亚单位上的 MIR 结合，可加速 AChR 的内化作用，即抗原调变；同时，也可激活补体，使突触后膜损伤，结果使 AChR 数量减少，导致肌肉收缩无力或麻痹等症状（Ⅱ型超敏反应）。

大约 65% 的 MG 患者伴有胸腺增生，15% 的患者伴有胸腺瘤，而且切除胸腺后血清中抗 AChR 抗体滴度下降、患者临床症状改善。研究发现，增生的胸腺组织中含有抗 AChR 抗体产生所必需的一切因素：肌样细胞（表达 AChR）、APC、AChR 反应性 T 细胞、AChR 反应性 B 细胞等，而且胸腺组织体外培养能自发地产生抗 AChR 抗体，提示胸腺在 MG 发病中的重要地位。另外，骨髓也是抗 AChR 抗体产生的另一主要场所。MG 的确切病因还不清楚，逃避“克隆清除”、分子模拟、病毒感染、独特型网络失调等都可能是破坏自身耐受的因素，导致机体对 AChR 产生自身抗体。

另有 10%～15% 的 MG 患者查不出抗 AChR 抗体，但这部分患者通过血清也可被动转移疾病。最近的研究发现，在抗 AChR 抗体阴性的 MG 血清中发现抗肌肉特异性受体酪氨酸激酶（muscle-specific receptor tyrosine kinase，MuSK）抗体，MuSK 是使 AChR 聚集在突触后膜上的重要物质，MuSK 的损伤使 AChR 在突触后膜部位数量减少，导致神经肌肉信号传导障碍，这为研究 MG 的发病机制及治疗提供了一条新的途径。还有大约 5% 的 MG 患者抗 AChR 抗体和抗 MuSK 抗体均为阴性，近几年在这些患者血清中又发现了抗低密度脂蛋白受体相关蛋白 4（low density lipoprotein receptor-related protein 4，LRP4）抗体和抗聚集蛋白（agrin）抗体，LRP4 是促使 MuSK 发生作用的物质，聚集蛋白是作用于 LRP4 的配体，这两种抗体均可在动物体内诱导出 EAMG 症状。

四、1 型糖尿病

1 型糖尿病也称胰岛素依赖性糖尿病（insulin dependent diabetes mellitus，IDDM），可能是一种针对胰岛 β 细胞自身抗原的自身免疫病。自身免疫应答破坏了胰岛 β 细胞，结果使胰岛素分泌减少或缺乏，继而出现高血糖等代谢紊乱，患者必须依赖外源性胰岛素。在 IDDM 患者血清中可检出多种自身抗体，因而认为 IDDM 是一种自身免疫病，其主要抗体有：①胰岛细胞抗体：是针对胰岛 α、β、δ、PP 细胞所共有的胞质成分的抗体，高滴度的该抗体常预示 IDDM 发生的可能；②胰岛细胞表面抗体：该抗体能介导 ADCC 作用和补体依赖细胞毒作用，从而破坏胰岛 β 细胞；③胰岛素自身抗体：可能是胰岛 β 细胞破坏后由变性的胰岛素刺激产生的，多在新患 IDDM 的患者体内出现；④抗谷氨酸脱羧酶抗体：谷氨酸脱羧酶是胰岛 β 细胞特异性抗原，其抗体阳性率在 IDDM 中为 59%～69%，该抗体的出现与胰岛炎症反应相一致。

IDDM 的发生可能是Ⅱ型超敏反应引起的，胰岛细胞表面抗体介导的 ADCC 作用和补体依赖细胞毒作用导致胰岛细胞破坏。另外，CTL 的细胞毒作用及其分泌的 IFN-γ 也是造成 β 细胞破坏的重要因素（Ⅳ型超敏反应）。

五、Graves 病

Graves 病是由促甲状腺激素（TSH）受体自身抗体介导的自身免疫病。抗 TSH 受体抗体与甲状腺细胞表面的 TSH 受体结合后，模拟了 TSH 与 TSH 受体结合的功能，从而刺激甲状腺分泌甲状腺素。由于抗 TSH 受体抗体与 TSH 受体作用的时间较长，因而引起甲状腺功能亢进（Ⅱ型超敏反应）。抗 TSH 受体抗体可与多种组织细胞引起交叉反应，如与眼眶内脂肪细胞结合，可刺激其增生而致突眼症状。患者血中存在抗 TSH 受体抗体，遗传因素和甲状腺细胞表面某些抗原表达异常可能与其发病机制有关。

（金桂花）

数字课程学习

教学 PPT　自测题　微课　拓展阅读

第十九章　超敏反应

适应性免疫应答为机体提供对细菌、病毒、原虫和真菌感染的特异性保护，尤其是机体再次接触相同或相似的抗原时，迅速发生免疫应答，发挥保护效应。在某些情况下，过度或不适当的免疫应答可引起组织细胞损伤或器官生理功能紊乱，这种免疫应答通常称为超敏反应（hypersensitivity）或变态反应（allergy）。1963 年英国学者 Philip Gell 和 Robin Coombs 根据超敏反应的发生机制和临床特点，将超敏反应分为四种类型：Ⅰ型超敏反应又称过敏反应（anaphylaxis）；Ⅱ型超敏反应又称细胞溶解型或细胞毒型超敏反应；Ⅲ型超敏反应又称免疫复合物型或血管炎型超敏反应；Ⅳ型超敏反应又称迟发型超敏反应。

第一节　Ⅰ型超敏反应

Ⅰ型超敏反应，即过敏反应（anaphylaxis），其特点是：①由 IgE 介导，肥大细胞或嗜碱性粒细胞释放生物活性介质引起的局部或全身反应；②发生快，消退亦快；③常引起生理功能紊乱，几乎不发生严重组织细胞损伤；④具有明显个体差异和遗传倾向。对于人群中遇抗原刺激易产生 IgE 抗体的个体称特应性个体（atopic individual）。

一、参与Ⅰ型超敏反应的主要成分

（一）变应原

变应原（allergen）是指能诱导机体产生 IgE，引起Ⅰ型超敏反应的抗原物质。

临床常见的变应原主要有：①药物或化学性变应原，如青霉素、磺胺、普鲁卡因、有机碘化合物等。它们是半抗原，进入机体与某种蛋白结合后获得免疫原性，成为变应原。②吸入性变应原，如花粉颗粒、尘螨排泄物、真菌菌丝及孢子、昆虫毒液、动物皮毛等。③食物变应原，如奶、蛋、鱼虾、蟹贝等食物蛋白或肽类物质。④近年来还发现有些酶类物质可作为变应原引发Ⅰ型超敏反应，如尘螨中的半胱氨酸蛋白可引起呼吸道过敏反应、细菌酶类物质（如枯草菌溶素）可引起支气管哮喘等。

（二）IgE

IgE 在正常人血清内含量甚微（0.1 ~ 0.4 μg/mL），其原因是：①血清 IgE 半衰期短，为 2 ~ 3 天；②机体仅在某些抗原（变应原及原虫）刺激时合成少量的 IgE；③合成的 IgE 结合于肥大细胞或嗜碱性粒细胞表面。过敏体质或Ⅰ型超敏反应患者急性期 IgE 水平可高于正常人 10 倍以上。小剂量抗原不断刺激容易诱发 Th2 型免疫应答，通过分泌 IL-4 使抗原特异性 B 细胞发生 Ig 类别转换，产生 IgE。IgE 借助其 Fc 段与肥大细胞或嗜碱性粒细胞膜上的 IgE Fc 受体（FcεR）结合，结合 IgE 的肥大细胞或嗜碱性粒细胞又称致敏肥大细胞或致敏嗜碱性粒细胞。

（三）IgE Fc 受体

FcεR 包括高亲和力受体（FcεR Ⅰ）与低亲和力受体（FcεR Ⅱ，CD23）。高、低亲和力受体与 IgE 结合的能力相差 1 000 倍，高亲和力受体可与低至 10^{-7} mol/L 浓度的 IgE 结合。FcεR Ⅰ 主要存在于肥大细胞和嗜碱性粒细胞膜上，由 $\alpha_1\beta_1\gamma_2$ 四聚体组成，α 链的胞外段可与 IgE 的 ε 链（Fc 段）特异性结合，而 β 和 γ 链的胞质内 C 端含有免疫受体酪氨酸激活基序（ITAM），可传导活化信号，与Ⅰ型超敏反应的发生有直接关系。嗜碱性粒细胞膜上有 40 000～90 000 个 FcεR Ⅰ。

（四）肥大细胞和嗜碱性粒细胞

肥大细胞广泛分布于全身结缔组织，特别是皮肤、呼吸道和消化道黏膜中。嗜碱性粒细胞（basophil）主要存在于血液中，在细胞因子和其他活性介质的作用下可募集到炎症局部。抗原易于侵入上述部位，并且 IgE 主要由消化道、呼吸道黏膜固有层中的浆细胞产生，在此处抗原易与致敏肥大细胞接触。肥大细胞及嗜碱性粒细胞胞质中存在被脂膜包绕的嗜碱性颗粒，其中含有肝素、组胺和嗜酸性粒细胞趋化因子 A（eosinophil chemotactic factor of anaphylasis，ECF-A）等具有生物学活性的化学物质，称之为储存介质；肥大细胞及嗜碱性粒细胞还可通过受体传导活化信号，活化磷脂酶 A2，分解细胞膜磷脂，产生花生四烯酸，后者分别经环氧合酶或脂氧合酶途径合成前列腺素 D_2（prostaglandin D_2，PGD_2）和白三烯（leukotriene，LT），同时新合成血小板活化因子（platelet activating factor，PAF）等，称新合成介质。

（五）嗜酸性粒细胞

嗜酸性粒细胞主要分布于消化道、呼吸道、泌尿生殖道等黏膜组织中。肥大细胞活化后可释放嗜酸性粒细胞趋化因子及多种细胞因子，如 IL-3、IL-5 和 GM-CSF。ECF-A 能吸引嗜酸性粒细胞至抗原 - 抗体反应部位，嗜酸性粒细胞释放其颗粒中的生物活性介质，包括嗜酸性粒细胞阳离子蛋白（eosinophil cationic protein，ECP）、主要碱性蛋白、嗜酸性粒细胞衍生的神经毒素与过氧化物酶等，这些物质在杀伤病原微生物和寄生虫的同时，也可引起组织损伤参与迟发相反应。嗜酸性粒细胞还能释放组胺酶和芳基硫酸酯酶，灭活肥大细胞释放的组胺和 LT，对Ⅰ型超敏反应起到一定的抑制作用。

二、Ⅰ型超敏反应的发生机制

Ⅰ型超敏反应的发生机制可分为致敏阶段、发敏阶段和效应阶段（图 19-1）。

（一）致敏阶段

变应原进入机体经 APC 摄取、处理后，提呈给 T 细胞识别并介导 Th2 细胞分化，释放 IL-4 等细胞因子，辅助 B 细胞产生特异性 IgE 抗体，IgE 在不结合抗原的情况下可通过其 Fc 段与肥大细胞和嗜碱性粒细胞表面相应的 FcεR Ⅰ 结合，使机体处于对该变应原的致敏状态。

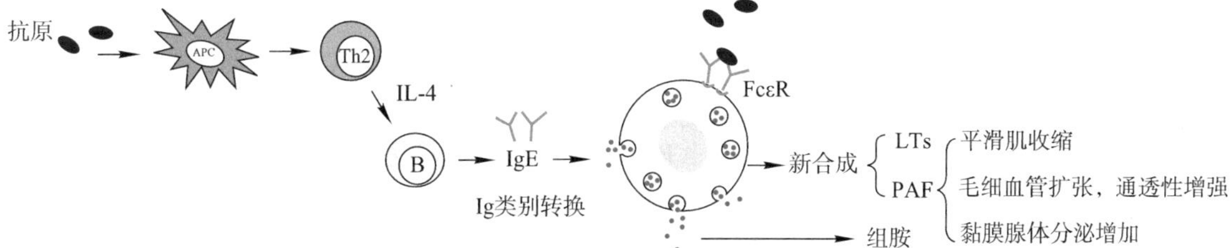

图 19-1　Ⅰ型超敏反应发生机制

此阶段不出现临床症状，可维持数月甚至更长。

（二）发敏阶段

1. 生物活性介质的释放

相同抗原再次进入机体，与肥大细胞及嗜碱性粒细胞上的 IgE Fab 段特异性结合，多价变应原与肥大细胞及嗜碱性粒细胞膜上的 IgE 结合，引起两个或两个以上相邻的 IgE 交联（桥联），活化信号经 FcεRⅠ的 γ 链传入细胞内，导致 Ca^{2+}浓度增高，从而启动脱颗粒释放储存的生物活性介质及合成新的生物活性介质，引起局部或全身反应。此外，过敏毒素（C3a、C5a 等）及多种药物亦可引起肥大细胞脱颗粒。

2. 生物活性介质的作用

生物活性介质包括两类：一是预先合成的，储存在胞质颗粒内的介质，即储存介质；二是在细胞活化后新合成的介质（表 19-1）。这些生物活性介质极少量即能发挥广泛而强大的生物学作用，且他们的功能主要包括三方面：①平滑肌收缩；②毛细血管扩张、通透性增强；③黏膜腺体分泌增加等。

表 19-1　参与Ⅰ型超敏反应的常见生物活性介质

储存介质	新合成的介质
组胺	LTs（LTC_4、LTD_4、LTE_4）
激肽原酶	PGD_2
嗜酸性粒细胞趋化因子（ECF-A）	PAF
中性粒细胞趋化因子	细胞因子和趋化因子等

（1）储存介质：包括组胺、蛋白酶类、ECF、中性粒细胞趋化因子等。

1）组胺（histamine）：是肥大细胞和嗜碱性粒细胞颗粒中小相对分子质量的血管活性胺（相对分子质量 110），组胺通过与靶细胞上相应受体结合，产生多种生物学效应：①舒张微血管，引起血压下降；毛细血管内皮细胞间隙增大，通透性增加，血浆渗入组织间隙，引起局部水肿；②刺激支气管、胃肠道、子宫等处平滑肌收缩；③形成负反馈环路，组胺与肥大细胞及嗜碱性粒细胞 H_2 受体结合抑制其脱颗粒。

2）激肽原酶（kininogenase）：可将血浆中的激肽原转化成缓激肽及其他激肽类物质。缓激肽仅由 9 个氨基酸残基组成，但致平滑肌特别是支气管平滑肌的缓慢收缩作用和血管扩张作用较强，还可增加毛细血管的通透性及引起疼痛。

3）嗜酸性粒细胞趋化因子：是一种低相对分子质量酸性多肽，可趋化嗜酸性粒细胞至反应局部。

（2）新合成的介质：包括 LT、PGD_2、PAF、细胞因子及趋化因子。

1）LT：是细胞活化过程中，细胞膜磷脂成分的代谢产物花生四烯酸经脂氧合酶途径合成的介质，通常由 LTC_4、LTD_4、LTE_4 混合组成。LTs 致支气管平滑肌收缩的作用强于组胺 1 000 倍以上，且效应持久，是引起支气管哮喘的主要介质（图 19-2）。LTs 引起血管扩张、通透性增强及腺体分泌增加的能力亦强于组胺。

图 19-2 花生四烯酸代谢产物

2）PGD_2：是花生四烯酸经环氧合酶途径合成的介质，刺激支气管平滑肌收缩和血管扩张、通透性增强。

3）PAF：是羟基化磷脂在磷脂酶 A2 和乙酰转移酶作用后形成的产物，可凝集和活化血小板，使之释放血管活性胺类。

近年来许多研究表明，肥大细胞在活化后除释放生物活性介质外，还可合成并分泌许多细胞因子，如 IL-1、IL-3、IL-4、IL-5、IL-6、IL-10、IL-13、GM-CSF、TNF-α 等，招募中性粒细胞、嗜酸性粒细胞等多种炎性细胞到反应局部，参与Ⅰ型超敏反应的迟发相反应。IL-4、IL-13 诱导 Th2 型免疫应答，促进 IgE 的产生；IL-1、TNF-α 参与全身性过敏反应。

（三）效应阶段

Ⅰ型超敏反应按效应发生的快慢和持续时间的长短分为速发相反应（immediate phase reaction）和迟发相反应（late phase reaction）。

1. 速发相反应

在再次接触相同抗原后几秒钟至几分钟内发生，由组胺、LTC_4、PGD_2 引起，大多属于功能紊乱，经过紧急治疗可完全恢复，如药物引起的过敏性休克。

2. 迟发相反应

再次接触相同抗原 4～6 h 后发生，可持续 1～2 天。主要是由细胞因子 IL-4、IL-5、IL-6、TNF-α 及 ECF、PAF 介导，以 Th2 细胞，嗜酸性粒细胞，嗜碱性粒细胞及中性粒细胞浸润为特征。嗜酸性粒细胞释放的细胞因子如 IL-3、IL-5、GM-CSF 及炎性介质如 LT、主要碱性蛋白、PAF、ECP 及嗜酸性粒细胞衍生神经毒素引起迟发相反应的组织损伤。中性粒细胞趋化因子吸引中性粒细胞至反应局部，释放的溶酶体酶、PAF、LT 亦是引起迟发相反应的主要介质。

三、遗传与环境因素

Ⅰ型超敏反应性疾病的发生除上述发生机制外还与个体的遗传因素和所处的外界环境密

切相关。

（一）遗传因素

Ⅰ型超敏反应性疾病是多基因参与的复杂性疾病。相关基因包括：①位于5Q31–33的紧密连锁的促IgE类别转换、嗜酸性粒细胞存活以及肥大细胞增殖的基因群，包含编码多种细胞因子的基因。其中编码IL–4启动子区的基因变异可导致IL–4蛋白分泌水平升高，进而促进IgE的类别转换，使其大量产生。②位于11Q12–13的编码IgE的高亲和性受体——FcεR Iβ亚单位的基因，其多态性与过敏性哮喘和湿疹的发生密切相关。

（二）环境因素

英国学者Strachan于1989年在其对花粉症及湿疹这两种过敏性疾病的研究中首次提出“卫生假说”（hygiene hypothesis），并用以解释工业化发达国家过敏性疾病发病率日益增高的现象。卫生假说认为儿童早期接触病原体、暴露于动物和土壤微生物及建立肠道正常菌群的不足，从而增加对过敏性疾病的易感性。相反，如果儿童早期接触相对卫生较差的环境，特别是易于引起感染的环境，有助于防止变态反应性哮喘的发生。其机制主要是由于儿童早期接触微生物，易于激活Th1应答及Th1相关细胞因子的产生，同时诱导Treg的产生抑制Th2细胞应答及细胞因子IL–4的产生，进而阻断IgE抗体的释放，减少过敏性疾病的发生。

四、Ⅰ型超敏反应的常见疾病

（一）过敏性休克

过敏性休克是在应用药物及生物制品之后发生的最迅速和最严重的超敏反应。主要表现为胸闷、气短、呼吸困难、恶心呕吐、四肢厥冷、血压下降等。常见的有以下两类。

1. 药物过敏性休克

青霉素过敏最为常见，头孢菌素、链霉素、普鲁卡因等也可引起。青霉素本身无免疫原性，但其降解产物青霉噻唑醛酸或青霉烯酸，与体内组织蛋白共价结合后，可刺激机体产生特异性IgE，使肥大细胞和嗜碱性粒细胞致敏。当机体再次接触青霉素时，青霉噻唑醛酸或青霉烯酸蛋白可通过交联结合靶细胞表面IgE而触发Ⅰ型超敏反应，释放的活性介质可作用于周身的毛细血管，使血管扩张、通透性增加，血浆渗出至组织间隙，使有效血容量急剧下降，重者可发生过敏性休克甚至死亡。青霉素制剂在弱碱性溶液中易形成青霉烯酸，因此使用青霉素时应临用前配制，放置2 h后不宜使用。临床发现少数人在初次注射青霉素时也可发生过敏性休克，这可能与其曾经使用过被青霉素污染的医疗器械，或吸入空气中青霉菌孢子而使机体处于致敏状态有关。

2. 血清过敏性休克

目前临床上常用疫苗、抗毒素血清、抗蛇毒制品、细胞因子等多种生物制剂预防和治疗疾病，这些物质多数为小分子多肽、蛋白质，进入机体可引起过敏反应。例如抗毒素血清可用于应急预防和治疗白喉、破伤风外毒素所致的疾病，但目前使用的抗毒素血清多来源于动物血清，其对人体是极强的抗原，再次注射时可引起血清过敏性休克。随着精制抗毒素血清的问世，这种危险已大大降低，但在应用这些生物制剂时，也要给予较高的重视。

（二）呼吸道过敏反应

呼吸道过敏反应多发于儿童及青壮年，有明显家族史，常由吸入尘土、花粉、真菌、动物皮屑或呼吸道感染等引发。过敏性鼻炎又称花粉症，致敏个体在再次吸入变应原后，变应原与鼻腔和眼结膜中肥大细胞表面的特异性 IgE 结合，致肥大细胞脱颗粒，引起鼻黏膜及眼结膜血管扩张，通透性增高，出现流泪、畏光、打喷嚏、流清水样鼻涕等症状。过敏性哮喘是变应原引起支气管平滑肌收缩、气道水肿、黏膜分泌增加及炎症反应的结果。

（三）消化道过敏反应

消化道过敏反应主要表现为过敏性胃肠炎，少数人食用鱼、虾、蛋、奶及一些药物后，出现肠蠕动加快、腹痛、腹泻，还有相当一部分人表现为口腔及胃肠溃疡。这类患者同时表现为免疫功能障碍，变应原吸收入血可引起湿疹、荨麻疹等症状。

（四）皮肤过敏反应

接触某种抗原，或冷热刺激、日光照射、肠内寄生虫感染等可引起荨麻疹、湿疹、皮炎、血管神经性水肿等皮肤过敏反应。常见的是荨麻疹，表现为局部血管扩张，通透性增高，产生红斑 – 风团反应（wheal and flare reaction）。

五、Ⅰ型超敏反应的防治原则

Ⅰ型超敏反应的防治需要从不同的环节入手，进行综合治疗（图 19–3）。

（一）查明变应原，避免接触

可通过询问病史和皮肤试验查明引起Ⅰ型超敏反应的变应原，避免与之接触是预防Ⅰ型超敏反应的最有效方法。皮肤试验方法为：将可疑抗原稀释（青霉素 25 U/mL，抗毒素血清 1∶100、花粉 1∶10 000、尘螨 1∶100 000），取 0.1 mL 在受试者前臂皮内注射，15～20 min 内注射部位出现红晕、风团直径大于 1 cm 者为皮试阳性。对食物、药物过敏者，应禁食或避免使用此类药物。

（二）脱敏治疗

1. 急性脱敏治疗

抗毒素血清皮试阳性而又必须使用者，可进行急性脱敏治疗（acute desensitization）。采用

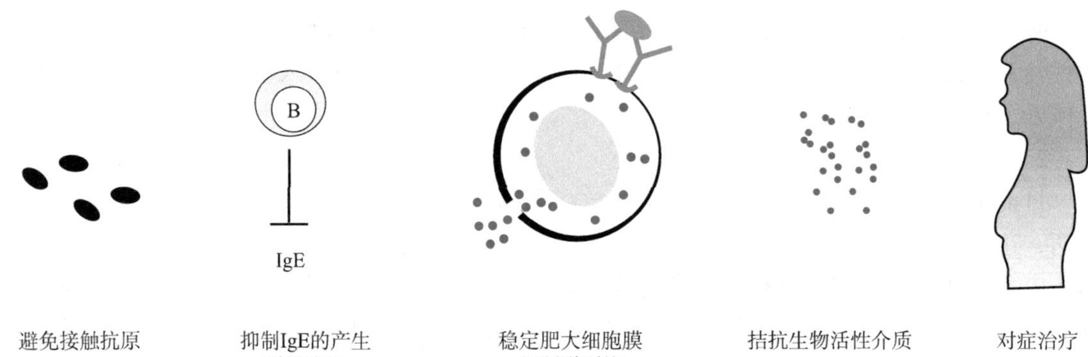

图 19–3　Ⅰ型超敏反应防治原则

小剂量（0.1 mL、0.2 mL、0.3 mL），短间隔（20～30 min）、多次注射。其机制是：少量抗原进入机体与有限数量的致敏靶细胞上的 IgE 结合，释放的生物活性介质较少，不足以引起明显的症状；同时介质作用的时间短，很快在体内被灭活，无蓄积效应。因此，在短时间内可使致敏靶细胞分批脱敏，以致全部解除致敏状态。

2. 慢性脱敏治疗

慢性脱敏治疗又称特异性变应原脱敏疗法，对那些已查明且难以避免接触的变应原，如花粉、螨虫、真菌类，可采用小剂量、较长时间间隔（6～10 天）、多次反复皮下注射达到脱敏治疗的目的，这种治疗有时需要数月至数年。其作用机制可能是：通过改变变应原进入途径，诱导机体产生大量特异性 IgG 类抗体，降低 IgE 抗体应答；IgG 类抗体与变应原结合形成免疫复合物可被吞噬清除，同时也阻断了变应原与致敏靶细胞上的 IgE 结合；诱导特异性 Treg 细胞产生外周免疫耐受。

（三）药物治疗

1. 抑制生物活性介质合成和释放的药物

（1）色苷酸二钠：可稳定肥大细胞细胞膜，阻止其脱颗粒及释放生物活性介质。

（2）肾上腺素、异丙肾上腺素和前列腺素 E：可激活腺苷酸环化酶，增加 cAMP 的合成；氨茶碱等类药物抑制磷酸二酯酶，阻止 cAMP 的分解，二者的目的均是提高细胞内 cAMP 的浓度，以抑制肥大细胞脱颗粒和释放生物活性介质（图 19-4）。此外，肾上腺素类药物还有很好的血管收缩作用。

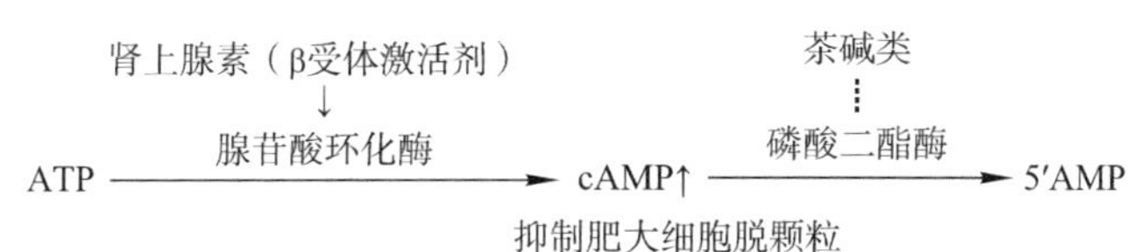

图 19-4 肾上腺素和茶碱类对 cAMP 的影响

→为促进 ┈为抑制

2. 生物活性介质拮抗剂

苯海拉明、扑尔敏、异丙嗪等抗组胺药物，可与组胺竞争效应细胞上的组胺受体而发挥抗组胺作用；阿司匹林为缓激肽拮抗剂；多根皮苷酊磷酸盐对 LT 具有拮抗作用。

3. 改善效应器反应性的药物

肾上腺素具有解除支气管平滑肌痉挛和使外周毛细血管收缩、血压升高的作用，在抢救过敏性休克时具有重要作用。

4. 免疫新疗法

（1）将 IL-12 或 CpG 序列作为佐剂与变应原结合注入机体可将 Th2 型免疫应答向 Th1 型转换，下调 IgE 的产生。

（2）将编码变应原的基因与质粒载体连接制备 DNA 疫苗，表达的变应原诱导 Th1 型免疫应答。

（3）用人源化抗 IgE 单克隆抗体制剂，抑制肥大细胞或嗜碱性粒细胞脱颗粒释放生物活性介质，可有效治疗持续性哮喘。

（4）重组可溶性 IL-4 受体结合 IL-4，阻断其生物学活性，降低 Th2 细胞应答，减少 IgE 的产生；抗 IL-5 单克隆抗体可降低循环中嗜酸性粒细胞的数量。

第二节　Ⅱ型超敏反应

Ⅱ型超敏反应又称细胞毒型或溶细胞型超敏反应。此型超敏反应是由 IgG 或 IgM 类抗体与靶细胞表面相应抗原结合，在补体、吞噬细胞及 NK 细胞参与下，引起的以细胞溶解或组织损伤为主的病理性免疫反应。

一、Ⅱ型超敏反应的发生机制

（一）靶细胞及其表面抗原

正常组织细胞、改变的自身组织细胞和被抗原或抗原表位结合修饰的自身组织细胞均可成为Ⅱ型超敏反应的靶细胞。靶细胞表面的抗原主要包括以下几种。

（1）细胞固有抗原，为正常存在于细胞表面的同种异型抗原，如 ABO 血型抗原、Rh 抗原和 HLA 抗原。

（2）吸附在自身组织细胞上的药物抗原表位或抗原抗体复合物，以及感染和理化因素所致变性的自身抗原。

（3）某些病原微生物与宿主细胞蛋白之间具有共同抗原，如链球菌的多种蛋白与人的肾小球基底膜、心肌瓣膜之间，其他物种来源的热休克蛋白（HSP）与人类的 HSP 之间。

（二）抗体和细胞损伤机制

介导Ⅱ型超敏反应的抗体主要是 IgG（IgG1、IgG2 或 IgG3）和 IgM，少数为 IgA。抗体与靶细胞膜上的抗原表位结合，通过激活补体、调理吞噬及 ADCC 作用杀伤靶细胞，其主要杀伤机制为：

1. 激活补体经典途径

IgG 或 IgM 类抗体与靶细胞表面抗原结合后，可经经典途径激活补体，在靶细胞膜表面形成膜攻击复合体，引起靶细胞的溶解。

2. 调理作用

IgG 抗体 Fab 段与靶细胞上的抗原结合后，Fc 段可与吞噬细胞（Mϕ、中性粒细胞等）膜上的 Fc 受体结合；补体激活产生的 C3b，iC3b 及 C4b 片段的 N 端与靶细胞结合，而 C 端与吞噬细胞表面的 C3b 受体结合，调理吞噬靶细胞。

3. ADCC 作用

IgG 与靶细胞特异性结合后，其 Fc 段可与 NK 细胞、单核巨噬细胞、中性粒细胞上的 FcγR 结合，通过 ADCC 作用杀伤靶细胞。

此外，抗细胞表面受体的抗体与相应受体结合，可引起细胞的功能紊乱，刺激或抑制靶细胞的功能。

二、Ⅱ型超敏反应的常见疾病

（一）输血反应

输血反应是指基因型不同的个体输血引起血细胞破坏的现象，这主要为ABO血型不符的溶血反应。ABO血型存在天然抗体，抗体与抗原结合后激活补体使红细胞溶解破坏引起溶血。另一方面由于不同个体的HLA抗原性不同，在受者体内诱发抗白细胞、抗血小板类抗体，可导致白细胞、血小板等其他血细胞的破坏。

（二）新生儿溶血症

母子间Rh血型不符常引起新生儿溶血症（hemolytic disease of the newborn）。Rh^-的母亲可由于输血、流产或分娩等原因接触到Rh^+的红细胞，刺激产生抗Rh抗体（主要为IgG类），并产生记忆性B细胞。若母亲再次妊娠怀有血型为Rh^+的胎儿，母体内产生的大量抗Rh抗体可通过胎盘进入胎儿体内，与其红细胞结合使之发生溶解破坏，导致胎儿溶血，严重者可致流产、死胎及新生儿溶血症。在初产妇分娩后24～48 h内注射抗Rh抗体，以清除进入母体内的Rh^+红细胞，可有效地预防此型新生儿溶血症。

新生儿溶血症也可由ABO血型不符引起。多发生于母亲是O型，胎儿是A型、B型或AB型。少量进入母体的胎儿红细胞能诱导产生IgG类抗体，并可通过胎盘进入胎儿体内。由ABO血型不符引起的新生儿溶血症临床常表现为胆红素水平轻度增高及黄疸，是新生儿黄疸的主要原因之一，目前尚无有效的预防措施。

（三）药物过敏性血细胞减少症

药物（如青霉素、非那西汀、奎宁、磺胺和安替比林等）抗原表位可与血细胞膜蛋白或血浆蛋白结合，刺激机体产生抗体，抗体与红细胞、粒细胞或血小板表面的药物直接结合，或抗体与药物形成抗原抗体复合物后，再与表达IgG Fc受体的血细胞结合，导致药物性溶血性贫血、粒细胞减少症和血小板减少性紫癜。

（四）自身免疫性溶血性贫血

病毒（流感病毒、EB病毒）感染或服用甲基多巴类药物可改变红细胞膜表面成分，从而刺激机体产生抗红细胞的自身抗体，该抗体与变性的红细胞结合，可引起自身免疫性溶血性贫血。

（五）链球菌感染后肾小球肾炎

链球菌感染后肾小球肾炎可由Ⅱ、Ⅲ型超敏反应引起，Ⅱ型占20%左右。发病机制可能为：①链球菌的某些成分与肾小球基底膜具有共同抗原，机体产生的抗链球菌抗体除与链球菌结合之外，还能与肾小球基底膜发生交叉反应；②链球菌感染可改变肾小球基底膜抗原结构，刺激机体产生抗肾小球基底膜抗体。这两种形式的抗体可通过激活补体、介导ADCC作用及吸引吞噬细胞聚集并释放溶酶体酶而致肾小球基底膜损伤。

（六）肺出血—肾炎综合征

临床以肺出血和进行性肾功能衰竭为特征，病因尚不明确。目前认为可能与呼吸道病毒或细菌感染有关，病毒或细菌感染使肺泡基底膜抗原结构发生改变，刺激机体产生IgG类抗体，肺泡基底膜和肾小球基底膜有共同抗原，抗体可与这两个部位的抗原结合，激活补体或通过调理作用，导致肺出血和肾炎。

（七）甲状腺功能亢进症

甲状腺细胞膜上有甲状腺刺激激素受体（thyroid stimulating hormone receptor，TSH-R），正常情况下接受垂体分泌的TSH作用，分泌甲状腺激素 T_3、T_4。甲状腺功能亢进症（Grave's disease）的患者体内有抗TSH-R的自身抗体，抗体与受体的结合模拟了TSH与TSH-R的作用，刺激甲状腺细胞分泌过量的甲状腺激素。自身抗体与靶细胞表面抗原结合，引起靶细胞功能亢进而不是损伤细胞，是特殊的Ⅱ型超敏反应。

Ⅱ型超敏反应还参与抗乙酰胆碱受体的自身抗体所致的重症肌无力等。

第三节　Ⅲ型超敏反应

Ⅲ型超敏反应又称免疫复合物型或血管炎型超敏反应。其特点为血清中的可溶性抗原与相应的抗体（IgG和IgM类）结合形成中等大小的可溶性免疫复合物（IC），在一定条件下沉积于局部或全身多处毛细血管基底膜，通过激活补体并在血小板、中性粒细胞等其他细胞的参与下，引起以充血水肿、局部坏死和中性粒细胞浸润为主要特征的炎症反应和组织损伤（图19-5）。免疫复合物的沉积是启动因素，最终造成血管及其周围组织炎症。

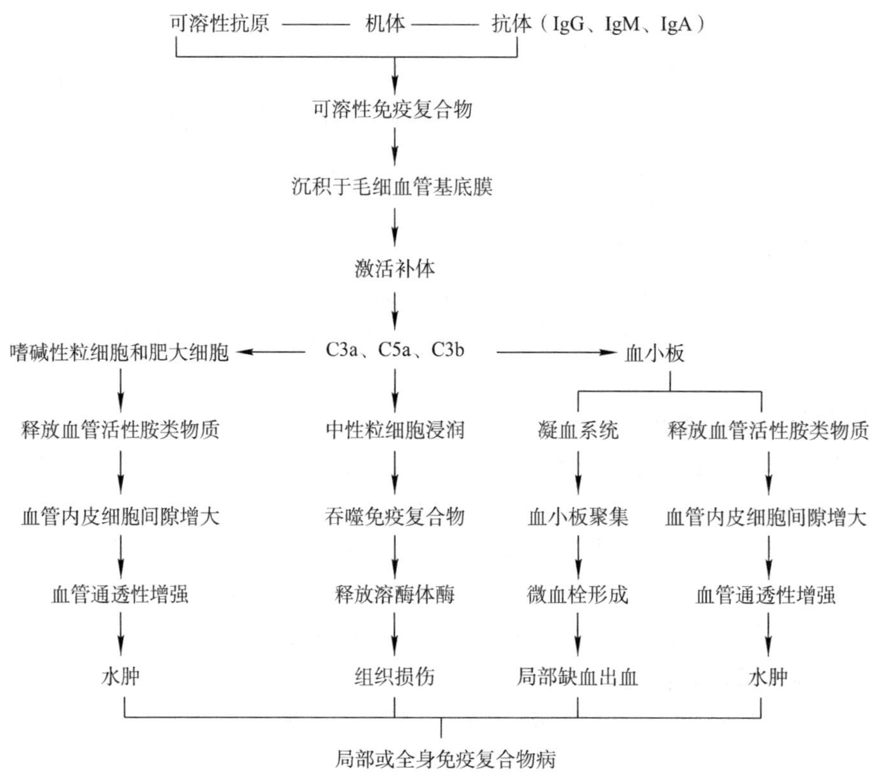

图19-5　Ⅲ型超敏反应发生机制

一、Ⅲ型超敏反应的发生机制

（一）抗原

引起Ⅲ型超敏反应的抗原种类很多，包括自身抗原如类风湿关节炎时的变性 IgG，系统性红斑狼疮患者的核抗原；微生物及其代谢产物、吸入的动植物抗原；大剂量应用的生物制剂如抗毒素血清；长期服用的药物等。

（二）可溶性免疫复合物的形成与沉积

1. 中等大小可溶性免疫复合物的形成

抗原成分在体内长期滞留是免疫复合物形成的先决条件，抗原刺激机体产生 IgG 和 IgM，少数为 IgA 类抗体，抗原、抗体结合形成 IC。当抗原与抗体比例适当时，形成大分子 IC，易被吞噬清除；当抗原或抗体过剩则形成小分子 IC，可从肾小球滤过；只有抗原抗体按一定比例形成相对分子质量 1 000 000 的中等大小 IC 时，才不易被清除，而随血液循环到特定部位沉积下来。

2. 中等大小可溶性免疫复合物的沉积

影响 IC 沉积的因素包括：①血管通透性增高，IC 可激活补体产生过敏毒素（C3a 和 C5a）活化肥大细胞、嗜碱性粒细胞，释放血管活性胺等介质，使血管内皮细胞间隙增大，血管通透性增加；②血管内高压及形成涡流，如肾小球基底膜及关节滑膜的毛细血管、动脉交叉口、脉络膜丛等部位。

机体内正常存在清除免疫复合物的机制，机体清除免疫复合物的能力降低，免疫复合物才有机会沉积于组织的毛细血管基底膜，如吞噬细胞功能降低、补体功能障碍或补体缺陷等。

（三）免疫复合物沉积后引起组织损伤的机制

1. 补体的作用

免疫复合物可经经典途径激活补体，产生裂解片断 C3a 和 C5a。C3a 和 C5a 引起肥大细胞脱颗粒，使其释放组胺等生物活性介质，致局部毛细血管通透性增加、渗出增加，表现为水肿。C3a、C5a 和 C5b67 吸引中性粒细胞趋化至 IC 沉积部位。

2. 中性粒细胞的作用

聚集的中性粒细胞在吞噬沉积的 IC 的同时，释放许多溶酶体酶，包括蛋白水解酶、胶原酶和弹力纤维酶，可使血管基底膜及其周围组织发生损伤。

3. 血小板的作用

肥大细胞及嗜碱性粒细胞释放的血小板活化因子，可使局部血小板聚集、激活，形成血栓，引起局部出血、坏死。血小板活化释放血管活性胺类物质，加重水肿。

二、Ⅲ型超敏反应的常见疾病

（一）局部免疫复合物病

1. 阿蒂斯反应（Arthus reaction）

1903 年，Nicholas-Maurice Arthus 首先描述了这一实验性局部Ⅲ型超敏反应。用马血清经皮下免疫家兔数周后，再次重复注射相同血清后在注射皮肤局部出现红肿反应，3～6 h 达到反应高峰。局部红肿程度随注射次数增多而加重，多次注射后甚至可出现局部皮肤组织缺血性坏死，该反应在注射停止后可逐渐自行消退，此为阿蒂斯反应。其机制是，反复马血清免疫诱导机体产生大量抗体，再次注射马血清后，血中抗体与局部抗原在血管壁相遇，结合成为 IC 并沉积，引起局部血管炎。

2. 人类局部免疫复合物病

（1）人类局部反复多次注射胰岛素、抗毒素、狂犬病疫苗及其他生物制剂，可出现局部类似阿蒂斯反应的典型症状与体征。

（2）吸入真菌孢子或动物排泄物中的蛋白、粉尘等，如农民肺、皮革肺等均为相应 IC 沉积于肺，临床上称为过敏性肺炎。

（二）全身免疫复合物病

1. 血清病

机体在初次注射大量异种抗毒素血清或其他药物 1～2 周后，出现局部红肿、全身皮疹、发热、关节肿痛、淋巴结肿大和一过性蛋白尿等一系列症状及体征。由于机体已产生相应抗体，而在局部的抗原尚未被完全清除，二者结合形成可溶性 IC 沉积于局部或随血流遍及全身，沉积于全身毛细血管，如肾小球基底膜、关节滑膜、心脏及皮下组织，通过激活补体引起相应部位的组织损伤。

2. 链球菌感染后肾小球肾炎（免疫复合物型肾炎）

此病一般发生于链球菌感染后 2～3 周，机体产生相应抗体，形成的 IC 主要沉积于肾小球基底膜上。此种类型的肾小球肾炎也可见于乙肝病毒、寄生虫感染等其他病原微生物感染后。

3. 类风湿关节炎

目前认为某些因素使体内 IgG 变性，变性 IgG 作为抗原刺激机体产生抗变性 IgG 的自身抗体，这些抗体以 IgM 类为主，也可以是 IgG 或 IgA 类，常称为类风湿因子。类风湿因子与变性 IgG 形成的 IC，反复沉积于全身小关节滑膜处，引起小关节红肿、变形僵直、失去运动功能。

第四节 Ⅳ型超敏反应

Ⅳ型超敏反应是由致敏 T 细胞再次接触相同抗原 24～72 h 后发生的，形成以单个核细胞浸润和组织损伤为主要特征的炎症反应。因其发生缓慢，又称迟发型超敏反应（delayed type hypersensitivity，DTH）。本型超敏反应主要与效应性 T 细胞及细胞因子有关，与抗体及补体无关。

一、Ⅳ型超敏反应的发生机制

引起Ⅳ型超敏反应的抗原主要有细胞内寄生菌（如结核分枝杆菌）、寄生虫、某些病毒和化学药物。这些抗原物质经 APC 加工处理后，以抗原肽-MHC Ⅱ/Ⅰ类分子复合物的形式表达于 APC 表面，使具有相应抗原受体的 CD4 初始 T 细胞和 $CD8^+$ T 细胞活化。在 IL-2 和 IFN-γ

等细胞因子的作用下，有些分化为CD4效应性Th1细胞和CD8效应性CTL细胞，有些分化为记忆性T细胞。

效应性T细胞再次与相应抗原接触时，可通过释放一系列细胞因子和（或）细胞毒介质引起炎症反应或DTH。而记忆性T细胞接受相应抗原刺激后，可迅速增殖、分化为效应性T细胞，扩大炎症反应或DTH。具体的效应机制包括以下两方面。

1. $CD4^+$ Th1细胞介导的炎症反应和组织损伤

$CD4^+$ Th1效应细胞释放IL-2、IFN-γ、TNF-α、IL-3和GM-CSF等细胞因子，这些细胞因子诱导单核细胞和淋巴细胞浸润，产生以单核细胞和淋巴细胞浸润为主的炎症反应。

（1）IL-3和GM-CSF可刺激骨髓生成单核细胞，使外周巨噬细胞数量增加。

（2）TNF-α可活化局部血管内皮细胞，使其表面黏附分子表达增高，促使血液中吞噬细胞和淋巴细胞聚集在抗原存在部位，参与炎症反应。高浓度TNF-α可直接对周围组织细胞产生细胞毒作用，引起组织损伤。

（3）IFN-γ可激活单核巨噬细胞，增强其吞噬杀伤功能。活化的巨噬细胞进一步释放前炎症细胞因子IL-1、IL-6、IL-8和TNF-α等加重炎症反应。

（4）IL-2不仅能引起抗原特异性T细胞的增殖，而且高浓度的IL-2还能激活更多的无关T细胞活化、增殖，增强和扩大DTH。

（5）Th1细胞还可借助FasL杀伤表达Fas的靶细胞。

2. $CD8^+$ CTL细胞介导的细胞毒作用

$CD8^+$ CTL细胞与靶细胞表面相应抗原结合后，释放穿孔素和颗粒酶，可直接导致靶细胞溶解破坏。$CD8^+$ CTL细胞活化后，表达更多的FasL或通过分泌大量的TNF-α，诱导靶细胞凋亡。事实上，Ⅳ型超敏反应的发生机制与细胞免疫应答的机制完全相同，只是前者在免疫应答过程中给机体带来损伤，而后者产生对机体有利的结果。

二、Ⅳ型超敏反应的常见疾病

（一）感染性迟发型超敏反应

感染性迟发型超敏反应多见于胞内寄生菌（如结核分枝杆菌、麻风分枝杆菌、布鲁氏菌）及某些真菌、病毒感染。结核分枝杆菌感染时，产生了以T细胞和巨噬细胞浸润为主的炎症反应。在慢性感染中，病原体不能被清除，巨噬细胞受细胞因子刺激而过度活化，形成上皮样细胞，上皮样细胞间密切接触，有些相互融合，形成多核巨细胞，上皮样细胞和多核巨细胞构成肉芽肿。在缺氧及巨噬细胞分泌的溶酶体酶的作用下，形成干酪样坏死。结核菌素试验是典型的实验性感染性迟发型超敏反应。

（二）接触性皮炎

某些个体在皮肤接触某种化学物质（如药物、化妆品、染料、油漆、塑料及农药等）时，这些小分子半抗原与皮肤角质细胞表面蛋白结合，形成完全抗原，继发$CD4^+$ T细胞应答，24 h后在接触局部发生皮肤红肿、硬结、水肿，严重者可发生剥脱性皮炎。

根据发生机制将超敏反应分为四种类型，而在临床实际中，情况比较复杂。有些超敏反应性疾病可由多种免疫损伤机制引起，例如，链球菌感染后的肾小球肾炎主要由Ⅲ型超敏反应引起，也可由Ⅱ型超敏反应引起；系统性红斑狼疮引起的肾脏损伤主要由Ⅲ型超敏反应所致，而同时发生的血细胞减少症则起因于Ⅱ型超敏反应。同一抗原在不同条件下可引起不同类型的超敏反应，如青霉素通常引起过敏性休克、荨麻疹、哮喘等Ⅰ型超敏反应；亦可引起血清病和肾小球肾炎等Ⅲ型超敏反应；长期大剂量静脉注射时，还可引发由Ⅱ型超敏反应引起的溶血性贫血；反复多次局部涂抹可造成由Ⅳ型超敏反应引起的接触性皮炎。此外，由青霉素引起的Ⅰ、Ⅲ和Ⅱ、Ⅳ混合型超敏反应的病例也偶有发生。某些超敏反应性疾病患者往往并非单一型，可几型同时存在而以某一型为主。如Ⅰ型超敏反应所释放的血管活性胺类物质可增高血管通透性，同时血清中抗体和抗原可形成中等大小的免疫复合物可借此沉积于血管壁，引起Ⅲ型超敏反应。超敏反应性疾病的发生机制相当复杂，临床表现各不相同，因此，在临床上遇到具体病例时，应结合具体情况进行分析判断。

（孙　逊）

数字课程学习

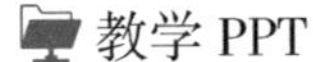

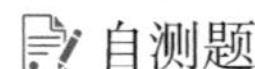

拓展阅读

第二十章　移植免疫

人类组织移植的实施可以追溯到20世纪40年代，英国学者Medawar通过皮肤移植实验阐述了移植排斥（transplantation rejection）的本质为免疫应答，因为移植排斥反应与外来抗原诱导的免疫应答过程类似：包括初次移植皮肤后1周左右的致敏期；10天左右皮片开始脱落，称为初次排斥现象（first set phenomenon）；受者如再次移植同一供者皮片时，可出现加速排斥反应，称为再次排斥现象（second set phenomenon）。该研究表明，移植排斥具有记忆性。若第二次移植采用另一供者皮片，则只出现初次排斥现象，而无再次应答，提示移植排斥反应同样具有特异性。

移植免疫学（transplantation immunology）主要研究同种或异种之间进行组织器官移植过程中出现的移植排斥现象及其机制，以及预防排斥反应的措施。移植排斥是指受者免疫系统识别移植物抗原后，针对移植物抗原产生免疫应答，进而破坏移植物的现象。移植物抗原（graft antigen）也称为移植抗原（transplantation antigen），是指移植物上可被识别为非己的抗原分子，主要是来自供者细胞的主要组织相容性抗原（major histocompatibility antigen）。同种移植的抗原称为同种抗原（alloantigen），而异种移植的抗原称为异种抗原，其诱发的免疫应答分别称为同种反应（alloreactive）和异种反应（xenorcactive）。移植排斥中受者T细胞对同种移植抗原的识别，简称同种异型抗原识别（alloantigen recognition）。

在组织器官移植中，提供组织或器官移植物者称为供者（donor），接受移植物者称为受者（recipient）。根据供、受者间遗传基因的差异，一般将组织器官移植分为：①自体移植（autologous transplantation）：即将自身的组织移植于自体的另一部位，如烧伤后自身皮肤移植，不发生排斥反应；②同系移植（syngeneic transplantation）：两个遗传基因完全相同的个体间移植，如一卵双生子间的移植，或同系动物间的移植，一般移植后不发生排斥反应；③同种（异体）移植（allogeneic transplantation）：是同种内遗传基因不同的个体间移植，一般均发生移植排斥反应，临床移植多属此类型；④异种移植（xenogeneic transplantation）：是不同种属间移植，如以动物为供者，人类为受者的移植，由于供、受者间遗传背景差异较大，可产生较强排斥。

第一节　移植排斥反应类型

移植排斥反应包括两种类型，即宿主抗移植物反应（host versus graft reaction，HVGR）和移植物抗宿主反应（graft versus host reaction，GVHR）。HVGR是指受者T细胞识别移植物抗原，激活宿主免疫应答，产生针对移植物的细胞和体液免疫应答，导致移植物损伤。GVHR是指受者处于免疫无能或免疫抑制状态时，不能对移植物产生排斥反应，而移植物内含有的供者成熟T细胞，通过识别受者抗原而产生针对受者的免疫应答，其相应的免疫反应性疾病称为移植物抗宿主病（graft versus host disease，GVHD）。

一、宿主抗移植物反应

根据发生时间、强度、病理表现，宿主抗移植物反应可分为以下三种类型。

（一）超急排斥反应

超急排斥反应（hyperacute rejection）是指移植物在血液循环恢复后数分钟或24 h内即可发生的由体液免疫应答导致的移植排斥反应。其临床表现为血供恢复后，移植物色泽逐渐变为暗红、青紫，质地变软，失去充实的饱胀感，同时丧失功能，受者移植区出现剧烈疼痛，伴有高热、寒战，免疫抑制药物治疗无效。

超急排斥反应的组织病理特点是：早期可见毛细血管内大量中性粒细胞积聚、渗出，小动脉血栓形成，血管壁发生纤维素样坏死，血管腔内大量纤维蛋白和血小板聚集形成血栓，造成广泛的组织缺血和梗死。多见于反复多次输血、多次妊娠、长期血液透析或再次移植的个体。其发生机制，一般认为是受者体内预先存在针对供者同种异型抗原（如ABO血型抗原、血小板抗原、内皮细胞抗原或HLA抗原）的抗体（多为IgM类）。移植术后，此类预存抗体与移植物血管内皮细胞表面相应抗原结合，激活补体导致血管内皮损伤和基底膜暴露，在中性粒细胞、肥大细胞和血小板参与下，引起出血、水肿、血管内凝血和血栓形成等病理改变，导致移植器官发生缺血、变性和坏死。

（二）急性排斥反应

急性排斥反应（acute rejection）一般发生在移植后数日到两周，80%～90%发生于术后1个月内，是同种异体移植中最常见的排斥反应。早期合理的免疫抑制剂治疗可以控制急性排斥反应。

T细胞介导的细胞免疫应答和抗体介导的体液免疫应答均参与急性排斥反应，以细胞免疫应答为主，其中$CD4^+$ Th1细胞介导的迟发型超敏反应是主要的损伤机制。体液免疫应答在急性排斥反应的后期发挥作用，机体产生的抗同种异型抗原的抗体或抗内皮细胞表面分子的抗体，与相应抗原结合形成免疫复合物，可通过激活补体经典途径而损伤移植物血管和诱导血栓形成，在急性移植排斥反应中，受损伤的组织主要为移植物血管。此外，CTL介导的特异性靶细胞杀伤作用、活化的巨噬细胞的吞噬作用，以及NK细胞的MHC非限制性杀伤作用等也参与急性排斥反应的组织损伤。

急性排斥反应发生的频率、强度、时间和临床表现受供、受者间组织相容性程度的影响。急性排斥反应的临床表现为不明原因发热，全身不适，移植物局部肿大、疼痛，移植物功能减退等。病理学表现为组织、器官实质性细胞坏死并伴有巨噬细胞和淋巴细胞浸润。

（三）慢性排斥反应

慢性排斥反应（chronic rejection）通常发生于移植术后数月至数年，病程缓慢进展，移植物功能逐渐减退，最终导致移植物功能丧失。慢性排斥反应对免疫抑制剂疗法不敏感，是移植物不能长期存活的主要原因。慢性排斥反应的病理特征是移植器官纤维化而失去正常结构，体积缩小，主要特点是细、小动脉受累，镜下可见动脉内膜纤维组织增生明显，并伴有内弹力层纤维的断裂或增厚，血管腔明显狭窄影响移植物血供，甚至可见多发性梗死灶形成及弥漫性或局灶性纤维组织增生。

慢性排斥反应的发生机制还不太清楚，目前认为可能与次要组织相容性抗原引起的免疫应答有关，既有体液免疫的参与，如特异性抗体介导血管内皮细胞损伤，间接使平滑肌增生导致血管阻塞，间质因缺血而发生纤维化；也有细胞免疫应答的参与，如迟发型超敏反应活化巨噬细胞分泌细胞外基质成分增加，分泌细胞因子导致炎症的发生等。

二、移植物抗宿主反应

移植物抗宿主反应常见于骨髓移植（bone marrow transplantation，BMT）、小肠移植以及其他免疫器官移植，同时受者处于免疫功能低下或免疫功能缺陷的情况。骨髓移植分为异基因骨髓移植（allogeneic-BMT，allo-BMT）、同基因骨髓移植（syngeneic BMT，syn-BMT）和自体骨髓移植。由于遗传背景的不同及 MHC 的差异，异基因骨髓移植可以引起移植排斥反应的发生。骨髓不仅是造血器官，也是中枢免疫器官，因此，骨髓移植不仅用于造血系统功能重建，也用于免疫系统功能重建。BMT 的研究发展迅速，骨髓移植后存活可长达 20 年。同种骨髓移植的先驱者 Thomas ED 因而获得 1990 年诺贝尔生理学或医学奖。

（一）移植物抗宿主反应类型

GVHR 最重要的免疫学问题就是移植骨髓中的免疫活性细胞对受者（宿主）产生的移植物抗宿主反应，由 GVHR 损伤宿主而产生的疾病称为移植物抗宿主病（GVHD）。GVHD 是骨髓移植的主要障碍，也是骨髓移植后主要的并发症和死亡原因。根据 GVHD 发生时的组织病理，GVHD 分为急性 GVHD 和慢性 GVHD。

1. 急性 GVHD

一般发生在骨髓移植后 3 个月内，多见于移植后 3～4 周，其主要病变是皮肤、肝和消化道细胞坏死，严重时可引起广泛的肠道黏膜和皮肤剥脱，对真菌和细菌感染的易感性增高，从而发生致死性感染。急性 GVHD 的典型临床表现是皮疹、小肠结肠炎伴腹泻、肝功能失调伴黄疸和发热。急性 GVHD 一旦发生，治疗困难，因此强调 GVHD 预防的重要性，若能正确的组织配型，选择合适的供、受者，及采用免疫抑制治疗措施等，则可降低 GVHD 的发生率。

2. 慢性 GVHD

常发生在骨髓移植 3 个月后，可以是急性 GVHD 转为慢性，也可以发生在从未患过急性 GVHD 者，在骨髓移植 3 个月后出现慢性 GVHD。慢性 GVHD 是一种全身性器官损害性疾病，主要病变为受累器官的纤维化和萎缩。临床表现为硬皮病样皮肤疾病、皮肤黏膜干燥综合征、慢性肝病及感染，其中感染是慢性 GVHD 的主要死亡原因。

（二）参与 GVHD 的免疫细胞

1. T 细胞

骨髓移植物中含有供者成熟 T 细胞，而骨髓中供者成熟 T 细胞可识别宿主同种抗原。例如：在动物骨髓移植模型中，采用某种方法去除供体成熟T细胞，可以避免GVHD发生；若在人类临床骨髓移植中，去除供者成熟T细胞也可大大减少GVHD的发生。由此证明，骨髓中含有供者成熟T细胞，可能在移植后识别宿主同种抗原而产生免疫应答。因此骨髓移植时，多数学者主张去除骨髓中成熟T细胞，但由于T细胞可通过产生IL-3和其他克隆刺激因子（CSF），促进造血干细胞的增殖，因而去除骨髓中成熟T细胞，又会影响骨髓移植的效果。

2. NK细胞

NK细胞是GVHD主要的效应细胞。供者成熟T细胞对宿主抗原的识别是启动GVHD的前提，而导致上皮细胞坏死的效应细胞主要是NK细胞，这种结论来自组织学方面的证据。在GVHD受累的上皮细胞组织中有大量NK细胞，而体外研究表明，NK细胞不能识别同种抗原而杀伤上皮细胞，因此，一般认为NK细胞是被IL-2等淋巴因子激活，成为淋巴因子激活的杀伤细胞（lymphokine-activated killer cell，LAK细胞），LAK细胞不受MHC限制可直接杀伤上皮细胞，给免疫抑制治疗带来许多困难。现有免疫抑制剂主要是抑制T细胞，而抑制NK和LAK细胞效果不佳。近年资料认为，由于NK细胞杀伤抑制性受体（KIR）不能识别表达于移植物细胞表面的非己MHC抗原，使抑制信号受阻，NK细胞杀伤活化性受体（KAR）被激活，从而攻击靶细胞，出现排斥反应。

第二节　移植排斥反应的免疫学机制

引起移植排斥反应的抗原称为移植抗原或组织相容性抗原。移植排斥反应与外来抗原诱导的免疫应答过程相似，当供、受者间MHC存在差异时，受者或供者免疫细胞针对移植抗原产生的细胞或体液免疫应答，最终导致移植物或受者损伤。

一、移植排斥反应的抗原

能够诱导机体产生移植排斥反应的抗原主要包括主要组织相容性抗原（MHC抗原）和次要组织相容性抗原（minor histocompatibility antigen，mH抗原）。

（一）主要组织相容性抗原

能引起强烈排斥反应的移植抗原称为MHC抗原。人类的MHC分子即HLA能结合和提呈抗原肽给T细胞，引起强烈而快速的排斥反应。HLA具有高度多态性，两个无关个体间HLA分子完全相同的概率极小。因此，本质上供、受者间HLA型别差异是发生急性移植排斥反应的主要原因。

（二）次要组织相容性抗原

能引起弱而缓慢排斥反应的移植抗原称为次要组织相容性抗原（mH抗原），mH抗原表达于机体组织细胞表面，主要包括：①性别相关的mH抗原，即雄性动物所具有的Y染色体基因编码产物，其主要表达于精子、表皮细胞及脑细胞表面；②常染色体编码的mH抗原，在人类包括HA-1～HA-5等，某些表达于机体所有组织细胞，某些仅表达于造血细胞和白血病细胞。HLA完全相同的供、受者间进行移植所发生的排斥反应主要由mH抗原所致。

此外，人类ABO血型抗原、血管内皮细胞抗原和皮肤抗原等也参与移植排斥反应的免疫应答过程。

二、移植排斥反应的效应细胞

参与移植排斥反应的细胞，包括受者体内所有免疫细胞和供者移植物内的抗原提呈细胞（APC）或成熟T细胞，其中最为重要的是受者T细胞和供者移植物内的过路白细胞。

（一）T细胞

1. T细胞在移植排斥中的核心作用

对T细胞在移植排斥中核心作用的认识，来自移植实验研究。例如无胸腺裸鼠（nude mouse），没有成熟的T细胞，接受同种或异种移植后不发生明显排斥反应；正常大鼠或小鼠在新生期切除胸腺，没有成熟T细胞进入外周，同种移植后不发生排斥反应；同样，成年大鼠或小鼠行胸腺切除（adult thymectomy，AT），并经全身射线照射（x-ray irradiation），去除成熟T细胞，再进行骨髓移植恢复其造血功能，所产生的鼠称为ATxBM受者，该受者鼠没有成熟的T细胞，同种移植后不发生排斥反应。在人类移植中，应用抗T细胞球蛋白（ATG），消除循环中成熟T细胞，可避免急性排斥反应的发生。以上结果说明，T细胞在移植排斥中起核心作用，缺少T细胞，不能识别移植抗原，亦不能产生排斥反应。

2. T细胞同种识别及致敏

当组织器官移植到受者后，通过重建的血液和淋巴循环，受者和移植物内的可移行细胞互相流动，一方面移植抗原可被供者APC携带至受者淋巴结和脾T细胞区，另一方面受者淋巴细胞又可进入移植物内，因此APC和淋巴细胞的移行最为重要，为移植抗原的提呈和识别，及产生应答创造了条件（图20-1）。

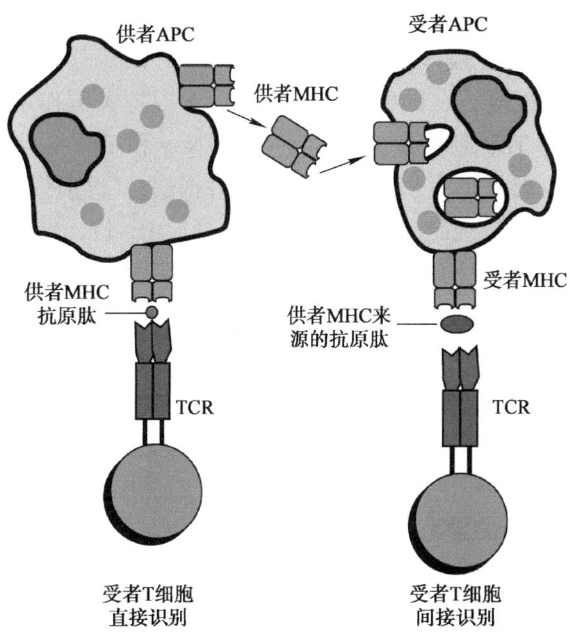

图20-1 受者T细胞对同种异体移植抗原的识别

受者T细胞对同种异体移植抗原的识别分为直接识别（direct recognition）和间接识别（indirect recognition）。直接识别是指受者的同种反应性T细胞（alloreactive T cell）直接识别供者APC表面抗原肽－同种异体MHC分子复合物（pMHC），并产生免疫应答。按照经典的MHC限制性理论，若同种移植供者的APC与受者T细胞间MHC型别不同，则不能发生相互作用，故不能用经典理论解释直接识别的机制。间接识别是指供者移植物的脱落细胞经受者APC摄取、加工，以供者来源的同种异体抗原（主要是MHC抗原）的抗原肽－受者MHC分子复合物的形式提呈给受者T细胞，使其识别和活化。T细胞同种识别和致敏过程中，两种途径所致敏的T细胞数量不同，从而引起不同程度的反应。直接识别引起的反应强烈而迅速，在急性移植排斥反应的早期中起主要作用，而间接识别在急性排斥反应的中晚期和慢性排斥反应中起重要作用。

（二）过路白细胞

早在20世纪70年代，人们就注意到在移植物血管内或组织中的供者白细胞具有致敏受者免疫细胞的作用，并将该类白细胞称为过路白细胞（passenger leukocyte）。进一步研究发现，过路白细胞不仅是残留在移植物血管内的白细胞，更重要的是移植物组织间质内的树突状细胞（DC），移植后可从移植物内移出并进入受者体内，是移植后致敏受者的主要供者APC。DC作为专职APC，具有较强的刺激静息T细胞活化的能力。在同种移植中，DC比单核巨噬细胞具有更强的抗原提呈功能，如在同种混合淋巴细胞培养（mixed lymphocyte culture，MLC）中，用高纯度的DC、MΦ、T细胞、B细胞分别作为刺激细胞，检验其同种抗原刺激能力，发现DC作用最强，极少量DC（300～1 000个）就足以使同种T细胞增殖。由于表皮中含有大量朗格汉斯细胞（LC），所以皮肤移植是所有移植组织中最难存活的。

三、移植排斥反应的效应机制

（一）针对移植物的细胞免疫应答效应

T细胞介导的细胞免疫应答在同种移植排斥反应中发挥关键作用，多个T细胞亚群参与对移植物的损伤机制：① Th1细胞通过分泌IL-2、IFN-γ和TNF-α等炎性细胞因子，聚集单核巨噬细胞等炎性细胞，导致迟发型超敏反应性炎性损伤；②同种抗原特异性CTL可直接杀伤移植物血管内皮细胞和实质细胞；③ Th17细胞可释放IL-17，继而招募中性粒细胞，促进局部组织产生炎症因子、趋化因子，介导炎症细胞浸润和组织破坏。

（二）针对移植物的体液免疫应答效应

移植抗原也可激发B细胞介导的体液免疫应答，产生抗同种异型抗原的抗体，通过调理作用、免疫黏附、ADCC、补体激活等，导致血管内皮损伤，并介导凝血、移植物细胞溶解和促炎症介质释放等，参与排斥反应。抗体（主要是IgM类抗体）是参与超急性排斥反应的主要效应分子，也在急性移植排斥反应中发挥一定作用。

（三）参与移植排斥反应的固有免疫应答效应

同种移植物首先引发固有免疫应答，导致移植物炎症反应及相应组织损伤，随后才发生适应性免疫应答。同种器官移植术中，诸多因素可导致移植物组织损伤，如机械性损伤、缺血、缺氧、缺血再灌注损伤等，上述作用的综合效应是诱导细胞应激并释放损伤相关的分子模式（DAMP），激发炎性“瀑布式”反应，进一步导致移植物组织细胞发生炎症、损伤和死亡。

第三节　延长移植物存活的措施

器官移植成功的关键是选择适合的供受者，即 ABO 血型相符，HLA 型别相同或相近。目前认为，HLA-DR 对移植排斥最为重要，其次是 HLA-A 和 HLA-B。

一、组织配型

移植前的组织配型或组织相容性试验，是指对某一个体的表型和基因型的 HLA 特异性鉴定。通过组织配型试验选择与受者组织相容性抗原近似的供者，可降低急性排斥反应发生的频率和强度，从而延长移植物的存活。

1. 红细胞血型抗原相容试验

在移植术前，首先要检测移植物供者与受者的红细胞血型是否相符。最佳选择是供、受者血型相同，但也可根据输血的原则要求实行，即 O 血型移植物可移植给所有血型受者，A 血型移植物可移植给 A 或 AB 血型受者，B 血型移植物可移植给 B 及 AB 血型受者，AB 血型移植物只能移植给 AB 血型受者，这就是所谓血型相容者。此外，还发现其他红细胞血型抗原系统，如 Lewis 抗原、Rh 抗原系统等，都影响移植物的存活时间。

2. HLA 配型

在器官移植中有非常重要的作用。近年来国内外研究资料表明，肾移植的长期存活与供、受者 HLA 抗原，特别是 HLA-DR 抗原相容性密切相关。骨髓移植时则要求 HLA 抗原完全一致，否则会出现剧烈的移植物抗宿主反应。

（1）血清学分型法：HLA 血清学分型采用的主要方法是国际上统一使用的补体介导的微量细胞毒试验。其基本原理是：使用标准的 HLA 分型抗体与受者的淋巴细胞混合，而后加入补体，抗体与 HLA 抗原特异结合后激活补体，使淋巴细胞膜受损或裂解，然后用染料（台盼蓝或伊红）排除试验（活细胞不着色，死细胞着色），判定细胞死活，根据细胞死亡的百分率判断结果，死亡率高为阳性，说明待检淋巴细胞的 HLA 型与标准 HLA 分型抗体的 HLA 型别一致；阴性时说明待检淋巴细胞的 HLA 型与标准分型抗体 HLA 型别不一致。血清学分型法主要用于检测 HLA-A、B、C 基因编码的抗原。

微量淋巴细胞毒试验也用于检测受者体内抗供者抗体，称为微量淋巴细胞毒配合试验。其原理是将供者淋巴细胞与受者血清混合，在室温下作用 30 min 后加入兔补体，在补体作用下，相应抗原抗体发生反应，导致淋巴细胞死亡，经染色在显微镜下计数死亡淋巴细胞的百分比。若死亡细胞低于 20% 为阴性，高于 20% 为弱阳性，高于 60% 为强阳性，也就是死亡的淋巴细胞越多，表示受者体内细胞毒抗体滴度越高。淋巴细胞毒交叉配合为阴性的供者、受者才考虑进行移植。

（2）细胞学分型法：采用的是 MLC 法。该方法是 Bain 等人于 1964 年创立的体外试验方法，最初用于移植前供、受者配型和 HLA 分型，目前 MLC 试验作为体外的移植免疫模型，已被广泛用在以下几个方面：①进一步鉴定血清学检测得到的供、受者间 HLA 抗原是否完全相符；②预测供、受者间 HLA-A、B 或 DR 抗原不符的移植物的预后，即受者对供者的免疫应答程度；③评价移植后受者免疫反应是供者特异性的或是非特异性的；④移植术后判定供者和受者间免疫应答程度，预计使用类固醇等免疫抑制剂的时间；⑤研究同种及异种识别机制。

MLC 的原理是将供者与受者的淋巴细胞混合在一起进行体外培养一定时间后，由于两者细胞表面 HLA 抗原不同，淋巴细胞通过识别对方 HLA 抗原而活化增殖并转化为淋巴母细胞，通过判定淋巴细胞转化情况，确定混合淋巴细胞反应（mixed lymphocyte reaction，MLR）的强弱。两者 HLA 差异越大，MLR 越强；反之越弱。

目前细胞学分型常用单向 MLC 法，刺激细胞必须是纯合子配型细胞（homozygous typing cell，HTC），HTC 上只有一种 HLA Ⅱ类抗原。若反应细胞不与之反应（不发生淋巴细胞转化），则证明反应细胞上有与 HTC 相同的 HLA Ⅱ类抗原。双向 MLC 可以选择出 HLA Ⅱ类抗原相容的供者，但不能确定 HLA Ⅱ类的具体抗原，单向 MHC 则可确定 HLA Ⅱ类抗原。

（3）基因分型：由于应用血清学方法对 HLA Ⅱ类抗原（DR、DQ、DP）的配型较为困难，因此推动了在分子水平上的基因配型（DNA 配型）技术的发展。基因配型技术通过比较供、受者 HLA 抗原 DNA 序列，判定供、受者间基因是否相同或相近，从而能更快、更准确地选择供、受者，并更有可能在相同或相近基因中进行成功的移植。尽管基因配型技术的普及可能还需要一定时间，但基因配型将逐步取代传统的血清学配型方法。

二、应用免疫抑制剂

（一）化学免疫抑制剂

目前应用于临床的每一种化学免疫抑制剂都是直接干扰和影响移植排斥反应的某个阶段。因为作用机制不同，所以几种药物联合使用可以提高免疫抑制效果。但是这些免疫抑制剂都是非特异的，且会降低受者全身免疫功能，从而降低受者对感染和肿瘤的抵抗能力。此外，还可能具有其他毒副作用。现在应用于临床器官移植的化学免疫抑制剂有十余种，下面仅简单介绍有代表性的几种。

1. 硫唑嘌呤

硫唑嘌呤（azathioprine，Aza）是用甲基咪唑取代 3、6- 巯基嘌呤（6-MP）结构中的氢与硫原子而结合形成的 6-MP 衍生物。自 1961 年应用于临床至今，是临床免疫抑制的主要药物。Aza 的免疫药理作用，是在细胞内转化为硫代次黄嘌呤核苷酸，反馈抑制次黄嘌呤核苷酸的合成，从而阻断 DNA 合成，导致细胞死亡。其主要作用是阻滞 S 晚期或 G_2 早期的发育，减低细胞增殖速度，对细胞免疫和体液免疫均有抑制作用，但抑制 T 细胞比抑制 B 细胞作用强，且 Aza 只能在免疫应答的早期起抑制作用，影响 T 细胞抗原识别，过早或过晚都无效。Aza 的毒副作用，为骨髓抑制、感染、肝功能损害、恶性病变及口腔溃疡、脱发和精子缺乏症等。

2. 肾上腺糖皮质激素

肾上腺糖皮质激素是临床上最常用的免疫抑制剂，包括泼尼松（prednisone，pred）、氢化可的松（hydrocortisone）和甲泼尼松（methylprednisone，MP）。激素的免疫药理作用是对动物的敏感淋巴细胞有溶解或诱导凋亡（apoptosis）的作用，特别对活化T细胞作用更明显，全身用药可使淋巴器官萎缩。此外，还可抑制抗原和丝裂原诱导的T细胞转化和增殖的发生，且有抑制巨噬细胞吞噬和处理抗原的能力。对抗体形成亦有明显抑制作用。

激素的副作用包括：①类肾上腺皮质功能亢进综合征；②诱发和加重感染；③影响伤口愈合；④骨质疏松和肌肉萎缩；⑤抑制生长激素的分泌；⑥诱发白内障；⑦增强中枢神经系统兴奋性；⑧可引起胎儿畸形。

3. 环孢素A

环孢素A（cyclosporin A，CsA）是1972年瑞士山德士药厂从真菌中提取的，初始目的是筛选抗真菌新药。1976年，Bore首先报告CsA的免疫抑制作用，1978年首次试用于临床肾和骨髓移植病例，取得令人满意的效果，使器官移植进入了一个划时代的新时期。环孢素现已分离出9种，临床广泛应用的是CsA，其免疫药理作用，除抑制B细胞、巨噬细胞活性外，尚能阻断Th细胞释放IL-2、IFN-γ及B细胞生长分化因子，使移植排斥中的效应细胞不能激活。此外，CsA还干扰T细胞增殖活性。CsA的毒副作用，除了免疫抑制引起的并发症外，尚有肝毒性、肾毒性、胃肠道症状、胰岛细胞毒性及高血糖、神经系统损伤以及多毛症、高血压和血栓等。在临床实践中，激素、硫唑嘌呤和CsA常联合应用，其剂量比单用减少，增强防止排斥的效果且副作用可有所减轻。

4. 他克莫司（FK506）

FK506是1982年日本藤泽制药公司从一株土壤真菌中分离出来的一种大环内酯类抗生素，发现其具有极强免疫抑制作用，经临床试用，其效果可与CsA相媲美，而且免疫抑制有效剂量远比CsA小。FK-506是一种T细胞免疫抑制剂，可以通过抑制IL-2及IFN-γ的产生和IL-2R表达，抑制免疫效应细胞的功能。FK506的毒副作用已发现有严重的胃肠道反应、肾毒性、高血压、高钾血症、糖耐量减低及神经损害等。

此外，新的免疫抑制剂如RS-61443（mycophenolate mofetil）、DSG（deoxysper gualin）、RPM（rapamycins）及BQR（brequinar sodium）的动物和临床试验也都取得了明显疗效，可望成为预防器官移植排斥反应的新药。

（二）中药免疫抑制剂

1. 雷公藤多苷

雷公藤系卫矛科雷公藤属木质藤本植物，从中提取的雷公藤多苷，对免疫功能有明显抑制作用，表现在对胸腺及T细胞亚群功能的影响，以及对巨噬细胞和NK细胞功能的影响，对体液免疫也有抑制作用，且与CsA有协同作用。实验结果证实，雷公藤可延长皮肤移植物的存活时间。

2. 冬虫夏草菌粉

冬虫夏草菌粉是从中国传统名贵中药冬虫夏草菌种中分离的纯中药制剂，商品名为百令胶囊。该药的作用是多方面的，具有对免疫系统、内分泌系统的双相调节作用，对神经系统有镇静作用，迄今未见明显毒副作用。对细胞免疫具有显著的、与剂量相关的抑制作用，能延长皮肤、心脏和肾脏同种移植的存活时间，与CsA合用能增强免疫抑制效果，且可减轻

CsA 引起的毒副作用。

以上两种中药免疫抑制剂尚需进一步研究和应用，以观察其远期疗效和毒副作用，两者均是很有希望的中药免疫抑制剂。

（三）生物免疫抑制剂

抗淋巴细胞抗体的应用已成为很有前途的生物免疫抑制疗法。应用抗淋巴细胞单克隆抗体与相应抗原结合，通过破坏或封闭某一致敏阶段的 T 细胞及淋巴细胞因子受体，可阻断 T 细胞的活化及排斥反应的进行，从而达到防治排斥反应的目的。也可应用某些单克隆抗体如抗 CD45，移植前灌注供者器官，消除器官内的过路白细胞，从而降低移植物的免疫原性，减轻排斥反应。有研究表明，应用 CTLA-4 免疫球蛋白（CTLA-4Ig）作用于 B7，可阻断 T 细胞活化并诱导耐受。目前抗淋巴细胞血清（ALS）和抗 CD3 单克隆抗体，已在许多移植中心应用并获得良好效果（表 20-1）。

表 20-1　常用的抗体及其作用的靶细胞

抗体	靶细胞及分子
抗淋巴细胞血清（ALS）	所有淋巴细胞
抗胸腺细胞球蛋白（ATG）	T 细胞
抗 -CD3	成熟 T 细胞
抗 -CD4	调节 Th1/Th2 细胞极化格局
抗 -CD25（细胞 IL-2Rα 链）	活化的 T 细胞
抗 -$CD45^+$ 蓖麻毒素	过路白细胞
抗 -$CD5^+$ 蓖麻毒素	活化 T 细胞（表达 CD5）
CTLA-4Ig	B7/BB1

此外，一种人源化的人、鼠嵌合单克隆抗体——抗 IL-2R 单克隆抗体，目前已被证明与其他免疫抑制剂如 CsA 等联合应用，可降低肾移植后急性排斥反应的发生率，并促进肾移植物长期存活和降低移植后 CMV 感染的发生率。

三、物理学方法延长移植物存活

（一）高氧及低温培养

一些组织如胰岛、甲状旁腺组织、卵巢组织及睾丸组织等，经高氧（95% O_2）及低温（24℃）体外短期培养后，其组织内所含 MHCII 类抗原阳性细胞（即过路白细胞）明显减少，免疫原性降低，移植物存活时间明显延长。

（二）紫外线照射移植物

紫外线中波（ultraviolet-B，UV-B）照射供者刺激细胞可明显抑制同种及异种 MLR，UV-B 照射的大鼠胰岛移植物，同种移植后可长期存活；UV-B 照射的骨髓移植物，其 GVHR 明显减轻；UV-B 照射的供者特异性输血（UV-DST）可诱导同种鼠心脏移植耐受；UV-B 照射大鼠小肠同种移植后，其 GVHR 明显减轻并可延长移植小肠存活时间。目前认为，UV-B 照射主要是抑制移植物内过路白细胞活性并改变某些抗原分子的表达，抑制供者 APC 提呈作用并有助于诱导耐受。近期的研究发现，UV-B 照射对不同细胞具有不同的生物学效应，在 600 J/m^2 时可诱导淋巴细胞及单个核细胞凋亡（apoptosis），而对胰岛细胞及肝细胞无影响，同时降低淋巴细胞表面黏附分子表达，对 IFN-γ 诱导的 MHCI、II 类分子表达有抑制作用。在对 UV-B 照射的猪胰岛与人外周血单个核细胞（PBMC）混合培养，即混合胰岛淋巴细胞反应（MILR）的研究中发现，1 000 J/m^2 的 UV-B 照射可使猪胰岛对人淋巴细胞的刺激指数（SI）明显降低，MLR 中 NO 的产生亦明显减少，而 NO 是导致胰岛早期无功能的主要原因。深入研究 UV-B 照射的免疫生物学效应，可能成为临床移植中延长移植物存活及诱导移植耐受的有效方法。

（三）免疫隔离技术

采用一些合适的材料，将移植组织和受者免疫系统隔离开，使移植物免遭受者的免疫攻击而长期存活，这种方法称为免疫隔离技术，主要适用于内分泌组织移植。

目前免疫隔离的材料和方法主要包括：①血管外弥散室：利用半透膜制成密闭的腔室，再将移植组织包裹于其中，移植到受者血管外的任何地方；②血管内弥散室：移植物置入弥散室内并以人工毛细血管系统作为持续灌流的细胞培养系统，其两端与受者动脉相连；③血管内超滤室：将弥散室与受者静脉系统相连，产生超滤作用，加快受者与室内组织的物质交换；④人胎羊膜室：以人胎羊膜为免疫隔离膜；⑤胰岛微包囊：用海藻胶、多聚赖氨酸、多聚乙烯制成小球，胰岛包于其中。

四、诱导移植免疫耐受

免疫耐受是机体免疫系统对特定抗原表现出特异性的免疫无应答状态，这种状态有别于其他各种方法，如免疫抑制剂等非特异地抑制受者免疫应答所致的免疫无反应状态，也有别于借助体外培养等预处理降低移植物抗原性所致的免疫无应答。在器官移植中，建立受者对供者移植抗原永久性的耐受一直是移植免疫工作者梦寐以求的目标。多年来对免疫耐受的研究揭示了许多与免疫耐受有关的现象，也建立了一些假说和理论，但迄今为止，除少数方案已在临床得到应用外，诱导移植耐受的方法多处于实验研究阶段。

（一）可溶性抗原诱导耐受

诱导成年动物免疫耐受的成功，增强了人们对诱导移植耐受的信心。1962 年 Dresser 发现，成年动物用可溶性蛋白分子能诱导耐受，许多人在随后的研究中发现了成年动物诱导耐受的种种现象。例如，可溶性蛋白抗原容易诱导耐受；极大和极小剂量的抗原引起耐受，而适中剂量的抗原则产生相应抗体；静脉注射最易引起耐受，其次是腹腔注射，皮下注射最不容易诱导耐受；T 细胞和 B 细胞对抗原耐受的感受性不同，T 细胞对较少量抗原可在几小时内就获得耐受，B 细胞则要求更多时间和更高抗原浓度，新生期 B 细胞耐受的抗原水平是成人所需的 1%。根据以上实验研究，近年来设计了利用可溶性组织相容性抗原（如 sHLAI 类分子）诱导移植耐受，在动物实验中取得成功。

（二）胸腺内诱导耐受

由于T细胞在胸腺内经过两次选择而对自身抗原产生耐受，若一旦T细胞耐受则细胞免疫和体液免疫均不能发生，因此在临床移植中，一种极有希望的诱导耐受方法是将供者细胞或组织在移植前预先植入受者胸腺实质中，如果植入的供者组织或细胞能长期存活并表达供者抗原，那么受者T细胞便能持续地接触到供者抗原，并像遇到自身抗原那样不断发生克隆删除，从而建立对供者抗原永久性的耐受。目前已有这类尝试成功的报道，用MHC不相容的大鼠进行实验性胰岛移植时选择胸腺作为移植部位之一，结果植入胸腺的移植物获得长期存活，在随后的检查中，意外地发现宿主实际上已对移植的胰岛产生了特异性耐受，将同一品系的胰岛移植物再次植入同一宿主的肾被膜下，排斥反应也不发生，而宿主对来自其他品系供者的胰岛移植物却发生迅速强烈的排斥。

（三）建立同种异基因嵌合状态诱导耐受

建立同种异基因嵌合状态是诱导免疫耐受的理想途径。同种异基因嵌合状态指同种移植受者体内检出供者细胞或遗传物质的现象，如持续应用免疫抑制剂并多次给受者输注供者骨髓细胞建立嵌合体、大剂量全身放射线照射建立同种异基因造血干细胞嵌合体。

（四）抑制效应免疫细胞（如T细胞）的活化和功能诱导耐受

利用直接针对T细胞表面分子CD4、CD8的单克隆抗体，阻断T细胞在同种识别中CD4和CD8的识别作用，可获得成年动物移植组织耐受，如同种大鼠皮肤移植耐受；用CTLA-4Ig融合蛋白结合APC上的B7，竞争性阻断CD28共刺激通路介导的T细胞活化；应用抗CD40L单克隆抗体，阻断CD40L-CD40共刺激通路介导的T细胞和B细胞的活化。动物实验和临床试验均已显示，上述策略可有效延长移植物存活时间。

（五）诱导或转输抑制性免疫细胞（如Treg细胞）诱导耐受

如体内诱生或输注可分泌抑制性细胞因子的耐受性DC诱导移植耐受；或输注同种抗原特异性Treg细胞可抑制T细胞介导的移植排斥反应；或输注髓源性抑制细胞（MDSC）和骨髓来源间充质干细胞（MSC）可显著抑制移植排斥反应。

（六）供者脾细胞门静脉输入诱导耐受

将供者脾细胞悬液，于移植前1周输入门静脉内，可诱导出对供者抗原和移植物的特异性耐受。经中波紫外线（UV-B）照射的脾细胞，经门静脉输入后，更易诱导耐受。此种经门静脉输入抗原而引起的耐受现象，亦称为门静脉耐受（portal vein tolerance）。目前认为，该耐受现象与肝内的库普弗细胞（Kupffer cell）功能有关，用氯化镓（$GdCl_2$）抑制库普弗细胞功能，则门静脉耐受现象消失。

（七）FasL转基因抗原提呈细胞（APC）诱导耐受

Fas/FasL途径是诱导细胞凋亡（apoptosis）的主要途径。抗原活化的T细胞表达Fas，该细胞若与FasL结合，可诱导凋亡，此即活化诱导的细胞死亡（AICD）。目前AICD被认为是外周耐受现象的主要机制。将FasL基因转染至APC（如DC内），该DC可诱导出抗原特异的免疫耐受，其机制为FasL-DC提呈抗原活化T细胞的同时，通过Fas/FasL途径，诱导该抗原特异的T细胞凋亡，亦即克隆清除。

第四节 人类造血干细胞移植

干细胞由于具有可以定向分化、存活率高和移植排斥反应相对较弱等优点，而成为近年最具发展潜力的治疗方法。根据来源，干细胞可分为骨髓造血干细胞、骨髓间充质干细胞、外周血造血干细胞以及脐带血造血干细胞等。

一、造血干细胞移植特点

造血干细胞移植与其他器官移植存在根本区别。

1. 受者机体免疫功能缺陷

需要实施造血干细胞移植的患者通常机体的免疫及造血系统已经处于瘫痪状态，在免疫缺陷状态下的干细胞移植一般不需人为制造免疫抑制就能顺利获得同种异体骨髓移植以代替缺陷的免疫系统。

2. 对供体抗原自然耐受

一旦机体能成功克服移植术后最初的同种异体移植排斥反应，骨髓移植受体内重新建立的免疫系统会对供体抗原自然产生耐受，因此也不需要免疫抑制维持治疗。

3. 引起 GVHD

造血干细胞移植后供体 T 细胞能引起针对受体的免疫性攻击，即移植物抗宿主病。

二、造血干细胞移植分类

根据基因背景，造血干细胞移植分为数种类型。

1. 同种同基因移植（同卵双生子）

该类移植由于基因背景一致，不存在移植排斥反应，成功率与自体移植类似。

2. 同种异基因移植（非同卵双生子）

该类移植与同种异体器官移植类似，也会产生宿主抗移植物排斥反应，但不存在同种异基因骨髓移植后发生的移植物抗宿主排斥反应。因此，由于同种异基因外周血造血干细胞来源丰富，不产生移植物抗宿主排斥反应，其应用范围、适应证均较同种异基因骨髓移植更广泛。

3. 自体外周血造血干细胞移植

同自体骨髓移植一样，存活率高，不存在排斥反应。但由于外周血造血干细胞可以扩增，因此，其移植效率更高，适应证也较自体骨髓移植更广泛。

4. 脐带血造血干细胞移植

脐带血造血干细胞移植是一项最具发展潜力的干细胞工程，不仅因为脐带血来源丰富，采集方便，且具有分离干细胞的高效率及其移植排斥反应介于自体干细胞移植和同种异基因干细胞移植之间等优点，因而脐带血造血干细胞移植的研究方兴未艾。

三、造血干细胞移植的适应证

人类造血干细胞移植的适应证包括了骨髓移植的全部适应证，主要用于机体造血功能重建和免疫功能重建。其主要适应证如下。

1. 血液系统恶性肿瘤

急性淋巴细胞性白血病、急性非淋巴细胞性白血病和慢性粒细胞白血病等。

2. 非血液系统恶性肿瘤

肺癌、卵巢癌等。

3. 血液系统良性疾病

再生障碍性贫血、骨髓纤维化、先天性造血异常性疾病。

4. 免疫系统疾病

先天和后天性免疫缺陷性疾病等。

造血干细胞移植后机体造血功能和免疫功能重建的速度、成功率，除与组织配型的适合程度有关外，还与输注的干细胞数量及免疫抑制剂的使用等因素有关。虽然干细胞的研究仍存在诸多尚未解答的问题，但是随着科学的进步必将给人类疾病的治疗带来更光明的前景。

（徐 雯）

数字课程学习

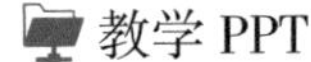

第二十一章　肿瘤免疫

肿瘤是由正常细胞转化并不断扩增形成的异常组织。恶性肿瘤的发生及演化的典型过程包括单个细胞恶性转化、克隆性增殖、局部浸润及远处转移四个阶段。肿瘤发生发展与免疫系统的功能密切相关。

尽管肿瘤来源于自身组织，但肿瘤细胞可表达一些能被免疫系统识别的分子。20 世纪 50 年代，用化学致癌剂诱发近交系小鼠的肿瘤模型证明，肿瘤可产生特异性肿瘤移植抗原。其后在其他致癌因素所致的肿瘤中也证实了肿瘤抗原的存在。随着肿瘤特异性抗原的不断发现、特别是高通量组学技术及单细胞测序技术的进展，在肿瘤细胞水平筛选肿瘤特异性新抗原成为可能。同时，对机体抗肿瘤免疫应答及抗肿瘤免疫治疗的深入研究、全人源单克隆抗体技术及细胞工程技术等的迅猛发展，极大地加快了肿瘤免疫研究成果的应用。肿瘤免疫治疗已成为继手术、化疗和放疗之后的第四种方法，并在多种肿瘤的临床治疗中展现了具有里程碑意义的效果。

肿瘤免疫学（tumor immunology）是研究肿瘤的免疫原性、抗肿瘤免疫效应机制以及肿瘤免疫诊断与治疗的一门学科。

第一节　肿 瘤 抗 原

肿瘤细胞在癌变及进展过程中会出现与正常细胞不同的新抗原（neoantigen），还有一些异常表达的蛋白质和改变的糖脂，称为肿瘤抗原（tumor antigen）。只有极少数肿瘤抗原具有免疫原性，能被机体免疫系统识别，激活抗肿瘤免疫应答。根据抗原的特异性可分为肿瘤特异性抗原（tumor specific antigen，TSA）和肿瘤相关抗原（tumor associated antigen，TAA）；根据来源不同可分为由肿瘤特异基因编码的抗原、由正常基因突变后编码的抗原、通常仅在发育的特定阶段表达的抗原及过度表达的抗原等。

寻找肿瘤抗原，特别是新抗原作为诊断及预后指标或治疗靶点，是目前肿瘤免疫学的重要研究方向。一些肿瘤抗原已经被用于肿瘤的诊断或治疗。

一、肿瘤特异性抗原

肿瘤特异性抗原是指仅特异性表达于肿瘤组织而不存在于或极少表达于正常组织的抗原。理化因素诱导的或自发的基因突变产物以及致癌病毒的某些特定抗原等属于 TSA。

同系动物移植排斥实验证实，一些放射性物质或化学致癌物质可诱发肿瘤细胞表达某些肿瘤抗原分子，具有特异性，称为肿瘤特异性抗原，或称为肿瘤特异性移植抗原（tumor specific transplantation antigen，TSTA）或肿瘤排斥抗原（tumor rejection antigen，TRA）。例如，甲基胆蒽（methylcholanthrene，MCA）可诱导近交系小鼠产生肉瘤，将这些肉瘤细胞植回原来的经手术切除肉瘤后的小鼠或移植给预先用放射线灭活的肉瘤细胞的同系小鼠，会产生对同种肿瘤的特异性排斥反应。这个实验说明此种肿瘤排斥反应具有肿瘤特异性和记忆性（图 21-1）。

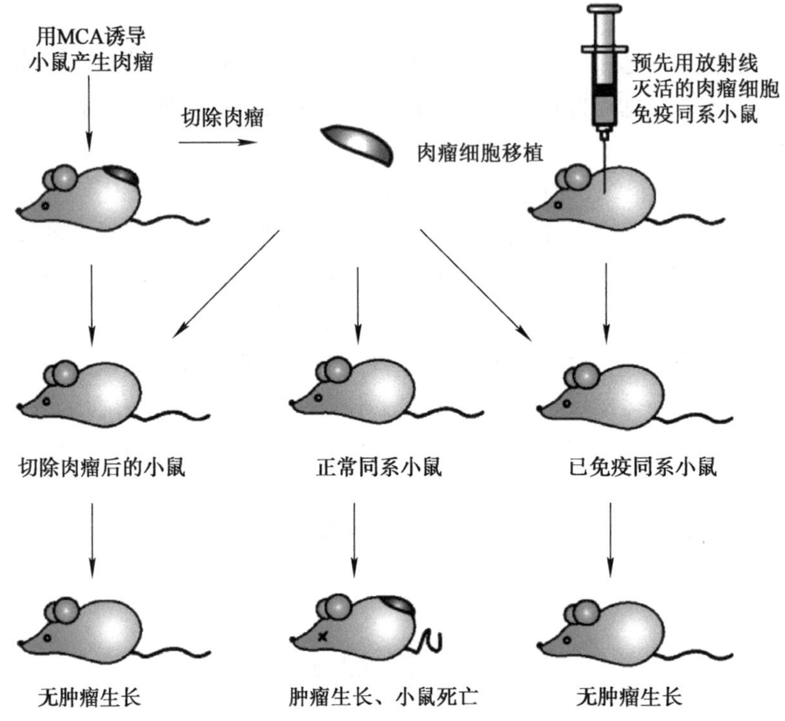

图 21-1　同系动物肿瘤移植排斥实验证明肿瘤存在肿瘤特异性抗原

随后，通过过继回输实验证明，荷瘤小鼠的抗肿瘤免疫应答是由肿瘤特异性 CTL 所介导。应用克隆的肿瘤特异性 CTL 细胞并结合分子生物学技术证实了肿瘤特异性抗原的存在。

1. 突变基因表达的蛋白分子

肿瘤细胞在癌变过程中因基因突变可产生肿瘤新抗原，如癌基因或抑癌基因突变（即“驱动突变”）或非肿瘤相关基因突变（即“乘客突变”）表达的蛋白分子。由于机体未对这些新抗原形成自身耐受，可产生肿瘤特异性免疫应答。理化因素、病毒感染及自发突变等均可导致基因突变，包括点突变、DNA 碱基对缺失、染色体易位以及病毒基因插入所致的基因改变等。采用全基因组测序（whole genome sequencing，WGS）和全外显子测序（whole exome sequencing，WES）技术能够获得肿瘤细胞突变图谱，发现肿瘤突变负荷（tumor mutational burden，TMB），即肿瘤细胞中每百万碱基的突变位点数。TMB 可间接反映肿瘤细胞产生新抗原的能力。

细胞内产生的肿瘤新抗原通常是由蛋白酶体降解的胞质或核蛋白，由肿瘤细胞的 MHC Ⅰ 分子提呈，活化 CD8$^+$ T 细胞；或者经 DC 吞噬后，进入 MHC Ⅱ 途径并由 MHC Ⅰ 分子途径交叉提呈，分别活化 CD4$^+$ T 细胞和 CD8$^+$ T 细胞。筛选和鉴别肿瘤新抗原可动态分析抗肿瘤免疫应答，为开发有效的抗肿瘤疫苗或肿瘤免疫疗法提供依据。但肿瘤新抗原通常免疫原性较弱，而且，不同个体的同种肿瘤、同一个体肿瘤细胞克隆之间会有肿瘤抗原的异质性。因此，肿瘤新抗原能否诱导有效的特异性免疫应答继而抑制肿瘤进展具有不确定性。

2. 沉默基因异常活化过度表达的细胞蛋白

癌－睾丸抗原（cancer-testis antigen）主要表达于精子和生殖母细胞，在正常体细胞中不表达或微弱表达，但在多种肿瘤组织中异常表达。生殖细胞不表达 MHC Ⅰ 类分子，不能提呈此类抗原给 T 细胞，因此不被 T 细胞杀伤。第一个癌－睾丸抗原是在黑色素瘤中发现的黑色素瘤相关抗原（melanoma antigen，MAGE），该抗原可诱导特异性 CTL 克隆。目前，已经鉴定的癌－睾丸抗原包括来自 40 多个不同基因家族的 200 多个基因的编码产物。其中，大约一半的基因位于 X 染色体。研究表明，在大多数体细胞中，编码癌－睾丸抗原的基因通常被表观遗传机制调控，处于沉默状态，例如基因的启动子区域甲基化抑制其表达；但在肿瘤细胞中，启动子区去甲基化使基因得以表达。

3. 致癌病毒表达的抗原

某些病毒感染与人类肿瘤的发生相关，如人类嗜 T 细胞病毒 1 型（human T-cell lymphotropic virus 1，HTLV-1）可引起成人 T 细胞白血病或 T 细胞淋巴瘤；人乳头瘤病毒（human papilloma virus，HPV）与宫颈癌有关；EB 病毒与鼻咽癌及某些类型淋巴瘤（伯基特淋巴瘤、霍奇金病、T 细胞淋巴瘤）有关。肿瘤病毒感染后可将基因整合到宿主细胞基因组中，诱发细胞发生恶性转化，并表达由病毒基因编码的病毒抗原。此类抗原与理化因素诱发突变产生的肿瘤抗原不同，同一种病毒诱发的不同类型肿瘤均可表达相同的抗原，且具有较强的免疫原性。如 EB 病毒核抗原 1（Epstein-Barr virus nuclear antigen 1，EBNA-1）、HPV 的 E6 和 E7 抗原、猿猴空泡病毒 40（SV40）转化细胞表达的 T 抗原等。

二、肿瘤相关抗原

肿瘤相关抗原是指在肿瘤组织或细胞及正常组织都表达的抗原物质，也称为共同肿瘤抗原（shared tumor antigen）。此类抗原在肿瘤细胞的表达量远超过正常细胞，但仅表现为量的变化而无肿瘤特异性。胚胎抗原及分化抗原等均属此类抗原。

1. 胚胎抗原

胚胎抗原（fetal antigen）是在胚胎组织细胞表达水平较高而在出生后成熟组织细胞不表达或微量表达的蛋白质分子。在细胞癌变时此类抗原又可重新合成并大量表达，如肝癌细胞产生的甲胎蛋白（alpha-fetal protein，AFP）和结肠癌细胞产生的癌胚抗原（carcinoembryonic antigen，CEA）。胚胎抗原在胚胎早期作为自身抗原诱导机体产生免疫耐受，故没有免疫原性。肿瘤胚胎抗原常用于相关肿瘤的辅助诊断及疾病进展的监测。

2. 过量或异常表达的糖脂或糖蛋白抗原

某些肿瘤细胞可表达结构异常的或过量表达的糖脂或糖蛋白分子。此类抗原通常以分泌形式表达，参与肿瘤细胞的侵袭和转移，主要包括人类脑肿瘤表达的神经节苷脂、卵巢癌表达的糖类抗原125（carbohydrate antigen 125，CA125）、胰腺癌表达的糖类抗原199（carbohydrate antigen 199，CA199）等。上述TAA可作为肿瘤标志物用于临床相关肿瘤的辅助诊断，或作为相关肿瘤治疗的靶分子。

3. 癌基因过度表达的产物

此类产物即癌基因活化后过度扩增表达的产物。例如，在一些乳腺癌细胞中人表皮生长因子受体-2（human epidermal growth factor receptor-2，Her-2）基因激活并异常扩增，过量表达Her-2/neu蛋白，与相应配体相互作用可诱导乳腺细胞不断增殖。这种蛋白也存在于正常细胞中并诱导耐受，因此，Her-2/neu蛋白不引起保护性免疫应答，但可作为肿瘤标志物。靶向Her-2的单克隆抗体可阻断Her-2与配体结合，用于治疗Her-2阳性乳腺癌。

4. 分化抗原

分化抗原存在于正常细胞表面，为特定类型的组织在正常分化的特定阶段所特有，又称组织特异性抗原。由某种组织产生的肿瘤通常异常表达该组织的分化抗原。在多数情况下，分化抗原不引起明显的免疫应答。分化抗原可作为被动免疫治疗的靶标。例如，一些起源于B细胞的淋巴瘤和白血病表达B细胞特有的表面标记物CD19、CD20及CD22，针对这些分化抗原的抗体和T细胞疗法治疗淋巴瘤和白血病已经取得了巨大成功。

第二节 机体抗肿瘤免疫效应机制

固有免疫应答和适应性免疫应答共同参与机体免疫监视功能和抗肿瘤免疫应答。CTL在抗肿瘤免疫应答中发挥重要作用。然而，肿瘤突变负荷较低、肿瘤本身的异质性以及免疫抑制性的肿瘤微环境（tumor microenvironment，TME）等因素均可导致抗肿瘤免疫应答水平下降。

一、适应性免疫应答的抗肿瘤作用

肿瘤抗原可诱导肿瘤特异性细胞和体液免疫应答。针对肿瘤的免疫保护效应主要通过CTL实现。缺乏αβ T或γδ T细胞的动物对多种诱发和自发肿瘤更易感。

1. CTL

CTL是抗肿瘤免疫的主要效应细胞。动物实验研究证明，如果阻断$CD8^+$ T细胞反应，低剂量致癌物即能诱导小鼠发生肿瘤；但阻断NK细胞反应小鼠不发生肿瘤，证明$CD8^+$ T细胞的重要性。而且，肿瘤浸润$CD8^+$ T细胞的数量与癌症预后正相关；肿瘤特异性$CD8^+$ T细胞与Treg细胞的比值高，患者生存率也高。

肿瘤特异性$CD8^+$ T细胞主要通过两个途径活化：凋亡或坏死的肿瘤细胞释放抗原被APC摄取后通过交叉提呈方式活化$CD8^+$ T细胞；有些肿瘤细胞表达MHC I类分子并提呈肿瘤抗原肽，可直接活化$CD8^+$ T细胞。当肿瘤细胞不表达或低表达共刺激分子时，$CD8^+$ T细胞还需

活化的 $CD4^+$ T 细胞辅助。CTL 主要通过两条途径特异性杀伤突变细胞或肿瘤细胞，一是释放穿孔素和颗粒酶，发挥细胞毒作用；二是通过 Fas/FasL 和 TNF/TNFR 途径或称死亡受体途径（见第十四章）。基于活化 $CD8^+$ T 细胞的过继免疫治疗肿瘤已经取得了良好的临床效果（见本章第四节）。

2. $CD4^+$ 辅助 T 细胞（$CD4^+$Th 细胞）

已在多种肿瘤中发现了肿瘤特异性 $CD4^+$ T 细胞。并证明其在抗肿瘤免疫应答中发挥重要作用。$CD4^+$ Th 细胞可识别 MHC Ⅱ 分子提呈的多种肿瘤抗原肽，活化后可分泌多种细胞因子发挥抗肿瘤作用，如分泌 IFN-γ 和 TNF-α 等细胞因子活化巨噬细胞和 NK 细胞，后者直接杀伤肿瘤细胞；其分泌高浓度的淋巴毒素 -α（lymphotoxin α，LT-α），不仅可直接诱导肿瘤细胞凋亡，还可通过诱导肿瘤组织的血管坏死发挥杀瘤效应。有些 $CD4^+$ T 细胞具有细胞毒作用，可直接杀伤肿瘤细胞。另外，$CD4^+$T 细胞可通过多种机制增强 CTL 抗肿瘤效应。

3. 抗体

肿瘤患者可产生针对肿瘤抗原的抗体，但多数抗体对肿瘤的作用尚不清楚。有些抗体可激活补体或通过 ADCC 作用促进表达 Fc 受体的巨噬细胞或 NK 细胞杀伤肿瘤细胞。然而，有些抗肿瘤抗体与肿瘤细胞结合后可封闭肿瘤细胞，阻止 CTL 识别并杀伤肿瘤细胞，促进肿瘤的免疫逃逸。

二、抗肿瘤的固有免疫应答

多种固有免疫细胞参与抗肿瘤免疫应答，包括 NK 细胞、巨噬细胞、中性粒细胞、γδ T 细胞以及 NKT 细胞等。这些细胞通过不同机制发挥抗肿瘤作用。

1. NK 细胞

NK 细胞能杀伤多种类型的肿瘤细胞。研究表明，NK 细胞数量降低或功能缺陷的人患肿瘤的风险更高，而小鼠则肿瘤生长和转移增加。未经活化的 NK 细胞即可杀伤某些肿瘤细胞；经 IL-2 或 IFN-γ 等细胞因子活化后的 NK 细胞杀伤肿瘤细胞的种类和杀伤效率显著增强。一些肿瘤细胞通过下调 MHC I 类分子逃逸 CTL 杀伤，但这些细胞可被 NK 细胞杀伤。NK 细胞可通过杀伤活化受体 NKG2D 杀伤表达该受体相应配体的肿瘤细胞；也可通过 ADCC 作用杀伤肿瘤细胞。活化的 NK 细胞通过释放穿孔素、颗粒酶等细胞毒性分子直接裂解肿瘤细胞，也可释放 TNF 等细胞因子使细胞凋亡。目前，NK 细胞过继免疫疗法成为肿瘤免疫治疗的新方法。

2. 巨噬细胞

巨噬细胞在抗肿瘤应答中的作用具有可塑性，可抑制或促进肿瘤发生发展。根据巨噬细胞的表型和功能，将其分为 M1 型和 M2 型。活化的 M1 型巨噬细胞发挥抑制肿瘤进展的作用。主要机制包括：①产生活性氧和一氧化氮、蛋白水解酶和 LT-α 等细胞毒性物质杀伤肿瘤细胞；②释放溶酶体酶杀伤肿瘤细胞；③通过 ADCC 作用杀伤肿瘤细胞；④具有抗原提呈功能，可增强肿瘤特异性 T 细胞介导的抗肿瘤免疫应答。M2 型巨噬细胞通过分泌多种生物活性介质促进肿瘤发生发展及转移（见本章第三节）。

3. 中性粒细胞

近年研究发现，中性粒细胞在肿瘤发生的早期开始渗透到肿瘤微环境中，被称为肿瘤相关中性粒细胞（tumor-associated neutrophil，TAN）。根据功能不同，TAN 可分为抗肿瘤（N1）和促肿瘤（N2）两个亚群。N1 型中性粒细胞主要通过脱颗粒、释放水解酶及“呼吸爆发”合成大量 ROS，直接杀伤肿瘤细胞。另外，中性粒细胞作为 APC 能直接刺激 T 细胞活化，同时释放多种趋化因子如 TNF-α 诱导并激活 DC、巨噬细胞、NK 和 T 细胞。中性粒细胞在抗肿瘤过程中与 $CD8^+$ T 细胞有协同作用。N1 型中性粒细胞还可通过 ADCC 作用杀伤肿瘤细胞。N2 型中性粒细胞则可促进肿瘤进展（见本章第三节）。

4. γδ T 细胞

γδ T 细胞对一些类型的肿瘤有细胞毒性，且不受 MHC 限制，因而在抗肿瘤免疫应答中发挥重要作用。根据 TCR δ 链的不同，人 γδ T 细胞主要分为 Vδ1 ~ Vδ3 三个细胞亚群，其中，Vδ1 及 Vδ2 具有抗肿瘤活性，可通过释放穿孔素和颗粒酶等细胞毒性分子发挥细胞毒作用；也可表达 FasL 通过 Fas/FasL 途径及释放细胞因子 IFN-γ 和 TNF-α 诱导肿瘤细胞凋亡。此外，γδ T 细胞可表达 NK 细胞活化受体杀伤 MHC Ⅰ类分子缺失的肿瘤细胞。过继回输 γδ T 细胞已用于治疗血液和实体恶性肿瘤，包括急性淋巴细胞白血病（acute lymphocyte leukemia，ALL）、急性髓细胞性白血病（acute myeloid leukemia，AML）、B 细胞慢性淋巴细胞白血病（B-cell chronic lymphocytic leukemia，BCLL）等。

5. NKT 细胞

NKT 细胞可通过识别靶细胞表面 CD1d 分子提呈的糖脂类抗原被活化，在短时间内分泌大量细胞因子（主要为 IL-4 及 IFN-γ），调节 T 细胞分化。NKT 细胞还可通过表达穿孔素和颗粒酶介导广谱细胞毒作用。在没有预先致敏的情况下，IL-12 活化的 NKT 细胞可直接杀伤多种肿瘤细胞。

第三节　肿瘤免疫逃逸的机制

肿瘤的生物学特征之一是具有免疫逃逸能力。肿瘤细胞逃避免疫系统识别和杀伤的过程称为肿瘤免疫逃逸（immune escape）。肿瘤细胞在免疫选择压力下不断改变自身特征以适应性生存的现象被称为免疫编辑（immunoediting）。免疫编辑过程包括清除（elimination）、平衡（equilibrium）和逃逸（escape）三个阶段。在清除阶段，免疫系统识别肿瘤抗原，激发抗肿瘤免疫效应清除肿瘤细胞。在平衡阶段，免疫系统选择性杀伤免疫原性强的肿瘤细胞，免疫原性弱的肿瘤细胞得以存活；但在免疫监视压力下，肿瘤细胞处于休眠状态，处于肿瘤细胞存活和免疫系统监视的平衡期。在逃逸阶段，二者的平衡被打破，肿瘤逃逸了免疫监视并进展。免疫编辑学说对理解抗肿瘤免疫应答及肿瘤免疫逃逸的相关机制具有重要指导意义。

肿瘤逃逸的免疫机制十分复杂，尚未完全阐明，目前已经发现了肿瘤细胞本身逃逸、肿瘤细胞与免疫微环境相互作用以及宿主免疫功能低下等相关机制。

一、肿瘤细胞逃逸免疫应答

肿瘤细胞本身可通过多种机制逃避抗肿瘤免疫应答，包括下调 MHC Ⅰ类分子表达、抗细胞凋亡以及降低 T 细胞共刺激信号分子表达等。

（一）肿瘤抗原表达改变

由于肿瘤细胞的高频有丝分裂及遗传不稳定性可导致编码肿瘤抗原的基因突变或缺失；同时，免疫系统对肿瘤细胞施加选择压力可导致肿瘤细胞免疫原性降低，从而使免疫系统不能识别肿瘤抗原，这种现象称为抗原调变（antigenic modulation）。此外，肿瘤细胞表面抗原还可被某些多糖分子所遮盖，或表达大量糖脂和糖蛋白减弱肿瘤的免疫原性。在免疫系统的选择压力下，变异的肿瘤细胞有生长优势。随着时间推移，肿瘤的免疫原性会逐渐降低。

（二）MHC 分子表达下调

肿瘤细胞常发生突变，导致细胞表面 MHC Ⅰ 分子表达降低或缺失、与抗原加工和提呈相关的分子如低分子质量多肽（low molecular weight peptide，LMP）和抗原加工相关转运体（TAP）或 β_2- 微球蛋白缺失、对 IFN-γ 上调 MHC 表达的作用不敏感等，使肿瘤细胞的抗原提呈功能障碍、MHC I 类分子 - 抗原肽复合物减少，因此，特异性 CTL 不能识别肿瘤细胞表面抗原，肿瘤可逃避免疫系统的攻击。尽管 MHC I 类分子缺失的肿瘤细胞可被 NK 细胞识别并杀伤，但肿瘤细胞常降低表达 NK 细胞活化受体的相应配体逃避 NK 细胞的杀伤。肿瘤细胞 MHC Ⅰ 分子的缺失通常是癌症进展、预后不良的标志。

（三）共刺激分子缺失或低表达

肿瘤细胞表面共刺激分子缺乏也可导致肿瘤逃逸。T 细胞活化需要共刺激信号，然而肿瘤细胞表达的共刺激分子 B7 缺如、黏附分子 ICAM-1 及 LFA-3 低表达（如某些类型的淋巴瘤），不能为 T 细胞活化提供共刺激信号，因而无法有效激活 T 细胞，相反却诱导 T 细胞失能，产生 T 细胞耐受。

（四）免疫检查点分子表达异常

免疫检查点（immune checkpoint）分子是免疫系统中的一类抑制性免疫分子，具有负向调节作用，可以防止免疫细胞过度活化，避免细胞和组织的自身免疫性损伤。迄今已经发现了多个免疫检查点分子，包括 CTLA-4、PD-1 及其配体 PD-L1、淋巴细胞活化基因 3（lymphocyte activation gene 3，LAG-3）、T 细胞免疫球蛋白黏蛋白 3（T cell immunoglobulin domain and mucin domain-3，TIM-3）、T 细胞免疫球蛋白 ITIM 结构域（T cell immunoglobulin and ITIM domains，TIGIT）等。

研究表明，肿瘤浸润淋巴细胞（tumor infiltrating lymphocyte，TIL）通常上调表达 PD-1、CTLA-4 或其他抑制分子，导致 TIL 效应功能受损或耗竭。另外，PD-L1 在多种人类肿瘤中表达上调，可能与肿瘤特异性 T 细胞作用被抑制相关。阻断 CTLA-4 或 PD-L1/PD-1 通路的免疫检查点抑制剂疗法已被应用于临床，逆转肿瘤特异性 T 细胞功能失调表型，增强其杀伤肿瘤细胞的能力，取得了良好的临床效果（见本章第四节）。

（五）肿瘤细胞产生抗凋亡信号或诱导 T 细胞凋亡

作为肿瘤进化的一部分，肿瘤细胞可通过增强表达抗凋亡分子或降低表达抑凋亡分子维持其存活。如肿瘤细胞低表达或缺失表达 Fas 分子从而抑制细胞凋亡；线粒体中 Bcl-2 超家族的促凋亡因子减少或抗凋亡因子增加，进而促进肿瘤细胞存活。此外，有些肿瘤细胞可表达 FasL 分子，诱导表达 Fas 分子的肿瘤浸润性 T 细胞凋亡，称为 Fas/FasL 反击。增强肿瘤细胞表达 Fas 分子可恢复其对凋亡信号的敏感性；封闭肿瘤细胞表达的 FasL 可改善 T 细胞介导的抗肿瘤免疫应答，可作为肿瘤免疫治疗的一种策略。

二、肿瘤微环境中的抑制性细胞及分子

肿瘤微环境是肿瘤细胞所处的复杂局部组织环境。其中，由免疫细胞及其分泌的多种分子构成肿瘤免疫微环境（tumor immune microenvironment，TIME）。肿瘤微环境中存在抗肿瘤免疫和免疫抑制两种机制，涉及适应性免疫和固有免疫的多种免疫细胞、细胞因子、受体以及多种生物活性介质的相互作用。肿瘤细胞与TIME中的各成分相互作用，塑造并形成抑制性免疫微环境，使肿瘤细胞发生免疫逃逸。

（一）肿瘤微环境中的免疫抑制性细胞

1. Treg细胞

Treg细胞数量在多种实体肿瘤和血液肿瘤中明显增多。增多的Treg细胞能抑制抗肿瘤免疫应答、降低肿瘤免疫治疗效果。去除Treg或封闭其抑制功能，可增强抗肿瘤免疫应答，抑制肿瘤进展。

2. 髓源性抑制细胞

髓源性抑制细胞（MDSC）来源于髓样前体细胞。肿瘤微环境中的MDSC具有异质性，包括DC、单核细胞和中性粒细胞的前体细胞。MDSC可通过多种机制抑制固有免疫细胞和T细胞介导的抗肿瘤免疫应答，促进肿瘤进展，如分泌细胞因子IL-10和TGF-β以及前列腺素发挥免疫抑制作用。另外，MDSC还可促进Treg分化。

3. M2型巨噬细胞

在肿瘤微环境中，巨噬细胞受肿瘤细胞分泌的某些物质诱导可发生极化，促炎型的M1型巨噬细胞可分化为M2型巨噬细胞，成为促进肿瘤发生发展和转移的免疫抑制性肿瘤相关巨噬细胞（tumor-associated macrophage，TAM）。M2型巨噬细胞可分泌多种生物活性介质如精氨酸酶1（Arg-1）、血管内皮生长因子（VEGF）和基质金属蛋白酶-9（matrix metallopeptidase，MMP-9）等抑制T细胞增殖及活性，增强肿瘤相关血管生成，促进肿瘤细胞转移和侵袭，加速肿瘤进展。

4. N2型中性粒细胞

肿瘤及其间质分泌的细胞因子IL-8、IL-10和TGF-β以及生物活性介质前列腺素E_2（prostaglandin E_2，PGE_2）可诱导中性粒细胞分化为N2型细胞。N2型中性粒细胞通过分泌VEGF等细胞因子促进肿瘤血管新生，促进肿瘤生长和转移；也可合成并分泌MMP等至肿瘤间质，参与肿瘤的细胞外基质重建，促进肿瘤进展。同时，N2型中性粒细胞抑制Th1细胞功能，促进Treg细胞分化。

（二）肿瘤微环境中的免疫抑制性分子

肿瘤细胞可分泌多种抑制性细胞因子和生物活性介质，抑制抗肿瘤免疫应答、促进肿瘤的免疫逃逸。

1. IL-10

IL-10可降低免疫细胞表达炎性细胞因子如IFN-γ和TNF-α，也可使APC表达MHC分子减少，诱导免疫耐受。

2. TGF-β

TGF-β 具有调节细胞生长和分化的功能，在肿瘤形成早期可抑制肿瘤进展；在肿瘤形成晚期，TGF-β 可拮抗 IL-2、TNF-α 和 IFN-γ 等细胞因子的免疫调节作用，抑制 NK 细胞和单核细胞的杀伤功能，阻止局部 DC 活化，抑制抗原特异性 CTL 产生，抑制抗肿瘤免疫应答，促进肿瘤进展，因此，TGF-β 在肿瘤的发生发展中起双向调节作用。

3. PGE_2

PGE_2 可降低肿瘤细胞表面 HLA-DR 分子的表达。

4. IL-6

多种肿瘤分泌 IL-6，如骨髓瘤细胞、肝癌、肺癌等。抗 IL-6 抗体可抑制相应肿瘤的进展。

三、宿主免疫缺陷或功能低下

机体免疫缺陷或功能低下也是肿瘤细胞发生免疫逃逸的关键因素。先天性免疫缺陷、艾滋病、自身免疫病、移植后长期服用免疫抑制剂等患者肿瘤发生率较高。

第四节　肿瘤的免疫学诊断和治疗

一、肿瘤的免疫学诊断

免疫学诊断的主要目的是辅助诊断、判定肿瘤的免疫学分型及评估宿主的免疫功能状态。肿瘤抗原、肿瘤发生发展过程中异常表达或宿主细胞对肿瘤应答产生的某些物质可作为肿瘤标志物。

目前，常用于辅助诊断的血清或体液中的肿瘤抗原包括以下几种。①癌胚抗原（carcinoembryonic antigen，CEA）：CEA 增高常见于原发性结肠癌、直肠癌、胰腺癌、胆管癌、胃癌、食管癌、肺癌、乳腺癌和泌尿系统的肿瘤等；②甲胎蛋白（AFP）：AFP 增高常见于原发性肝癌；③前列腺特异性抗原（prostate specific antigen，PSA）：用于前列腺癌患者的诊断；④糖类抗原 CA125：CA125 增高常见于卵巢癌、宫颈癌、子宫内膜癌、输卵管癌等；⑤ CA199：CA199 增高见于胰腺癌、肝癌、胆管癌等。

此外，还有一些肿瘤细胞表面的特征分子或其他体液分子也可作为肿瘤标志物用于临床诊断。例如，采用单克隆抗体通过免疫组织化学染色或流式细胞技术检测淋巴瘤和白血病细胞表面 CD 分子表达，可对上述疾病进行诊断和临床组织分型；黑色素瘤患者血清中可查到抗自身黑色素瘤抗原的抗体。将放射性核素（如 I^{131}）标记的抗肿瘤单克隆抗体注入体内后，利用放射性影像技术可以跟踪肿瘤影像，用于肿瘤诊断。另外，用免疫组织化学染色技术检测肿瘤细胞的 PD-L1 分子表达水平对判断 PD1/PD-L1 抗体免疫治疗效果有一定意义。

二、肿瘤免疫治疗

肿瘤免疫治疗是通过启动、恢复或增强机体抗肿瘤免疫应答，杀伤肿瘤细胞，进而控制及消灭肿瘤。肿瘤学家和免疫学家一直尝试用免疫方法治疗肿瘤，直到近年才有重大突破。

肿瘤免疫治疗常用的方法包括免疫检查点抑制剂治疗、免疫细胞过继治疗和单克隆抗体治疗等。目前，肿瘤免疫治疗常与手术、放疗和/或化疗等传统方案联合应用治疗肿瘤。

（一）免疫检查点抑制剂治疗

免疫检查点抑制剂疗法即通过封闭免疫检查点分子、有效恢复T细胞功能，提高抗肿瘤免疫应答以杀伤肿瘤的治疗方法。针对免疫检查点分子的抗体在临床治疗肿瘤中取得良好效果，是肿瘤免疫治疗的里程碑事件。2011年美国食品和药品管理局（Food and Drug Administration，FDA）批准的首个免疫检查点抑制剂伊匹单抗（ipilimumab），即抗CTLA-4的抗体，通过阻断CTLA-4的抑制性信号诱导活化CTL，用于治疗晚期黑色素瘤。三年后，FDA批准针对PD-1及其配体PD-L1的抗体帕姆单抗（pembrolizumab）和阿特珠单抗（atezolizumab）用于治疗肿瘤，包括肺癌、膀胱癌和黑色素瘤等。近年来，针对新发现的免疫检查点的药物不断出现，免疫检查点阻断与其他方法联合应用也在进行临床试验。

由于免疫检查点分子在维持自身耐受性和调节T细胞应答中起重要作用，因此，肿瘤免疫检查点阻断治疗的不良反应多为自身免疫性炎症，如结肠、肺、肝和各种内分泌器官的炎症性改变，其他器官和组织，包括肌肉和心脏也可能受到影响。

（二）抗肿瘤免疫细胞过继治疗

过继性免疫细胞治疗是将具有抗肿瘤活性的免疫细胞在体外处理或经过基因工程化改造，筛选并大量扩增后重新回输到患者体内清除肿瘤的一种被动免疫疗法。1985年，美国斯蒂文·罗森伯格（Steven Rosenberg）教授从肿瘤患者的外周血中分离单个核细胞（peripheral blood mononuclear cell，PBMC），在体外用高浓度IL-2诱导培养，制备淋巴因子激活的杀伤（lymphokine-activated killer，LAK）细胞，再回输至患者体内治疗肿瘤，开创了过继免疫细胞治疗方法。

根据效应细胞是否有外源基因的表达，过继细胞疗法可以分为两类：一类是用经过基因工程改造的T细胞或NK细胞，如通过基因修饰使T细胞表达嵌合型抗原受体（chimeric antigen receptor，CAR），制成CAR-T细胞，或TCR工程化T细胞（TCR-engineered T cell，TCR-T）以及在NK细胞表面表达CAR的CAR-NK细胞疗法等；另一类是从患者的外周血或肿瘤原位分离出免疫细胞，体外扩增活化后再回输到患者体内进行抗肿瘤治疗，包括TIL疗法、NK细胞疗法、细胞因子诱导的杀伤细胞（cytokine-induced killer，CIK）疗法及LAK细胞疗法等。目前，早期使用的CIK及LAK疗法因特异性和疗效不佳，已经被新的细胞过继疗法取代。

1. CAR-T细胞过继转移治疗

CAR是基因工程受体，由胞外段、跨膜区和胞内段组成（图21-2）。胞外段为重组免疫球蛋白可变区基因编码的能与肿瘤特异性抗原结合的片段，胞内段的尾端包含TCR和共刺激受体的信号域。将CAR基因导入自体或异体T细胞，使其表达特定CAR以结合特定肿瘤相关抗原，在体外扩增后回输给患者，CAR-T细胞在体内与肿瘤抗原特异性结合后，发挥特异性抗肿瘤作用。

临床上，靶向分化抗原CD19分子的CAR-T细胞治疗可以显著缓解甚至治愈B淋巴细胞瘤。靶向CD20或CD22分子的CAR-T细胞疗法在临床试验中治疗急性B淋巴细胞白血病及

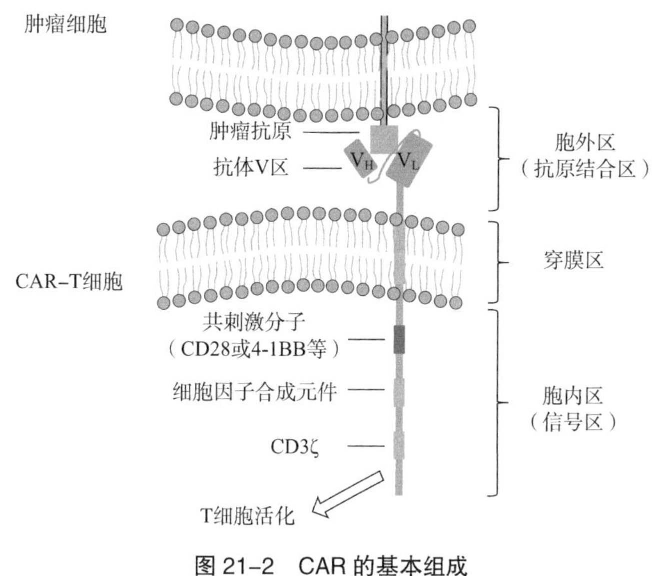

图 21-2　CAR 的基本组成

非霍奇金淋巴瘤取得较好疗效。但 CAR-T 细胞疗法在实体肿瘤的应用还面临诸多挑战，如发生移植物抗宿主病（GVHD）或细胞因子释放综合征（cytokine release syndrome，CRS）及神经毒性。此外，还可发生原发或继发耐药等。

2. TCR-T 疗法

TCR-T 细胞疗法是在筛选到肿瘤抗原特异性 TCR 的基础上，通过基因工程技术将该 TCR 基因导入到自体或异体 T 细胞中，使 T 细胞获得识别和杀伤肿瘤细胞的功能，再将改造后的 T 细胞体外扩增后回输至患者体内，达到治疗肿瘤的目的（图 21-3）。

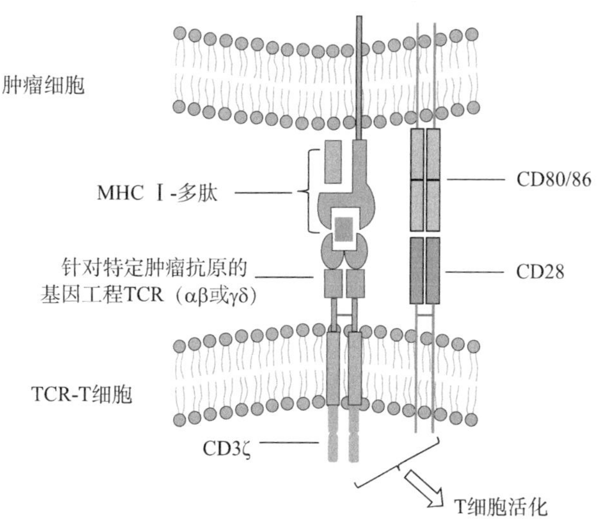

图 21-3　基因工程 TCR-T 细胞作用原理

目前已进入临床研究的TCR-T细胞的治疗靶点主要为癌－睾丸抗原，如黑色素瘤相关抗原A家族蛋白等；其次是分化抗原，如黑色素瘤抗原、酪氨酸酶等。此外，近年来以病毒相关抗原为治疗靶点的研究越来越多，如针对HPV E6或E7抗原以及EB病毒的EBNA-1等。

3. NK细胞过继疗法

NK细胞既能直接杀伤肿瘤，又能间接增强抗体和T细胞介导的抗肿瘤免疫应答。自体NK细胞过继回输疗法是从患者体内收集NK细胞，在体外进行扩增与激活后，再回输给患者；同种异体NK细胞过继回输疗法则是从健康捐献者体内提取NK细胞，进行体外扩增并激活后输入患者体内。

CAR-NK治疗是在继CAR-T细胞疗法取得临床成功之后开始尝试的。过继回输CAR-NK细胞具有独特的优势：①与T细胞相比，NK细胞具有高度的细胞毒性，可以以抗原非特异性方式杀伤靶细胞；②几乎不产生GVHD或CRS；③具备更多的肿瘤杀伤途径，如细胞脱颗粒、激活细胞发生凋亡和介导ADCC作用；④异体NK细胞来源广泛，包括外周血、脐带血、NK细胞株等。

（三）以肿瘤细胞为靶点的单克隆抗体治疗

此方法是将肿瘤特异性抗体输入患者体内治疗肿瘤的方法，能够快速起效。以下几类抗体目前已经用于临床治疗肿瘤。

1. 通过补体或Fc受体介导抗肿瘤的抗体

抗肿瘤抗体与肿瘤细胞表面分子结合，通过ADCC作用、激活补体或调理吞噬作用杀伤肿瘤细胞，如抗CD20抗体用于治疗B细胞淋巴瘤。

2. 抗生长因子受体或抗肿瘤血管生成的抗体

抗生长因子受体的抗体与肿瘤细胞的生长因子受体结合，干扰肿瘤生长和生存所需的信号传导。如抗Her-2/neu的单克隆抗体用于临床治疗过度表达Her-2/neu的乳腺癌；抗表皮生长因子受体（epidermal growth factor receptor，EGFR）的单克隆抗体用于治疗肺癌、转移性结直肠癌和头颈部癌症；抗VEGF抗体通过抑制肿瘤血管新生，可阻断肿瘤细胞的营养供应，导致肿瘤细胞的死亡并阻断肿瘤的转移。

3. 单克隆抗体偶联药物

将细胞毒药物、毒素或放射性物质偶联于肿瘤细胞特异性抗体，使药物定向迁移至肿瘤组织，发挥杀伤肿瘤作用。目前常用的偶联毒素有：美洲商陆抗病毒蛋白（PAP）、蓖麻毒素A链（ricin A）、铜绿假单胞菌外毒素A（PEA）、白喉毒素（DT）和破伤风毒素及放射性^{131}I。针对Her-2/neu和CD30的抗体偶联药物分别被批准用于治疗乳腺癌和霍奇金淋巴瘤。

4. 双特异性抗体

双特异性抗体（bispecific antibody，BsAb）是指含分别靶向肿瘤抗原和T细胞表面成分的重组抗体。典型的代表是双特异性T细胞衔接子（bispecific T cell engagers，BiTE）（图21-4）。BiTE的每个抗原结合位点都由抗体重链和轻链可变区片段组成，可使肿瘤细胞与T细胞之间形成免疫突触，并通过CD3交联激活T细胞，使T细胞攻击肿瘤细胞。CD19特异性BiTE已用于治疗急性淋巴细胞白血病。

5. 抗体－超抗原融合蛋白导向治疗

单克隆抗体与超抗原偶联物或其融合蛋白可用于治疗肿瘤。将抗肿瘤抗体与超抗原通过化学偶联或蛋白融合法融合成杂交分子，当杂交分子到达肿瘤灶时，其抗体部分与肿瘤细胞表面抗原特异性结合，而超抗原部分则可激活T细胞杀伤肿瘤细胞。用于导向药物治疗的超抗原主要为外源性葡萄球菌肠毒素（SE）。

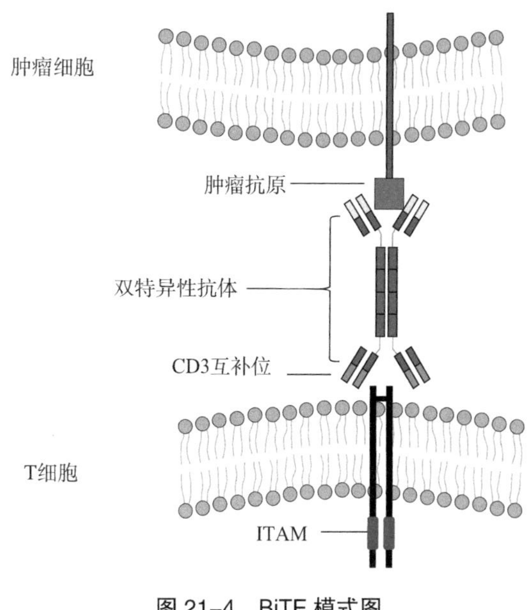

图 21-4 BiTE 模式图

6. 抗体导向酶解前药治疗

前药（prodrug）是治疗作用较低或完全没有治疗作用的药物原型，在体内经过代谢分解，转化为具有治疗作用的小分子药物。将单克隆抗体与前药专一性活化酶交联，借助抗体将其带到肿瘤灶，同时给予经化学修饰的前药，前药到达肿瘤部位后，被前药活化酶活化为具有细胞毒性的活性型药物杀伤肿瘤，这种治疗方式即为抗体导向酶解前药治疗（antibody direct enzyme prodrug therapy）。

（四）肿瘤抗原疫苗

肿瘤抗原疫苗是利用肿瘤抗原作为疫苗增强机体抗肿瘤免疫应答治疗肿瘤的方法。肿瘤抗原疫苗包括编码肿瘤抗原的DNA疫苗、负载肿瘤抗原的DC疫苗以及抗病毒疫苗。除病毒疫苗外，大多数肿瘤抗原疫苗是治疗性疫苗。

1. 编码肿瘤抗原的DNA疫苗

此类疫苗是将编码肿瘤抗原的DNA导入机体细胞（如DC），在细胞质中合成肿瘤抗原，经MHC I类抗原提呈途径诱导肿瘤特异性CTL应答。此类疫苗在体内可不断产生肿瘤抗原，刺激免疫系统且不产生抗DNA抗体，但长期低水平表达肿瘤抗原可引起免疫耐受。

2. 负载肿瘤抗原的DC疫苗

将肿瘤患者体内分离纯化的DC与肿瘤抗原共孵育，再回输至患者体内治疗肿瘤的方法。如从晚期前列腺癌患者的PBMC分离纯化得到DC，然后与由粒细胞－巨噬细胞集落刺激因子（GM-CSF）和一种肿瘤相关抗原——前列腺酸性磷酸酶（prostatic acid phosphatase，PAP）组成的融合蛋白共孵育制成DC疫苗，用于晚期前列腺癌的治疗。另外，使用佐剂可增加疫苗接种部位激活DC的数量，如CpG DNA或双链RNA模拟物等TLR的配体；使用GM-CSF或IL-12等细胞因子促进DC成熟和抗原提呈功能等。

3. 抗病毒疫苗

通过接种病毒相关抗原或减毒活病毒可预防病毒感染相关肿瘤。如HPV疫苗可有效降低HPV诱导的宫颈癌。

（五）其他免疫治疗方法

1. 细胞因子疗法

细胞因子疗法是用细胞因子刺激 T 细胞或 NK 细胞增殖及分化、增强 DC 和肿瘤特异性 T 细胞的生物学功能，介导非特异性炎症反应的肿瘤免疫治疗方法，如 IFN-α 疗法和 IL-2 疗法。IFN-α 可用于治疗多种恶性肿瘤，如黑色素瘤、淋巴瘤和白血病等。其抗肿瘤机制可能是：抑制肿瘤细胞增殖、增加 NK 细胞的细胞毒作用、增加肿瘤细胞的 MHC I 表达。IL-2 可促进 T 细胞增殖和活化、诱导 NK 细胞及 CTL 细胞的杀伤功能。另外，在体外培养 T 细胞时，IL-2 可作为扩增 T 细胞的细胞因子用于过继免疫细胞治疗。

2. 非特异性免疫佐剂

通过局部使用非特异性免疫佐剂可促进炎症反应或活化多克隆淋巴细胞，如在肿瘤生长部位注射灭活 BCG 可激活巨噬细胞，促进巨噬细胞介导的杀伤肿瘤细胞作用，还可刺激肿瘤抗原特异性 T 细胞反应。膀胱内注射灭活 BCG 已用于治疗膀胱癌。

3. 基于 Treg 细胞的肿瘤免疫治疗

肿瘤患者体内 Treg 明显增加，减少肿瘤患者体内 Treg 数量或干预其功能可增强抗肿瘤免疫应答。目前，基于 Treg 细胞的肿瘤免疫治疗的主要策略如下。

（1）清除体内特异性 Treg 或非特异性 Treg：如用抗 CD25 单克隆抗体清除体内的 Treg，可增强 $CD8^+$ T 细胞对 B16 黑色素瘤细胞的特异性杀伤作用。

（2）解除机体 Treg 细胞介导的免疫抑制：Treg 及活化的 T 细胞表面高表达糖皮质激素诱导的 TNF 受体（GITR），利用抗 GITR 抗体可降低或解除体内 Treg 的免疫抑制作用。

（3）提高效应 T 细胞抵抗 Treg 的能力：如用脂多糖或 CpG 经 TLR 途径活化 DC，表达 GITR 的配体并产生 IL-6，并与 Treg 细胞结合，后者失去对效应 T 细胞的抑制作用。

（4）抗体封闭途径：Treg 细胞表面表达 OX-40 分子，利用抗 OX-40 抗体可拮抗 Treg 细胞介导的免疫抑制功能。另外，利用单克隆抗体封闭 Treg 表达的抑制性细胞因子，如 IL-10 和 TGF-β 以及 CTLA-4 分子也取得了良好的效果。

（凌　虹）

数字课程学习

教学 PPT　　自测题　　微课　　拓展阅读

第二十二章　抗感染免疫

抗感染免疫是指机体与病原微生物长期斗争过程中逐渐形成的一种免疫防御机制，即机体具有抵抗病原微生物感染的功能及维持机体正常生理功能稳定的能力。抗感染免疫掀开了医学免疫学研究的序幕，并在疾病的诊断、预防和治疗中得到了广泛应用。有效疫苗的预防接种是抗感染免疫研究所取得的辉煌成就。

第一节　概　　述

病原微生物感染的发生、发展与结局可以有多种表现，其演变和转归主要取决于病原微生物的致病作用和宿主的免疫防御能力。

一、病原微生物的致病作用

病原微生物是能够引发感染性疾病的各种生物的总称，主要包括病毒、细菌、真菌和寄生虫四大类。病毒属严格细胞内寄生的非细胞型微生物，其在细胞内复制和扩散过程中，可干扰细胞的正常代谢或破坏细胞的正常结构，进而导致宿主细胞发生死亡。细菌是一大类原核细胞型微生物，内毒素和外毒素是其主要致病物质。内毒素是革兰氏阴性菌胞壁的脂多糖（LPS），可过度激活吞噬细胞产生 TNF-α、IL-1、IL-6 等细胞因子引起机体发热，并激活补体、激肽、凝血及纤溶系统进而导致弥散性血管内凝血（disseminated intravascular coagulation，DIC）。外毒素是革兰氏阳性菌及部分革兰氏阴性菌产生并分泌到菌体外的毒性物质，具有神经毒和细胞毒等活性。此外，某些外毒素还具有超抗原特性。真菌属真核细胞型微生物，真菌增殖和其代谢产物的刺激可能是其致病的主要因素。浅部致病性真菌多引起皮肤及皮下感染，而深部真菌感染多与机会致病性感染有关。寄生虫是一大类营寄生生活的多细胞无脊椎动物和单细胞的原生生物，主要通过夺取营养、机械性作用和毒性作用等方式损伤宿主的组织或细胞，且三者往往综合作用于宿主。虫种不同，其损伤方式各有侧重。不同种类病原微生物的结构和生物学特性各异，故其免疫原性和致病机制也有所不同。

二、宿主的免疫防御功能

在病原微生物侵入机体之后，宿主启动自身的免疫防御机制，在整体、细胞和分子水平上抑制和杀灭病原微生物、清除有害成分、阻止感染的发生和发展，以维持机体正常的生理功能。这种防御作用既有明确分工、又需相互协作和制约，形成交叉的网络体系，并贯穿于抗感染的全过程。

抗感染的免疫机制主要包括固有免疫和适应性免疫。前者是机体在种系发育和进化过程中逐渐形成的免疫防御功能。由于其作用范围广、作用迅速、作用强度与接触相同的病原微生物的次数无关，没有对特定病原微生物的针对性和记忆性，故又称非特异性免疫，是机体抵御病原微生物感染的第一道防线。后者是宿主个体受病原微生物刺激后诱发产生的针对特定病原微生物抗原的免疫应答，具有特异性、记忆性和耐受性等特点。当宿主再次接触相同抗原后，其作用强度明显增强。在抗病原微生物感染过程中，首先是非特异性的固有免疫执行防卫功能，进而启动适应性免疫；适应性免疫建立后在发挥效应的同时，又可显著增强固有免疫功能，两者相互协调、相互配合。如树突状细胞和巨噬细胞等固有免疫细胞可发挥抗原提呈作用，并高表达共刺激分子，参与并调控适应性免疫应答的启动；细胞因子、补体等固有免疫分子可影响特异性免疫应答的强度、类型、免疫记忆的形成与维持等。适应性免疫应答的产物——抗体也可通过 ADCC 效应增强巨噬细胞、NK 细胞等固有免疫细胞的杀伤功能。通常情况下，抗感染免疫对宿主是有益的，但在一定条件下也可引发超敏反应和自身免疫病等病理性免疫应答，造成机体损伤。固有免疫与适应性免疫的主要差异见表 22–1。

表 22–1　固有免疫与适应性免疫的特点比较

特点	固有免疫	适应性免疫
特异性	–	+
异质性	–	+
记忆性	–	+
可转移性	–	+
遗传性	+	–
先天性	+	–

第二节　固有免疫防御机制

固有免疫主要由机体的组织屏障、固有免疫细胞和固有免疫分子等构成。本节仅简介固有免疫的抗感染防御机制，有关其应答过程和详尽的生物学效应见第十三章。

一、组织屏障

皮肤黏膜及其附属成分组成的物理、化学和微生物屏障是抗感染的第一道天然防线。其主要防御机制是：①皮肤黏膜完整性对病原微生物入侵的物理性阻挡。②分泌化学物质对病原微生物的抑制或杀伤效应。③皮肤和黏膜表面正常菌群阻止病原微生物在其表面黏附和生长的生物拮抗作用。此外，血脑屏障可保护中枢神经系统免受感染和损伤；胎盘屏障可有效防止母体内的病原微生物或其毒性代谢产物进入胎儿体内。

二、固有免疫细胞

参与固有免疫抗感染的免疫细胞主要包括：

1. 吞噬细胞

吞噬细胞是抗感染过程中最重要的固有免疫效应细胞，包括单核巨噬细胞和中性粒细胞。吞噬细胞抗感染的过程分为如下几个阶段。

（1）趋化与募集：在趋化因子的作用下，吞噬细胞穿过毛细血管壁定向募集至炎症局部。趋化因子主要包括某些病原微生物的多糖物质或其代谢产物、补体活化产物 C3a 和 C5a、趋化性细胞因子（如 IL-8）及组织细胞损伤时释放的一些酶类物质等。

（2）识别病原微生物：感染部位的吞噬细胞借助其表面受体识别并结合病原微生物，进而发挥杀伤效应。其表达的识别受体主要有甘露糖受体、清道夫受体、TLRs、IgG Fc 受体和补体 C3b 受体等。

（3）吞噬和杀伤病原微生物：吞噬细胞识别并结合病原微生物后，以吞噬或吞饮的方式将病原微生物摄入细胞内，并形成吞噬体。此后，吞噬细胞中的溶酶体（lysosome）与之融合并形成吞噬溶酶体。在吞噬溶酶体内，吞噬细胞通过溶酶体内的依氧和非依氧两大杀菌系统杀伤病原微生物等抗原异物。

2. 受体多样性有限的淋巴细胞

与 T/B 细胞不同，体内还存在一些淋巴细胞，它们表达的抗原受体缺乏多样性，抗原识别谱较窄，通常在宿主免疫应答的早期阶段发挥作用，因此，将其归为固有免疫细胞的范畴。这些细胞包括 NK 细胞、γδT 细胞、B1 细胞和 NKT 细胞等（详见第四章）。

三、固有免疫分子

1. 补体

在机体尚未启动适应性免疫应答的感染早期，病原微生物的某些抗原组分可通过旁路途径或 MBL 途径激活补体系统，其形成的 C5b6789n 膜攻击复合物（MAC）所产生的免疫溶解效应可有效地清除病原微生物（图 22-1）。此外，补体活化过程中产生的一些水解片段还具有调理作用和致炎作用等。

2. 细胞因子

机体细胞受病原微生物刺激活化后分泌的多种细胞因子具有重要的抗感染作用。①抗病毒：IFN-α/β 可抑制病毒的复制。②介导炎症反应：IL-1、IFN-γ 和 TNF-α 等可促进内皮细胞和中性粒细胞表达黏附分子，促进抗体、补体和吞噬细胞等向组织间隙渗出；IL-8 等可吸引吞噬细胞向炎症部位迁移；TNF-α、IL-1 和 IL-6 诱导肝细胞产生的 C 反应蛋白等在参与固有免疫识别的同时，也可直接刺激宿主下丘脑体温调节中枢促使体温升高，破坏病原微生物的生存条件。③免疫调节效应：IFN-γ 和 IL-12 可促进 Th0 细胞向 Th1 细胞分化，介导细胞免疫应答；IFN-γ 和 IL-12 还可激活吞噬细胞或 NK 细胞，增强效应细胞的吞噬和杀伤功能；而 IL-4 则促进 Th0 细胞向 Th2 细胞分化，介导体液免疫应答。

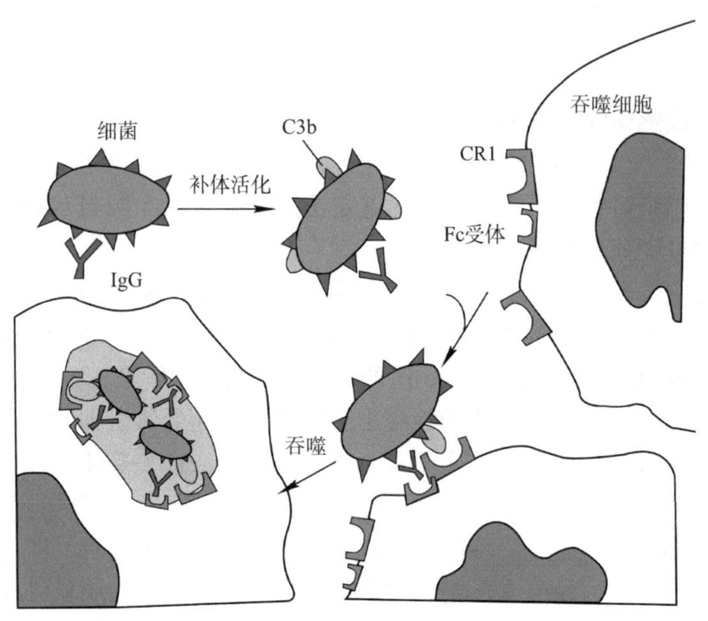

图 22-1　抗体和补体介导吞噬细胞对细菌的吞噬过程

3. 其他分子

防御素、溶菌酶和抗菌肽等免疫效应分子对病原微生物均具有非特异杀伤效应。

第三节　适应性免疫防御机制

当病原微生物突破机体的固有免疫防御系统后，其抗原分子能刺激并活化 T、B 淋巴细胞，产生适应性免疫应答。适应性免疫的效应机制包括细胞免疫和体液免疫。在不同病原微生物感染中，通常以其中之一占据优势。如在抗胞外寄生病原微生物时多以体液免疫为主，而在抗胞内寄生病原微生物时则以细胞免疫为主。同一病原微生物感染的不同阶段，也可诱导机体产生不同类型的免疫应答。如疟原虫感染早期，主要是以分泌 IFN-γ 为主的 Th1 型细胞免疫应答占优势，而后期则转为依赖 Th2 细胞辅助的体液免疫应答清除疟原虫。

一、细胞免疫应答

T 细胞介导的细胞免疫应答，主要在抗胞内寄生病原微生物感染中发挥作用。T 细胞经抗原识别活化后，产生的免疫应答效应主要有：① Th1 细胞的辅助作用：Th1 细胞分泌 IL-2、IFN-γ、TNF-β 和 TNF-α 等细胞因子活化巨噬细胞，最终清除胞内寄生的病原微生物。在此过程中，Th1 细胞本身并无直接杀伤病原微生物的作用，而是通过上述细胞因子增强吞噬细胞的杀伤功能。② CTL 的特异性杀伤作用：其杀伤机制可以通过分泌穿孔素（perforin）和颗粒酶（granzyme）诱导细胞凋亡，也可通过 Fas/FasL 和 TNF-α/TNF-αR 途径诱导靶细胞凋亡。此外，CTL 也可分泌细胞因子参与免疫调节。

二、体液免疫应答

B 细胞介导的体液免疫应答，主要在抗胞外寄生病原微生物感染中发挥作用，其免疫效应分子主要是特异性抗体分子。接种疫苗可预防传染病，主要是利用病原微生物的抗原物质刺激机体产生特异性抗体而进一步抵抗病原微生物的感染。参与抗感染免疫的抗体主要是 IgG、IgM 和 SIgA。IgG 和 IgM 为循环抗体，参与全身免疫。其作用主要有中和作用、调理作用和 ADCC。在抗寄生虫感染中 IgE 也发挥一定作用。SIgA 参与局部免疫，在呼吸道、消化道等黏膜的局部免疫防御中发挥重要作用。SIgA 的功能主要是通过与病原微生物结合，封闭其黏附位点或者刺激黏膜中杯状细胞分泌大量黏液冲刷黏膜上皮，阻抑病原微生物黏附，从而防止感染发生。此外，SIgA 能与一些毒素结合，可阻止毒素所致疾病的发生。

第四节　抗病原微生物感染免疫的主要类型

一、抗细菌感染免疫

根据致病菌在宿主组织中寄生部位的不同，细菌可分为胞外寄生菌（extracellular bacteria）和胞内寄生菌（intracellular bacteria）。前者主要寄生于细胞外的组织间隙、血液和淋巴液中，后者主要寄生在宿主细胞内部。引发机体感染的致病菌大多是胞外寄生菌，如葡萄球菌、链球菌、脑膜炎奈瑟菌、淋病奈瑟菌、志贺菌、致病性大肠埃希菌、白喉棒状杆菌和破伤风梭菌等，它们通过产生毒素或者引发免疫病理造成机体组织的破坏。以体液免疫应答为主的抗感染免疫在清除胞外寄生菌感染过程中发挥主导作用。抗体、吞噬细胞和补体是抗细胞外寄生菌感染免疫的有效成分。人类致病性的胞内寄生菌主要有结核分枝杆菌、麻风分枝杆菌、伤寒沙门菌、李斯特菌和布鲁氏菌等。由于抗体不能进入细胞内发挥作用，因此，抗细胞内寄生菌的保护性免疫主要以细胞免疫应答为主，Th1 细胞和巨噬细胞发挥主要作用，抗体只是在细菌游离至胞外或进入血流时才发挥辅助性作用。

（一）抗胞外寄生菌感染免疫

1. 固有免疫

当致病菌突破局部皮肤黏膜屏障侵入机体后，受到吞噬细胞和补体等固有免疫系统的抵抗。首先，中性粒细胞在 IL-8 等趋化因子的作用下从血管内移行至细菌入侵部位；补体经旁路途径和 MBL 途径也在感染早期活化，产生的 C3a、C5a 能够刺激嗜碱性粒细胞和肥大细胞释放组胺，增加血管通透性，进一步促进了中性粒细胞的趋化。炎症部位聚集的巨噬细胞和中性粒细胞等吞噬细胞捕获细菌后，生成大量活性氧并释放溶菌酶等生物活性物质可杀灭细菌。此外，补体活化后形成的膜攻击复合物 C5b6789n 可在细菌的细胞膜上形成孔洞，诱导溶菌效应产生。该效应对革兰氏阴性菌十分有效，尤其在抗奈瑟菌属感染中，溶菌效应更具有重要意义。若构成膜攻击复合物的 C5、C6、C7、C8、C9 中的任何一个成分缺失，机体将对奈瑟菌极为易感且病情发展迅速。由于 C5b67 只与脂质结合，因此缺乏脂质膜的革兰氏阳性菌不易发生溶菌现象。

2. 适应性免疫

体液免疫是抗胞外寄生菌主要的保护性免疫应答。细菌通过两种途径激活B细胞产生特异性抗体。一是TI-Ag途径，如荚膜多糖等可直接刺激B细胞产生IgM类抗体，但这种免疫应答无记忆性；二是TD-Ag途径，多数细菌蛋白属TD-Ag。TD-Ag在抗原提呈细胞的参与和Th2细胞的辅助下，诱导机体产生以IgG为主的各类抗体，这种免疫应答具有记忆性。其产生的抗体包括抗菌抗体和抗毒素抗体。抗菌抗体能够阻抑细菌黏附；也可与菌体表面相应的抗原形成免疫复合物通过经典途径激活补体，进而产生溶菌效应；IgG和C3b协同发挥调理作用可增强吞噬细胞的吞噬功能（图22-1）。抗毒素抗体也称抗毒素，可通过中和外毒素而发挥保护性作用，但其只能中和游离的外毒素，对已结合到靶细胞的外毒素则无中和效应。外毒素与靶细胞的结合具有不可逆性，因此，尽早应用足量抗毒素进行人工被动免疫可有效阻止由外毒素所致疾病的发生。

（二）抗胞内寄生菌感染免疫

1. 固有免疫

胞内寄生菌多寄居于单核巨噬细胞中，常引起慢性感染。胞内寄生菌被未活化的巨噬细胞吞噬后通常不被杀灭，且可在细胞内增殖，并随巨噬细胞迁移至体内其他部位。而巨噬细胞一旦活化，则发挥较强的杀伤功能，这是抗细胞内寄生菌感染的关键步骤。巨噬细胞活化主要依赖Th1细胞产生IFN-γ、TNF等巨噬细胞活化因子的刺激。活化的巨噬细胞对胞内寄生菌的摄取和破坏能力可大大增强，如溶酶体酶合成增加，细胞表面受体（如FcγR）表达数量增多，吞噬或吞饮作用及NO的杀菌作用增强等。此外，NK细胞、γδT细胞在清除某些胞内菌感染过程中也具一定防御作用。

2. 适应性免疫

T细胞介导的细胞免疫应答是抗胞内寄生菌的主要保护性免疫机制。细菌抗原经过APC提呈后，T细胞活化成为效应性T细胞。Th1细胞主要通过分泌IFN-γ、TNF等活化巨噬细胞，增强其杀伤能力。CTL则通过毒性分子包括穿孔素、颗粒酶的介导发挥细胞毒性作用，破坏靶细胞，使病菌释放后再由巨噬细胞进行消灭。细菌特异性中和抗体不能进入细胞内直接清除病原体，但可与尚未进入细胞的细菌结合，阻断细菌进入宿主细胞，并可通过调理吞噬或激活补体清除胞内菌。

3. 肉芽肿的形成

活化巨噬细胞自身释放的某些物质可激活凝血系统，促进纤维蛋白原转化成纤维蛋白并析出，同时促进成纤维细胞增殖。最后，聚集的巨噬细胞和类上皮细胞共同在细菌存在的局部形成肉芽肿，限制细菌的扩散。肉芽肿的形成是细菌与宿主组织相互作用的结果，其形成虽可控制感染的继续发展，但当机体免疫功能下降时，细菌仍能克服肉芽肿的限制作用而继续增殖，使病灶播散。如结核分枝杆菌感染时，机体通过肉芽肿的形成将病灶局限化，细菌数量大为减少，但不能被完全清除。少量残留于局部病灶内的细菌不再继续增殖或以极低水平进行分裂，即转入一种结核分枝杆菌与宿主相对平衡的状态。此时，任何原因引起的免疫功能低下都将使疾病复发。

二、抗病毒感染免疫

机体抗病毒感染免疫机制包括固有免疫和适应性免疫。在病毒感染早期，主要以固有免疫为主，其中干扰素和 NK 细胞的作用尤显突出。适应性免疫出现较晚，包括细胞免疫和体液免疫。病毒是严格细胞内寄生的非细胞型微生物，这就决定了细胞免疫在消除病毒感染过程中起主导作用，但抗体可以中和游离于细胞外的病毒，阻止病毒结合到宿主细胞的受体上，防止感染的扩散，其在抗感染扩散过程中的作用也较为重要。

（一）固有免疫

1. 干扰素

干扰素是抗病毒免疫最重要的早期免疫分子。受病毒感染的细胞在病毒复制的同时即产生和释放干扰素（IFN-α 和 IFN-β），并很快诱导邻近细胞使之产生干扰素。干扰素不能直接灭活病毒，而是通过与宿主细胞表面的干扰素受体结合，诱导合成多种抗病毒蛋白，从而实现对病毒的抑制。抗病毒蛋白主要有 2′-5′ 腺嘌呤核苷合成酶和蛋白激酶等。前者可降解病毒的 mRNA，后者可阻断病毒的转录和翻译，抑制病毒蛋白的合成，终止病毒复制。干扰素既能限制病毒在感染细胞内的增殖，又能限制病毒在细胞间的扩散（图 22-2）。IFN-α 和 IFN-β 能活化巨噬细胞及 NK 细胞，而且还可促进病毒感染细胞表达 MHC Ⅰ类分子，有利于 CTL 发挥杀伤性作用。IFN-γ 由活化的 Th1 细胞、巨噬细胞和 NK 细胞分泌，除具有抗病毒作用之外，还可诱导抗原提呈细胞表达 MHC Ⅱ类分子，强化特异性免疫的识别过程，并可增强 NK 细胞、巨噬细胞和 CTL 的杀伤功能，促进 Th0 细胞向 Th1 细胞转化。

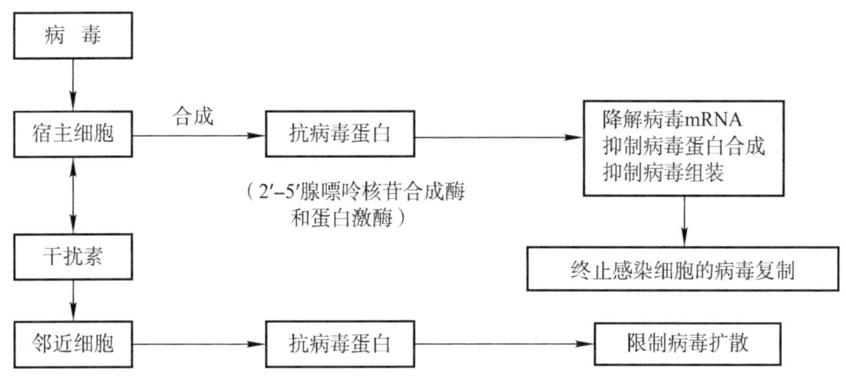

图 22-2　干扰素抑制病毒复制的原理

2. NK 细胞

NK 细胞是重要的早期抗病毒效应细胞。无需抗原预先致敏，即可直接非特异性地杀伤病毒感染的细胞。病毒感染细胞后，由于 MHC Ⅰ类分子表达减少或缺失而活化 NK 细胞，通过释放穿孔素及颗粒酶，溶解破坏病毒感染细胞；或通过活化病毒感染细胞内的核酸酶，降解细胞基因组 DNA，引起病毒感染细胞凋亡。NK 细胞的杀伤作用出现较快，因此在机体免疫监视和早期抗感染免疫过程中具有重要作用。此外，NK 细胞激活后，还可释放 IFN-γ、TNF

等细胞因子，调节机体免疫功能。NK 细胞也可通过多种途径被活化，其中以干扰素的激活尤为重要。

3. 巨噬细胞

在病毒感染早期巨噬细胞即开始活化并生成大量促炎介质。IFN-γ 可以促进巨噬细胞的活化并且使其表达 iNOS 酶促进 NO 的生成。NO 促进巨噬细胞产生 ROIs 和 RNIs，进而杀灭被吞噬的病毒。此外巨噬细胞也可通过 ADCC 机制清除病毒。

（二）适应性免疫

适应性免疫在抗病毒感染中发挥重要作用。CTL 是关键的适应性免疫效应细胞，其杀伤作用受 MHC Ⅰ类分子的限制，通过释放穿孔素及颗粒酶溶解靶细胞或者诱导靶细胞凋亡的方式杀伤病毒感染细胞。CTL 在杀伤一个靶细胞之后，还可继续杀伤其他靶细胞而自身不受损伤，体现了机体抗病毒免疫的高效性。CTL 的成熟和活化需要 $CD4^+$ T 细胞分泌的 Th1 型细胞因子的参与，IL-2 和 IFN-γ 可活化并增强 CTL 的杀伤功能。当感染细胞被 CTL 溶解并释放病毒颗粒后，抗体的中和作用和吞噬细胞的吞噬效应立即启动，中和抗体的阻断作用和调理抗体对效应细胞的吞噬杀伤作用的进一步放大，最终可清除病毒颗粒。很多疫苗可通过诱导机体产生高滴度的抗体而起到预防和治疗作用。

不同病毒感染诱发机体产生免疫力的持续时间不等。有的可获得持久免疫，如脊髓灰质炎病毒和麻疹病毒感染；有的则仅能诱导产生短暂的免疫力，如流感病毒和鼻病毒感染。这可能与病毒是否可引起病毒血症以及病毒的遗传稳定性有关。

三、抗真菌感染免疫

抗真菌感染也包括固有免疫和适应性免疫。

（一）固有免疫

1. 机体的屏障作用和正常菌群的拮抗作用

健康的皮肤黏膜对皮肤癣菌具有一定的屏障作用。皮脂腺分泌的不饱和脂肪酸具有抗真菌效应。儿童皮脂腺发育不完善，头皮分泌的不饱和脂肪酸较成人少，因而儿童易发生头癣；成人的趾间和足底无皮脂腺，也是易发生足癣的原因之一。白假丝酵母菌是口腔、阴道和肠道等部位的正常菌群，正常情况下与其他细菌构成拮抗关系。若长期应用广谱抗生素破坏菌群间的平衡关系，则可引起继发性白假丝酵母菌感染。

2. 吞噬作用

真菌进入机体后易被单核巨噬细胞及中性粒细胞吞噬。但被吞噬的真菌孢子并不能完全被杀灭，它们可在细胞内增殖，刺激组织增生，引起细胞浸润形成肉芽肿；也可随吞噬细胞到深部组织器官（如脑或内脏器官）中增殖，引起病变。中性粒细胞通过其髓过氧化物酶、卤化物系统可有效杀伤白色念珠菌、曲霉菌等，防止播散性感染的发生，现已发现 tuftsin（促吞噬肽）可结合到中性粒细胞外膜上以提高其吞噬和杀菌活性。未活化巨噬细胞不易杀灭被吞噬的新生隐球菌，可能与其缺乏产生 NO 的能力有关。IFN-γ、TNF 等细胞因子可增强中性粒细胞、巨噬细胞对真菌的杀灭作用。

（二）适应性免疫

1. 细胞免疫

真菌性感染与细胞免疫功能有较密切的关系。对早期真菌感染的保护性反应是Th1依赖性炎症反应。欠缺这类反应就容易受到真菌感染，如患恶性肿瘤或应用免疫抑制剂导致细胞免疫功能低下的个体，易并发真菌感染；艾滋病患者并发真菌感染是其致死的主要原因之一。细胞免疫对真菌的作用机制尚不十分清楚。IFN-γ激活的巨噬细胞在杀灭真菌上具有重要意义。真菌感染一般不能形成牢固的免疫，常可发生再感染。某些真菌性感染可发生迟发型皮肤超敏反应。

2. 抗体的作用

抗体抗真菌效应尚存争议。一些研究表明，保护性抗体在抗深部真菌感染中具有一定作用。如抗白假丝酵母菌黏附素抗体，能够阻止白假丝酵母菌对宿主细胞的黏附。抗新生隐球菌荚膜特异性IgG抗体有调理作用。补体对真菌的溶菌作用不显著，可能与其胞壁较厚有关。

四、抗寄生虫感染免疫

寄生虫种类繁多且生活史较为复杂，虫种不同或同一虫种的不同发育阶段可寄生于宿主的不同部位，其抗原来源（来自虫体、虫体表膜、虫体的排泄分泌物或虫体蜕皮液、囊液等）和组分（可以是蛋白质或多肽、糖蛋白、糖脂或多糖等）也较其他种类病原微生物更具多样性，且具有属、种、株、期的特异性。因此，宿主对寄生虫感染产生的免疫应答机制也十分复杂。抗寄生虫免疫也是由固有免疫和适应性免疫所组成。在许多情况下，宿主有效的抗虫免疫依赖于各种免疫成分的共同参与。

（一）固有免疫

巨噬细胞、嗜酸性粒细胞是抗寄生虫感染中重要的效应细胞。原生动物寄生虫像许多胞内菌一样，因其能抵抗呼吸爆发，被巨噬细胞吞噬后不会在普通的吞噬体中被消化。但巨噬细胞在Th1细胞分泌的IFN-γ高度活化后具有足够的ROIs、RNIs、TNF，就能将寄生虫有效杀伤。高度活化的巨噬细胞如果不能清除感染，则会形成肉芽肿。蠕虫感染后，多数宿主会出现嗜酸性粒细胞的升高，嗜酸性粒细胞可以在IgE抗体或C3b介导下，发挥杀灭蠕虫的作用。

（二）适应性免疫

寄生虫感染可刺激机体产生特异性抗体，其生物学作用主要表现在：①中和作用或称封闭黏附，SIgA类抗体可与寄生虫表膜抗原结合，从而阻止其入侵黏膜细胞；②激活补体与吞噬细胞，通过调理作用发挥杀虫作用；③IgE可诱导肥大细胞和嗜碱性粒细胞脱颗粒，其炎性介质的释放有利于清除蠕虫的感染；④IgG和IgM类抗体可与血液中游离的虫体（主要是原虫）结合，通过凝集作用而阻止其对宿主细胞表膜受体的识别。

被巨噬细胞吞噬的原生动物寄生虫如果从巨噬细胞吞噬体逃出进入胞质，寄生虫抗原可以经内源性抗原途径被提呈，成为CTL的靶细胞，由穿孔素/颗粒酶介导的细胞溶解在控制原生动物寄生虫感染的慢性阶段非常重要。Th1细胞分泌的IFN-γ除活化巨噬细胞外，其本身也具有独特的抗原生动物寄生虫效应，表现在：①对多种原生动物寄生虫有直接毒性；②刺激 DC 和巨噬细胞产生 IL-12，随之触发 NK 和 NKT 细胞产生 IFN-γ；③诱导感染的巨噬细胞表达 iNOS，导致细胞内 NO 的产生，后者清除寄生虫本身或被其感染的细胞；④上调被感染的巨噬细胞表面 Fas 的表达，由表达 FasL 的 T 细胞发挥杀伤作用。而 Th2 细胞分泌的细胞因子可抑制 IFN-γ 和 iNOS 的产生，因此 Th2 应答优势的个体对原生动物寄生虫感染高度易感。

不同种类寄生虫感染，或者同一种寄生虫感染的不同时期，免疫应答的类型有所不同。蠕虫感染时，主要以体液免疫为主，IgE 抗体的产生和嗜酸性粒细胞的动员对蠕虫的清除有重要的作用。IL-4 和 IL-5 等 Th2 型细胞因子可诱导此免疫应答。IL-4 可诱导 IgE 抗体的类别转换和肥大细胞的增殖。IL-5 能够促进嗜酸性粒细胞的发育和活化。IgE 抗体与蠕虫结合后，嗜酸性粒细胞借助 Fc 段受体与 IgE 结合，然后细胞活化、脱颗粒释放碱性蛋白、活性氧等杀灭寄生虫。IgE 与蠕虫抗原结合后，还能促发肥大细胞释放组胺等生物活性介质，增加血管通透性，促进白细胞渗出至血管外，使平滑肌收缩，增加肠管蠕动和黏液分泌，益于肠内虫体排出体外。原虫感染时，以 Th1 型细胞因子 IFN-γ 等介导的细胞免疫发挥主导作用。疟原虫红外期感染时，主要引起 CTL 应答。CTL 可直接裂解子孢子感染的肝细胞，并通过分泌 IFN-γ 促进巨噬细胞的吞噬活性和产生 NO 等杀虫物质以清除红外期虫体；而红内期感染时，早期阶段主要是以 Th1 型细胞免疫应答为主，通过分泌 IFN-γ 促进吞噬细胞对感染红细胞的吞噬作用而抑制虫体血症水平。但后期则转为以体液免疫应答为主，通过抗体的介导效应清除疟原虫。少数寄生虫感染后宿主产生的适应性免疫能够完全清除体内的寄生虫，并对再感染产生完全的抵抗力，如热带利什曼原虫引起的皮肤利什曼病。大部分寄生虫感染后，宿主所产生的适应性免疫为非消除性免疫，包括带虫免疫和伴随免疫。在疟原虫感染中，宿主产生的特异性免疫虽然能够在一定程度上抵抗再感染，但并不能消除体内已有的疟原虫，宿主保持低虫荷感染状态。当以药物清除体内的原虫后，适应性免疫逐渐消失，这种免疫为带虫免疫。在血吸虫感染中，虽然机体的保护性免疫可抵御尾蚴的再感染，但不能清除体内已存在的成虫，此为伴随免疫。非消除性免疫在寄生虫感染中较为常见，是寄生虫与宿主在漫长的共同进化中形成的一种平衡机制，其意义在于既限制了虫荷，又不致使宿主在短期内死亡。所以慢性感染是多数寄生虫感染的共同特征。

第五节　免疫逃逸与免疫病理

宿主通过抗感染免疫机制抵御病原微生物感染的同时，病原微生物也可通过各种方式逃避机体的免疫杀伤效应，并且可导致免疫病理的发生。

一、免疫逃逸

1. 抗原变异

病原微生物经常改变自身的抗原结构，使原已建立的保护性免疫失去应有的效应，以逃避宿主的适应性免疫杀伤作用。如非洲锥虫在宿主血液内能够不断地更换其表被糖蛋白，产生新的变异体，而宿主体内的抗体对新变异体无免疫作用。流感病毒包膜上的血凝素和神经氨酸酶常发生变异，可导致新亚型的出现并使流感暴发流行。另外，淋病奈瑟菌的菌毛抗原不断转换可以躲避原抗原诱导的特异性抗体的攻击，使细菌得以黏附在易感的宿主细胞。抗原伪装是寄生虫体表结合有宿主的抗原，或者被宿主的抗原所包被，妨碍宿主免疫系统的识别。如曼氏血吸虫童虫表面结合有宿主的血型抗原（A、B 和 H）和主要组织相容性复合体（MHC）抗原。这类抗原来自宿主组织而不是由寄生虫合成的，因此，抗体不能与这种童虫结合，为逃避宿主的免疫攻击创造了条件。

2. 抗吞噬、杀伤作用

病原微生物的某些特殊结构和组分可抵御吞噬细胞的吞噬效应和免疫分子的杀伤作用。如肺炎链球菌的荚膜、链球菌的 M 蛋白、铜绿假单胞菌的多糖体、大肠埃希菌的 K 抗原和伤寒菌的 Vi 抗原等都对吞噬作用具有一定抵抗性；金黄色葡萄球菌细胞壁上的葡萄球菌 A 蛋白可与人 IgG 的 Fc 段发生非特异性结合，通过与吞噬细胞争夺 Fc 段，有效地降低抗体介导的调理作用，从而发挥抗吞噬效应；结核分枝杆菌的索状因子能抑制巨噬细胞溶酶体与吞噬体融合，其蜡质能够抵抗溶酶体酶的作用；李斯特菌的溶素（lysin）和立克次体的磷脂酶可破坏吞噬体膜，使之能够顺利地进入到细胞质中并得以繁殖；枯氏锥虫、疟原虫在巨噬细胞的吞噬小泡内形成屏蔽，阻止溶酶体与其融合，逃避溶菌酶的杀伤作用。有些胞内寄生菌通过细胞 - 细胞接触机制进入宿主细胞，可以逃避抗体的中和作用。一些胞外菌可凭借其自身结构逃避补体介导的杀伤作用。如梅毒苍白螺旋体的外膜缺乏跨膜蛋白，导致没有合适的位点供 C3b 附着；有些胞外菌能够合成灭活补体片段的物质如 B 型链球菌的胞壁含有唾液酸，可降解 C3b 从而阻断补体的活化，而其他链球菌可产生能与 H 因子结合的蛋白，通过招募 H 因子使 C3b 降解从而使补体失活。某些细菌如淋球菌和脑膜炎奈瑟菌均可以诱导宿主产生单一类型的抗体（如 IgA），从而导致补体系统不能高效激活。某些病毒如麻疹病毒可表达一种对 B 细胞激活起抑制作用的蛋白，直接干扰抗病毒抗体的产生；HSV-1 可使感染的宿主细胞表达病毒形式的 FcγR，后者与 IgG 分子结合使 Fc 段封闭，阻止抗体介导的 ADCC 和经典的补体激活。

3. 免疫抑制

结核分枝杆菌感染 DC 后引起 MHC Ⅰ类分子、MHC Ⅱ类分子和 CD1 分子的表达下调，使抗原无法有效提呈，进而阻止 T 细胞的活化。HIV、麻疹病毒和 EB 病毒等直接感染并破坏淋巴细胞或巨噬细胞等免疫细胞，造成免疫功能下降；巨细胞病毒、腺病毒等可以合成某种蛋白阻抑 MHC Ⅰ类分子的表达，造成 $CD8^+$ T 细胞活化障碍；CMV 可表达 MHC Ⅰ分子类似物，结合 NK 细胞抑制性受体，导致 NK 细胞不被活化。一些病毒可通过改变宿主局部的细胞因子，使它不利于支撑免疫应答所必需的细胞间合作，如痘病毒可合成趋化因子类似物阻断淋巴细胞、巨噬细胞和中性粒细胞的趋化和迁移，还可分泌干扰素受体类似物，阻断 IFN-α 和 IFN-β 效应。许多病毒抑制 IL-12 的生成，从而干扰 Th1 分化和随后的抗病毒细胞免疫应答。寄生虫在宿主体内释放的大量可溶性抗原可干扰宿主的免疫反应，有利于寄生虫的存活。某些抗原 - 抗体复合物的形成可抑制宿主的免疫应答，如曼氏血吸虫感染者血清中所形成的可溶性免疫复合物对淋巴细胞转化和嗜酸性粒细胞介导的对童虫的杀伤作用具有明显的抑制效应。有些寄生虫的分泌物或代谢物也可直接破坏适应性的免疫效应分子。枯氏锥虫的锥鞭毛体的蛋白酶可水解与虫体结合的抗体，使虫体上仅有抗体的 Fab 段，而无 Fc 段，因而不能激活补体介导的虫体溶解。此外，游离的吸虫抗原可与相应抗体结合，形成封闭效应，阻止抗体对虫体发生免疫应答；少数病原微生物还可分泌免疫抑制因子，如枯氏锥虫分泌、排泄物中的相对分子质量 30 000 和 100 000 的蛋白质可抑制宿主外周血淋巴细胞增殖和 IL-2 的表达。

4. 其他

病毒在宿主细胞内潜伏，是以一种缺陷的形式存在，不具有活动性，潜伏的病毒需要更强的抗病毒免疫才能清除。而机体在病毒潜伏后抗病毒免疫多处在耗竭状态，使得病毒可以长期逃逸。病毒还可通过复杂的机制消除机体的抗病毒状态。如 HSV 感染已经建立了抗病毒状态的机体时，病毒可表达一种蛋白，逆转病毒蛋白合成的受阻状态，使得病毒复制得以恢复。牛痘病毒和丙型肝炎病毒也可合成蛋白，破坏维持抗病毒状态所需的代谢酶。另外被感染的宿主细胞在病毒复制完成之前凋亡导致病毒死亡，是宿主抗病毒免疫机制之一。而具有大基因组的病毒可通过多种方式阻断死亡诱导途径的各个环节。如腺病毒合成一个蛋白复合物，引起 Fas 和 TNFR 的内化，中断 FasL 和 TNF 介导的凋亡。

二、免疫病理

1. 超敏反应

病原微生物感染引起超敏反应的现象比较多见，如某些蠕虫感染后机体产生 IgE 抗体，可导致支气管哮喘、皮肤瘙痒等过敏反应；溶血性链球菌、病毒和疟原虫感染后可引起肾小球肾炎；脑膜炎奈瑟菌感染后，因内毒素引起的中性粒细胞的免疫损伤，导致急性化脓性脑膜炎发生；血吸虫虫卵肉芽肿引起的肝纤维化，结核分枝杆菌感染形成的肉芽肿均为迟发型超敏反应造成的组织损伤等。

2. 自身免疫病

病原微生物感染还可使宿主细胞某些自身隐匿抗原暴露或改变宿主细胞自身蛋白结构，以及通过分子模拟等机制导致许多自身免疫病的发生。目前认为，EB 病毒、支原体、螺旋体、链球菌和疟原虫等感染均与自身免疫病的发生有关，例如梅毒患者体内常发现抗淋巴细胞抗体、类风湿因子及冷凝集素等自身抗体，提示可能存在自身免疫反应。

（张　佩　王　阳）

数字课程学习

教学 PPT　　自测题　　微课　　拓展阅读

第二十三章　免疫缺陷病

机体免疫系统由于遗传基因缺陷、先天发育不全或后天遭受损害而造成的免疫功能障碍称为免疫缺陷（immunodeficiency）。免疫缺陷可发生在免疫器官、免疫细胞、免疫分子及信号传导水平，由此而导致的免疫功能障碍所出现的一组临床综合征称为免疫缺陷病（immunodeficiency disease，IDD）。

免疫缺陷病从病因上可分为两大类：原发性免疫缺陷病（primary immunodeficiency disease，PIDD）和获得性免疫缺陷病（acquired immunodeficiency disease，AIDD）。免疫缺陷病患者不能发挥正常的免疫应答功能，其临床基本特征为：①反复发生不易控制的感染；②恶性肿瘤发生率增高；③常并发自身免疫病；④临床表现及病理损伤复杂多样。

第一节　原发性免疫缺陷病

原发性免疫缺陷病是由于免疫遗传缺陷或先天发育异常所致。原发性免疫缺陷病患者多见于婴幼儿，患儿除表现有免疫功能缺陷外，尚可伴有其他组织器官的发育不全或畸形，故常导致许多患儿夭折。原发性免疫缺陷病种类繁多，根据免疫系统受累的范围不同可分为B细胞缺陷病、T细胞缺陷病、联合免疫缺陷病、吞噬功能缺陷病及补体缺陷病等。

一、原发性B细胞缺陷病

原发性B细胞缺陷是由于B细胞发育缺陷或B细胞对T细胞传递信号反应低下所致的抗体产生受阻，以体内Ig水平缺失或降低为主要特征，Ig缺陷可涉及单一类或亚类，也可累及全部Ig类别。成人血清IgG $<$ 6 000 mg/L为低丙种球蛋白血症（hypogammaglobulinemia），$<$ 2 000 mg/L为无丙种球蛋白血症（agammaglobulinemia）。患者外周血B细胞减少或缺陷，但T细胞数目正常，主要临床特征为反复化脓感染，主要包括X连锁无丙种球蛋白血症、X连锁高IgM综合征、选择性IgA缺陷等（表23–1）。

（一）X连锁无丙种球蛋白血症

X连锁无丙种球蛋白血症（X–linked agammaglobulinemia，XLA）是Bruton于1952年发现的第一例遗传性免疫缺陷病，故又称Bruton综合征。此病属于性染色体连锁隐性遗传病。女性为疾病携带者，发病见于出生后6～9个月的男性婴儿。XLA发病机制是位于X染色体上B细胞酪氨酸激酶（B cell tyrosine kinase，Btk）基因突变或缺陷所致，*Btk*基因突变或缺失，则 Btk 分子合成障碍，B 细胞发育停滞在前 B 细胞（pre-B）阶段，从而致使患者成熟 B 细胞减少或缺失。

表 23-1　原发性 B 细胞免疫缺陷病举例

疾病	功能性缺陷	缺陷相关机制
X 连锁无丙种球蛋白血症	所有同种型 Ig 降低，B 细胞减少	*Btk* 基因突变，前 B 细胞到 B 细胞成熟受阻
选择性 IgA 缺陷	血清 IgA1、IgA2 降低，B 细胞正常或不成熟	产生 IgA 的 B 细胞分化缺陷（*TACI* 基因突变）
X 连锁联高 IgM 综合征	IgM 增高，IgD 正常或增高，其他 Ig 减少	*CD40L* 基因缺陷，重链类别转换缺陷
选择性 IgG 亚类缺陷	一种或几种 IgG 亚类降低	类别转换或终末 B 细胞分化缺陷
Ig 重链缺陷	IgG1、IgG2 或 IgG4 缺失，有时 IgA、IgE 缺失	染色体 Ig 重链位点缺失
婴儿暂时性低丙种球蛋白血症	IgG、IgA 降低	分化缺陷或辅助功能缺陷
常见多变型免疫缺陷病	多种同种型 Ig 减少，B 细胞正常或减少	B 细胞不能合成抗体和发生类别转换，*ICOS* 和 *TACI* 基因突变

XLA 的临床主要特征为反复化脓性细菌感染，外周血和淋巴组织中成熟 B 细胞、浆细胞及各类 Ig 减少或缺失，对疫苗接种缺乏抗体应答，T 细胞数量及功能基本正常，治疗主要采用输入正常人丙种球蛋白。

（二）X 连锁高 IgM 综合征

X 连锁高 IgM 综合征（X-linked hyper immunoglobulin M syndrome，XHIM）是一种特殊的免疫缺陷病，多见于男性，约 70% 的患者为 X 连锁隐性遗传。在 XHIM 中，B 细胞本身无内在缺陷，而是由于 B 细胞发育时 Ig 的类别转换发生障碍所致，这种 Ig 类别转换依赖于 B 细胞表面的 CD40 与 Th 细胞表面的 CD40L 相互作用。现已表明，此病可因 X 染色体上的 *CD40L* 基因突变，使 Th 细胞不表达或表达无生物学功能的 CD40L 分子，导致 B-T 细胞相互作用受阻，B 细胞不能产生 Ig 的类别转换，致使患者 IgG、IgA 及 IgE 缺陷，而 IgM 升高。此类患者对病原微生物易感，常伴有自身免疫病和肿瘤，可采用输入 Ig 治疗。

二、原发性 T 细胞缺陷病

原发性 T 细胞缺陷病是由于 T 细胞（及其前体）发生、分化和功能障碍所致。因 B 细胞对大多数抗原的应答需 Th 细胞的辅助，故往往伴有体液免疫功能下降。原发性 T 细胞缺陷病与联合免疫缺陷病举例见表 23-2。

（一）先天性胸腺发育不全

先天性胸腺发育不全（congenital thymic aplasia）亦称迪格奥尔格综合征（DiGeorge syndrome）

表 23-2　原发性 T 细胞缺陷病与联合免疫缺陷病举例

疾病	功能性缺陷	缺陷相关机制
DiGeorge syndrome（先天性胸腺发育不全）	T 细胞减少，B 细胞介导的体液免疫应答功能下降	第Ⅲ、Ⅳ咽囊发育异常导致胸腺与甲状旁腺缺损
T 细胞活化与功能缺陷	T 细胞识别抗原活化、信号转导及功能异常	TCR 表达异常/缺陷、CD3γ、ε、ζ 链异常，*ZAP-70* 和 *NFAT* 基因突变
重症联合免疫缺陷（SCID）		
X 连锁重症联合免疫缺陷病（XSCID）	T 细胞明显减少、功能障碍	*IL-2RG* 基因突变
腺苷脱氨酶（ADA）缺陷病	T 细胞、B 细胞减少（主要是 T），血清 Ig 减少	*ADA* 基因突变/缺失导致 dATP 堆积
T 细胞酪氨酸激酶 ZAP-70 缺陷	$CD8^+$T 细胞缺失，$CD4^+$T 细胞功能失调	*ZAP-70* 基因缺陷导致 TCR 介导的信号传递异常
嘌呤核苷酸磷酸化酶（PNP）缺陷	T 细胞减少，B 细胞与血清 Ig 正常	*PNP* 基因缺陷导致毒性代谢产物在 T 细胞内堆积
MHC Ⅱ类分子缺陷（裸淋巴细胞综合征）	淋巴细胞数目正常，血清 Ig 正常或下降，细胞介导免疫缺陷	MHC Ⅱ类蛋白转录因子突变
Wiskott-Aldrich syndrome	T 细胞减少、功能受损，IgM 下降，对多糖抗原的抗体应答下降	*CD43* 基因缺陷，免疫缺陷伴白细胞和血小板缺陷
共济失调-毛细血管扩张症	T 细胞减少，B 细胞正常，IgA、IgE 和 IgG 亚类不定性减少	DNA 修复缺陷，细胞周期检查点紊乱
网状组织发育不良	T 细胞、B 细胞和其他血细胞显著减少，血清 Ig 减少	造血干细胞成熟缺陷

或第三、四咽囊综合征。本病是由于胚胎第 5～6 周时，第三、四咽囊受侵害，使胸腺与甲状旁腺发育不全所致。由于胸腺发育不全导致 T 细胞不能成熟而致细胞免疫缺陷。患者外周血淋巴细胞对 T 细胞多克隆激活剂无应答或不发生混合淋巴细胞反应，抗体水平正常或偏低，皮肤迟发型超敏反应性降低。患儿免疫功能不全表现为反复发生病毒、胞内寄生菌及真菌等易感，接种减毒活疫苗（如麻疹、牛痘等）后可致全身感染甚至死亡。

（二）T 细胞活化与功能缺陷

20 世纪 80 年代末，研究发现 T 细胞对抗原或有丝分裂原刺激的应答可发生异常，这种异常与临床上轻重不同的 T 细胞免疫缺陷相关。T 细胞表面分子表达异常或细胞内信号转导分子表达异常，可使 T 细胞发育、活化、分化或功能等异常。相关的机制包括：① TCR-CD3 复合体表达缺陷；② TCR-CD3 复合体信号传递异常（CD3 分子 ε、ζ 或 γ 链基因变异、*ZAP-70* 基因异常）；③细胞因子（如 IL-2、IL-4、IL-5 和 IFN-γ 等）产生缺陷；④细胞因子受体（如 IL-2R、IL-1R 等）表达缺陷；⑤ MHC Ⅰ或 MHC Ⅱ分子表达异常。

三、联合免疫缺陷病

联合免疫缺陷病（combined immunodeficiency disease，CID）是T细胞、B细胞同时缺陷或功能受到损害所引发免疫缺陷病。可伴有其他先天性疾病而发生，病因复杂，所致疾病种类繁多（表23–2）。

（一）X连锁重症联合免疫缺陷病

X连锁重症联合免疫缺陷病（X–linked severe combined immunodeficiency disease，XSCID）是SCID的重要类型。患者主要表现为T细胞和NK细胞的缺失或显著减少，B细胞数量正常，但几乎无功能。此病是由于X染色体上编码IL–2Rγ链的基因（*IL-2RG*）缺陷所致。IL–2Rγ链为IL–2、IL–4、IL–7、IL–9和IL–15的受体共用链（common γ chain）。γ链的缺陷可导致上述细胞因子受体信号传递失活。其中IL–2R和IL–4Rγ链的缺失所引起的信号传递异常，进而影响B细胞功能；IL–5R和IL–7Rγ链的缺失所引起的信号传递障碍，可影响到T细胞和NK细胞的早期发育。

（二）MHC分子缺陷相关重症联合免疫缺陷病

MHCⅠ类分子表达缺陷属于常染色体隐性遗传，是由于*TAP*基因突变所致。MHCⅠ类分子表达异常，使$CD8^+$T细胞介导的免疫应答障碍，患者对呼吸道病毒易感。

MHCⅡ类分子表达缺陷又称为裸淋巴细胞综合征（bare lymphocyte syndrome，BLS）是一种极罕见的原发性严重免疫缺陷病，属常染色体隐性遗传。患者MHC Ⅱ类基因正常，但调控MHCⅡ类分子表达的转录因子（如*C IITA*、*RFXANK*、*RFX5*和*RFXAP*）基因缺陷导致MHCⅡ类分子表达缺失，使抗原提呈细胞不能将抗原提呈给$CD4^+$T细胞，因而患者迟发型超敏反应及对TD–Ag应答功能出现障碍，易发生感染，尤其是病毒性感染。另一方面，由于MHCⅡ类分子表达的异常，致使T细胞在胸腺中的发育发生障碍，从而引起患者外周血及组织中的成熟$CD4^+$T细胞数量减少。

（三）腺苷脱氨酶缺陷引发的重症联合免疫缺陷病

是由于腺苷脱氨酶（adenosine deaminase，ADA）基因突变或缺失引发的一种常染色体阴性遗传病。*ADA*基因位于2号染色体。ADA缺乏，腺苷分解不能正常进行，导致ATP、脱氧ATP在细胞内堆积，脱氧ATP对合成DNA所必需的核糖核酸还原酶具有抑制作用，造成对淋巴细胞的毒性作用，影响其发育、分化和成熟。患者表现为淋巴细胞数目减少、功能受损，细胞免疫和体液免疫应答能力下降，对细菌、病毒易发生反复感染。

（四）嘌呤核苷磷酸化酶缺陷引发的重症联合免疫缺陷病

少数SCID可因嘌呤核苷磷酸化酶（purine nucleoside phosphorylase，PNP）缺陷引起。此缺陷为常染色体隐性遗传。*PNP*基因定位于14号染色体，此酶缺陷是由于基因缺失或突变所致。PNP缺陷可引起次黄苷、脱氧次黄苷、鸟苷、脱氧鸟苷和脱氧GTP在淋巴细胞中积聚，脱氧GTP可抑制核苷酸还原酶，阻断DNA合成，可影响淋巴细胞的增殖、分化和成熟。患者表现为成熟淋巴细胞数目减少、功能下降，对病毒、细菌和真菌易感。

四、原发性吞噬细胞免疫缺陷病

吞噬细胞的吞噬功能是机体抗感染免疫的重要机制之一。吞噬细胞数量和（或）功能缺陷将导致机体对化脓性细菌和真菌的易感性增高。吞噬细胞缺陷主要是中性粒细胞缺陷，包括中性粒细胞分化、运动、呼吸爆发和对分枝杆菌病的遗传易感缺陷等（表 23–3）。

表 23–3 原发性吞噬细胞免疫缺陷病

性质和名称	发生原因及表现
数量缺陷	
周期性中性粒细胞减少症	中性粒细胞产生的调节异常，每 3～4 周出现 1 周因中性粒细胞减少所致感染症状
慢性中性粒细胞减少症	成熟粒细胞生成减少
黏附和吞入障碍	中性粒细胞膜黏附分子 β_2 整合素（CD18）表达缺陷
趋化性能缺陷	
惰性白细胞综合征	游走、吞入障碍，外周血粒细胞减少
肌动蛋白无能症	游走、吞入及脱粒皆不正常
杀菌力缺陷	
慢性肉芽肿病	氧化酶缺陷，不能产生超氧阴离子（O_2^-）
葡萄糖 -6- 磷酸脱氢酶缺乏症	不能产生 H_2O_2，红细胞同时受累，故常并发贫血
髓过氧化物酶缺乏症	较多发生，多数无临床症状
Chediak–Higashi syndrome	细胞内出现大溶酶体，游走、杀菌力降低。合并眼、皮肤和毛发色素分布异常

（一）慢性肉芽肿病

慢性肉芽肿病（CGD）绝大多数是 X 连锁隐性遗传病，发病机制为细胞色素 b–β 亚单位（*CYBB*）基因突变，导致吞噬细胞内缺乏 NADPH 氧化酶，利用糖的能力下降，不能在葡萄糖氧化过程中生成足量的超氧阴离子（O_2^-），因而细胞内杀菌能力低下，吞入的过氧化氢酶阳性细菌（如葡萄球菌、大肠埃希菌、沙雷菌、白假丝酵母菌等）不能被杀灭，在细胞内繁殖并随吞噬细胞的游走播散全身。由于趋化与吞噬功能正常，致使杀菌能力低下的吞噬细胞在局部大量聚集，并持续激活 T 细胞以招募巨噬细胞形成脓灶和肉芽肿。抗生素治疗可降低病死率，也可采用粒细胞输入疗法。IFN–γ 被用于 CGD 的临床治疗。

（二）白细胞黏附缺陷症

白细胞黏附缺陷症（LAD）分为 LAD–1 和 LAD–2 两种类型，是较少见的常染色体隐性遗传病。LAD–1 的发病机制是 *CD18* 基因突变或缺陷，影响白细胞表面整合素家族中具有 β_2 亚单位（CD18）的整合素分子 LFA–1（CD11a/CD18）、Mac–1（CD11b/ CD18）和 P150/95（CD11c/CD18）表达不足或缺陷。LAD–2 的发病机制是岩藻糖转移酶基因突变，导致白细胞和血管内皮细胞对唾液酸化的路易斯寡糖表达受阻，进而影响了白细胞和内皮细胞之间的黏附。患者表现为反复的化脓性细菌或真菌感染。

五、补体缺陷病

几乎所有的补体蛋白成分都可发生遗传缺陷，多为常染色体隐性遗传，少数为常染色体显性遗传。不同的补体成分缺陷具有不同的临床表现（表 23–4）。

表 23–4　补体缺陷有关的临床表现

补体的成分缺陷	临床表现
C1q、C1r、C2 或 C4	免疫复合物病多发
C3	反复化脓性感染
C5	反复奈瑟菌感染，SLE 高发
C6、7、8	反复奈瑟菌感染
C9	无症状
C1 抑制物（C1INH）	遗传性血管神经性水肿
C3 灭活因子（C3bINA，I 因子）	反复化脓性感染
备解素	反复奈瑟菌感染

（一）遗传性血管神经性水肿

遗传性血管神经性水肿（hereditary angioneurotic edima，HAE）是一种较为常见的补体缺陷病，为常染色体显性遗传。病因为 C1 抑制物（C1INH）缺陷。本病 85% 患者缺乏 C1INH，其余 15% 患者血清中含有抗原性正常但不具有功能的 C1INH 蛋白成分。由于 C1INH 缺失，C1 的活化得不到有效的控制，C4 和 C2 消耗增多，C2 裂解产物 C2a 具有激肽样活性，能使血管扩张，毛细血管通透性增高，从而引起皮肤和黏膜水肿。此外，C1INH 还能抑制凝血、激肽和纤溶系统。C1INH 缺乏时，这些系统失去控制，凝血因子Ⅻ和纤溶系统的激活，可使激肽系统活化，所生成的激肽（特别是缓激肽），能扩张小血管和增高毛细血管及微静脉的通透性而引起水肿。患者身体任何部位都可反复发生皮下水肿，或发生肠管肿胀而出现绞痛、恶心、呕吐或水样腹泻，喉头水肿可导致窒息死亡。

（二）阵发性睡眠性血红蛋白尿症

阵发性睡眠性血红蛋白尿症（paroxysmal nocturnal hemoglobinuria，PNH）的发病机制是编码糖基磷脂酰肌醇（glycosyl phosphatidylinositol，GPI）的 *PIGA* 基因翻译后修饰缺陷引起的 GPI 合成障碍。补体调节蛋白衰变加速因子（DAF）和膜反应性溶解抑制物（MIRL）是抑制补体激活和膜攻击复合物（MAC）形成的膜结合型补体调节蛋白，可借助 GPI 锚定于红细胞表面，抑制补体激活所引起的溶细胞现象。当 GPI 合成障碍时，DAF 和 MIRL 无法锚定于红细胞表面，导致红细胞抵御补体激活所引发的溶细胞作用丧失。患者表现为慢性溶血性贫血、全血细胞减少及静脉血栓形成，晨尿中血红蛋白检测阳性。

第二节 获得性免疫缺陷病

获得性免疫缺陷病又称继发性免疫缺陷病（secondary immunodeficiency disease，SIDD），是指后天由于某些其他疾病或某些理化因素所致的免疫功能受损或障碍。导致获得性免疫缺陷病的因素主要包括，机体严重营养不良、各种重症感染（如病毒、细菌和寄生虫）、恶性肿瘤、手术（如脾切除、胸腺切除等）、射线或药物等。目前抗肿瘤药物和免疫抑制剂的广泛使用，已成为医源性获得性免疫缺陷病的重要原因，是值得重视的问题。本章主要讨论由人类免疫缺陷病毒（HIV）感染所引发的获得性免疫缺陷综合征（acquired immunodeficiency syndrome，AIDS）。

一、获得性免疫缺陷综合征

AIDS又称艾滋病。是由HIV感染破坏 $CD4^+$ T细胞和单核巨噬细胞所引发的严重细胞免疫缺陷，形成以机会感染、恶性肿瘤及神经系统病变为主要特征的临床综合征。

（一）概述

HIV属逆转录病毒科慢病毒属，分为HIV-1和HIV-2两种类型，HIV感染宿主范围和细胞范围较窄，仅感染表面有CD4分子的细胞。世界范围内流行的AIDS约95%是由HIV-1引起。

1. HIV的生物学特性

成熟的HIV颗粒大致呈球形，直径为110～130 nm。最外层由双层类脂分子构成，其上嵌有病毒蛋白刺突，称为包膜糖蛋白（envelope glycoprotein，Env），包括gp120和gp41，两者在HIV吸附至易感细胞及进入时起关键作用。包膜内部是一层称为p17的基质蛋白，它环绕着核心部分。核心为一中空截头圆锥形，由p24构成，内部含有HIV的遗传物质——两条相同的单股RNA。RNA附着在反转录酶分子上，同RNA并存的还有整合酶、蛋白酶和核糖核酸酶（图23-1）。

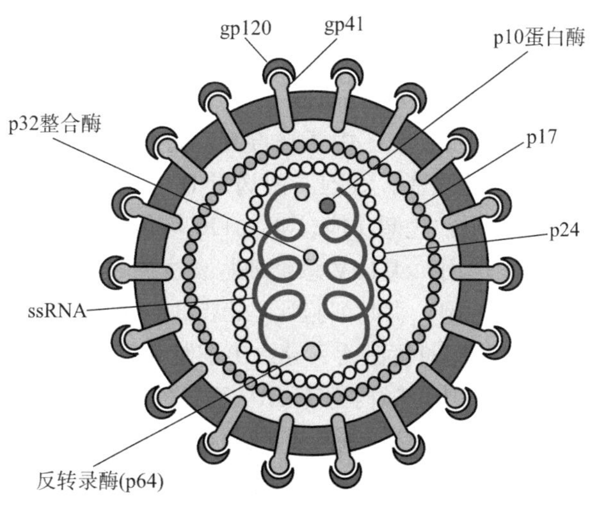

图23-1 HIV结构示意图

2. HIV 传播途径

AIDS 作为一种传染性疾病，传染源是 AIDS 患者及 HIV 无症状感染者。感染者的外周血、组织液、精液、阴道分泌物、乳汁、脑脊液、骨髓、中枢神经系统等处均可分离到病毒。传播途径主要包括性接触传播、血液传播和母－婴垂直传播。

3. HIV 感染的临床分期

①急性感染期：患者最初出现伴有发热的流感症状，可有肌肉疼痛、咽喉痛和皮疹，血中可查出大量 HIV，具有传染性。②临床潜伏期：此期可持续数年，由于 HIV 在感染者体内不断复制，免疫系统受损，$CD4^+$ T 淋巴细胞计数逐渐下降，而 $CD8^+$ T 细胞数目相对不变，$CD4^+$ T 细胞与 $CD8^+$ T 细胞的比值下降，直至倒置（<1）。机体内 $CD4^+$ T 细胞、巨噬细胞和树突状细胞成为 HIV 大量复制的靶细胞，导致淋巴结结构逐渐受损，最终引起细胞免疫和体液免疫缺陷，患者可出现淋巴肿大等症状或体征。③ AIDS 相关综合征期：潜伏期之后有些患者可发展为 AIDS 相关症候群（AIDS-related complex，ARC）阶段，以发热、体重减轻、腹泻为特征。淋巴瘤的发生也较普遍，且出现免疫学异常，如 $CD4^+$ T 细胞数量下降等。④ AIDS 发病期：此期是 HIV 感染的终末阶段，患者血液中 $CD4^+$T 细胞绝对数降到 200 个 /mm^3 以下，病毒载量急剧上升，患者临床特征主要表现为合并各种机会感染、恶性肿瘤及神经系统异常。

（二）HIV 免疫致病机制

1. HIV 感染免疫细胞机制

HIV 入侵靶细胞机制：HIV 主要感染表达 CD4 分子的细胞，包括 $CD4^+$ T 细胞、单核巨噬细胞、DC 和神经胶质细胞等，其中 $CD4^+$ T 细胞是 HIV 感染的主要靶细胞。CD4 分子是 HIV 糖蛋白的特异性受体，HIV 的包膜糖蛋白即 gp120 与 CD4 分子结合是感染的第一步，HIV 通过 gp120 与 CD4 分子结合形成 gp120-CD4 复合物。趋化因子受体 CXCR4 与 CCR5 是 HIV 感染靶细胞的辅助受体。gp120-CD4 复合物结合表达在靶细胞表面上的 CXCR4（T 细胞）或 CCR5（巨噬细胞或 DC）形成 gp120-CD4-CXCR4（或 CCR5）复合物，导致 gp120 构象改变，暴露出被其掩盖的 gp41 蛋白。gp41 的 N 端疏水序列直接插入靶细胞膜，使 HIV 包膜与靶细胞膜拉近，通过疏水作用介导 HIV 包膜与靶细胞膜融合，使病毒核心进入靶细胞内（图 23-2）。

2. HIV 所致 $CD4^+$ 宿主细胞的免疫损伤机制

（1）HIV 复制对感染细胞的损伤：①由于病毒复制过程中病毒包膜蛋白嵌入胞膜，或病毒芽生释放等，引起胞膜通透性改变；②胞质内病毒 DNA 对细胞的毒性作用和高水平的病毒 mRNA 转录，干扰了细胞的正常代谢功能；③ gp120 等包膜基因产物在胞质内同新合成的 CD4 分子结合引起细胞的致死作用；④ HIV 感染细胞表达的 gp120 能同非感染的 $CD4^+$ T 细胞结合，并使之融合成为多核巨细胞，引起细胞死亡；⑤ HIV 编码产物具有超抗原样作用，可引起表达 TCR Vβ 链的 $CD4^+$ T 细胞过度激活，导致 T 细胞无反应性或死亡。

（2）HIV 感染导致的靶细胞功能障碍：① HIV 感染使靶细胞产生 IL-2 等细胞因子的能力下降，从而抑制 T 细胞增殖；②患者非感染 T 细胞在受到抗原作用时，由于 IL-2 受体表达和 IL-2 分泌的降低，从而使其对某些病毒的免疫应答功能受损；③ HIV 感染巨噬细胞，诱导其分泌大量 IL-1 和 TNF-α，导致患者长期低热，而引起恶病质；④ HIV 感染单核 / 巨噬细

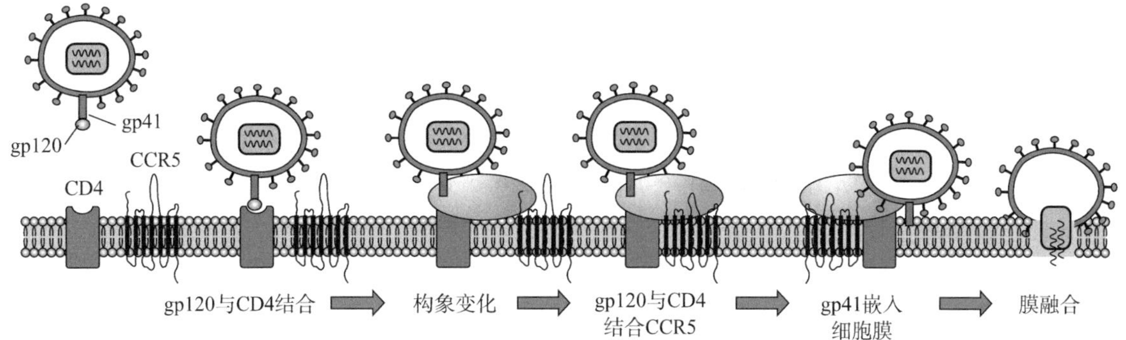

图 23-2　HIV 感染靶细胞的分子机制

HIVgp120 与靶细胞上的 CD4 分子结合，gp120-CD4 结合靶细胞表面的 CCR5（或 CXCR4），gp120 构象发生变化使 gp41 暴露，gp41 插入靶细胞膜使病毒包膜与靶细胞膜融合，病毒核心进入靶细胞内。

胞可损伤其趋化、黏附和杀菌能力，同时抑制其表面 MHCⅡ类分子的表达，从而导致其抗原提呈能力减弱；⑤ HIV 游离的 gp120 与 T 细胞表面的 CD4 分子结合，使之不能同 APC 上的 MHCⅡ类分子相互作用，从而导致 $CD4^+$ T 细胞应答受阻；⑥ DC 是 HIV 感染的重要靶细胞和病毒的庇护所。DC 可通过表面的 CD4 分子和趋化因子受体与 HIV 的 gp120 结合而被 HIV 感染，亦可通过 Fc 受体结合病毒 - 抗体复合物，将病毒长期滞留于细胞表面，可使淋巴结中的 $CD4^+$ T 细胞和巨噬细胞被感染。感染了 HIV 的 DC 可与 $CD4^+$T 细胞结合并传播 HIV。

（3）抗 HIV 抗体的细胞毒效应：患者体内产生的抗 gp120 抗体，可通过 ADCC 或激活补体的方式损伤 HIV 感染的靶细胞。

（4）特异性 CTL 对 HIV 感染细胞的杀伤作用：① HIV 感染后，机体可产生 HIV 抗原特异性 $CD8^+$ CTL，对 HIV 感染细胞产生特异性应答和细胞毒作用，杀伤病毒感染靶细胞。② gp120 与 CD4 分子结合可诱生特异性 $CD4^+$ CTL，后者细胞毒作用受 MHCⅡ类分子限制，并能通过“旁观杀伤效应”杀伤已感染和未感染的 $CD4^+$T 细胞。

（5）HIV 诱导 $CD4^+$T 细胞凋亡：HIV 感染机体后，可诱导 $CD4^+$T 细胞等发生凋亡，其机制主要包括：① HIV 表面 gp120 或可溶性 gp120 可与 T 细胞表面 CD4 分子交联，通过激活钙通道而使胞内 Ca^{2+} 浓度增高，导致细胞凋亡；② gp120 可与未感染 HIV 的 T 细胞表面 CD4 分子结合介导旁邻 $CD4^+$T 细胞凋亡；③ gp120 与 CD4 分子结合后可上调感染细胞对 Fas 分子的表达，进而通过 Fas-FasL 途径诱导靶细胞凋亡；④ HIV 的附加基因 *TAT* 编码的 TAT 蛋白可增强 $CD4^+$T 细胞对 Fas-FasL 效应的敏感性，促进 $CD4^+$T 细胞凋亡。

3. 其他免疫细胞功能损伤机制

（1）B 细胞：HIV 感染者常出现 B 细胞功能异常表现，为多克隆激活引起的血清 Ig 水平增高。其原因可能是 HIV 或其 gp120 本身具有多克隆激活作用，也可能是由于 HIV 感染造成的 T 细胞免疫功能削弱导致 EB 病毒感染失控所致。虽表现为多克隆激活，但对新抗原刺激的应答受到很大障碍。

（2）NK 细胞：HIV 感染后，机体中 NK 细胞分泌 IL-2 和 IL-12 等细胞因子的能力下降，导致其细胞毒活性降低。HIV 患者体内 CD16 弱阳性 CD56 阴性细胞数量增多，使其 ADCC 活性以及 IFN-γ 和 TNF-α 的分泌能力下降。

（三）免疫学诊断

HIV 感染的免疫学诊断主要包括：①抗原检测，HIV 的核心抗原 p24 多见于急性感染期和 AIDS 晚期；②抗 HIV 抗体检测；③ HIV 核酸检测；④ $CD4^+$ 和 $CD8^+$ T 细胞计数，$CD4^+$ T 细胞数量减少和 $CD4^+$ T/$CD8^+$T 细胞比例失调是 HIV 患者免疫系统损伤的重要指标。

（四）预防和治疗

1. 预防

AIDS 是一种全球性疾病，尚无有效预防性疫苗。预防措施主要包括：①广泛开展宣传教育；②切断传播途径，如加强对血液及血制品的检验与管理、禁毒和禁娼；③防止医院交叉感染，接种疫苗是防止 HIV 感染与扩散的关键手段，但尚未得到突破性进展。目前研制中的 HIV 疫苗主要有重组载体疫苗、亚单位疫苗及 DNA 疫苗等。

2. 治疗

一旦确诊 HIV 感染，无论患者 $CD4^+$ T 淋巴细胞水平如何，均建议立即开始治疗。治疗常用药物主要包括：①核苷酸类逆转录酶抑制剂；②非核苷酸类逆转录酶抑制剂；③蛋白酶抑制剂；④整合酶抑制剂；⑤病毒包膜融合抑制剂。临床上应用逆转录酶抑制剂与蛋白酶抑制剂的联合使用（鸡尾酒疗法）具有一定疗效。

二、其他获得性免疫缺陷病

获得性免疫缺陷病病因复杂，免疫损伤的类型与程度不一，临床表现亦各异，大多数表现为体液免疫与细胞免疫联合缺陷。除 HIV 感染外，后天其他因素也可造成免疫功能障碍，引发获得性免疫缺陷病。

（一）疾病伴随免疫抑制引发的免疫缺陷病

1. 感染引发的免疫缺陷

许多病原体（如病毒、细菌及真菌等）感染可导致机体免疫功能低下、病情迁延并易合并其他病原体感染。例如先天性风疹综合征常伴有 T 细胞、B 细胞缺陷。麻疹病毒感染可致 IL-2 产生减少，进而引发细胞免疫功能低下。

2. 肿瘤和营养不良引发的免疫缺陷

免疫系统恶性肿瘤（如骨髓瘤、慢性淋巴细胞白血病及霍奇金病等）可直接引起淋巴细胞增殖及功能紊乱。其他恶性肿瘤的生长所致营养物质消耗、食欲下降所致营养摄取不全及抗肿瘤治疗带来的副作用，均可引发不同程度的细胞免疫和体液免疫功能障碍。此外，若免疫器官发育营养不足，可明显影响免疫系统的功能。不同的营养成分缺乏所引发的免疫系统损伤不同，如维生素 A、B_6 及叶酸缺乏可显著抑制 T 细胞、B 细胞功能；维生素 B_{12}、B_6 及铁和铜缺乏抑制巨噬细胞和中性粒细胞功能。

（二）医源性免疫缺陷病

1. 药物引发的免疫缺陷

大剂量或长期使用化学药物和细胞毒性药物（如肾上腺皮质激素、抗代谢药物、部分抗生素及抗淋巴细胞球蛋白等）可明显抑制免疫功能甚至出现免疫缺陷。

2. 射线辐照引发的免疫缺陷

大多数淋巴细胞对射线照射敏感，X 线照射可使淋巴组织萎缩、外周淋巴细胞数减少，以及明显抑制 T 细胞功能等，患者免疫功能低下可持续数年之久。

第三节　免疫缺陷病的免疫学检查与治疗原则

免疫缺陷病的主要临床指征是反复、重症或迁延性感染，多表现为肺炎、脑膜炎或败血症，亦常出现中耳炎、鼻窦炎、脓皮症等。一些致病力弱或平时少见的条件致病菌，甚至减毒活疫苗都可以引起严重的感染。感染的病原微生物因免疫缺陷的性质而异，B 细胞缺陷病常见感染的病原体为化脓性细菌，如葡萄球菌、链球菌、肺炎链球菌等；T 细胞缺陷病常见感染的病原体主要为胞内寄生物，如病毒（疱疹病毒、水痘病毒、巨细胞病毒等）、细菌（结核分枝杆菌、麻风分枝杆菌等）、真菌（假丝酵母菌、隐球菌等）、原虫（弓浆虫、肺囊虫）等。联合免疫缺陷病发生时上述病原体感染均可引起。某些原发性免疫缺陷病可伴有特殊的临床表现，如共济失调、毛细血管扩张、血小板减少、抽搐搦、湿疹、内分泌异常及发育障碍等，可供诊断时参考。

一、免疫缺陷病的免疫学检查原则

免疫缺陷病的确切诊断，除基因诊断以外，有赖于适宜的免疫学检查。根据临床表现疑为免疫缺陷病时，可按筛选目的选择一般临床实验室可能进行的血液检查，如血清免疫球蛋白、血清补体效价、同种凝集素效价、结核菌素反应、PHA 皮内反应、硝基四唑氮蓝（NBT）还原实验等检查。有时尚须做淋巴结和骨髓活检以了解各类免疫细胞的分布、分化成熟情况等。有条件者，应进行染色体 DNA 测序，以发现基因突变或缺失片段。

二、免疫缺陷病的治疗原则

免疫缺陷病的治疗原则包括：及时控制尽可能减少感染；过继免疫细胞重建免疫系统；针对缺失成分补充免疫分子、导入免疫基因。

1. 抗感染治疗

感染是引发免疫缺陷病患者死亡的主要原因，对于反复发作的细菌感染可用抗生素治疗，并应用抗真菌、抗原虫、抗支原体和抗病毒药物治疗，以控制感染，缓解病情。

2. 基因治疗

基因导入疗法对于遗传性免疫缺陷个体的治疗是比较理想的方法。对于基因定位明确，确实携带缺陷基因的个体，可将目的基因植入免疫缺陷患者体内，达到治疗目的。如用逆转录病毒载体将腺苷酸脱氨酶（ADA）基因导入患者淋巴细胞或 $CD34^+$ 骨髓细胞后，再进行回输，使其在患者体内成功表达 ADA，对由于 *ADA* 基因缺陷导致的 SCID 具有较好的疗效。同样基因治疗在 CGD、WAS 等疾病的治疗中也取得了一定的疗效。

3. 免疫重建疗法

根据免疫缺陷的类型和发生机制不同，有针对性地进行骨髓、胸腺或造血干细胞移植可替换受损免疫器官实现免疫重建，对于某些原发性免疫缺陷病将达到长期甚至永久性治疗效果。

4. 免疫制剂疗法

（1）Ig 输入：对于 X 连锁无丙种球蛋白血症患儿治疗主要采用输入正常人丙种球蛋白。

（2）细胞因子疗法：对于 CGD 患者可采用 IFN-γ 与 TNF-α 进行治疗。对 AIDS 患者可输入 IL-2 和 IFN-γ 等，促进 Th2 细胞向 Th1 细胞转化。

（3）应用基因工程单克隆抗体预防特异病原体感染。

（栾希英）

数字课程学习

教学 PPT　　自测题　　微课　　拓展阅读

第二十四章　免疫预防

免疫系统的基本生理功能是抵御微生物的攻击，在与微生物长期的战斗中，人类逐渐认识到免疫系统的这一生理功能是可以被人为调节的，采用人工免疫方法使机体获得特异性抵抗力，从而达到预防疾病的策略称为免疫预防（immunoprophylaxis）。免疫预防可以通过主动免疫（active immunization）和被动免疫（passive immunization）的方法实现。在主动免疫的过程中，人体接受的是抗原性物质。在被动免疫的过程中，人体接受的是已经形成的抗体等免疫物质。

主动免疫又分为自然主动免疫（natural active immunization）和人工主动免疫（artificial active immunization）。机体感染病原体后建立的特异性免疫属于自然主动免疫；采用人工的方法，接种微生物来源的抗原性物质也可使人体产生对微生物的免疫力，此方法为人工主动免疫。被动免疫分为自然被动免疫（natural passive immunization）和人工被动免疫（artificial passive immunization）。胎儿或新生儿经胎盘或乳汁从母体获得了特异性抗体属自然被动免疫；应用特异性抗体使人获得对某种病原体免疫力的方法属人工被动免疫。人工主动免疫与人工被动免疫的区别见表 24–1。

表 24–1　人工主动免疫与人工被动免疫的比较

比较项目	人工主动免疫	人工被动免疫
免疫物质	抗原	抗体、细胞因子
免疫力产生时间	较慢，1 ~ 4 周	快，立即
免疫力维持时间	较长，数月至数年	短，2 ~ 3 周
主要用途	主要用于预防	用于治疗和紧急预防

第一节　人工主动免疫

人工主动免疫是采用人工的方法，用微生物来源的抗原性物质免疫机体，使之产生特异性免疫应答，从而对相应病原体感染产生抗御作用的措施和方法，而这种抗原物质就被称作疫苗（vaccine）。

一、疫苗

应用疫苗进行疾病的预防被称为预防接种（vaccination）。人类采用疫苗进行预防接种，有效地控制了某些传染性疾病的发生。19 世纪末，巴斯德分离并鉴定出了导致狂犬病、鸡霍乱、炭疽病等疾病的病原体，并发明了炭疽热、霍乱和狂犬病毒的减毒活疫苗。1980 年，世界卫生组织宣布，通过接种牛痘病毒疫苗，天花这种曾夺去千百万人生命的烈性传染病已在全世界消失。此外，由于预防接种，白喉、百日咳、麻疹、风疹和腮腺炎的发病率显著下降。

目前尚无有效的预防人类免疫缺陷病毒（HIV）感染的疫苗。此外，人类不断面对新出现的致病微生物，如 SARS 冠状病毒、禽流感病毒、西尼罗河病毒、埃博拉病毒和 2019 新型冠状病毒（SARS-CoV-2）等。研制这些微生物疫苗的工作正在进行中，其中 SARS-CoV-2 疫苗已经应用。另一方面，在免疫系统的压力下，一些致病微生物也在不断发生变异，这可能使已有的疫苗失去预防的效力。从这个意义上讲，新疫苗的研制将是人类永远要进行的课题。

（一）疫苗的种类和特点

1. 全微生物疫苗

将完整的细菌或病毒颗粒进行处理使其失去致病性而保持免疫原性就可能制备出全微生物疫苗。全微生物疫苗（whole organism vaccine）可被分为减毒（attenuated）全微生物疫苗和灭活（inactivated）全微生物疫苗。

（1）减毒全微生物疫苗：又称减毒活疫苗（live-attenuated vaccine），将细菌在特殊的培养基中反复传代，可能筛选到因基因突变失去毒力并保留免疫原性的细菌，这种细菌就可成为减毒的全细菌疫苗。卡介苗（bacillus calmette-guérin，BCG）是将牛分枝杆菌在含增量胆汁培养基中传代培养 13 年后获得的减毒全细菌疫苗。卡介苗是在出生后立即应用的一种疫苗，可以有效地预防结核分枝杆菌的感染。将病毒在特殊的培养基中反复传代，可能筛选到因基因突变失去毒力、保留免疫原性的病毒，这种病毒可成为减毒的全病毒疫苗。减毒脊髓灰质炎病毒疫苗（Salbin vaccine）是将脊髓灰质炎病毒在猴肾上皮细胞中反复传代获得的减毒全病毒疫苗。

随着科学的进步，用重组 DNA 技术可以将某一细菌或病毒的毒力基因突变失活，使之成为减毒的全微生物疫苗。常用的减毒全病毒疫苗有脊髓灰质炎病毒疫苗、麻疹病毒疫苗、腮腺炎病毒疫苗、轮状病毒疫苗、水痘病毒疫苗和黄热病病毒疫苗等。减毒全微生物疫苗有许多优点：如其在人体内有一定的生长繁殖能力，形成隐性感染；可在自然感染的部位产生免疫反应；可有效诱导免疫记忆，免疫效果持久；为多价疫苗，免疫效果好；可同时刺激体液免疫和细胞免疫；仅需免疫 1 次；可有效经天然途径刺激 SIgA 的产生等。

减毒全微生物疫苗也可能引起相应的疾病，如接种减毒脊髓灰质炎病毒疫苗的人有 1/240 万的机会发生脊髓灰质炎；严重免疫缺陷的患者在接种减毒全微生物疫苗后可发生相应的传染性疾病，如给艾滋病患者接种卡介苗可引发结核。

（2）灭活全微生物疫苗：又称灭活疫苗（inactivated vaccine）或死疫苗。采用加热或化学的方法处理细菌或病毒可制备灭活全微生物疫苗。因为会引起蛋白质的广泛变性，使微生物的表位发生明显的变化，现已很少采用加热的方法制备灭活全微生物疫苗。福尔马林或多种烷化剂是制备灭活全微生物疫苗的常用试剂。Salk 脊髓灰质炎病毒疫苗就是采用福尔马林处理制备而成的。

常用的灭活全细菌疫苗有炭疽杆菌疫苗、霍乱弧菌疫苗、百日咳杆菌疫苗和鼠疫杆菌疫苗。另外，甲型肝炎病毒疫苗、流感病毒疫苗、狂犬病病毒疫苗、轮状病毒疫苗、风疹病毒疫苗、乙型脑炎病毒和 Salk 脊髓灰质炎病毒疫苗、口蹄疫病毒疫苗也已应用。

灭活微生物疫苗存在如下缺点：①需进行多次强化免疫。②通常只激发体液免疫应答，不能有效地刺激细胞免疫应答。灭活疫苗在受者的细胞质内不能产生内源性的蛋白，因此，不能有效通过 MHC Ⅰ类途径诱生特异性细胞毒性 T 淋巴细胞（CTL）。③不能有效刺激 SIgA 的产生。④注射灭活疫苗可能引起较重的局部和全身反应。⑤灭活不充分的疫苗存在传播疾病的危险。

2. 纯化的大分子疫苗

将致病微生物（病原体）来源的抗原特异性的大分子纯化可制备出大分子疫苗（macromole cule vaccine），此类疫苗有多糖、类毒素、重组蛋白和合成肽疫苗。

（1）多糖疫苗：采用从细菌纯化的多糖可制备多糖疫苗（polysaccharide vaccine），如肺炎链球菌（streptococcus pneumoniae）多糖疫苗。多糖疫苗是胸腺非依赖抗原，不能激活 Th 细胞，仅刺激 IgM 的产生，不能诱导抗体的亲和力成熟和类别转换，几乎不能诱导免疫记忆。为了克服上述缺点，可以将细菌多糖和蛋白质载体偶联，制成多糖蛋白质偶联疫苗。B 型流感杆菌多糖和破伤风类毒素偶联制成的疫苗可以激活 Th 细胞，刺激 IgG 抗体的产生，诱导多糖特异性的记忆性 B 淋巴细胞形成。

（2）类毒素疫苗：有些细菌如白喉杆菌和破伤风杆菌产生外毒素（exotoxin）。细菌外毒素经 3%～4% 甲醛处理后可成为失去毒性但保留免疫原性的类毒素（toxoid）疫苗。用类毒素疫苗免疫人体刺激产生的抗体能中和细菌的外毒素，破伤风类毒素和白喉类毒素是两种常用的类毒素疫苗。类毒素可以与灭活疫苗混合制成联合疫苗，如白喉－百日咳－破伤风三联疫苗。

（3）重组抗原疫苗（recombinant antigen vaccine）：是利用 DNA 重组技术制备的只含保护性抗原的纯化疫苗。对编码有效免疫原的基因片段进行克隆，将其插入适当的原核或真核表达载体并在宿主端或真核细胞内大量表达而获得。该类疫苗的主要优点是：安全，不会在体内增殖，亦不含病原体相关的致病因子（如病毒核酸）。已获准使用的此类疫苗有重组乙肝表面抗原疫苗、HPV 疫苗等。

（4）合成肽疫苗（synthetic peptide vaccine）：又称抗原肽疫苗，是根据微生物具有免疫原性的蛋白序列设计人工合成的多肽。合成肽疫苗的相对分子质量小，免疫原性弱，加支架构成的重组蛋白有良好免疫原性，例如 SARS-CoV-2 的 RBD 疫苗。理想的合成肽疫苗应含 B 细胞表位和 T 细胞表位，能诱导特异性体液免疫和细胞免疫。

3. 重组载体疫苗

重组载体疫苗（recombinant vector vaccine），是将编码某一蛋白抗原的基因转入减毒的病毒或细菌而制成的疫苗。重组载体疫苗接种后，随疫苗株在体内的增殖，大量所需的抗原得以表达。载体无毒或减毒，因此安全可靠，可以构建出针对多个免疫原的多价疫苗；痘苗病毒（vaccinia virus）是常用的载体，已被用于甲型肝炎病毒、乙型肝炎病毒、麻疹病毒、单纯疱疹病毒等重组载体疫苗的研制。另外，金丝雀痘病毒（canarypox virus）、减毒的脊髓灰质炎病毒、减毒伤寒杆菌、卡介苗也可作为重组载体疫苗的载体。有些重组载体疫苗，如采用减毒伤寒杆菌为载体的霍乱和痢疾口服疫苗可经天然的病原体感染途径接种，并能诱导分泌型IgA产生，表现出明显的优点。

4. DNA疫苗

DNA疫苗是用编码病原体有效免疫原的基因与细菌质粒构建的重组体，直接免疫机体，重组质粒转染宿主细胞，使其表达保护性抗原，从而诱导机体产生特异性免疫的疫苗。DNA疫苗在体内可被肌肉细胞和树突状细胞摄取，以染色体外DNA的形式在细胞内停留较长的时间，并表达出相应的蛋白质，后者刺激机体的免疫系统发生免疫应答。由于肌肉细胞表达低水平的MHC Ⅰ类分子，不表达共刺激分子，因此树突状细胞可能是发动对DNA疫苗免疫应答的关键启动细胞。DNA疫苗有许多优点：①在细胞内表达出的蛋白质具有天然的结构；②可同时刺激体液和细胞免疫应答；③可在体内较长时间表达，诱导显著的免疫记忆；④制备方法相对简单；⑤稳定，无需冷藏运输。在动物实验中，DNA疫苗对多种病原体如流感病毒都有保护性作用。疟疾、艾滋病、流感病毒、单纯疱疹病毒的DNA疫苗的人体观察试验正在进行。

5. RNA疫苗

RNA疫苗是一类新型的疫苗，由编码病原体特异性蛋白（抗原）的mRNA序列组成。mRNA疫苗是将mRNA递送至宿主细胞内，借助细胞内的蛋白表达系统来产生抗原蛋白，进而增强机体的免疫能力。与传统疫苗不同的是，近年来兴起的RNA疫苗具有与活病毒类似的免疫应答机制，简单快速的化学合成制备方法，良好的热稳定性，无整合和干扰基因组转录的风险等优势。

6. 转基因植物口服疫苗

转基因植物口服疫苗（oral transgenic plant vaccine）是将编码免疫原的基因导入可食用植物细胞的基因组中，使植物可食用部分能稳定表达相应的免疫原，机体食入该种植物即相当于进行了免疫接种。由于转基因植物保留了天然的免疫原形式，通过模拟自然感染而进行接种，故能有效激发机体的体液免疫和黏膜免疫，常用的植物有胡萝卜、番茄、马铃薯、黄瓜等。此类疫苗优点是可口服、易被儿童接受、价廉，主要不足是免疫原产量低、有效诱导免疫应答能力弱、产业化推广受到局限。

应用疫苗的主要目的是预防传染性疾病的发生，如应用乙型肝炎病毒表面抗原疫苗的目的是预防乙型肝炎病毒的感染。随着科学的发展，已开始研制预防某些非传染性疾病的疫苗，如抗肿瘤疫苗，这种疫苗采用肿瘤抗原制成，在给人体应用以后可能对肿瘤的发生有预防作用。采用人乳头瘤病毒抗原制备的疫苗对人宫颈癌有明确的预防作用。除了具有预防作用的疫苗外，人们也开始研究对病原体感染（如乙型肝炎病毒感染或丙型肝炎病毒感染）或肿瘤有治疗作用的疫苗。从这种意义上说，疫苗可被分为预防性疫苗和治疗性疫苗两种。

（二）疫苗制备的基本要求

研制各类疫苗是人类要不断面对的课题。理想的疫苗应满足以下基本条件。

1. 安全

疫苗常规用于健康人群，特别是儿童的免疫接种，直接关系到人类的健康和生命安全，因此其设计和制备均应保证安全性。灭活疫苗应灭活彻底，并避免无关蛋白和内毒素的污染；活疫苗菌种要求遗传性稳定，无回复突变，无致癌性；各种疫苗应减少接种后的副作用。

2. 有效

疫苗应具有很强的免疫原性，接种后能够诱导长期可持续性的保护性免疫。

3. 实用

作为疫苗还必须考虑实用性，不但易于保存、运输和接种，还应当价格低廉，否则难以达到人群接种的高覆盖率。在保证免疫效果的前提下，尽量简化接种程序，提高疫苗的可接受性，如口服疫苗、多价疫苗和联合疫苗。

疫苗接种的实践表明，没有一种疫苗对所有人都能刺激保护性的免疫反应，对同一种疫苗的反应也会因人而异。这种现象的成因和个体的遗传背景密切相关，如不同的 MHC 分子结合、提呈某一致病微生物抗原表位的能力是不同的，基于这种认识，理想的疫苗应是 MHC 特异性的个性化疫苗，在疫苗接种前应做 MHC 的分型。

对于细胞外微生物和细菌外毒素，抗体是最有效的防御分子，预防这类微生物感染的疫苗应能有效刺激体液免疫应答。对于经黏膜侵入的微生物，黏膜免疫是重要的防线，预防此类微生物感染的疫苗应具有可经黏膜接种并能诱生分泌型 IgA 的性质。对于细胞内的微生物，特异性的 CTL 是基本的防御细胞。若要诱导能杀伤病毒感染细胞的 CTL，应研制能经 MHC Ⅰ类途径加工提呈、含 CTL 表位的疫苗。有效的预防病毒感染的疫苗应能同时启动体液和细胞免疫应答，因为在病毒进入机体后到进入细胞前，特异性的中和抗体能阻断病毒对宿主细胞的吸附和穿入，一旦病毒进入细胞，细胞毒性 T 淋巴细胞的作用就至关重要了。

二、计划免疫

为了控制和最终消灭危害人类健康的传染病，按照一定的程序有计划地在人群中接种预防传染病的疫苗，被称为计划免疫（planed immunization）。计划免疫的范围和效果是衡量一个国家公共卫生健康水准的重要指标。有效地预防接种可不断减少人群中的微生物携带者，产生群体免疫（herd immunity）。对某一微生物的群体免疫会减少个体在这群体中感染该微生物的机会。群体免疫一般涉及的是一个地区或一个国家。计划免疫工作做得越好，一个国家或地区的群体免疫就越强。但是群体免疫强会淡化人们接种疫苗的意识，这对个体和社会又是危险的。

计划免疫程序包括儿童的免疫程序、成人免疫程序、特殊职业和特殊地区人群的免疫程序。目前我国实施的儿童计划免疫程序见表 24-2。

表 24-2　中国儿童计划免疫程序（2016 版）

疫苗名称	接种时间	接种途径	接种次数	预防传染病	备注
卡介苗	出生时	皮内注射	1	结核病	
乙肝疫苗	0、1、6 月龄	肌内注射	3	乙型病毒性肝炎	出生后 24 h 内接种第一次，前两次间隔至少 28 天

续表

疫苗名称	接种时间	接种途径	接种次数	预防传染病	备注
脊髓灰质炎疫苗	2、3、4 月龄，4 周岁	口服	4	脊髓灰质炎	前 3 次接种间隔至少 28 天
百白破疫苗	3、4、5 月龄，18 ~ 24 月龄	肌内注射	4	百日咳、白喉、破伤风	前 3 次接种间隔至少 28 天
白破疫苗	6 周岁	肌内注射	1	白喉、破伤风	
麻风疫苗	8 月龄	皮下注射	1	麻疹、风疹	
麻腮风疫苗	18 ~ 24 月龄	皮下注射	1	流行性腮腺炎、麻疹、风疹	
乙脑疫苗	8 月龄、2 周岁	皮下注射	2	流行性乙型脑炎	
A 群流脑疫苗	6 ~ 18 月龄	皮下注射	2	流行性脑脊髓膜炎	2 次接种间隔 3 个月
A+C 群流脑疫苗	3 周岁、6 周岁	皮下注射	2	流行性脑脊髓膜炎	2 次接种间隔至少 3 年，A 群流脑疫苗第一次接种与第二剂次间隔至少 12 个月
甲肝疫苗	18 月龄	皮下注射	1	甲型肝炎	

第二节　人工被动免疫

人工被动免疫是指给机体注射抗体、细胞因子或致敏的免疫细胞，使之立即产生免疫效应，对某些疾病进行治疗或紧急预防的措施。在疫苗和抗生素问世之前，人工被动免疫是一种最主要的抵抗感染性疾病的方法。人工被动免疫对于不能形成抗体的个体提供有效的保护，同时，由于人工主动免疫通常需要 7 ~ 10 天的抗体产生期，在这一阶段应用人工被动免疫也能产生有效的防护。

一、人工被动免疫制剂的种类

1. 抗毒素

抗毒素（antitoxin）是细菌外毒素的特异性抗体，通常用类毒素免疫动物制备抗毒素。含抗毒素的动物血清具有中和外毒素的作用，在临床上有很大的用途。如含破伤风抗毒素的马血清可预防因接触破伤风杆菌而发生的破伤风；含肉毒杆菌抗毒素的马血清可消解肉毒毒素的神经毒作用；含白喉杆菌抗毒素的马血清可抑制白喉的发生；含蛇毒抗毒素的马血清是被毒蛇咬伤患者的挽救生命的制剂。需要注意的是含抗毒素的动物血清对人是异种蛋白，具有很强的免疫原性，反复使用可能会引起超敏反应，故使用前应做试敏。

2. 人免疫球蛋白

人免疫球蛋白是从大量混合血浆或胎盘血中分离的含各种免疫球蛋白的混合物，其中有多种致病微生物的抗体。肌内注射人免疫球蛋白制剂对甲型肝炎、丙型肝炎、麻疹、狂犬病毒、脊髓灰质炎和腮腺炎等病毒感染有应急预防的作用。静脉注射用免疫球蛋白须经特殊工艺制备，主要用于原发性和继发性免疫缺陷病的治疗。

3. 单克隆抗体

随着生物技术的进步，针对微生物抗原的人源化单克隆抗体也已成为用于人工被动免疫的生物制品，如呼吸道合疱病毒的人源化单克隆抗体已被用于呼吸道感染的预防和治疗。

4. 细胞因子制剂

细胞因子制剂是近年来研制的新型免疫治疗剂，主要有 IFN-γ、IFN-α、G-CSF、GM-CSF 和 IL-2 等，有望成为治疗肿瘤、艾滋病等的有效手段。

二、人工被动免疫的主要应用

1. 纠正抗体产生的缺陷

给先天性或获得性 B 细胞功能缺陷的患者应用以预防微生物的感染。

2. 紧急预防作用

预防因接触致病微生物而发生的感染。如破伤风抗毒素对破伤风的预防。

3. 减轻病原体引起的症状

在 2003 年，医务工作者采用含 SARS 病毒抗体的康复患者血清救治 SARS 患者取得了较好效果。

4. 预防 Rh 同种免疫病

当 Rh 阴性妇女怀有 Rh 阳性的胎儿时，在 Rh 阳性红细胞进入血液循环时容易产生抗 Rh 的抗体，抗 Rh 抗体的产生会导致骨髓成红血细胞增多症的发生，并严重影响 Rh 阳性胎儿的健康。通过给 Rh 阴性妇女在经产道分娩、流产后 72 h 内进行 Rh 免疫球蛋白的注射可以预防 Rh 同种免疫病的发生。

5. 剧毒动物咬伤的血清学疗法

被黑寡妇蜘蛛、银环蛇、响尾蛇等剧毒动物咬伤后可以通过应用抗蛇毒血清来缓解其症状。但由于抗蛇毒血清通常都是马来源的，血清过敏或血清病发生的概率很高，需要做好预防工作。

（官 杰）

数字课程学习

教学 PPT　自测题　微课　拓展阅读

第二十五章　免疫学检测技术

随着现代免疫学的飞速发展，免疫学技术也取得了空前的成就，渗透到医学及生命科学的各个领域，推动了相关学科的发展。本章着重介绍常用的免疫学检测技术的原理和应用。

第一节　抗原－抗体反应检测技术

抗原与相应的抗体在体外相遇时可发生特异性结合，呈现某种反应现象。抗原－抗体反应具有以下特点：①抗原与相应抗体的结合是特异性的；②抗原与相应抗体的结合是非共价键可逆性结合；③抗原与相应抗体分子的比例要适当。影响抗原－抗体反应的主要因素有反应体系的温度、酸碱度和电解质浓度等。根据抗原的物理性状及参与反应的物质不同可以分为凝集反应、沉淀反应及补体参与的反应等。

一、凝集反应

凝集反应（agglutination）是指颗粒性抗原与相应抗体相互作用出现凝集的现象。在溶液中颗粒性抗原都带有相同的电荷，抗原间相互排斥而呈均匀的分散状态。抗原与抗体相遇后，特异性结合形成抗原－抗体复合物，降低了抗原分子间的静电排斥力，抗原表面的亲水基团减少，由亲水状态变为疏水状态；在电解质参与下，由于离子的作用，中和了抗原－抗体复合物外面的大部分电荷，使之失去了彼此间的静电排斥力，分子间相互吸引，凝集成大的絮片或颗粒，出现了肉眼可见的凝集反应。凝集反应的发生分两个阶段：① 抗原抗体的特异结合；② 出现可见的颗粒凝集。凝集反应灵敏度高，方法简便，广泛应用于临床疾病的诊断。

1. 直接凝集

颗粒性抗原（细菌、螺旋体、红细胞等）与相应的抗体血清混合后，在电解质参与下，经过一定时间，抗原抗体凝聚成肉眼可见的凝集块（图 25-1）。血清中的抗体称为凝集素（agglutinin），抗原称为凝集原（agglutinogen）。直接凝集（direct agglutination）反应又分玻片凝集试验和试管凝集试验。

（1）玻片凝集试验：在玻片上，颗粒性抗原（细胞、细菌等）与相应抗体在有适量电解质存在时，直接结合形成肉眼可见的凝集块。该方法简便、快速，为定性试验，常用于鉴定抗原。

根据人红细胞表面 A、B、O 血型抗原和人血清中抗 A、B 抗体，可将人血型分为 A 型、

B 型、O 型和 AB 型。检测红细胞表面 A、B、O 血型抗原，标本为红细胞，称为正定型。检测人血清中抗 A、B 抗体，标本为血清，称为反定型。

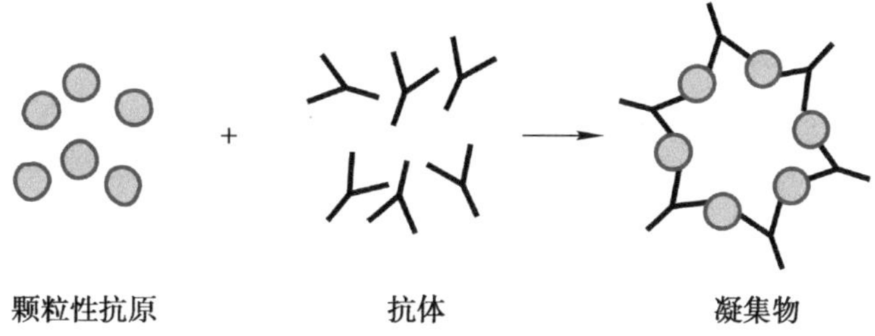

图 25-1　直接凝集反应示意图

（2）试管凝集试验：在试管中，颗粒性抗原与相应抗体在有适量电解质存在时，直接结合形成肉眼可见的凝集块。可对抗体进行半定量分析，以产生 ++ 凝集的最高血清稀释度为血清中凝集抗体的效价。

1）用已知的病原菌为抗原，与患者血清作定量细菌凝集试验，辅助诊断某些疾病。如诊断伤寒、副伤寒病的肥达反应（Widal reaction），诊断斑疹伤寒的外－斐反应（Weil-Felix reaction）。

2）用红细胞凝集试验测定人体内血型抗体的效价。

2. 间接凝集

将小分子可溶性抗原吸附到一种与免疫无关的颗粒性载体（红细胞、聚苯乙烯乳胶、药用炭等）表面，再与相应抗体结合，出现肉眼可见的特异性凝集现象（图 25-2），称间接凝集反应（indirect agglutination）。因载体的不同，又分别称为间接血凝、间接乳凝、间接炭凝等。

间接凝集反应具有快速、简便、微量等特点，敏感性比直接凝集反应高 2～8 倍，可用于微量抗原或抗体的检测。

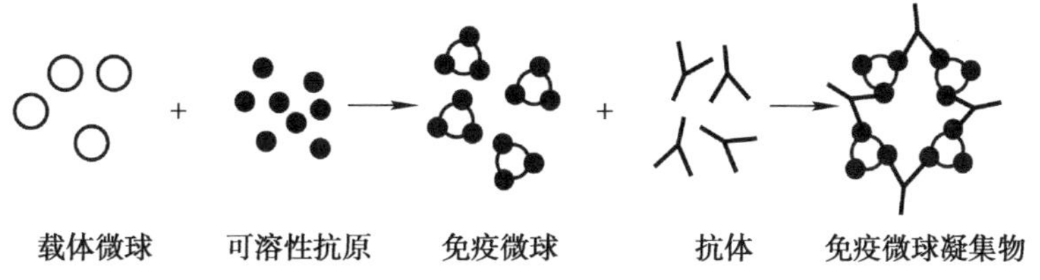

图 25-2　间接凝集反应示意图

3. 间接凝集抑制试验（indirect agglutination inhibition test）

可溶性抗原与相应的抗体充分结合后再加入抗原致敏的免疫微球，此时因抗体已被可溶性抗原结合占用，不能再与免疫微球结合产生凝集现象（图 25-3）。若采用红细胞作为载体微球，则此试验称为间接血球凝集抑制试验。可用于检测一些可溶性抗原。

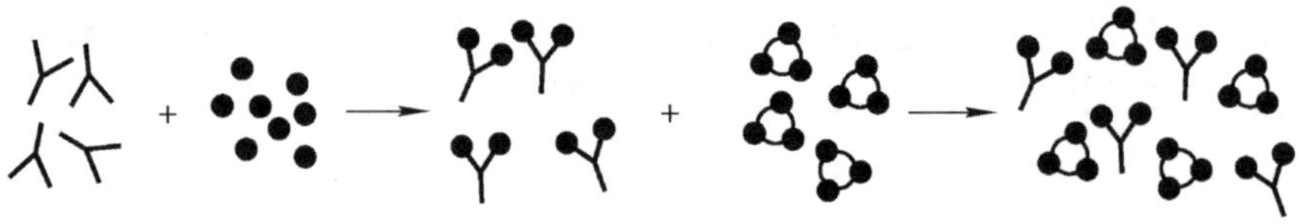

抗体　可溶性抗原　抗原-抗体复合物　免疫微球　免疫微球不凝集

图 25-3　间接凝集抑制试验示意图

4. 协同凝集（coagglutination）

金黄色葡萄球菌 A 蛋白（staphylococcal protein A，SPA）作为无关载体，能通过抗体的 Fc 段结合特异性 IgG 抗体（抗体活性不变），再与待检的抗原反应，如果有对应的抗原存在，就与抗体发生特异性结合，使金黄色葡萄球菌被动地发生凝集（图 25-4）。反之，金黄色葡萄球菌不发生凝集。

该法简便、快速，特异性、灵敏性高。常用于病原微生物、淋巴细胞亚群、免疫复合物中抗原的鉴定。

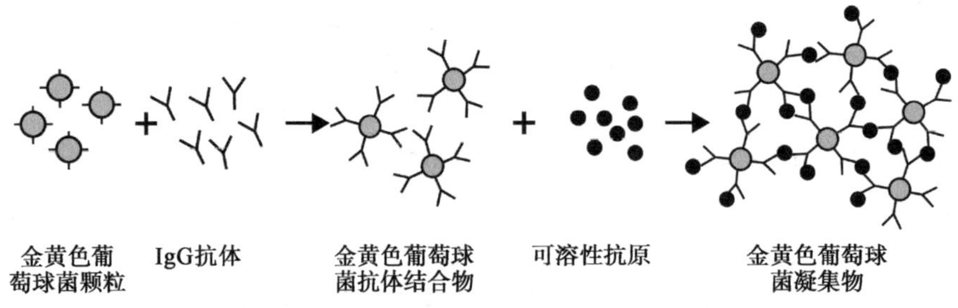

图 25-4　协同凝集原理与过程示意图

5. 抗球蛋白试验

抗球蛋白试验（antiglobulin test，又称 Coombs test）常用于检测 Rh^+ 红细胞（表达 D 抗原）与抗 Rh 抗体（IgG）。

（1）直接抗球蛋白试验（direct Coombs test）：该法是直接把抗人球蛋白抗体加入患者红细胞悬液中，若红细胞已结合有 IgG 抗体（不完全抗体），红细胞便发生凝集（图 25-5）。

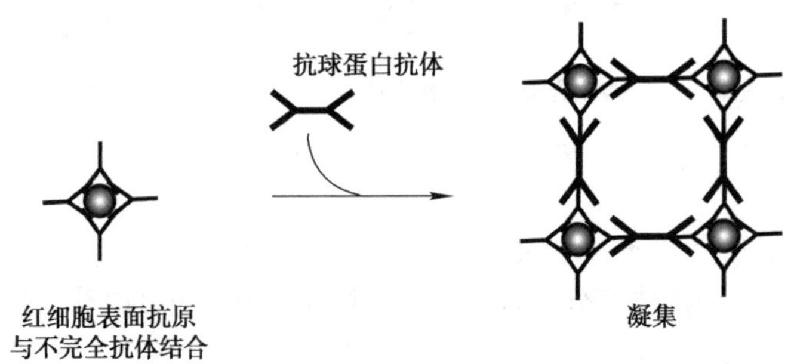

图 25-5　直接抗球蛋白试验原理与过程示意图

（2）间接抗球蛋白试验（indirect Coombs test）：患者血清与已知 O 型的 Rh 阳性红细胞反应后，再加入抗人球蛋白抗体，观察有无凝集现象（图 25–6）。

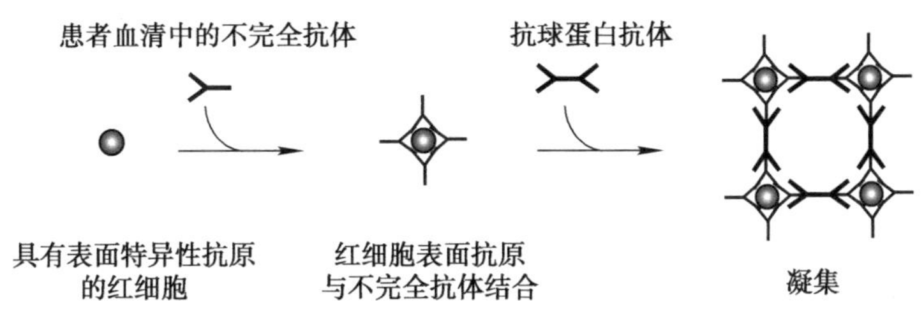

图 25–6　间接抗球蛋白试验原理与过程示意图

二、沉淀反应

沉淀反应是指可溶性抗原与相应抗体在液相中特异性结合后，形成的免疫复合物受电解质影响出现的沉淀现象。反应中的抗原称为沉淀原（precipitinogen），抗体称为沉淀素（precipitin）。

1. 单向免疫扩散

单向免疫扩散（single immunodiffusion）是将抗体预先混入琼脂中，铺板，然后在板上打孔，孔中加入抗原。因为抗原能在琼脂中扩散，所以在抗原抗体比例适宜处形成白色沉淀环。环的直径与抗原量成正相关。用于临床免疫学检测，特别是各类免疫球蛋白、补体 C3、甲胎蛋白等的定量检测。

通过测量各孔周围沉淀环的直径判定结果，参照图 25–7。

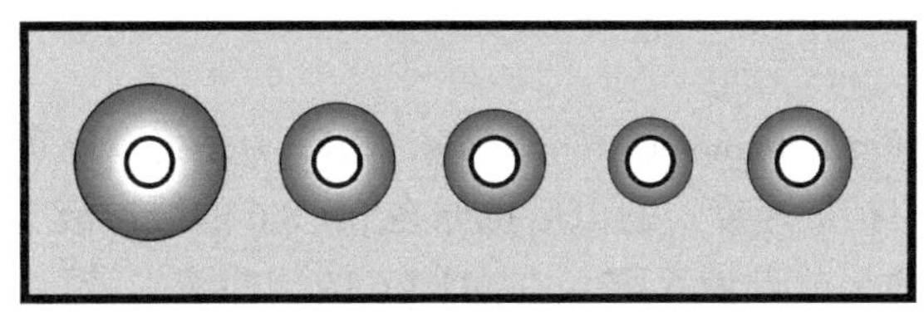

图 25–7　单向免疫扩散结果示意图

用已知浓度的标准抗原量为横坐标，沉淀环直径为纵坐标，以统计学方法在坐标纸上绘制参考标准曲线（图 25–8）。在标准曲线上查知待测抗原的含量。

2. 双向免疫扩散

琼脂凝胶含水量大于 97% 时，形成网状结构，其孔隙可容许大分子物质自由扩散。不同的物质其化学结构、相对分子质量、扩散系数不同，所以它们在琼脂凝胶中的扩散速度亦有所差别。当抗原和抗体加入含有适量电解质的琼脂凝胶的相邻孔中，它们向四周扩散，若两者相互对应，分子比例适合，在扩散一定时间后在两孔之间相遇并结合生成白色沉淀线。如有多对不同抗原抗体同时存在时，便可依各自的扩散速度，在适当部位形成各自独立的沉淀线。

双向免疫扩散（double immunodiffusion）可用于抗原抗体成分的定性、定量及不同种抗原间的相关性分析。但此法需要时间长，灵敏度低。

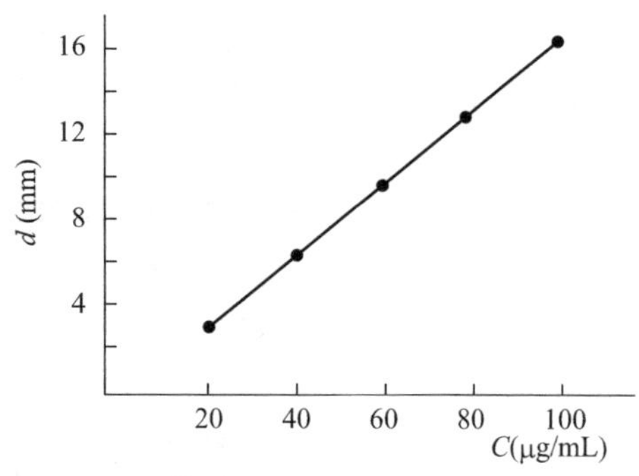

图 25-8　单向免疫扩散参考标准曲线

通过观察抗原与抗体间是否生成白色沉淀线及沉淀线的数目对双向免疫扩散试验结果进行判定。如抗原与抗体孔间生成一条沉淀线，说明只有一对抗原抗体特异性结合，而且两者分子比例较适宜。如果出现数条沉淀线，则说明同时有数对抗原抗体各自特异性结合，且分子比例亦较适宜。根据各孔中抗原的性质及相互间的关系，以及所含抗体的种类，生成的沉淀线可能出现的结果见图 25-9。

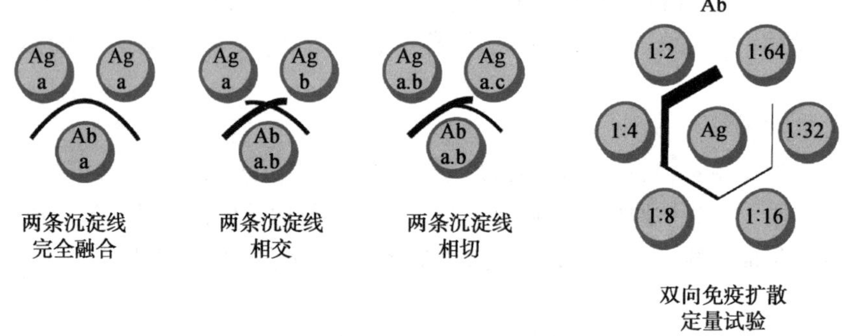

图 25-9　双向免疫扩散结果

3. 对流免疫电泳

对流免疫电泳（counter immunoelectrophoresis，CIEP）是将双向免疫扩散和电泳技术结合在一起，即通过电泳加快扩散速度。通电后抗原在 pH 8.6 的缓冲液中带有负电荷，向阳极移动。抗体或免疫球蛋白的等电点为 6 ~ 7，在 pH 8.6 的缓冲液中带负电荷少，加之分子较大，移动缓慢，在电渗作用下，向阴极移动。试验中，将抗原加入近阴极孔，抗体加入近阳极孔，通电后，抗原抗体相向移动，在两者比例合适处形成白色沉淀线（图 25-10）。

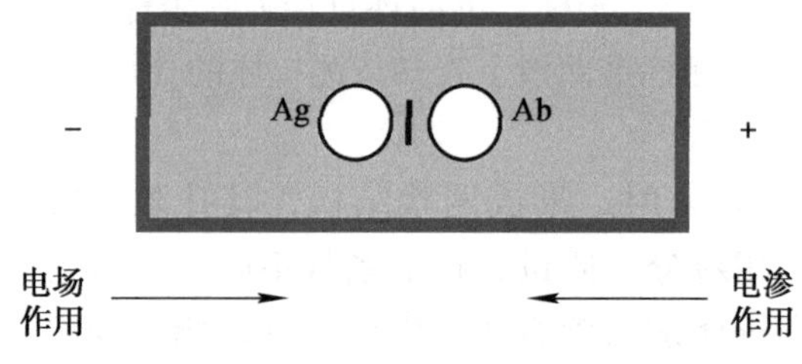

图 25-10　对流免疫电泳原理与结果

电渗是指在电场中，液体对于固定固体的相对移动。这种移动是由缓冲液中的水分子和支持介质表面之间产生的相关电荷所引起的。琼脂中的杂质电离时，对缓冲液中的离子有吸附作用，通常使水分子形成水合氢离子。这是一些带正电荷的离子，在电场中向阴极移动，此移动阻滞了阴离子向阳极迁移，但加速了阳离子的前进。

对流免疫电泳可对抗原进行定性、定量分析，由于抗原抗体在电场中只能做定向移动，自由扩散受限制，因此不仅生成沉淀线的时间大为缩短，且灵敏度比双向扩散法提高 10～15 倍。

4. 火箭电泳

火箭电泳（rocket immunoelectrophoresis，RIEP）是将单向扩散和电泳技术相结合形成的一种技术。即在电场作用下，抗原在含一定量抗体的琼脂凝胶中泳动，当两者比例合适时，生成的锥形沉淀线形似火箭（图 25-11）。在一定浓度范围内，此锥形沉淀线的高度与抗原量成正相关。用于快速测定标本中的抗原含量。其敏感性与单向免疫扩散相仿，但需时少。

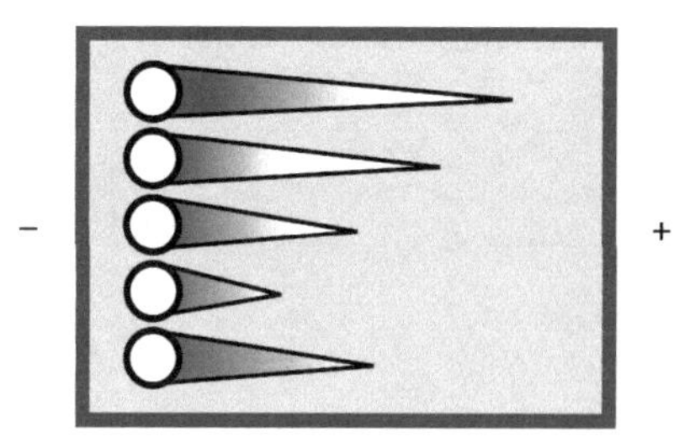

图 25-11 火箭电泳原理

结果以沉淀峰高度为纵坐标，抗原浓度为横坐标，绘制参考标准曲线，再根据待测抗原峰的高度在参考标准曲线上查找其浓度。

5. 免疫电泳

免疫电泳（immunoelectrophoresis，IEP）是一种将琼脂平板电泳和双向扩散相结合，对含有多种抗原成分的样本进行抗原种类分析的方法。其过程为首先将抗原样品在琼脂平板上进行电泳，使其中各种成分因电泳迁移率不同而分离成区带。然后将特定抗体加入与电泳方向平行的抗体槽中作双向扩散。各区带中抗原分别在不同位置与抗体相遇，在适宜比例处形成沉淀弧。根据沉淀弧的数量、位置和形状，与已知标准抗原相比较来分析样品中的抗原成分及其性质（图 25-12）。

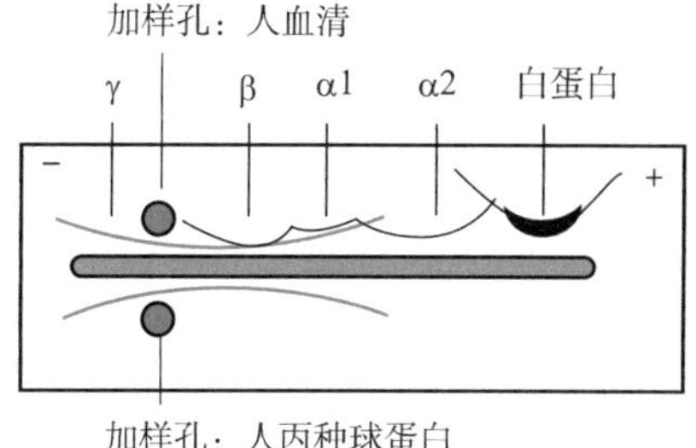

图 25-12 免疫电泳结果示意图

IEP 主要用于血清蛋白的组分分析，如对多发性骨髓瘤、重链病、系统性红斑狼疮、巨球蛋白血症、先天性无丙种球蛋白血症等患者血清蛋白的组分分析。亦常用于抗原、抗体提纯物的纯度鉴定。

第二节 免疫标记技术

用荧光素、同位素或酶等示踪物质标记的抗体（或抗原）进行抗原 - 抗体反应，标记物与抗体（或抗原）的化学联结不改变抗体（或抗原）的免疫学特性，同时标记物的性质依然存在，使检测灵敏度大大提高，可以对微量物质进行定性、定量或定位检测。

免疫标记技术主要包括同位素标记技术、免疫酶技术、免疫荧光技术、亲和组织化学技术、免疫胶体金技术、发光免疫分析等。

一、放射免疫分析

放射免疫分析（radioimmunoassay，RIA）技术，是把放射性同位素测定与抗原、抗体间的免疫反应两种方法结合起来所形成的一种超微量物质的测定方法，由美国科学家 Yalow 和 Berson 发明，Yalow 因此荣获 1977 年的诺贝尔生理学或医学奖。RIA 的基本原理，是利用放射性同位素标记抗原（* Ag）和非标记抗原（Ag）对特异性抗体（Ab）发生竞争性结合。竞争结合反应如图 25-13 所示：

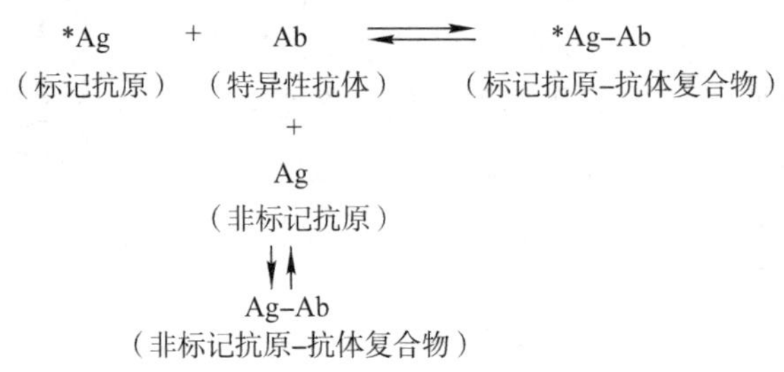

图 25-13　RIA 的基本原理示意图

在上述反应系统中，同时加入 Ag 和 *Ag，因 Ag 与 *Ag 免疫活性完全相同，故与 Ab 具有相同的亲和力。当 *Ag 为一定量、Ab 为有限量、Ag 与 *Ag 的量之和超过 Ab 上的有效结合位点时，*Ag-Ab 复合物的生成量与 Ag 的量之间呈一定的函数关系。即当 Ag 量少时，Ag-Ab 生成量少；而 *Ag-Ab 生成量增多，游离的 *Ag 减少。因此在放射免疫分析中，用已知不同浓度的标准抗原和一定量的 *Ag 及限量的 Ab 反应，采取一定方法将结合的 *Ag（B）与游离的 *Ag（F）分开，即可算出该标准抗原在各浓度下 *Ag-Ab 复合物的结合百分率（B/T，T=B+F）。当标记抗原与抗体量一定时，B/T 随非标记抗原量增加而降低。以 B/T 的值为纵坐标，标准物的浓度为横坐标，绘成曲线，即竞争性抑制曲线，或称参考标准曲线。将未知浓度的样品按同样条件操作，所得结合率（%）与标准曲线相比，即可查出样品中待测抗原的浓度（图 25-14）。

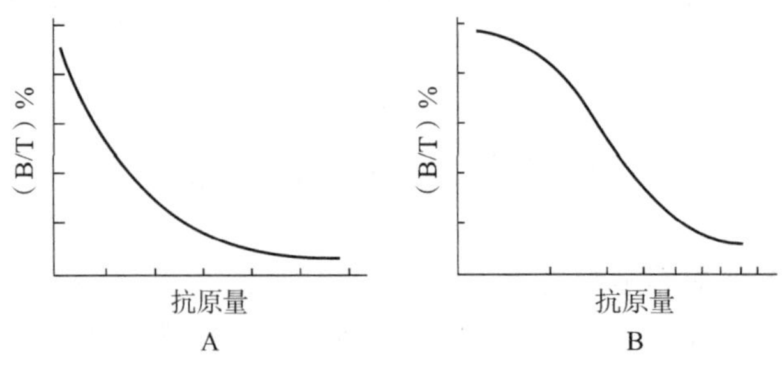

图 25-14　参考标准曲线

A. 横坐标为常数刻度；B. 横坐标为对数刻度

二、免疫酶技术

免疫酶技术（immunoenzyme technique）就是将抗原和抗体的免疫反应与酶的催化反应相结合而建立的一种检测技术。酶与抗体或抗原结合后，既不改变抗体或抗原的免疫学反应的特异性，也不影响酶本身的酶学活性，即在相应而合适的作用底物参与下，使基质水解而呈色，或使供氢体由无色的还原型变为有色的氧化型产物，可用肉眼、光学显微镜、电子显微镜观察，也可以用酶标仪加以测定（图 25-15）。呈色反应显示了酶的存在，从而证明发生了相应的抗原抗体反应。所以，这是一种特异而敏感的技术，可以在细胞或亚细胞水平上示踪抗原或抗体的所在部位，或在微克甚至纳克水平上对其进行定量。

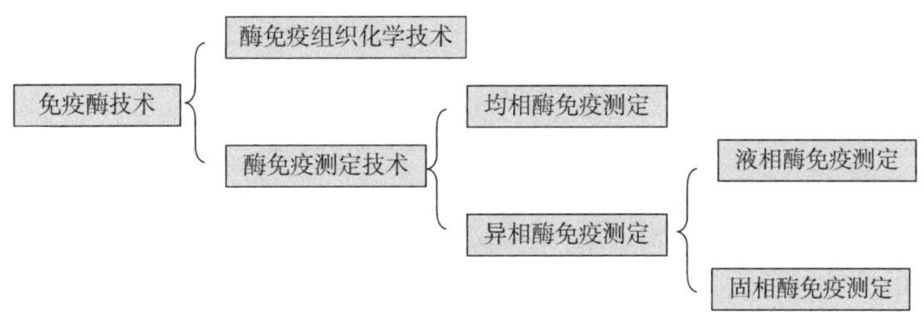

图 25-15 免疫酶技术分类

免疫酶技术按照抗原抗体系统是定位于组织细胞上还是存在于液体样品中分为酶免疫组织化学技术和酶免疫测定技术，酶免疫测定技术又可分为均相酶免疫测定和异相酶免疫测定。

1. 酶免疫组织化学技术

酶免疫组织化学技术（enzyme immunohistochemical technique）就是用酶标记已知抗体（或抗原），然后与组织标本在一定条件下反应，如果组织中含有相应抗原（或抗体），抗原抗体相互结合形成的复合物中所带酶分子遇到底物时，能催化底物水解、氧化或还原，产生显色反应，可以识别标本中抗原（或抗体）分布的位置和性质，通过图像分析还可达到定量的目的。酶免疫组织化学技术分为酶标抗体法和非标记抗体酶法。

（1）酶标抗体法：是借助交联剂的共价键将酶连接在抗体上，制成酶标抗体。酶标抗体与靶抗原反应后，再通过对底物的特异性催化作用生成不溶性有色产物，达到对抗原定性、定位检测的目的。常用的方法有直接法和间接法。

1）直接法：用已知酶标记抗体与组织细胞内相应抗原反应，形成酶标抗体 - 抗原复合物，加酶使底物显色。此法具有操作简便、特异性强的特点，但一种酶标抗体只能用于检测一种特异性抗原（图 25-16）。

2）间接法：是在酶标抗体与组织细胞内抗原之间增加抗体反应层次，最后形成抗原 - 抗体 - 酶标抗抗体复合物，再通过酶底物显色。在间接法中，通常以酶标抗体为第二抗体。对来源于同一种属动物同一类型的第一抗体，使用一种酶标抗抗体就能完成对不同特异性抗原的检测（图 25-17）。

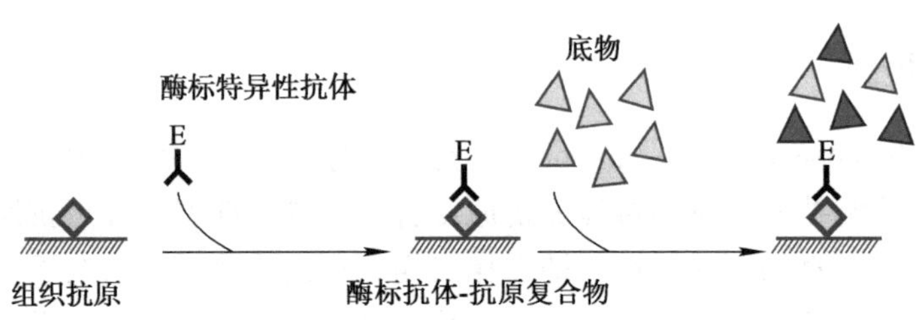

图 25-16 直接法测定抗原示意图

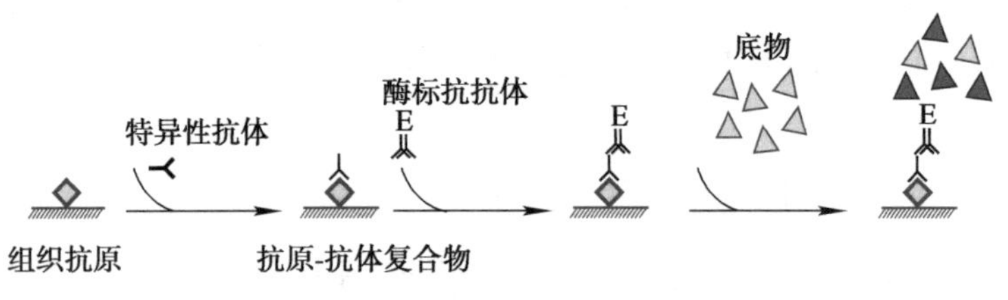

图 25-17 间接法测定抗原示意图

（2）非标记抗体酶法：首先用酶免疫动物制备抗酶抗体，再将酶与抗酶抗体结合形成复合物，通过酶的底物显色而对抗原进行检测。常用的有酶桥法和过氧化物酶 - 抗过氧化物酶（peroxidase-antiperoxidase，PAP）法及碱性磷酸酶 - 抗碱性磷酸酶（alkaline phosphatase-anti alkaline phosphatase，APAAP）法。

1）酶桥法：首先用酶免疫动物，制备效价高、特异性强的抗酶抗体，抗酶抗体与结合抗原的第一抗体组织来源相同，因此利用第二抗体作桥，将抗酶抗体连接在与组织抗原结合的第一抗体上，再将酶结合在抗酶抗体上，经显色确定抗原的分布（图 25-18）。

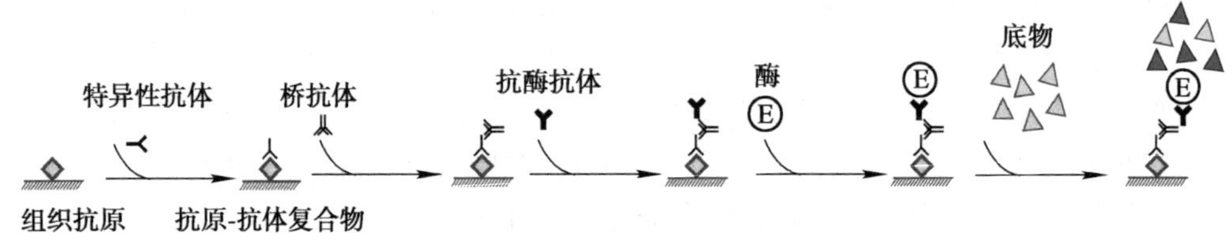

图 25-18 酶桥法测定抗原示意图

2）PAP 法：其基本原理（图 25-19）与酶桥法相似，都是借助于桥抗体将酶连接在与组

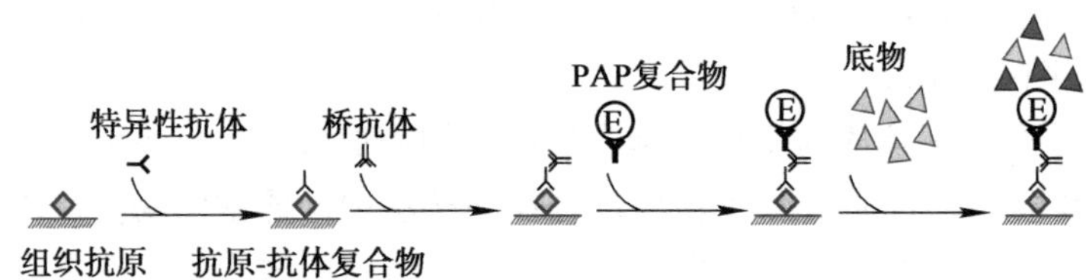

图 25-19 PAP 法测定抗原示意图

织抗原结合的第一抗体上。不同之处在于，PAP 法是用 PAP 复合物（HRP 与抗 HRP 抗体的复合物）孵育切片。PAP 复合物中的抗辣根过氧化物酶（horseradish peroxidase，HRP）抗体和第一抗体来自同种属动物，故第二抗体为桥，将 PAP 复合物连接在第一抗体上，PAP 复合物中的过氧化物酶催化底物水解，形成不溶性终产物。PAP 法比直接法、间接法、酶桥法更敏感，特别适用于石蜡切片中微量抗原和抗原性较弱抗原的检测。

3）APAAP 法：原理同 PAP 法，不同之处在于将 HRP 换成了 AP（碱性磷酸酶）。

2. 酶免疫测定技术

酶免疫测定技术（enzyme immunoassay technique）分为均相酶免疫测定和异相酶免疫测定。

（1）均相酶免疫测定：是利用酶标记物结合成抗原－抗体复合物后，标记酶的活性就受到抑制，因而反应后不需分离结合的和游离的酶标记物，直接测定系统中的总标记酶的活性的变化，即可确定结合的酶标记物的数量，从而得到待测物含量的一种技术。常用于半抗原或小分子抗原（如药物、激素、毒品、兴奋剂等）的测定。常用的技术类型有酶免疫增强测定技术（EMIT）和克隆酶供体免疫分析（CEDIA）。

（2）异相酶免疫测定：是抗原－抗体反应平衡后，结合的酶标记物的形成与含量代表待测物的存在与含量。因此，将游离的和结合的酶标记物分离，测定结合状态的酶标记物的活性以推算待测物的含量。因分离游离和结合的标记物的方法不同，异相酶免疫测定又分成液相酶免疫测定和固相酶免疫测定两类方法。液相酶免疫测定，由于游离的和结合的标记物都存在于液相中，故需用分离剂将两者分开后才能测定结合状态的酶标记物的活性。而固相酶免疫测定，是通过载体将结合状态的酶标记物吸附在固相支持物上，只需洗涤就可将游离的酶标记物去除。下面主要介绍固相酶免疫测定技术。

1）酶联免疫吸附试验（enzyme linked immunosorbant assay，ELISA）：是检测液体中微量物质的固相酶免疫测定方法。其基本原理是将抗体或抗原包被到某种固相载体表面，并保持其免疫活性。测定时，先将待测样本中的抗原或抗体与固相载体表面吸附的抗体或抗原发生反应，然后加入酶标抗体与免疫复合物结合，用洗涤的方法分离抗原－抗体复合物和游离的未结合成分，最后加入酶反应底物，根据底物被酶催化产生的颜色及其吸光度（A）值的大小进行定性或定量分析。根据检测目的和操作步骤不同，有双抗体夹心法、间接法、竞争法和捕获法等。

A. 双抗体夹心法：用于检测抗原。它是利用待测抗原上的两个抗原决定簇 A 和 B 分别与固相载体上的抗体 A 和酶标抗体 B 结合，形成抗体 A－待测抗原－酶标抗体 B 复合物，复合物的形成量与待测抗原含量成正比（图 25-20）。本法分直接法和间接法。

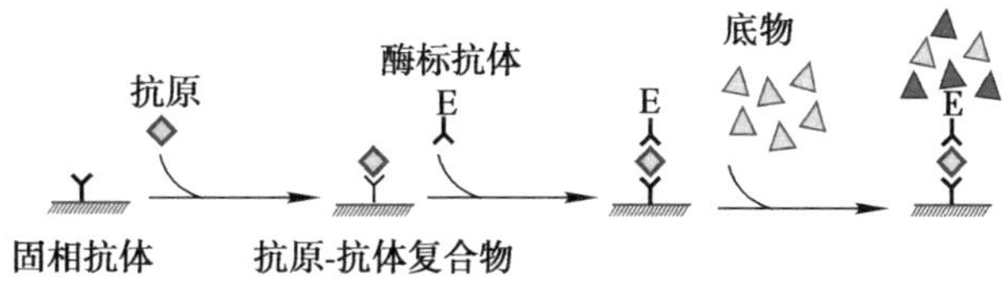

图 25-20　双抗体夹心法（直接法）测定抗原示意图

B. 间接法：用于测定抗体。其原理与免疫组织化学技术的间接法（图 25-17）类似，将已知抗原连接在固相载体上，待测抗体与抗原结合后，再与酶标第二抗体结合，形成抗原－待测抗体－酶标第二抗体的复合物，复合物的形成量与待测抗体量成正比。

C. 竞争法：其原理与 RIA 类似。该法既可用于检测抗原，又可用于检测抗体。它是用酶标抗原（抗体）与待测的非标记抗原（抗体）竞争性地与固相载体上的限量抗体（抗原）结合，待测抗原（抗体）多，则形成非标记复合物多，酶标抗原与抗体结合就少，也就是酶标记复合物少，因此，显色程度与待测物含量成反比。

D. 捕获法：用于测定 IgM 类抗体。固相载体上包被的是抗 IgM 抗体，先将标本中的 IgM 类抗体捕获，防止 IgG 类抗体对 IgM 测定的干扰，此步骤也是其称为捕获法的原因所在，然后再加入特异抗原和酶标抗体，形成抗 IgM 抗体－IgM－特异抗原－酶标抗体的复合物，复合物含量与待测 IgM 成正比（图 25-21）。

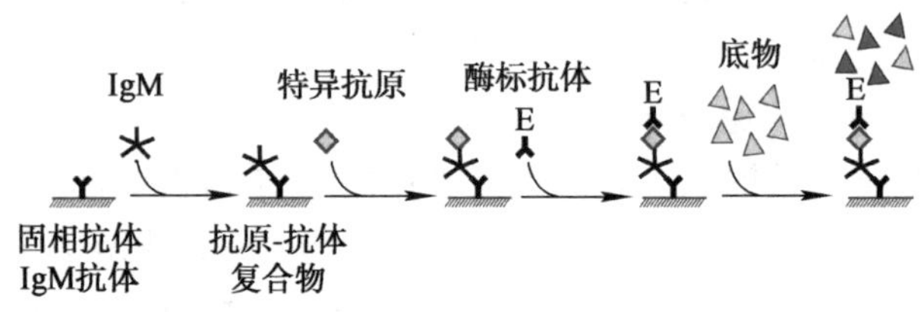

图 25-21 捕获法测定抗原特异性 IgM 示意图

2）免疫印迹（immunoblotting；Western blot，WB）：是将 SDS-PAGE 分离的蛋白质转印到固相膜上，利用特异性抗体检测固相膜上的靶蛋白的一种实验技术。它将电泳与免疫组织化学相结合，具有灵敏度高、特异性强等优点，是用来检测蛋白质的一种常用方法。它可以检测样品中某种抗原的相对分子质量，也可以检测样品中针对某一相对分子质量抗原的抗体。其主要过程如图 25-22 所示，包括三步：①电泳分离：将含抗原的样品用高分辨率的 SDS－PAGE 进行分离；②转印：将电泳后的蛋白质由凝胶中转移至转印膜上；③免疫学检测：加特异性抗体与转印膜上的抗原结合，再与酶标记的第二抗体结合，通过加酶反应底物分析结果。本法也可采用放射自显影分析结果。

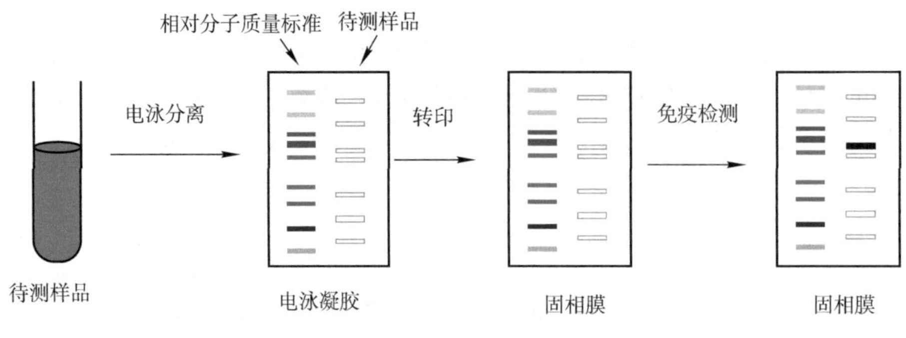

图 25-22 免疫印迹原理与过程

3）免疫沉淀法（immunoprecipitation）：是用抗体分离检测蛋白质的方法。可溶性抗原和抗体在体外可形成沉淀，但受抗原和抗体比例、电解质、pH 等条件的严格限制，如果把抗体结合到载体颗粒上就很容易形成沉淀。该方法所用的载体通常是结合了 proteinA/G 的琼脂糖微珠（sepharose），protein A/G 能与 IgG 的 Fc 段结合，抗原与结合了 protein A/G-sepharose 的特异性抗体结合后，很容易形成沉淀从水溶液中析出（图 25-23）。经电泳后可用特异性酶标抗体或者放射自显影检测靶蛋白。免疫沉淀有两种方法，一种是首先把抗体结合到 protein A/G-sepharose 上，抗体与微珠的复合物与抗原结合沉淀；另一种首先形成抗原抗体复合物，再将抗原 - 抗体复合物结合到微珠上沉淀的方法，该方法因较少失败而经常被采用。

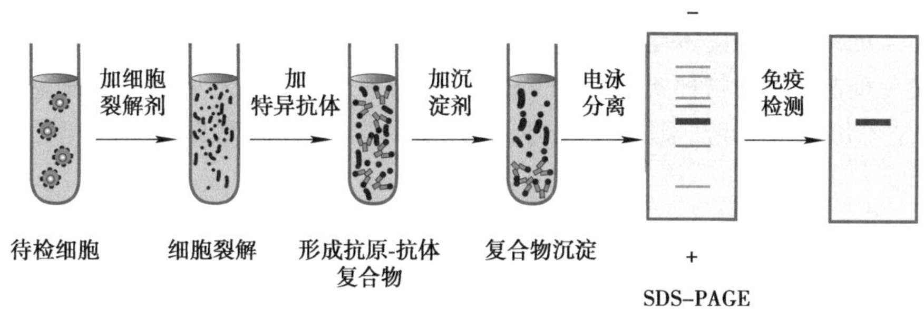

图 25-23 免疫沉淀法过程示意图

酶免疫测定技术还包括 BAS- 酶联免疫吸附试验（见本节第四部分）、ELISPOT 及发光酶免疫测定（见数字资源）等方法。

三、免疫荧光技术

免疫荧光技术（immunofluorescence technique，IFT）即免疫荧光细胞组织化学技术，是根据抗原抗体反应的原理，采用荧光素标记的已知抗体（或抗原）作为探针，检测待测组织、细胞标本中的靶抗原（或抗体），形成的抗原抗体复合物上带有荧光素，在荧光显微镜下，发出明亮的荧光，这样就可以分辨出抗原（或抗体）的所在位置及其性质，并可利用荧光定量技术计算靶抗原（或抗体）的含量，以达到对抗原（或抗体）定位、定性和定量测定的目的。具体方法包括直接法、间接法、补体法和双重免疫荧光标记法。

1. 直接法

直接法是利用标有荧光素的特异性抗体直接与标本中相应抗原相结合来检测未知抗原的方法（图 25-24）。直接法具有操作简便、省时、特异性强的特点，但敏感性不如间接法，而且一种荧光抗体只能检测一种抗原。

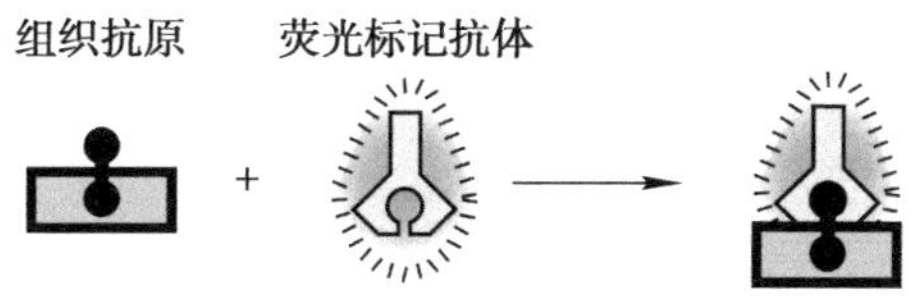

图 25-24 荧光标记直接法原理示意图

2. 间接法

荧光素标记抗体与切片中的抗原不直接发生反应，而在其间增加无标记抗体的反应。第一步将第一抗体加到切片组织细胞与相应的抗原结合，第二步加入第二抗体与第一抗体结合。第一抗体对标本中的抗原来说起抗体作用，但对标记有荧光素的第二抗体来说又起着抗原的作用。间接法具有制备一种荧光抗体可以检查多种抗原，敏感性高等优点；缺点是参加反应的因子较多，产生非特异性染色的机会也增多，且染色时间也较长。

3. 补体法

补体法是间接法的改良。它是采用特异性抗体同新鲜补体混合后再与切片上的抗原反应，补体以特异性抗体为桥与抗原形成复合物，再用抗补体的荧光抗体与补体结合，形成抗原－抗体－补体－抗补体荧光抗体复合物（图 25–25）。补体法不仅具有间接法的敏感性，而且荧光抗体不受免疫血清的动物种属限制，一种荧光抗体就能检测所有的抗原抗体系统。缺点是较间接法更容易出现非特异性染色。且补体不稳定，每次均要采取新鲜血清，操作上比较麻烦。

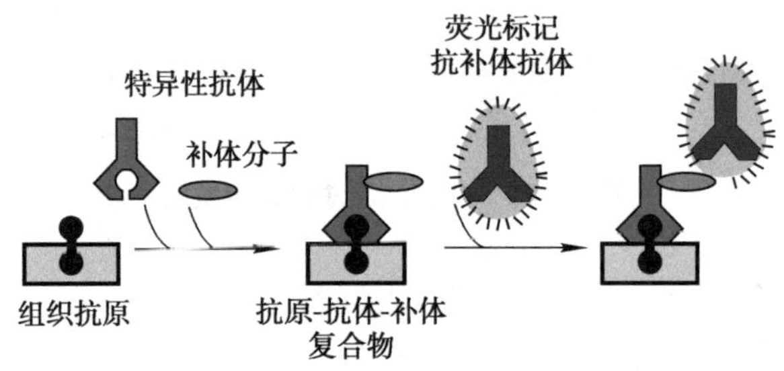

图 25–25　补体法原理示意图

4. 双重免疫荧光染色

双重免疫荧光染色可在同一标本上同时定位、定性检测两种抗原。如 A 抗原的抗体用荧光素罗丹明标记，呈橘红色；而 B 抗原的抗体用异硫氰酸荧光素标记呈黄绿色，称双重免疫荧光染色（图 25–26）。

图 25–26　双重免疫荧光染色原理

四、亲和组织化学技术

亲和组织化学技术（affinity histochemical technique）是利用两种物质之间的高度亲和力而建立的一种方法，用于亲和组织化学检测的物质有生物素与亲和素、葡萄球菌 A 蛋白与 IgG、植物凝集素与糖类、激素与受体等。亲和组织化学引入免疫细胞化学后使其敏感性进一步提高，更利于微量抗原（抗体）在细胞或亚细胞水平的定位。

1. 生物素－亲和素技术

生物素（biotin）是一种小分子维生素，亲和素（avidin）又称抗生物素蛋白，与生物素具有高度的亲和力，较抗原抗体的结合力高出100万倍，能够彼此牢固结合而不影响彼此的生物学活性。每个亲和素分子能结合4个分子的生物素。生物素和亲和素都具有与其他示踪物质结合的能力，将两种物质应用到亲和组织化学技术称为生物素－亲和素系统（Biotin-Avidin-System，BAS）（图25-27）。

（1）标记亲和素－生物素技术（LAB）：是以生物素标记的抗体结合抗原，酶标记的亲和素通过生物素与抗原－抗体相连。

（2）桥联亲和素－生物素技术（BAB）：该法是利用亲和素作为“桥”，将生物素标记的抗体与生物素化的酶结合起来。

（3）亲和素－生物素－过氧化物酶复合物法（ABC）：是利用亲和素作为“桥”分别连接生物素标记的抗体和生物素标记的酶。与BAB相比，需先制备ABC复合物。ABC复合物是将过氧化物酶与生物素结合，再将生物素－过氧化物酶连接物与过量的亲和素反应而制备的复合物（亲和素上的4个结合位点最多允许3个位点与生物素化酶结合，留1～2个位点与生物素化二抗结合）。该法因ABC复合物网络了大量酶分子而提高了检测灵敏度，非特异着色淡、背景清晰。与PAP法相比具有操作简便、省时等优点。同时由于生物素与亲和素具有与多种示踪物质结合的能力，可用于双重或多重免疫染色。

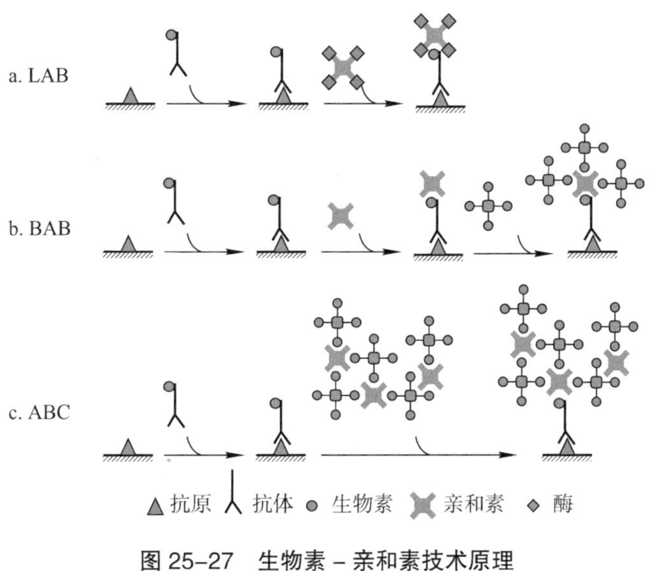

图25-27 生物素－亲和素技术原理

以上均为直接法，间接法中抗原与非标记第一抗体结合，生物素化抗体作为第二抗体，后续步骤与直接法相同。

2. 链霉亲和素 - 生物素技术（LSAB）

链霉亲和素是从链霉菌培养物提取的一种纯蛋白，其功能类似亲和素。LSAB 法具有特异性强、敏感性高、背景淡、操作简便等优点。

3. 葡萄球菌 A 蛋白技术

葡萄球菌 A 蛋白（SPA）是一种从金黄色葡萄球菌细胞壁分离的蛋白质。由于 SPA 能与各种动物的 IgG 的 Fc 段结合，在免疫细胞组织化学中可作为桥抗体或标记抗体。SPA 的最大优点是不受种属特异性的限制，故常在 PAP 法中代替桥抗体。标记 SPA 也可直接检测组织细胞内的 IgG 成分或者免疫复合物。因此在各种免疫细胞化学技术中得到广泛应用。它具有操作简便、染色时间短、灵敏度高和背景染色淡等优点。近年来将胶体金标记的 SPA 作为免疫胶体金（银）法的试剂，不但可用于光镜，也能用于免疫电镜的研究。

4. 凝集素法

凝集素是一类从各种植物、无脊椎动物和较高等动物组织中提纯的糖蛋白或结合糖的蛋白质，可使红细胞凝集，故称凝集素，如花生凝集素（PNA）、刀豆素 A（ConA）等。凝集素最大的特点是能够识别糖蛋白和糖肽，特别是细胞膜表面的抗原决定簇。一种凝集素具有对某一种特异性糖基专一性结合的能力，因此凝集素可作为一种探针研究细胞膜上特定的糖基。另一方面凝集素具有多价结合能力，能与荧光素、生物素、酶、胶体金和铁蛋白等示踪物结合，从而在光镜或电镜水平检测抗原的分布。凝集素应用于细胞化学染色，一是将标记物结合在凝集素上，二是用凝集素免疫动物制备抗凝集素抗体，进行免疫组织化学检测。具体应用可采用直接法、间接法和糖 - 凝集素 - 糖法。这里提到的凝集素所包含的内容与凝集反应中所提到的凝集素（指能与颗粒性抗原特异性结合发生凝集反应的抗体）是截然不同的。

五、免疫金银组织化学技术

1. 免疫金染色法

免疫金染色法（immunogold staining，IGS）是用胶体金颗粒作为抗原抗体反应的示踪物，胶体金是氯金酸（$HAuCl_4$）在还原剂作用下聚合成的一定大小的金颗粒，形成带负电的疏水胶溶液，由于静电作用而成为稳定的胶体状态，故称胶体金。IGS 的特点是程序简便，不用染色，根据胶体金颗粒的粒径不同，可以显示肉眼可见的橘红色到紫红色不等。可用于检测 HBsAg、HCG 和抗双链 DNA 抗体等。

2. 免疫金银染色法

免疫金银染色法（immunogold-silver staining，IGSS）是利用银显影液增加金颗粒标记的可视度，提高检测灵敏度。胶体金颗粒起着液化作用，使显影液中的银离子（Ag^+）在还原剂存在的情况下被还原成银原子，在金颗粒周围形成一个黑褐色“银壳”，银原子本身也具有催化作用，使更多的银离子被还原，“银壳”增大，最后使抗原位置得以清楚放大。

3. 彩色免疫金银法

彩色免疫金银法（coloured IGSS，CIGSS）是在 IGSS 基础上发展起来的一种新方法。其基本原理是抗原位点处生成的银颗粒经铁氰化钾与溴化钾的作用被氧化成溴化银，后者与彩色显影剂相接触即被还原成金属银；而彩色显影剂本身则被氧化，其氧化产物使彩色还原剂由无色变成有色的染料并沉积在银颗粒部位，金属银变成银离子。CIGSS 的优点在于阳性结果比黑色更鲜明，可以使弱信号得到放大，消除 IGSS 背景染色。

第三节　免疫细胞的分离与功能检测

一、淋巴细胞分离制备技术

1. 外周血单个核细胞的分离

外周血单个核细胞（peripheral blood mononuclear cell，PBMC）包括淋巴细胞和单核细胞，可采用密度梯度离心法进行分离。人外周血中 PBMC 的体积、形状和相对密度与其他细胞不同，红细胞和多形核白细胞相对密度较大，为 1.092，而淋巴细胞和单核细胞相对密度为 1.075 左右。利用相对密度为 1.077 左右的分层液做密度梯度离心，可使细胞按相应密度梯度分布，从而将各种血细胞加以分离。不同动物所用的细胞分离液的相对密度有所不同，如大鼠为 1.087，而小鼠和豚鼠为 1.085。市售的分离液多由聚蔗糖（ficoll）和泛影葡胺（urografin）配成。将稀释的肝素抗凝外周血置于分离液上层。经离心后，红细胞、粒细胞沉于管底，淋巴细胞与单核细胞存留于分离液和血浆的界面，吸出界面的细胞即为单个核细胞，其中淋巴细胞占 90% 以上（图 25–28）。

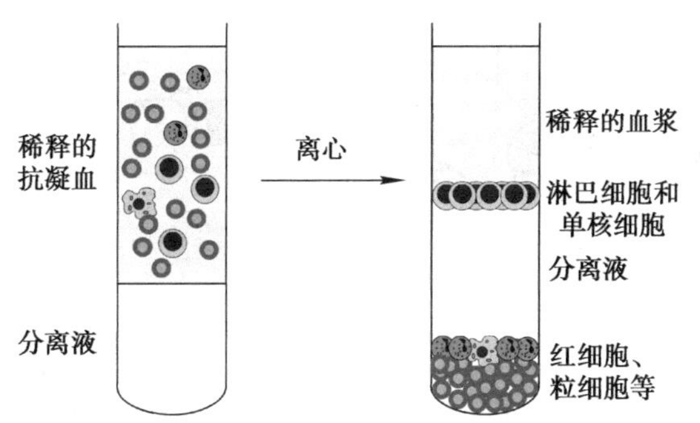

图 25–28　密度梯度离心法分离外周血单个核细胞示意图

2. 淋巴组织中淋巴细胞的分离

首先取动物免疫器官组织，制成细胞悬液，再通过纯化即可获得淋巴细胞。

3. 淋巴细胞亚群的分离及鉴定

淋巴细胞为不均一的群体，可根据相应淋巴细胞的表面标志选择性纯化所需要的淋巴细胞亚群，主要的分离鉴定方法有以下几种：

（1）E 花环分离法：人成熟 T 细胞表面的 CD2 分子是绵羊红细胞受体（E 受体），能结合绵羊红细胞形成 E 花环，经淋巴细胞分离液分离后，因 E 花环形成细胞相对密度大而沉降于管底，再以低渗法裂解 T 细胞周围的绵羊红细胞，即可获得纯化的 T 细胞。

（2）尼龙纤维分离法：B 细胞和单核细胞具有易黏附特性，将淋巴细胞悬液加至尼龙纤维柱上，37℃作用 1～2 h 后，洗脱的为非黏附性 T 细胞。

（3）免疫荧光法：以间接免疫荧光技术可以区分不同的淋巴细胞群或亚群，常用于外周血 T 细胞亚群的检测，即用抗 CD3 mAb（总 T 细胞）、CD4 mAb（$CD4^+$ T 细胞）、CD8 mAb（$CD8^+$ T 细胞）与外周血淋巴细胞作用后，再加入荧光素标记的第二抗体，反应后在荧光显微镜下观察，细胞膜上发斑点状相应颜色荧光的细胞为阳性细胞，计数 100～200 个淋巴细胞，计算出荧光染色阳性细胞的百分率。

（4）流式细胞术（flow cytometry，FCM）：流式细胞仪（flow cytometer）或荧光激活细胞分选仪（fluorescence activated cell sorter，FACS），是利用免疫荧光技术将光学、流体力学、电子计算机等多种现代化技术综合于一体的仪器，能对各种细胞进行客观、快速、灵敏、多参数定量测定，并能按目的高纯度地分离收集所需类型的细胞。

FCM 原理（图 25-29）是待检细胞悬液经多种不同荧光素标记的抗体染色后，在一定压力下通过进样管进入流动室，排列成单列的细胞经流动室的喷嘴流出成为细胞液滴，并与激光束相交，检测器根据激光束的散射判断液流中的细胞是否带有荧光。因不同荧光素发射光谱的波长不同，借助光电效应，液滴通过电场时出现不同的偏向，从而完成细胞分类收集的目的，并以数字显示细胞数量。这一技术能以每秒 25 000 个细胞的速度分类收集无菌细胞，且其活性不受影响。

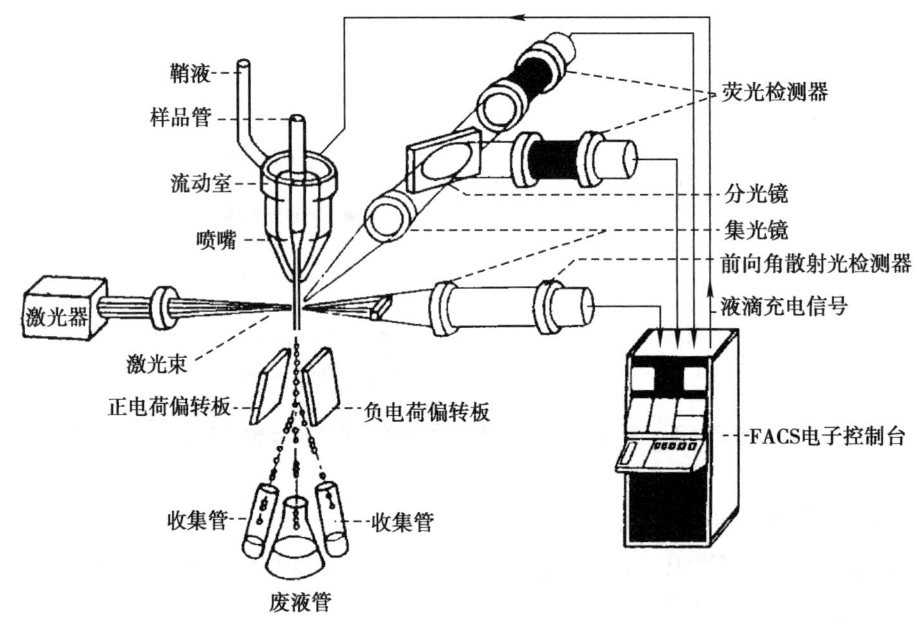

图 25-29　流式细胞仪原理示意图

FCM 可用于 T 细胞、B 细胞、NK 细胞、巨噬细胞、树突状细胞的鉴定及分类收集。除此之外，FCM 尚可用于细胞内的核酸定量，细胞周期分析，细胞因子和黏附分子的检测，细胞凋亡的研究及肿瘤的早期诊断、治疗指导及预后评估等。

（5）磁珠分离术：有直接分离法和间接分离法两种方法。直接法是将抗细胞表面分子的特异性抗体与磁性微球交联，形成免疫磁珠（immunomagnetic bead，IMB），将其与细胞悬液混合共育，IMB 可与表达相应表面分子的细胞结合，再以强磁场分离 IMB 及与其结合的细胞，达到分选特定细胞的目的；间接法是采用第二抗体与磁性微粒交联，再与已结合第一抗体的细胞反应，从而对细胞进行分离。

二、免疫细胞的功能检测

细胞免疫检测法是检测参与免疫应答的各种免疫细胞的数量和功能的方法。由于免疫系统或其他系统的疾病，或由于免疫接种、某些临床治疗措施及某些外界环境因素的影响，免疫细胞的数量或功能均可发生变化。因此进行细胞免疫检测，对于某些疾病的诊断和发病机制研究、免疫治疗、预防接种的效果评估及环境因素对机体免疫功能的影响，都具有重要的意义。

1. 免疫细胞的数量检测

正常情况下，身体各部分各类免疫细胞的含量与分布保持相对稳定。任何疾病或异常原因打乱免疫细胞的新生与破损死亡两过程的平衡，即可造成这些细胞数量与分布的变化。计数活细胞的数量可反映免疫功能的变化，常用的检查项目有血液白细胞计数，血液中白细胞的分类计数，血液中 T 细胞与 B 细胞的分类计数。常用的检测技术为流式细胞术。

2. 免疫细胞的功能检测

在自然条件下，免疫细胞的功能都是在体内完成的。但在进行免疫细胞功能检查时，主要采用体外试验的方法。根据所用刺激物的性质不同，可将体外试验分为特异性反应功能和非特异性反应功能检测两类。淋巴细胞增殖试验，又称淋巴细胞转化试验，是淋巴细胞功能检测最基本的方法。此外，还有淋巴因子产生试验，细胞介导的细胞毒试验，抗体分泌细胞的检测，中性粒细胞吞噬功能的检测，中性粒细胞 NBT 还原试验，巨噬细胞吞噬功能的测定等。细胞免疫功能体内测定技术主要指超敏反应等，如迟发型超敏反应，包括结核菌素试验、二硝基氯苯或二硝基氟苯皮肤试验。

（1）淋巴细胞增殖检测：淋巴细胞在有丝分裂原或特异性抗原存在的情况下，可发生细胞增殖。刺激淋巴细胞增殖的物质可分为两大类：一类是非特异性刺激物，如 PHA、ConA 等有丝分裂原，能产生 A 蛋白的葡萄球菌（SAC）、EB 病毒、链球菌溶血毒素 S、细菌脂多糖（LPS）等微生物及其代谢产物，胃蛋白酶、胰蛋白酶等蛋白质物质，抗 CD3、CD2 等细胞表面标志的抗体及某些淋巴因子等；另一类是特异性刺激物，主要是特异性抗原物质。不同的刺激因子可刺激不同的淋巴细胞分化增殖，因而可反映不同的淋巴细胞群体的免疫功能。体外测定淋巴细胞增殖反应可采用形态学法、^{3}H-TdR 掺入法、MTT 比色法和 CFSE 法等。

（2）淋巴细胞亚群检测：淋巴细胞可分为 T 细胞、B 细胞、NK 细胞等。T 细胞和 B 细胞还可进一步分为若干亚群。T 细胞、B 细胞亚群的检测方法相同，目前检测 T 细胞亚群的技术主要有免疫荧光法、免疫酶标法、流式细胞术等。

（3）NK 细胞活性测定：NK 细胞在与靶细胞共同孵育时可直接杀伤靶细胞，靶细胞被杀伤的程度代表了 NK 细胞的杀伤活性。可用形态学法、同位素释放法、乳酸脱氢酶（LDH）释放法等方法进行检测。

（4）CTL 功能检测：杀伤性 T 细胞（CTL）对于靶细胞的裂解作用具有特异性和 MHC 限制性，需由抗原致敏后成为致敏淋巴细胞，才能对带有抗原的靶细胞产生杀伤作用。常用同位素释放法检测细胞的杀伤活性。

（5）巨噬细胞吞噬功能测定：由于吞噬细胞能吞噬异种细胞，将巨噬细胞与鸡红细胞混合后可计数吞噬了鸡红细胞的巨噬细胞数，求出吞噬百分率和吞噬指数（每个巨噬细胞吞噬鸡红细胞的平均数）。

（6）细胞毒检测技术：常用的细胞毒试验是检测细胞、抗体或抗体依赖性淋巴细胞杀伤靶细胞的一种技术，目前微量细胞毒试验是应用最广的一种方法。

1）补体依赖的细胞毒（complement dependent cytotoxicity，CDC）试验：此法是组织相容性检测技术中最常用的一种方法，也称微量淋巴细胞毒试验。

人体的组织相容性抗原（HLA）存在于淋巴细胞膜的表面，从供者与受者的血液分离淋巴细胞作为靶细胞，以各种定型单价抗血清与家兔血清补体作为效应系统。如果淋巴细胞表面具有与抗血清相对应的抗原，可形成抗原抗体复合物激活补体经典途径，则淋巴细胞就会受损伤或致死。

2）抗体依赖细胞介导的细胞毒（ADCC）试验：用来检查 NK 细胞的 Fc 受体，该细胞结合抗体杀伤靶细胞的作用是无特异性的。

3）NK 细胞毒试验：见 NK 细胞活性检测。

4）LAK 细胞毒试验：淋巴细胞经 IL-2 刺激后得到 LAK 细胞。检测方法见 NK 细胞活性检测。

5）CTL 的细胞毒试验：淋巴细胞经 ConA 刺激培养后获得效应 CTL，靶细胞用 ^{125}I-UdR 标记，将效应细胞和靶细胞按一定比例混合，在 PHA 存在条件下诱导培养，收集培养上清和细胞，用 γ 计数仪分别测上清及细胞中的 cpm 值，计算杀伤效应。

（7）混合淋巴细胞培养（MLC）：分双向法和单向法。双向法为两个无关个体的淋巴细胞混合在一起培养，由于 HLA-D 抗原不同，可刺激对方的淋巴细胞发生转化，根据淋巴细胞转化的程度判断两个个体组织相容性抗原相差的程度。单卵双生子间的淋巴细胞混合培养后不发生转化；有直接亲缘关系的淋巴细胞混合培养后转化较弱，而两个无关个体的淋巴细胞混合培养后转化强烈。该法可选择 HLA-D 相容的供体，但不能确定 HLA-D 的具体型别。单向法是将试验系统中的刺激细胞用丝裂霉素处理，使之失去活化能力，不能接受不同 HLA-D 的刺激，不发生淋巴细胞转化，但仍然保留刺激对方淋巴细胞发生转化的能力，而待检细胞不用丝裂霉素处理。将这两种细胞放到一起培养，此时的刺激细胞必须是纯合子分型细胞（HTC），HTC 上只有一种 HLA-D 抗原。如果反应细胞与它不发生淋巴细胞转化反应，则证明反应细胞上有与 HTC 相同的 HLA-D 抗原。

（8）B 细胞功能检测：可采用 ELISPOT 检测抗体的产生。

第四节　细胞因子检测技术

机体的免疫细胞（如淋巴细胞、单核巨噬细胞）及非免疫细胞能产生不同种类的细胞因子，它们在免疫应答中起调控作用。细胞因子检测是判断机体免疫功能的重要指标，对某些疾病的诊断、病程观察、预后判断等是十分必要的。目前常用的检测细胞因子的方法主要有生物学方法、免疫学方法和分子生物学方法。

一、生物学测定法

生物学方法检测细胞因子活性的原理是根据细胞因子对特定的依赖性细胞株（即靶细胞）的增殖（抑制）或细胞毒作用而建立的。以增殖细胞中的 DNA 合成或酶活性为指标，通过与细胞因子标准品所测结果对照，间接推算出细胞因子的生物学活性单位。如 HT-2 或 CTLL-2 细胞株依赖 IL-2，LBRM33-IA5 依赖 IL-1，7TD-1 及 KD823 依赖 IL-6。细胞增殖程度可用 ^{3}H-TdR 掺入法及 MTT 法检测。生物学方法敏感性高，但并非每种细胞因子均能找到其相应依赖株，因而限制了其应用。也可利用某些细胞因子的功能特性建立相应的生物活性测定方法，如用中和 VSV（水疱性口炎病毒）感染 Wish 细胞的方法检测人 IFN，用对 L929 细胞的杀伤作用检测人 TNF 等。

二、免疫学测定法

免疫学测定法是用细胞因子的单克隆抗体或多克隆抗体检测相应的细胞因子。如 ELISA、放射免疫测定法、免疫印迹法、流式细胞术等方法，已有多种成品细胞因子检测试剂盒，扩大了其应用范围。

三、分子生物学测定法

应用细胞因子核酸探针（cDNA 或基因组等探针）检测，通过分子杂交技术检测细胞内细胞因子 mRNA 的表达，可用斑点杂交、RNA 印迹杂交及原位杂交等方法检测。

1. 细胞因子的 DNA 检测

细胞因子的 DNA 检测主要用于检测细胞因子的基因有无缺失、放大、突变及某些细胞因子的多态性分析。常用的方法有 DNA 印迹、PCR、原位杂交及原位 PCR 等。

2. 细胞因子 mRNA 表达的检测

常用的方法有 RNA 印迹、RT-PCR、原位杂交等。原位杂交是在组织细胞切片上用标记的核酸探针检测胞质内的特定 mRNA，而检测细胞内低拷贝 mRNA 的方法则用原位 RT-PCR。

（付海英）

数字课程学习

教学 PPT　　自测题　　微课　　拓展阅读

附录　CD 抗原

手机扫码即可免费阅读相关内容

汉英专业名词对照

手机扫码即可免费阅读相关内容

主要参考文献

[1] 吕昌龙，李殿俊，李一 . 医学免疫学［M］. 8 版 . 北京：高等教育出版社，2015.

[2] 曹雪涛 . 医学免疫学［M］. 7 版 . 北京：人民卫生出版社，2018.

[3] 龚非力 . 医学免疫学［M］. 4 版 . 北京：科学出版社，2014.

[4] 周光炎 . 免疫学原理［M］. 4 版 . 北京：科学出版社，2018.

[5] 安云庆，姚智，李殿俊 . 医学免疫学［M］. 4 版 . 北京：北京大学医学出版社，2019.

[6] 宝福凯，曾常茜，邹强 . 医学免疫学［M］. 3 版 . 北京：科学出版社，2021.

[7] 柳忠辉，吴雄文 . 医学免疫学实验技术［M］. 3 版 . 北京：人民卫生出版社，2020.

[8] 柳忠辉，邵启祥 . 常用免疫学实验技术［M］. 北京：高等教育出版社，2013.

[9] 李凡，季旻珺 . 基础医学实验教程［M］. 3 版 . 北京：高等教育出版社，2022.

[10] Abul K. Abbas，Andrew H. Lichtman，Shiv Pillai. Cellular and molecular immunology［M］. 9th ed. Philadelphia：Elsevier，2018.

[11] Jenni Punt，Sharon Stranford，Patricia Jones，et al. Kuby immunology［M］. 8th ed，New York:W. H. Freeman and Company，2018.

[12] Kenneth Murphy. Casey weaver janeway's immunobiology［M］. 9th ed. New York: Garland Science，2011.

读者意见反馈

为收集对教材的意见建议，进一步完善教材编写并做好服务工作，读者可将对本教材的意见建议通过如下渠道反馈至我社。

咨询电话　400-810-0598

反馈邮箱　gjdzfwb@pub.hep.cn

通信地址　北京市朝阳区惠新东街4号富盛大厦1座

高等教育出版社总编辑办公室

邮政编码　100029

防伪查询说明

用户购书后刮开封底防伪涂层，使用手机微信等软件扫描二维码，会跳转至防伪查询网页，获得所购图书详细信息。

防伪客服电话

(010)58582300